分子丹心 中华之光
王大珩 传

胡晓菁 ◎ 著

老科学家学术成长资料采集工程
中国科学院院士传记丛书
中国工程院院士传记

1932年	1938年	1940年	1955年	1986年	2011年
考入清华大学	考取中英庚款留学生	获伦敦大学理学硕士学位	当选为中国科学院首批学部委员	联名提出"863"倡议	逝世于北京

老科学家学术成长资料采集工程
中国科学院院士传记丛书
中国工程院院士传记

赤子丹心 中华之光

王大珩传

胡晓菁 ◎ 著

中国科学技术出版社
上海交通大学出版社

图书在版编目（CIP）数据

赤子丹心　中华之光：王大珩传/胡晓菁著.—北京：中国科学技术出版社，2016.12

（老科学家学术成长资料采集工程　中国科学院院士传记　中国工程院院士传记丛书）

ISBN 978-7-5046-6944-5

Ⅰ.①赤…　Ⅱ.①胡…　Ⅲ.①王大珩（1915～2011）－传记　Ⅳ.①K826.11

中国版本图书馆CIP数据核字（2015）第120748号

出 版 人	秦德继　韩建民	
责任编辑	李　红　许　慧	
责任校对	杨京华	
责任印制	张建农	
版式设计	中文天地	

出　　版	中国科学技术出版社　上海交通大学出版社
发　　行	中国科学技术出版社发行部
地　　址	北京市海淀区中关村南大街16号
邮　　编	100081
发行电话	010-62173865
传　　真	010-62173081
网　　址	http://www.cspbooks.com.cn

开　　本	787mm×1092mm　1/16
字　　数	350千字
印　　张	24.75
彩　　插	2
版　　次	2016年12月第1版
印　　次	2016年12月第1次印刷
印　　刷	北京华联印刷有限公司
书　　号	ISBN 978-7-5046-6944-5 / K·173
定　　价	65.00元

（凡购买本社图书，如有缺页、倒页、脱页者，本社发行部负责调换）

老科学家学术成长资料采集工程
领导小组专家委员会

主　任：杜祥琬
委　员：（以姓氏拼音为序）
　　　　巴德年　　陈佳洱　　胡启恒　　李振声
　　　　王礼恒　　王春法　　张　勤

老科学家学术成长资料采集工程
丛书组织机构

特邀顾问（以姓氏拼音为序）
　　　　樊洪业　方新　齐让　谢克昌

编委会

主　编：王春法　张　藜
编　委：（以姓氏拼音为序）
　　　　艾素珍　　董庆九　　胡化凯　　黄竞跃　　韩建民
　　　　廖育群　　吕瑞花　　刘晓勘　　林兆谦　　秦德继
　　　　任福君　　苏　青　　王扬宗　　夏　强　　杨建荣
　　　　张柏春　　张大庆　　张　剑　　张九辰　　周德进

编委会办公室

主　任：许向阳　张利洁
副主任：许　慧　刘佩英
成　员：（以姓氏拼音为序）
　　　　崔宇红　　董亚峥　　冯　勤　　何素兴　　韩　颖
　　　　李　梅　　罗兴波　　刘　洋　　刘如溪　　沈林苣
　　　　王晓琴　　王传超　　徐　婕　　肖　潇　　言　挺
　　　　余　君　　张海新　　张佳静

老科学家学术成长资料采集工程简介

老科学家学术成长资料采集工程（以下简称"采集工程"）是根据国务院领导同志的指示精神，由国家科教领导小组于2010年正式启动，中国科协牵头，联合中组部、教育部、科技部、工信部、财政部、文化部、国资委、解放军总政治部、中国科学院、中国工程院、国家自然科学基金委员会11部委共同实施的一项抢救性工程，旨在通过实物采集、口述访谈、录音录像等方法，把反映老科学家学术成长历程的关键事件、重要节点、师承关系等各方面的资料保存下来，为深入研究科技人才成长规律，宣传优秀科技人物提供第一手资料和原始素材。按照国务院批准的《老科学家学术成长资料采集工程实施方案》，采集工程一期拟完成300位老科学家学术成长资料的采集工作。

采集工程是一项开创性工作。为确保采集工作规范科学，启动之初即成立了由中国科协主要领导任组长、12个部委分管领导任成员的领导小组，负责采集工程的宏观指导和重要政策措施制定，同时成立领导小组专家委员会负责采集原则确定、采集名单审定和学术咨询，委托中国科学技术史学会承担具体组织和业务指导工作，建立专门的馆藏基地确保采集资料的永久性收藏和提供使用，并研究制定了《采集工作流程》《采集工作规范》等一系列基础文件，作为采集人员的工作指南。截至2014年年底，已启动 304 位老科学家的学术成长资料采集工作，获得手稿、书信等实物原件资料 52093 件，数字化资料 137471 件，视频资料 183878 分钟，音频资料 224825 分钟，具有重要的史料价值。

采集工程的成果目前主要有三种体现形式，一是建设一套系统的"老科学家学术成长资料数据库"（本丛书简称"采集工程数据库"），提供学术研究和弘扬科学精神、宣传科学家之用；二是编辑制作科学家专题资料片系列，以视频形式播出；三是研究撰写客观反映老科学家学术成长经历的研究报告，以学术传记的形式，与中国科学院、中国工程院联合出版。随着采集工程的不断拓展和深入，将有更多形式的采集成果问世，为社会公众了解老科学家的感人事迹，探索科技人才成长规律，研究中国科技事业的发展历程提供客观翔实的史料支撑。

总序一

中国科学技术协会主席 韩启德

  老科学家是共和国建设的重要参与者，也是新中国科技发展历史的亲历者和见证者，他们的学术成长历程生动反映了近现代中国科技事业与科技教育的进展，本身就是新中国科技发展历史的重要组成部分。针对近年来老科学家相继辞世、学术成长资料大量散失的突出问题，中国科协于2009年向国务院提出抢救老科学家学术成长资料的建议，受到国务院领导同志的高度重视和充分肯定，并明确责成中国科协牵头，联合相关部门共同组织实施。根据国务院批复的《老科学家学术成长资料采集工程实施方案》，中国科协联合中组部、教育部、科技部、工业和信息化部、财政部、文化部、国资委、解放军总政治部、中国科学院、中国工程院、国家自然科学基金委员会等11部委共同组成领导小组，从2010年开始组织实施老科学家学术成长资料采集工程。

  老科学家学术成长资料采集是一项系统工程，通过文献与口述资料的搜集和整理、录音录像、实物采集等形式，把反映老科学家求学历程、师承关系、科研活动、学术成就等学术成长中关键节点和重要事件的口述资料、实物资料和音像资料完整系统地保存下来，对于充实新中国科技发展的历史文献，理清我国科技界学术传承脉络，探索我国科技发展规律和科技人才成长规律，弘扬我国科技工作者求真务实、无私奉献的精神，在全社会营造爱科学、学科学、用科学的良好氛围，是一件很有意义的事情。采集工程把重点放在年龄在80岁以上、学术成长经历丰富的两院院士，以及虽然不是两院院士、但在我国科技事业发展中作出突出贡献的老科技工作者，充分体现了党和国家对老科学家的关心和爱护。

自2010年启动实施以来，采集工程以对历史负责、对国家负责、对科技事业负责的精神，开展了一系列工作，获得大量反映老科学家学术成长历程的文字资料、实物资料和音视频资料，其中有一些资料具有很高的史料价值和学术价值，弥足珍贵。

以传记丛书的形式把采集工程的成果展现给社会公众，是采集工程的目标之一，也是社会各界的共同期待。在我看来，这些传记丛书大都是在充分挖掘档案和书信等各种文献资料、与口述访谈相互印证校核、严密考证的基础之上形成的，内中还有许多很有价值的照片、手稿影印件等珍贵图片，基本做到了图文并茂，语言生动，既体现了历史的鲜活，又立体化地刻画了人物，较好地实现了真实性、专业性、可读性的有机统一。通过这套传记丛书，学者能够获得更加丰富扎实的文献依据，公众能够更加系统深入地了解老一辈科学家的成就、贡献、经历和品格，青少年可以更真实地了解科学家、了解科技活动，进而充分激发对科学家职业的浓厚兴趣。

借此机会，向所有接受采集的老科学家及其亲属朋友，向参与采集工程的工作人员和单位，表示衷心感谢。真诚希望这套丛书能够得到学术界的认可和读者的喜爱，希望采集工程能够得到更广泛的关注和支持。我期待并相信，随着时间的流逝，采集工程的成果将以更加丰富多样的形式呈现给社会公众，采集工程的意义也将越来越彰显于天下。

是为序。

总序二

中国科学院院长　白春礼

由国家科教领导小组直接启动，中国科学技术协会和中国科学院等12个部门和单位共同组织实施的老科学家学术成长资料采集工程，是国务院交办的一项重要任务，也是中国科技界的一件大事。值此采集工程传记丛书出版之际，我向采集工程的顺利实施表示热烈祝贺，向参与采集工程的老科学家和工作人员表示衷心感谢！

按照国务院批准实施的《老科学家学术成长资料采集工程实施方案》，开展这一工作的主要目的就是要通过录音录像、实物采集等多种方式，把反映老科学家学术成长历史的重要资料保存下来，丰富新中国科技发展的历史资料，推动形成新中国的学术传统，激发科技工作者的创新热情和创造活力，在全社会营造爱科学、学科学、用科学的良好氛围。通过实施采集工程，系统搜集、整理反映这些老科学家学术成长历程的关键事件、重要节点、学术传承关系等的各类文献、实物和音视频资料，并结合不同时期的社会发展和国际相关学科领域的发展背景加以梳理和研究，不仅有利于深入了解新中国科学发展的进程特别是老科学家所在学科的发展脉络，而且有利于发现老科学家成长成才中的关键人物、关键事件、关键因素，探索和把握高层次人才培养规律和创新人才成长规律，更有利于理清我国科技界学术传承脉络，深入了解我国科学传统的形成过程，在全社会范围内宣传弘扬老科学家的科学思想、卓越贡献和高尚品质，推动社会主义科学文化和创新文化建设。从这个意义上说，采集工程不仅是一项文化工程，更是一项严肃认真的学术建设工作。

中国科学院是科技事业的国家队，也是凝聚和团结广大院士的大家庭。早在1955年，中国科学院选举产生了第一批学部委员，1993年国务院决定中国科学院学部委员改称中国科学院院士。半个多世纪以来，从学部委员到院士，经历了一个艰难的制度化进程，在我国科学事业发展史上书写了浓墨重彩的一笔。在目前已接受采集的老科学家中，有很大一部分即是20世纪80、90年代当选的中国科学院学部委员、院士，其中既有学科领域的奠基人和开拓者，也有作出过重大科学成就的著名科学家，更有毕生在专门学科领域默默耕耘的一流学者。作为声誉卓著的学术带头人，他们以发展科技、服务国家、造福人民为己任，求真务实、开拓创新，为我国经济建设、社会发展、科技进步和国家安全作出了重要贡献；作为杰出的科学教育家，他们着力培养、大力提携青年人才，在弘扬科学精神、倡树科学理念方面书写了可歌可泣的光辉篇章。他们的学术成就和成长经历既是新中国科技发展的一个缩影，也是国家和社会的宝贵财富。通过采集工程为老科学家树碑立传，不仅对老科学家们的成就和贡献是一份肯定和安慰，也使我们多年的夙愿得偿！

鲁迅说过，"跨过那站着的前人"。过去的辉煌历史是老一辈科学家铸就的，新的历史篇章需要我们来谱写。衷心希望广大科技工作者能够通过"采集工程"的这套老科学家传记丛书和院士丛书等类似著作，深入具体地了解和学习老一辈科学家学术成长历程中的感人事迹和优秀品质；继承和弘扬老一辈科学家求真务实、勇于创新的科学精神，不畏艰险、勇攀高峰的探索精神，团结协作、淡泊名利的团队精神，报效祖国、服务社会的奉献精神，在推动科技发展和创新型国家建设的广阔道路上取得更辉煌的成绩。

总序三

中国工程院院长　周　济

由中国科协联合相关部门共同组织实施的老科学家学术成长资料采集工程，是一项经国务院批准开展的弘扬老一辈科技专家崇高精神、加强科学道德建设的重要工作，也是我国科技界的共同责任。中国工程院作为采集工程领导小组的成员单位，能够直接参与此项工作，深感责任重大、意义非凡。

在新的历史时期，科学技术作为第一生产力，已经日益成为经济社会发展的主要驱动力。科技工作者作为先进生产力的开拓者和先进文化的传播者，在推动科学技术进步和科技事业发展方面发挥着关键的决定的作用。

新中国成立以来，特别是改革开放 30 多年来，我们国家的工程科技取得了伟大的历史性成就，为祖国的现代化事业作出了巨大的历史性贡献。两弹一星、三峡工程、高速铁路、载人航天、杂交水稻、载人深潜、超级计算机……一项项重大工程为社会主义事业的蓬勃发展和祖国富强书写了浓墨重彩的篇章。

这些伟大的重大工程成就，凝聚和倾注了以钱学森、朱光亚、周光召、侯祥麟、袁隆平等为代表的一代又一代科技专家们的心血和智慧。他们克服重重困难，攻克无数技术难关，潜心开展科技研究，致力于推动创新发展，为实现我国工程科技水平大幅提升和国家综合实力显著增强作出了杰出贡献。他们热爱祖国，忠于人民，自觉把个人事业融入到国家建设大局之中，为实现国家富强而不断奋斗；他们求真务实，勇于创新，用科技为中华民族的伟大复兴铸就了辉煌；他们治学严谨，鞠躬尽瘁，具有崇高的科学精神和科学道德，是我们后代学习的楷模。科学家们的一生是一本珍贵的教科书，他们坚定的理想信念和淡泊名利的崇高品格是中华民族自强不息精神的宝贵财富，永远值得后人铭记和敬仰。

通过实施采集工程，把反映老科学家学术成长经历的重要文字资料、实物资料和音像资料保存下来，把他们卓越的技术成就和可贵的精神品质记录下来，并编辑出版他们的学术传记，对于进一步宣传他们为我国科技发展和民族进步作出的不朽功勋，引导青年科技工作者学习继承他们的可贵精神和优秀品质，不断攀登世界科技高峰，推动在全社会弘扬科学精神，营造爱科学、讲科学、学科学、用科学的良好氛围，无疑有着十分重要的意义。

中国工程院是我国工程科技界的最高荣誉性、咨询性学术机构，集中了一大批成就卓著、德高望重的老科技专家。以各种形式把他们的学术成长经历留存下来，为后人提供启迪；为社会提供借鉴，为共和国的科技发展留下一份珍贵资料。这是我们的愿望和责任，也是科技界和全社会的共同期待。

周济

王大珩（长春光机所提供）

1999年被授予的"两弹一星"功勋奖章和奖状

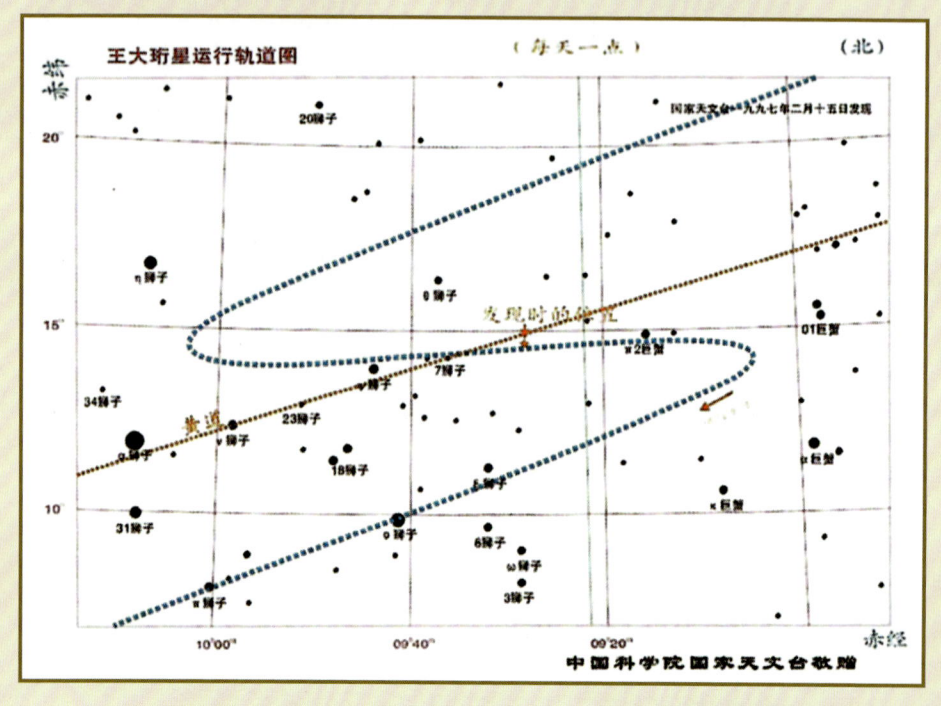

2010年国际天文学联合会命名的"王大珩星"运行轨道图

序

2015年是长春光机所的奠基人王大珩先生诞辰100周年。得到"老科学家学术成长资料采集工程"立项支持，由葛能全、王扬宗两位先生的具体指导，胡晓菁撰写了《赤子丹心　中华之光：王大珩传》，这是对我国著名光学专家、"两院"院士、"两弹一星"元勋、中国现代光学技术及光学工程事业的开拓者和领导者王大珩先生的最好纪念。这是第一部关于王大珩先生全面学术成长并对此做了系统研究的传记，它以翔实、客观、生动的笔触，记录了先生波澜壮阔、爱国奉献、成就卓著的一生，展现出老一辈科学家严谨求实的科学精神和放眼全球、前瞻未来的胆识谋略，激励和感召后人以先生为榜样，投身中华民族的伟大复兴事业。

作为长春光机所的第一任所长，王大珩受命组建中国科学院仪器馆（长春光机所前身，1952年成立）。在新中国应用光学几乎处于一穷二白的条件下，王大珩组织来自四面八方的技术人员，短短几年完成了光学玻璃、显微镜、水平磁力秤、材料试验机等项目的研究，初步构建了布局合理、结构完整、功能齐备的光学及精密机械学的研究基础，迅速创出了牌子。在建所不到10年的时间里，光机所就创造了闻名全国的"八大件、一个汤"（指电子显微镜、高温金相显微镜、多倍投影仪、大型石英摄谱仪、万能工具显微镜、晶体谱仪、高精度经纬仪、光电测距仪8种有代表性的精密仪器及一系列新品种光学玻璃），一举填补了新中国在该领域的空白，长春光机所也因此于1959年被授予"全国红旗单位"称号。

从20世纪60年代开始，王大珩和他领导的光机所转向国防光学技术及工程研究，研制出了我国第一台靶场装备大型精密光学跟踪电影经纬仪、我国第一台激光红外电视电影经纬仪和船体变形测量系统，为发展我国的尖端武器作出了杰出贡献。1985年，长春光机所历年研制的150、160、170、G179、718、331等电影经纬仪和跟踪望远镜以及812、912光电瞄准仪等型号靶场光测设备，以"现代国防试验中的动态光学观测及测量技术"为总项目，荣获国家科技进步奖特等奖，王大珩为项目第一负责人。

长春光机所发展成为一个综合性技术科学型的研究所，为国防建设和经济发展屡建奇功，做出了巨大的贡献。王大珩在实际工作中探讨总结的"以任务带学科，学科和人才在实践中成长"、"一竿子插到底，科研与生产紧密结合"、"科技工作者要做高科技产业化和经济建设的排头兵，满足国家经济建设和国防需求"等科研模式和经验，这些办所理念至今仍对长春光机所的发展具有重要的启发和借鉴意义。尤为难能可贵的是，王大珩始终站在发展光学事业的全局立场上。长春光机所分建、组建、援建了成都光电所、上海光机所、长春光机学院、长春材料试验机厂、上海光学仪器厂等10余家科研机构、大专院校和企业单位，并先后输送了2200多名各类专业人才，有23位在长春光机所工作过的优秀科学家当选为中国科学院和中国工程院院士，涌现出"知识分子的优秀代表"蒋筑英等众多英模人物，先后参加了"两弹一星"、"载人航天工程"等多项国家重大工程项目，为我国国防建设、经济发展和社会进步做出了突出贡献。

1983年，王大珩所长从长春调到北京，担任中国科学院第二技术科学部主任（1986年，第一、第二技术科学部合为一个技术科学部），负责组织领导学术咨询等工作。从此，王大珩不再仅仅是一位光学专家，而是站在国家层面担负起咨询者的角色，与其他科学家共同提出了"跟踪研究外国战略性高技术"（即"863"计划）、"倡议成立中国工程院"、"促进大飞机立项"等富有远见卓识的建议，成为推动我国光学乃至整个技术科学界发展的战略科学家，对我国科技的进步乃至经济、社会的发展都产生了深远的影响。

在北京工作期间，王大珩时刻关注和牵挂着长春光机所的发展。对光机所的发展规划、学科建设、重大工程项目争取、人才培养和引进、新所区选址等工作，他不顾年事已高和繁重的工作负担，尽心竭力提出自己的看法和建议。特别是 2005 年 8 月，长春光机所承办了被视为国际光学界奥林匹克运动会的第二十届国际光学委员会学术大会，这是该组织自 1946 年成立以来第一次在中国召开全体成员国代表大会。90 岁高龄的大珩先生亲自参会并作了精彩报告，更增添了我国光学界的国际影响力。这次大会能够在长春成功举行，说明长春光机所已发展成为中国的光学研究基地，不但得到了国家的承认，也得到了国际光学权威组织的认可。

1952—1983 年，王大珩所长在长春光机所工作了 31 年。时光的年轮不仅刻下了他在长春奋斗的足迹，也给长春光机所留下了浓墨重彩的记忆和宝贵的精神财富。他一生践行的"热爱祖国、自力更生、艰苦奋斗、无私奉献的献身精神，崇尚科学、实事求是、脚踏实地、追求卓越的科学精神，刻苦钻研、追求一流、敢于创造、勇攀高峰的创新精神，大力协同、团结协作、讲求正气、提携新人的团队精神"，将永远流淌在长光人的血脉中，成为长春光机所"率先发展、科技报国"的强大动力和不竭源泉。

今天，以王大珩为代表的老一辈科学家开创的中国光学事业正在迅速发展壮大。他亲自缔造的长春光机所在中科院的领导下，正以"四个率先"为统领，大力弘扬"博大精深、科学务实、团结奉献、开放共赢"的长光精神，面向国家重大需求和国民经济主战场，坚持以科技创新为核心的"研产学并举"发展道路,聚焦光电技术创新,引领精密仪器与装备领域的成果转移转化,辐射带动相关产业发展,培养高级创新人才,建设国际一流的精密仪器与装备创新研究基地,再创中国光学摇篮的新辉煌。

贾平

2015 年 5 月 27 日

贾平,1964 年 8 月生,汉族,吉林省延吉人。历任长春光机所研究实习员、助理研究员、副研究员、研究室副主任、党支部书记、研究员。1998 年 12 月—2001 年 4 月任长春光机所所长助理。2001 年 4 月—2008 年 4 月任长春光机所副所长。2008 年 4 月—2014 年 12 月任长春光机所党委书记、副所长。2014 年 12 月至今任长春光机所所长。

目 录

老科学家学术成长资料采集工程简介

总序一 ································· 韩启德

总序二 ································· 白春礼

总序三 ································· 周　济

序 ····································· 贾　平

导　言 ································· 1

| **第一章** | **膂东报国** ····························· 7

　　吴县王大元米行 ························· 8
　　父亲留学"老第一" ······················· 10
　　多有成就的学者 ························· 12

　　　　《中国古历通解》之憾 ··· 15

第二章 | 灵气少年 ·· 18

　　　　童年与家庭的熏陶 ··· 18
　　　　在孔德、汇文读书 ··· 22
　　　　在青岛礼贤中学 ··· 26

第三章 | 自强不息清华人 ·· 30

　　　　慕名选择清华物理系 ··· 30
　　　　难忘恩师 ··· 36
　　　　同窗挚友 ··· 40
　　　　"一二·九"的积极分子 ·· 44
　　　　在兵工署的短暂时光 ··· 49

第四章 | 考庚款、赴英伦 ·· 54

　　　　帝国理工学院的光学研究生 ····································· 54
　　　　融入英伦新生活 ··· 61
　　　　崭露头角的一篇光学论文 ··· 66
　　　　卓有收获的光学玻璃研究 ··· 69

第五章 | 祖国在心中 ·· 75

　　　　放弃在读博士学位 做光学玻璃实验师 ··················· 75
　　　　眷注国家前途 ··· 78
　　　　共同的约定 ··· 81

第六章 | 投奔解放区 ·· 86

　　　　回国后的辗转经历 ··· 86

创办大连大学应用物理系························89
　　为办学倾注心血································93
　　喜结终身好伴侣································97

第七章 | 光学摇篮安家长春····················103

　　筹建北京仪器馆································103
　　招兵买马　艰苦创业····························111
　　第一埚光学玻璃的诞生··························118
　　仪器研制纳入国家规划··························123

第八章 | 光学基地已具规模····················127

　　1957年的变化··································128
　　"八大件、一个汤"······························136
　　放眼学科布局　研制军用光学仪器················144
　　中国第一台红宝石激光器························152
　　创办长春光机学院······························157

第九章 | 国防光学创新篇······················163

　　研制高速摄影机································165
　　一竿子插到底的"150-1工程"·····················171
　　"远望号"上的光学设备··························180

第十章 | 布局光学新发展······················188

　　给卫星安上"慧眼"······························189
　　打造"人工小太阳"······························193
　　孵出了一窝"机"································195

第十一章 挫折与转折 ········ 204

风雨满楼 ········ 204
接受水晶棺研制任务 ········ 210
在激情中迎接春天 ········ 215
光荣入党 ········ 222

第十二章 沉甸甸的责任 ········ 225

促发展计量科学 ········ 225
建议发展仪器仪表科学 ········ 232
蒋筑英和彩色电视 ········ 235
与光学学会的情缘 ········ 241
光学迈向新世纪 ········ 247

第十三章 战略科学家的成长经历 ········ 251

从专门委员到首批学部委员 ········ 252
荣誉与责任 ········ 254
在技术科学部主任岗位上 ········ 257
科技战略发展的尽责人 ········ 261

第十四章 为"863"计划"点火"再点拨 ········ 267

不能被落下 ········ 268
用心之处 ········ 270
欣慰与冀望 ········ 272
点拨重点领域的发展 ········ 274

第十五章 又一历史性的功勋 ········ 277

作用在关节处 ········ 277

在筹建中 ·································· 280
　　关注建院后 ································ 283

第十六章 | 要搞"大飞机" ···················· 285

　　紧迫感在心 ································ 285
　　以我为主，迎难而上 ························ 288
　　让国产大飞机翱翔于蓝天 ···················· 298

第十七章 | 岁月峥嵘 ·························· 302

　　为光学出人才 ······························ 303
　　科技人永远是年轻 ·························· 307
　　余音袅袅 ·································· 314

结　语　科学精神长存 ······················ 316

附录一　王大珩年表 ························ 323

附录二　王大珩主要论著目录 ················ 348

参考文献 ·································· 356

后　记 ···································· 362

图片目录

图 1-1　王大珩的父亲王应伟 ································ 12
图 2-1　王大珩的母亲周秀清 ································ 21
图 2-2　1933 年，王大珩与父母弟妹合影 ···················· 21
图 2-3　20 世纪初的青岛观象台 ····························· 28
图 3-1　叶企孙 ·· 36
图 3-2　王大珩与清华同学的合影 ···························· 39
图 3-3　1936 年夏，清华大学物理系毕业生合影 ············· 40
图 3-4　1936 年春，清华大学物理系部分师生合影 ·········· 43
图 3-5　1937 年，王大珩在清华大学 ······················· 50
图 3-6　王大珩的学生注册片 ································ 51
图 4-1　20 世纪 30 年代中期的王大珩 ······················ 55
图 4-2　20 世纪 40 年代，王大珩与李薰在英国寓所 ········ 61
图 4-3　1941 年，王大珩与李薰在英国 ····················· 64
图 4-4　王大珩在英国时的学习手札 ························· 66
图 4-5　20 世纪 40 年代的王大珩 ··························· 70
图 5-1　王大珩与汉德合影 ·································· 76
图 5-2　1942 年，王大珩在英国莎士比亚故乡埃文河上泛舟 ·· 80
图 5-3　1939 年，王大珩在凡尔赛与彭桓武、钱三强等合影 ·· 82
图 5-4　1946 年夏，王大珩与钱三强、何泽慧在英国伯明翰 ·· 83
图 5-5　1946 年夏，王大珩与周培源、钱三强、何泽慧参加剑桥
　　　　物理集会后合影 ···································· 84
图 6-1　王大珩与顾又芬结婚时的合影 ······················ 98
图 6-2　20 世纪 70 年代王大珩的全家福 ···················· 98

图号	说明	页码
图6-3	1991年8月11日，王大珩在美国爱荷华大学参加王赫博士毕业典礼	100
图6-4	1995年12月23日，王大珩与夫人顾又芬切蛋糕	101
图6-5	2000年，王大珩自贺金婚纪念题词	102
图7-1	20世纪50年代，王大珩与中科院领导合影	104
图7-2	1951年，王大珩被聘为仪器馆筹备处副主任的聘书	106
图7-3	1951年3月25日，王大珩参加东北精密医疗仪器厂第一次筹备委员会会议	109
图7-4	中国科学院仪器馆初建时的大门	112
图7-5	1951年，龚祖同写给王大珩的信	119
图7-6	20世纪80年代，王大珩与龚祖同在一起	120
图7-7	1953年，中国自行熔炼生产的第一埚光学玻璃	123
图8-1	1956年11月12日，王大珩参加仪器馆学术委员会成立大会	128
图8-2	20世纪50年代末，王大珩、龚祖同、李明哲与苏联专家合影	133
图8-3	1958年7月8日，王大珩参加中科院吉林省分院第一次学术委员大会	135
图8-4	1958年研制成功的中国第一台光电测距仪	136
图8-5	1958年研制成功的中国第一台晶体谱仪	136
图8-6	1958年研制成功的中国第一台大型石英摄谱仪	137
图8-7	1958年研制成功的中国第一台多倍投影仪	137
图8-8	1958年研制成功的中国第一台高精度经纬仪	137
图8-9	1958年研制成功的中国第一台高温金相显微镜	137
图8-10	1958年研制成功的中国第一台万能工具显微镜	137
图8-11	1958年研制成功的中国第一台中型电子显微镜	137
图8-12	1958年10月27日，毛泽东在北京中关村参观光机所研制的高精度经纬仪等科技成果	142
图8-13	1978年，长春光机所的晶体谱仪获得中国科学院重大科技成果奖	143
图8-14	1960年7月28日，王大珩与参加全国经纬仪系列化会议的代表合影	149
图8-15	20世纪60年代，王大珩与苏联专家在一起	150

图片目录 VII

图 8-16	2002 年 9 月 16 日，王大珩在长春光机所建所 50 周年庆祝大会上讲话	151
图 8-17	红宝石激光器	152
图 8-18	1958 年，王大珩在长春光机学院首届学生开学典礼上讲话	158
图 8-19	王大珩在光机学院授课	159
图 9-1	20 世纪 80 年代，王大珩在西安光机所做学术报告	168
图 9-2	"150" 大型电影经纬仪	171
图 9-3	"718" 激光红外电视电影经纬仪	183
图 9-4	远洋测量船上的光学测量设备仪	183
图 9-5	王大珩在电影经纬仪前	184
图 9-6	1985 年，长春光机所获得的"现代国防试验中的动态光学观测及测量技术"奖项证书	186
图 10-1	KM$_4$ 空间模拟室	194
图 10-2	1972 年 10 月，王大珩给周恩来总理的信	201
图 11-1	长春光机所参建毛主席纪念堂的奖状	213
图 11-2	1978 年 12 月，王大珩与中科院长春分院领导班子成员合影	219
图 11-3	1978 年，哈尔滨科技大学（现哈尔滨理工大学）祝贺王大珩入党	223
图 12-1	1962 年，王大珩被科学技术委员会聘为计量组副组长的聘书	227
图 12-2	1989 年 11 月，王大珩在中国计量测试学会第三届理事会会议上讲话	229
图 12-3	1989 年 9 月 26 日，王大珩参加在法国召开的第 78 届国际计量委员会会议	230
图 12-4	1993 年 8 月，王大珩参观德国蔡司公司	233
图 12-5	1962 年，蒋筑英与王大珩的通信	236
图 12-6	王大珩与蒋筑英在一起	237
图 12-7	1996 年，王大珩在蒋筑英的母校——杭州抚宁巷小学	239
图 12-8	1984 年 12 月，王大珩与严济慈参加中国光学学会第一届、第二届全体理事会联席会议	242
图 12-9	2002 年 9 月，王大珩参加中国光学学会 2002 年年会	244
图 12-10	2005 年王大珩在第 20 届光学委员会大会及展览会上接待外宾	246

图 12-11	20 世纪 90 年代的王大珩	248
图 13-1	钱三强手写的应用物理组专门委员部分名单	252
图 13-2	关于单原子探测建议书	263
图 14-1	"863"建议书手迹	270
图 14-2	"863"计划四位倡议者合影	271
图 14-3	1990 年 5 月,王大珩参加在日本召开的 SAFISY 第三届会议	275
图 14-4	2001 年 2 月 19 日,王大珩与杨嘉墀获"863"计划特殊贡献先进个人称号	276
图 15-1	中国工程院六位发起人合影	278
图 15-2	领导人对王大珩等成立中国工程院建议的批示	279
图 15-3	王大珩和师昌绪听取工程院筹备领导小组办公室主任葛能全关于筹备中国工程院情况汇报	281
图 16-1	2000 年 9 月 28 日,王大珩参加"运-10"首飞 20 年座谈会议	293
图 16-2	2000 年 11 月 21 日,王大珩考察上海飞机制造厂时,在"运-10"飞机旁留影	294
图 17-1	1995 年 1 月 12 日,王大珩获得首届"何梁何利基金科学与技术成就奖"	306
图 17-2	1993 年 6 月,王大珩参加全国激光科技青年学术交流会	308
图 17-3	1994 年 8 月 4 日,王大珩与母国光参观南开大学现代光学研究所	308
图 17-4	1995 年 10 月,王大珩在哈尔滨理工大学成立庆典仪式上讲话	309
图 17-5	王大珩在研读	310
图 17-6	王大珩在挥毫	312
图 17-7	树木掩映中的王大珩小楼	313
图 17-8	王大珩纪念园雕塑	315
后记图 1	2016 年 12 月 17 日,王大珩夫人顾又芬与本书作者胡晓菁	364

导 言

　　王大珩（1915—2011）是我国著名的应用光学专家。他怀着高度的社会责任感和使命感，不拘束于实验室和书斋，也是国家科技发展不可多得的战略科学家。这是王大珩不同于一般科学家的独特之处。

　　王大珩的一生大体可划分为三个阶段。第一阶段，1915—1948年，他出生和接受教育；清华大学和留学英国期间的学习和训练，奠定了他一生从事科学事业的基础。第二阶段，1948—1983年，他回国后，先组建了大连大学应用物理系，再筹建了中国科学院仪器馆。他领导该馆发展为长春光机所，投身于国防光学，在中国光学事业发展中大展身手。第三阶段是从1983年他调入北京到中国科学院技术科学部工作以后，自此，他的工作范围不再限于光学，而是立足于中国科学技术事业的整体发展，发挥了一个战略科学家的作用。

　　在清华大学的学习经历影响了王大珩的一生。清华培养了他对物理、光学专业的兴趣。清华不仅教授了他知识，更教授了他做学问的方法。他重视实验的科学观念、严谨治学的优良学风在这一阶段初步形成。

　　清华大学物理系在当时师资力量雄厚，聚集了当时国内顶尖的物理学家，如叶企孙、吴有训、周培源、萨本栋、赵忠尧等。物理系有较为完备的图书和仪器，设有制造精密仪器的工场。王大珩在这里接受的是高质量高水平的教育。

清华物理系培养人才的方式是"重质不重量"。课程设置上既要学生学习物理学的基础知识，还要学习必修或选修如微积分、化学、外国文（两种）、社会科学等许多辅助课程。物理系教师总结西方教育的经验，提倡实验课与理论课并重。王大珩在叶企孙的指导下，学习安装高分辨率的光谱学设备，并用它做了光谱线精细结构研究。吴有训在实验课上教会他掌握烧制玻璃的火候和吹玻璃的关键技术。清华大学有重视实验操作的传统，他形成了重视实验教育的观念。王大珩在科学研究中重视实验，在培养人才时，始终注重提高学生的动手能力，他非常欣赏能得出高质量实验结果的人才。在重视实验的理念下，他体会到，物理要解决实际应用问题，这也是他在大连大学提出应在物理系前面冠以"应用"二字的初衷。王大珩在清华大学深受大师们的熏陶，于己做人、做学问等方面谨守"自强不息、厚德载物"的校训。此外在清华物理系的学习经历，也为他留学归国后的事业发展积累了人脉。

王大珩是一位应用光学家，他的专业训练是在英国完成的。

光学是物理学的分支，应用光学要解决实际应用问题显得尤为重要。应用光学最显著的特点便是用它来制造光学仪器，尤其是制造国防用光学仪器。但是在新中国成立前，我国没有自己的光学玻璃，没有制造照相机、显微镜的技术，从事光学研究的人寥寥无几，更谈不上发展国防光学事业了。王大珩知道在当时国弱敌强的情况下加强国防的重要意义，更是明了学习应用光学的深刻意义。

1938年，王大珩考上了"中英庚款"留学生，来到英国伦敦大学帝国学院物理系学习应用光学。在英国，他进一步体会到做研究的方法。1941年他发表学术论文——《在有球差存在下的最佳焦点》，这是他在光学世界中发出的第一次有力声响。1941年春天，他在谢菲尔德大学的玻璃技术系开始攻读博士学位。但是，为了借第二次世界大战形势，学习光学玻璃制造的"要害"技术，将来为祖国服务，1942年，王大珩放弃即将拿到的博士学位，在昌司玻璃公司当了一名物理实验师。他在这里连续工作了5年多，成为英国最早研究稀土光学玻璃的人之一。他还取得英国的专利，并发展了V-棱镜装置，获得英国科学仪器协会"第一届青年仪器发展奖"。

1948年，王大珩回到阔别已久的祖国。他先是参与创办了大连大学应用物理系，后又投身于中国科学院仪器馆的建设。他把在英国所学用在了祖国的建设中。当年从废墟上建立起来的仪器馆，现在是中国科学院长春光学精密机械与物理研究所（即长春光机所），作为中国重要的光学基地，在发展过程中取得举世瞩目的成就。长春光机所还分建或援建了一批重要的光学科研机构，推动了中国光学事业的扩大和发展。

王大珩是1999年国家授予的"两弹一星"功勋奖章的获得者。尽管光学是发展"两弹一星"不可缺少的。20世纪六七十年代，王大珩和长春光机所，从"两弹"需要的"高速摄影机""150-1经纬仪"到发展卫星技术需要的"卫星相机""太阳模拟器"，充分发挥了光学在探测、测量、观察、记录和通讯等方面的作用。王大珩或是提纲挈领，对科研任务策划、布局；或是以自己的专业知识，指点科研工作的方向，提出合理建议；或是亲率科技力量，投入到具体的研究任务中。他将光学发展和国家需要紧密联系在了一起。在接受和完成一系列科研任务的同时，长春光机所的科研力量得以发展和壮大。

1983年王大珩来到北京，担任中国科学院技术学部副主任、主任。这是中科院任用高级专家加强学术领导的重要举措。就在他来到北京任职的那一年，党中央正酝酿着对中科院进行体制调整。1984年1月召开的第五次学部委员大会取消了学部委员大会的决策权，随后学部的主要职责定位于学术评议和咨询，且以后者为主，学部的学术领导权被剥离。王大珩适应了这一前一后的巨大转变，以国家科技事业的大局为重，积极为国家建言献策。无论是"863计划"，还是中国工程院的成立，以及呼吁发展"大飞机"，在这几件大事上都能看到他的努力。他的行动诠释了一名战略科学家在为国家科学技术提供咨询中发挥的重大作用。

2014年8月，在王大珩逝世三年后，中国科协开展了"王大珩院士学术成长资料采集工程项目"。该项目围绕王大珩的学术成长经历进行了一系列的资料搜集，在此基础上，对他的学术成长、学术特色展开了深入的研究。

在早期调研中，笔者根据采集到的部分王大珩已发表的论文、著作，整理出本传记附录中的"王大珩主要论著目录"。

在文献调研阶段，笔者注意到，目前已经出版的为人熟知的王大珩的传记有马晓丽著《光魂》，这部出版于1998年的传记，以报告文学的体裁，描绘了王大珩的生平经历。该著作内容丰富，撰述详细，笔者在仔细阅读后，了解到他一生的脉络。相似文献还有杨小武著《王大珩》，以及署名为王大珩的《七彩的分光》，进一步阅读令笔者对王大珩的科学人生体会更加深刻。

除此之外，2005年科学出版社出版的《王大珩》一书，收录了王大珩《我的自述》与部分代表性论文，整理了王大珩的编年大事记，并登载了同事、学生对他的回忆文章。这部专著从不同角度诠释了王大珩的科学工作，既有具体的事例，也有同行评述，对于王大珩的经历有很高的研究参考价值。2011年出版的《光耀人生——王大珩学术思想与创新贡献》，是为庆贺王大珩从事科学事业七十三年暨九十五华诞而出版的一本文集。该书按照光学、"863"计划、中国工程院建立、空间科学、仪器仪表领域、计量领域、科技咨询、高技术产业化、教育和交流等方面分类，选编了王大珩有代表性的论文。笔者由此厘清了思路。

在采集工作中，笔者查询了中国科学院相关文书档案，以及中国科学院档案馆馆藏的中国科学院长春光学精密机械与物理研究所的相关档案，并调阅了王大珩存于中国科学院人事局的个人档案。档案材料清晰而完整地勾勒了王大珩的学术活动、科研管理工作的轨迹。在长春光机所的档案资料室里，笔者看到了他遗留下来的大量历史资料，手稿、书信、著作、照片、题词和录像等资料存满了两个大立柜。堆积如山的材料令笔者感到：关于王大珩，可供研究的资料很多，但想要读懂、参透真是任重而道远！

随着采集工作的展开，笔者深深感受到，从王大珩把自己在英国学到的科学技术带回到祖国的那一刻，他个人的发展便和中国现代光学事业紧紧联系在一起；到了晚年，王大珩的目光不局限于光学学科，他通过建言献策，对中国科技发展产生了不可忽视的影响。因此，研究他的学术成长史对于研究中国现代科技发展，尤其是中国现代光学发展史，有重要的借鉴意义。

在采集资料过程中，笔者看到了王大珩与龚祖同、钱学森、严东生、顾功叙等学界名人往来的书信，其内容多为工作往来。信件反映出王大珩的学术交往、学术思考以及开展工作的情况。例如，1951年，龚祖同在写给王大珩的信中，提到了他在上海考察光学玻璃制造一事，他二人在仪器馆筹建时，便已考虑未来要在中国制造光学玻璃了；1973年，王大珩在写给钱学森的信件中，呼吁要投入更多的力量，从事国防光学工作。此外，还有王大珩的部分工作笔记、手稿以及不同时期的历史照片，这些都是十分珍贵的资料，对人物研究有辅助作用。

为了还原历史真相，笔者对与王大珩相关的人物做了访谈，了解到与王大珩相关的历史事件。在王大珩的家人那里，笔者知道了他的家庭谱系，获知了他的生活趣事；王大珩在长春光机所的同事为笔者讲述了他开展工作的情况，以及长春光机所的建设和发展历程；通过王大珩的学生，笔者了解到他的学术传承和学术风格。这些互动和交流，弥补了文献的不足，为笔者的研究提供了大量线索。

在一系列的口述访谈中，笔者已采集到超过20小时的音、视频资料，另有出版物10余件，电子照片400余件，旧有音、视频10余件。不仅如此，中国科学院长春光学精密机械与物理研究所信息中心综合档案室的部分人员也参加了本采集项目，他们对保存于该单位的王大珩院士遗留资料展开了数字化采集工作，采集小组共获得各类资料1000余件。本项目工作还将继续进行，拟继续采集与王大珩学术成长相关的各类资料，并做深入研究。

在前期调研和采集工作的基础上，笔者撰写了本传记。

本传记以时间为轴线，兼顾事件的发展。全书共有十七章，包括王大珩的家世（"膺东报国"），受教育经历（"灵气少年""自强不息清华人"），光学事业初起步（"考庚款、赴英伦""祖国在心中"），回国办学的历程（"投奔解放区"），在长春光机所工作（"光学摇篮安家长春""光学基地已具规模""国防光学创新篇""布局光学新发展"），经历"文化大革命"

("挫折与转折"),关注中国科学事业发展、成长为战略科学家("沉甸甸的责任"、"战略科学家的成长经历"、"为'863'计划'点火'再点拨"、"又一历史性的功勋"、"要搞大飞机"和"岁月峥嵘")。

本传记第一章、第五章、第十三章至第十五章由葛能全撰写,其余章节由胡晓菁撰写。需要说明的是,葛能全先生爱护年轻人,多次坚拒署名,但他在本采集工作以及传记撰写中所做的贡献巨大,如果没有他的极力推动和帮助,本传记也不能够顺利完成。

王大珩院士已经永远离开了我们,但他的科学精神依然鼓励着中国光学界乃至整个科技界的英豪们奋发图强、开拓进取、不断为国奉献。谨以此书献给已离开我们的王大珩先生,纪念他在中国光学事业上的杰出成就!

第一章
膺东报国

我的小名叫膺东，生于1915年。那年的大事是日本帝国主义侵略中国。趁着第一次世界大战时机，日本帝国主义向袁世凯政府提出旨在侵占中国的秘密条款——"二十一条"。5月7日日本提出最后通牒。25日袁世凯在北京签订了丧权辱国的《关于南满洲及东部内蒙古之条约》《关于山东之条约》。当时激起全国人民大规模的反日爱国运动，把5月7日称为"国耻纪念日"。父亲因此给我起了"膺东"这个小名，寓意是满腔义愤打击东洋——日本帝国主义。[①]

以上这段话，是本书传主王大珩在《我的自述》中的开头语。这篇文章是1998年王大珩为《中国工程院院士自述》一书写的，全文3000余字都由他本人亲笔书写，而他当时左眼患湿型黄斑病变，基本看不清字迹，右眼配戴眼镜后视力才零点几。

父亲王应伟给儿子王大珩起名"膺东"，足见他古文根底好，又明晓大义。据《说文解字》：膺，胸也。《毛诗故训传》对膺字另有一解：膺，

---

① 中国工程院学部工作部编：《中国工程院院士自述》。上海：上海教育出版社，1998年，第145页。

当也（阻当）。"膺东"一个小名，两层含义都用上了，而且恰到好处，寓意为义愤填膺，抵敌日寇。

吴县王大元米行

王大珩的父亲王应伟（1877—1964），字硕甫，江苏吴县（别称吴地）人。

说起吴地，人们会联想到它自春秋战国而起的悠久历史，会想到它那厚实的文化传承，还会想到这里物产富饶的鱼米之乡的地理环境，殊不知，吴地也被人们称为"中国近代光学之乡"。有史料记载，早在宋代，这里便有生产眼镜的技术，那时候人们会用水晶磨制成镜片，工艺之精细实属罕见。到了17世纪，吴地出了两位光学仪器制造家——薄珏和孙云球。薄珏曾经制造过精密度很高、构造先进、装配在铜炮上的千里镜。孙云球是中国民间最早制造望远镜的人，并且利用凹透镜、凸透镜和反射镜制造出察微镜、放光镜、夜明镜等不下70种光学仪器，他还总结造镜经验，写成一部《镜史》专著[①]。

巧合的是，本书传主、当代著名光学家王大珩院士的故乡也在吴地。

王大珩的祖父名叫王大元，一直在当地（临顿路和齐门路交叉口跨塘桥附近）经营米行生意，开了一家规模不小的"王大元米行"，还建了几进几出的大房子，既有宽敞的住房，又有作坊、仓库，还有铺面。在富庶的吴县地界，虽然算不上豪门望族，但富商大贾的经济来源，足以使全家一直过着既无忧又顺当的日子。有了这样的经济条件，加上身处"人文甲天下"的地域环境，王家子弟从幼童开始的第一要事，自然是读书识字求上进，长大后步入仕途，光宗耀祖。

王大珩的父亲王应伟在家中排行老四（上有二兄一姊），他和两个哥哥

---

① 卢嘉锡总主编，戴念祖分卷主编：《中国科学技术史：物理学卷》。北京：科学出版社，2001年，第492-494页。

一样，很小年纪就入私塾读八股，从《三字经》《千家诗》《昔时贤文》到《幼学琼林》，都要一一阅读，每逢初一、十五还要背"堂书"（即半个月中所学课文要当堂背诵一遍）。后来，他父亲寄予的期望越来越急切，在自家院子里建了一个"书斋"，还请来塾师督教，为的是加快子弟成才进程。于是王应伟和兄长一起在书斋里开始攻读儒学经典，从《大学》《中庸》《论语》《孟子》到《诗经》《尚书》《礼记》《周易》《春秋》，都是必读必记的书籍。

在从师儒学过程中，王应伟对古代数学表现出的独特兴趣和聪颖尤其受人称赞。直到1996年，王大珩在回忆父亲时还说到这一点："先父童年从师学文，以聪颖备受青睐，得机喜读古算学。"[1] 儿子王应伟的长进，更令父亲王大元看到了希望，特别亲手在书斋旁栽种了两丛丹桂，祈求吉兆，盼儿子早日登科折桂、金榜题名。

然而，美好的愿景没有实现。其原因，先是王应伟的两个哥哥在十几岁时身染急病先后夭亡，接着他自己虽然在16岁那年（1893年）考得了县学生员（秀才）头衔，而不久，四十几岁的父亲王大元突然病故。又几年，王应伟的母亲和两个伯父也相继过世。这一连串的不幸事件，使得曾经生意红火的王大元米行倒闭了，不但断了王家的经济来源，连以前的所有积蓄也已全部用光，还亏欠下大笔债务，全家人不得不依靠出租房屋的租金艰难度日。

后来，王应伟有一首诗正好印证了这段凄苦岁月，诗云：

> 户庭冷落雀罗帐，颠沛流离事反常。
> 并蒂花根芳泣露，惊寒雁字又分行。
> 一身以外孤无助，十载之间两悼亡。
> 丁口阖门凋落尽，难将因果问穹苍。[2]

断了仕途的秀才王应伟，为了糊口，先在吴县本地当私塾先生，后来到上海师范学校求学，毕业后去了广东潮州，应聘为潮州中学数学教员。

---

[1] 王大珩：《中国古历通解》序。见：王应伟著，《中国古历通解》。沈阳：辽宁教育出版社，1996年，序言。

[2] 王大珩：《七彩的分光》。长沙：湖南少年儿童出版社，2000年，第7页。

从这时起，王应伟个人的经济状况开始好转起来。

想不到仕途破灭后的那段困窘经历，使王应伟竟然得到一条生存的经验——热衷于置办房产。后来他在青岛、北京任职，一边工作，还一边置办房产出租，以增加经济来源。王大珩记得，"抗战开始时回到北京，因已置有些房产，可以靠租金维持全家生活"①。关于当时置办房产的数量和租金收入情况，有材料记载："其父王应伟，新中国成立前有房一百二十三间半，除自住部分外，其余全部出租，每月租金为三百四十八元，（一九）五八年后每月收租金为六十九元。"②

父亲留学"老第一"

王应伟16岁以后的经历，所得到的不光是可见的经济自立，更有无形的大长进，他的眼界开阔了，知道的事情多了。第一件让他痛心的事，是甲午战争惨败后日本强迫清政府签订"马关新约"（即"马关条约"），得知连自己的家乡苏州也被列为日本人自由来去的商埠；接着，又是义和团运动遭八国联军镇压，反而又被迫签订了"辛丑条约"，中国遭到列强瓜分……

在国家被外寇侵略、屡屡蒙受耻辱的事实面前，王应伟开始把个人的前途和国家联系起来，他想成为"清雪国耻"的一分子，并且以《礼记》中"物耻足以振之，国耻足以兴之"作为自己的信念。他的这种想法，正好迎合了那时间"睁眼看世界"的潮流，和许多有识之士的思想不谋而合——"师夷长技以制夷"，他继而加入到了清末出洋留学的宏大群体之中，于1907年自费负笈东渡日本，进入东京物理学校数学科学习③。这年王应伟正好30岁。

---

① 《思想总结》（1952年8月），王大珩档案，存于中国科学院人事局档案处。

② 《关于接收王大珩同志入党的意见》（1978年9月1日），王大珩档案，存于中国科学院人事局档案处。

③ 东京物理学校，原为1881年设立的东京物理讲习所，1883年改此名，1917年发展成为一所专业学校，即今日的东京理科大学。

关于父亲王应伟到日本求学的情形，王大珩后来得到的最深刻印象就是父亲老考第一名。1952年他在一份材料中写道："父亲小时有机会读过中国老式的数学，后来在上海师范学校求学，毕业后到潮州中学教数学，是靠他小时候读数学的根基。因待遇很好，也积了一些钱，便到日本留学，在日本学习物理，很用功，因人很聪明，在当时的学校中老第一名，因而由私费补为官费留学。"①

说到王应伟留学日本自费改官费，还有一段故事：1910年6月，东京有家报纸刊登了一条关于中国留学生的报道，上面说到，东京物理学校有一个中国学生，初入校时几乎一句日语都听不懂，但一年后，就在第三、第四、第五学期的考试中，连续取得第一名，让人刮目相看，交口称奇。还说，这名中国学生没有任何资助，全靠打工养活自己和交付学费，几乎濒临辍学，他就是王应伟。很巧，清朝政府末任驻日公使汪大燮正好看到这条消息，牵动了他的惜才之心，于是约来王应伟面谈，并且为他补办了官费留学手续②。这才解除了王应伟的燃眉之急，使他可以心无旁骛地专心求学。

不再为挣学费而奔波以后，王应伟主动拓宽求知计划，除了继续数学、物理各科学业之外，他还选择地球物理和气象学，作为最后两年重点学习研究的领域。对于一名"老考第一"的留学生，不把精力投向时兴、热门的专业，却选择少有人问津的冷门，旁人都难以理解，但王应伟想的是，地球物理和气象学虽然偏冷，却是物理学中比较接近实际应用的专业；更为重要的，他对此有学习和研究的兴趣，情愿付出时间和精力。

王应伟在东京物理学校毕业时，他在地球物理和气象学方面的成绩，同样令人刮目，因此，他"毕业后由校长推荐至日本东京中央气象台任职，得以研习气象、地球物理、天文诸学科，并做实地观测。"③

1912年，王应伟进入东京气象台工作，对于他开启学术研究而言，是一件很荣幸的事情。东京气象台有长久的历史，它于1875年设立，从那

---

① 《思想总结》（1952年8月），王大珩档案，中国科学院人事局档案处。
② 王大珩：《七彩的分光》。长沙：湖南少年儿童出版社，2000年，第15—17页。
③ 王大珩：《中国古历通解》序。见：王应伟著，《中国古历通解》。沈阳：辽宁教育出版社，1996年，序言页。

时起就一直没有间断定时观测；这个气象台用于观测的仪器设施非常先进和完善，1883年就发行天气图；台内的资料馆，不仅保存数据齐全，管理有序，还藏有各国著名台站的交换资料。

也是在1912年，中国颁布了新历法，决定从这年起实行"太阴历"（简称阴历）历法，废止辛亥革命以前所用的"阴阳历"历法。这件偶然性的事件，对王应伟后来的事业可以说是一种巧合机缘，从事中国古历研究成了他的终生志向。

多有成就的学者

王应伟在日本生活了九年，饱尝了弱国小民的屈辱，经受了经济困苦的艰辛，也有过短暂的喜悦，当他听到国内爆发辛亥革命、清朝政府被推翻时，兴奋得几近发狂，写下了这样的话："闻听革命谣传喜欲颠。"[1]

1915年夏，王应伟携妻（周秀清）怀抱襁褓中的王大珩回到国内。他除了在家乡短暂停留、在吉林中学堂做了一段物理教员，长时间里，在十分困难的条件下，为气象天文事业做了许多卓有成效的工作。他在北京中央观象台从事地磁测量，先任磁力科技正，后升任气象科科长，负责天文、气象、

图1-1　王大珩的父亲王应伟

---

[1] 王大珩：《七彩的分光》。长沙：湖南少年儿童出版社，2000年，第18页。

地磁等观测业务。"同时因政府欠薪,为了增加收入,曾在当时的师范大学兼任天文学和气象讲师,并在师大附中及其他中学教过物理课。"[1] 他很重视培养专业人才,在观象台曾经招收了 10 名练习生,通过培训,他们都成长为我国天文事业的骨干力量,后来创办北京师范大学天文系的刘世楷,还有天文学家陈遵妫、陈展云等,都是王应伟当时招收的练习生。

在此期间,王应伟负责编辑的《观象丛报》(月刊),当时学术影响之大非同一般。《观象丛报》于 1915 年由时任中央观象台台长高鲁主持创办,其目的,一则在于从读者中发现天文爱好者,实现未来创办"中国天文学会";二则为了储备图书资料,"用这个刊物寄赠各国天文、气象、地磁、地震机构,进行刊物交换"[2],为中央观象台将来增设天文、磁力科做准备。

王应伟负责编辑这份刊物时,前半册为文章,后半册刊登气象观测记录,很吸引国际学界的关注,"寄出后不久,陆续收到近百种天文、气象、地磁、地震刊物作为交换,寄赠的单位遍布五大洲。《观象丛报》停刊后,各国刊物继续寄赠不停止"[3]。

同时要说到的,王应伟编辑的《观象丛报》不仅受到学界重视,对青年天文爱好者确实也有很强的吸引力。有一位毕业于长沙湘雅医学院的学生赵郘民,他阅读《观象丛报》后对天文学发生了兴趣,便到济南师从齐鲁大学王锡恩教授学习天文,后来又到英国去专攻天文学,回国后成为天文学教授,长期在中山大学、南京大学执教,培养了许多天文学人才,著名女天文学家、两次担任国际天文学联合会副主席的叶叔华院士,便是其中的一位[4]。

1922 年中国天文学会成立,王应伟是发起人之一。

1928 年北京中央观象台撤销,气象中心移至南京,次年王应伟应青岛

---

[1] 《思想总结》(1952 年 8 月),王大珩档案,存于中国科学院人事局档案处。
[2] 陈展云:《中国近代天文事迹》。中国科学院云南天文台,1985 年,第 26 页。
[3] 同[2],第 27 页。
[4] 席泽宗:《中国古历通解》序。见:《古新星新表与科学史探索——席泽宗院士自选集》。西安:陕西师范大学出版社,2002 年,第 663 页。

观象台蒋丙然台长邀请，赴任气象地震科科长，并兼任磁力科科长，主持气象观测、天气预报和地震观测业务。

与此同时，王应伟在研究和著述方面也颇有成就。他"利用维歇特水平地震仪进行连续记录，地震观测水平得到提高，对地震图进行分析，定出震中位置。"[①] 这是王应伟做出的对地球物理学的探索之一；1931年，他在持续研究的基础上，出版了中国第一部地震学专著——《近世地震学》，该书阐明了地震的原理和研究方法；在对气象学研究的基础上，1937年他翻译并出版了日本学者的《气象器械学》一书，在该书序言中他感慨国内气象仪器之缺乏，"现今我国一切测器，大都购自外国，而尚无自行制作之工厂，一旦测器之各部分，发生轻微故障，而仍须运往外国原厂修理，亦为事实所不许"[②]。译著此书的目的在于，他认为气象仪器方面的书籍是国内所必需的，且"第念我国现在航空与农田水利等事业，逐渐发展，各地测候所之增设，时有所闻，本书由时势所乘，或可为目前出版界之需要品"[③]；王应伟还主编了《青岛观象月报》，并在国立青岛大学和国立山东大学兼课，讲授球面天文学等课程；在当时非常简陋的条件下，他还研制出第一台国产风力计。

通过学术上的交流，王应伟结交了许多同行朋友，他与气象学家竺可桢的密切往来便是一例。当竺可桢读了王应伟的数学著作《微积分》，认为很有价值，并将之推荐给商务印书馆的王云五作为专科学校教本出版，竺可桢的推荐信写道："敝友青岛观象台王应伟先生著有《微积分》一部，适合于专科学校教本之用，谨为介绍。如贵馆有此项教科书之需要，弟当嘱王君将文稿寄奉，以便审核。"[④] 1932年11月26日，竺可桢又致信王应伟："尊著《微积分》，嘱转介至商务印书馆出版，谨已遵函商务王云五先生矣，容得复书，即再奉闻。入秋风厉，诸幸珍卫。"[⑤]

[①] 中国科学技术协会主编：《中国地球物理学学科史》。北京：中国科学技术出版社，2012年，第67页。
[②] [日]冈田武松著，王应伟译：《气象器械学》中的序。
[③] 同②。
[④] 竺可桢：《竺可桢全集》（第二十二卷）。上海，上海科技教育出版社，2012年，第511页。
[⑤] 同④，第512页。

王应伟不但研究天文气象学，语言学也学得好。在日本的九年时光里，他学会了英、德、日三种语言；至于他的国文，由于少年开始接受的传统教育，加上个人聪颖好学，更是达到造诣精深的程度。早在1921年，上海商务印书馆就出版过王应伟一本专论国语文法的书——《实用国语文法》，民初教育总长张仲仁为此书作序，写道：

> 吾友王君硕辅，好学不倦，兼通英德日三国文字，于语法的组织素有研究。现在做成《实用国语文法》一书，上编专述词论及单句，下编专论复句。条理井然，繁简适当，足以供给研究语法的参考。

王应伟在《实用国语文法》绪论中指出，"欲研究一国的风俗习尚，和人民的思想关系，开化程度等，不可不知这一国的语言文字。"可以说这是他的经历体会。王应伟是一名学者，在日本苦读多年，他将"科学"作为其本业，而熟知的国学成就了他科学和文化两相并重的事业。

1938年，日军占领青岛，王应伟激于义愤并坚守民族气节，不受伪聘，毅然辞去工作回到北京家中，继续钻研中国古代天文。

《中国古历通解》之憾

中华人民共和国成立后，王应伟在历史学家顾颉刚（1893—1980）的推荐下，应物理学家叶企孙之邀，担任中国科学院自然科学史研究室（现中国科学院自然科学史研究所前身）的义务研究员，帮助该研究室编校中国的古历法和古天文。数年间他以饱满的热情投入研究工作，参与《中国天文学史》编写，天天上班，每日不落，而他既不在职，没有工薪，又已是年逾八旬的老人。

王应伟认为古历是天文学、史学的重要分支，它蕴含了丰富的天文学和数学知识，是先民的重要遗产，是中国古代最有成就的科学技术领域之一。他在82岁那年（1959年），主动提出要完成清代学者钱大昕（1728—1804）和李锐（1762—1817）深研古历没有做完的事业，对继《三统历衍》《四分历注》和《乾象历注》之后，从魏景初历开始，到明大统历为止，各家历法或采用注解体裁，逐句诠释；或采用说明方式，随之解释。他的这一提议，获得中国科学院自然科学史研究室支持，"为此研究室聘他为特约研究员，但只是荣誉性质，没有物质报酬。在一无工资待遇，二无课题经费的情况下，一位80多岁的老人，奋战四年，完成三卷六编，凡50余万字的巨著"[①]。

王应伟完成的这部巨著，就是《中国古历通解》。天文史家席泽宗院士对此感叹道："没有长期的积累是做不到的。没有高度的奉献精神也是做不到的。"席泽宗还清楚记得王应伟当时撰写《中国古历通解》的情形，尤其对王应伟一丝不苟的治学精神感慨不已：

> 王老每日工作半天，早晨四五点钟起床，先在家里工作一段时间，吃过早饭后到办公室来，接着工作到中午。有时，我们都吃完饭了，他却还在那儿手执毛笔，聚精会神地写作。他说，做学问要有积累的功夫，积之弥厚，则发之弥光；用功一定要有恒，不能以为有鸿鹄将至，坐不下来。他常把自己写的东西拿给我们看，请提意见，欢迎修改。我们向他请教时，他总是抱着"尽其所有"的态度给我们讲解。我们请他为黑板报写稿，他也欣然承诺[②]。

20世纪50年代末，中国科学院自然科学史研究室同仁有感于王应伟老人的精神，送给王老一面锦旗，写道："在总路线的光辉照耀下，为科学研究工作奋勇当先，光荣地贡献了自己的全部知识和力量，堪称社会主义的模范老人。"

王应伟接到锦旗后，赋诗一首放在自己的案头，以为自励：

[①] 席泽宗：《中国古历通解》序。见：《古新星新表与科学史探索——席泽宗院士自选集》。西安：陕西师范大学出版社，2002年，第663页。

[②] 同[①]。

遵循总路线康庄，忽庆更生喜若狂。

事业刷新周复始，譬诸日月焕重光。①

1962年8月，在北京举行的中国天文学会第二次代表大会上，王应伟作为特邀代表向会议报告了《中国古历通解》，受到与会者敬佩。但由于这部天文学著作是用文言文撰写的，又只印过少量油印本，读到的人很少，能够读懂的人更是寥寥可数。同时，作者以严谨治学的态度考察，认为"惟《中国古历通解》尚须作《补遗》一书所关非细，材料已预备就绪"。于是从1963年起，他又致力补遗和使文字尽可能通俗的工作，即使病中也未曾松懈。遗憾的是，工作还没有做完，王应伟于1964年2月26日离世了。

接着，中国科学院方面安排专人继续王老未竟之事，正进行中又遭遇"文化大革命"。随着岁月的流逝，《中国古历通解》原稿渐渐散失，当年印发的油印本数量也越来越少，且渐有遗失不全之势态，天文学界和科学史界同仁鉴于此书的意义，有志者着手重新整理了这部专著。在1998年，王应伟诞辰120周年之际，经多方协力，《中国古历通解》由科学史家陈美东、薄树人补校定稿，由辽宁教育出版社出版。

---

① 席泽宗：《中国古历通解》序。见：《古新星新表与科学史探索——席泽宗院士自选集》。西安：陕西师范大学出版社，2002年，第663页。

第二章
灵气少年

王大珩的求学之路并无多少波折，他是一名沉迷于数学和物理奥妙的好学少年。从北京到青岛，父亲为他提供了较好的进学环境，他亦不辜负家人之所盼，学习成绩优异，成了父亲口里的"考胚"、弟妹们学习的榜样。

童年与家庭的熏陶

王大珩于 1915 年 2 月 26 日出生在日本东京中央气象台附近的一所普通的和式住宅里。同年 9 月，襁褓之中的他随着父亲和母亲回到了祖国。

父母是王大珩人生道路上最初的导师。出身于书香门第的父母，对子女的殷殷期盼，从为孩子们的取名便可以看出。王家儿女的名字皆以"王"为偏旁（"玉"旁），以王大珩的"珩"字为例，《说文》有云："珩，佩上玉也"。"珩"是佩玉上面的横玉，形似磬而小，或上有折角，用于璧环之上，因其稀少而愈加珍贵。《诗经·小雅·采芑》中有"有玱葱珩"之句，形容佩戴的碧玉撞击时发出的清脆而美妙的叮当之声，这是多么美好的意境。"珩"在父母眼里，是美好事物的代名词，幼小的王大珩是王家父母眼里一块待雕琢的美玉。

王应伟以科学为职业，父亲出众的才华和严谨治学的精神对王大珩影响深刻，激励了他求学上进。王大珩对父亲的学术成就极为钦佩，在《我的自述》中他曾回忆过父亲引导自己走上科学道路的情景：

> 父亲看我有点灵气，从小就引导我学科学，激发我爱科学的兴趣。记得在我很小的时候，当时看到筷子半截插入水中，出现挠折现象时，父亲就指出，这叫折光现象；在小学时，父亲就带我去看他亲自做地磁观测；在初中时，带我进行气象观测实习。在父亲教育辅导下，我超前学完了中学数学和微积分。①

父亲令王大珩从小便感受到了科学的趣味，早年的启蒙引领了他后来对理科的极大兴趣。

王应伟成长于封建王朝的末年，幼年时期受到的是传统儒学教育，后又接受了近代的科学训练。他学贯中西，思想既开化又保守，两种文化在他为人处世的态度和对子女的教育等问题上打下了深深的印记；这种矛盾体现在家庭中便是，他既提倡科学教育又时刻对妻子儿女们施展着大家长的权威。王大珩从记事起，印象中的父亲总是一副严厉的形象。他感慨自己童年时几乎没有得到过父亲的表扬和鼓励，他眼中的父亲——严肃、不苟言笑！

> 父亲脸硬得很，不会笑。一副老式的圆眼镜总是冷冰冰地悬挂在脸上，把窄面孔遮盖得所剩无几。厚镜片上永远反射着一层凛厉的光，令人望而生畏。②

《礼记·曲礼》里有"君子抱孙不抱子"，这句话一开始是从祭祀的

---

① 王大珩：我的自述。见：宣明主编，《王大珩》。北京：科学出版社，2005年，第11页。
② 王大珩：《七彩的分光》。南京：江苏人民出版社，2008年，第21页。

角度出发的，但在后来文化的演变中变成了家庭里代表权威的父亲不抱儿子。这实际指的是父亲不应宠爱子女，要与子女保持一定的距离，并用家长的威严来严格教育他们。王应伟深受这种教育方式影响：他为孩子的成长花费了很多心血，期望王大珩能成才；在对待儿子的态度上，他看似疏远、严厉，实际却蕴含了一位父亲对孩子最真挚的期盼。后来从北平到青岛，王应伟无论在哪里任职都会带上王大珩随行，为的是能时刻掌握儿子的学习和成长情况。

王应伟对孩子寄予了厚爱，但是他却疏于表达。他把大部分的时间都放在了工作上，除了气象台的工作外，他还有很多兼职，每天早出晚归，和孩子们相处的时间并不多。即使偶尔在家，他也总是忙忙碌碌，或是看书，或是写作，没有多少时间和孩子们相处。父亲在家时，孩子们的行动都是小心翼翼，不敢大声嬉戏，害怕自己打扰了父亲的研究。孩子们对父亲的感受是敬畏多于亲近，既仰慕父亲撑起了家庭的一片天空，又畏惧父亲的威严。

王应伟对家人的严格，也体现于他对家人的"抠门儿"。王应伟早年吃过生活的苦头，深知"一文钱难倒英雄汉"的道理，因此他对银钱把握得很紧，自己从不乱花每一分钱，给孩子们的零用不多，不允许子女挥霍、浪费。他的妻子周秀清，每个月接过丈夫给的为数不多的生活费后，都要精打细算，才能维持一家人的吃喝嚼用。儿女们在父亲的耳濡目染之下，对物质没有什么要求，他们在后来的生活中，无论取得了什么样的成就，始终保持着勤俭、朴素的作风。

王大珩的母亲周秀清（1889—1974）出生于苏州（吴县）一个书香门第家庭。吴县周家虽然已经没落，但仍然是当地的大族；著名历史学家顾颉刚的母亲，便出于这个家族。周秀清早年在家乡里的新式学堂——兰陵女学[①]里受过教育，毕业后在上海幼稚园担任过一段时间的幼儿教师。她性格温和，为人贤惠，爱自己的丈夫和孩子，在家庭中投入了大量的心血和情感。虽然只是一名普通的家庭妇女，但是她希望家

[①] 苏州兰陵女学，成立于 1901 年，为新式女子学堂。

中的孩子们无论男女都能受到优质的教育。王大珩从母亲那里得到的关爱温暖了他的一生，他和弟弟妹妹们，"在感情上对母亲亲，对父亲持敬畏的态度"[①]。

周秀清在教育子女时不讲大道理，而是以身作则，为子女表率。子女们回忆母亲，"自己勤俭劳动，也一直教育子女要热爱劳动"[②]。在母亲的影响下，王家的孩子们个个都吃苦耐劳。即使后来家庭经济面临困难，在母亲的坚持下，子女们的学业都维系下来，他们都考上了理想的大学并成为专业人才。

图 2-1　王大珩的母亲周秀清

王家除了长子王大珩是一名光学专家外，次子王大琪是造纸专家，曾在轻工部造纸设计院任工程师；长女王大玫是整形外科专家，曾任北京大学第三医院颌面外科主任；次女王大琬是妇产科医生，曾任北京妇产医院院长；三女王大珍是微生物生态学科学家，曾任中国科学院微生物所研究员；四女王大瑛是一名化工专家，曾任北京通州化工厂工程师；幼子王大瑜既是一名物理教师，也是一位音乐家，他是中国音乐家协会的会员。

在父亲和母亲的教育下，王家手足友爱。王大珩作为长兄，

图 2-2　1933 年，王大珩与父母弟妹合影（前排右起：王应伟、周秀清；中排右起：王大珍、王大瑛、王大瑜、王大琬；后排右起：王大珩、王大玫、王大琪）

---

① 入党自传材料（1978 年 5 月），王大珩档案，中国科学院人事局档案处。
② 同①。

与弟弟妹妹们感情深厚，对他们关心有加。小时候，兄弟姐妹们是玩伴；长大后，他们彼此扶持、互相关心，度过了人生的高潮和低潮。

王大珩的幼弟王大瑜曾多次回忆起兄长对自己的关爱。原来，王大瑜青年时代曾放弃就读的机械专业，改立下学习音乐的志向，违背了父亲希望孩子们学理科的意愿，父亲认为孩子没有走"正途"，对此很是发了一番脾气。王大珩那时候正好从英国回来，得知弟弟的选择，并没有责备他放弃机械专业改学音乐有多么离经叛道，而是告诫王大瑜一定要坚持学习，不能半途而废。另有一件事，20世纪90年代末，在一次家庭聚会上，王大珩对王大瑜说：你既然是学艺术的，就应该去艺术的国度看一看，如果路费不够，由我来出。哥哥的鼓励和关怀令弟弟心存感激，久久难以忘怀[1]！

1956年妹妹王大珍在选择专业的时候曾向兄长咨询，王大珩郑重地请来自己留英的同学、生物化学家王应睐[2]找妹妹谈话，向她介绍生物学的研究内容和学习方法，从而影响了王大珍一生的专业方向。王大珍还记得1998年她要去巴西开会，但申请下来的差旅费却不够，王大珩雪中送炭，给她送来了自己的一万元积蓄，补足了旅费，解除了她的燃眉之急。

王大珩的行动为弟妹们树立了好的榜样，令他们感受到了兄长深切的关怀。

在孔德、汇文读书

牙牙学语的王大珩，在父母亲有意识的引导下，识字很快，他不仅认识不少汉字，还学会了简单的算术。儿子理解能力强，有天赋，令母亲周秀清感到骄傲。王应伟在考校了儿子的水平后，决定将还未到学龄的王大

---

[1] 王大瑜访谈，2015年9月1日，北京。
[2] 王应睐（1907—2001），福建金门人。生物化学家，中国科学院院士。他是和王大珩同届中英庚款生，在英国剑桥大学学习，1945年回国后，先后在中央大学、中央研究院医学研究所任职。新中国成立后，先后在中国科学院生理生化研究所、中国科学院生物化学研究所工作。他在营养、维生素、血红蛋白、酶以及物质代谢方面做了很多工作。

珩送去学校。1920 年春天，王大珩走进了北京孔德学校，升入初小二年级①。

孔德是法国著名的实证主义哲学创始人奥古斯特·孔德（Auguste Comte，1798—1857）的姓。1917 年，北京大学校长蔡元培和教授李石曾等人利用庚子赔款的退款，在华法教育会②会址的基础上创办了孔德学校。关于以"孔德"命名，蔡元培有这么一番见解：

> 用孔德先生的姓作标榜，并不是他一个人的学问以外，都不用注意，且并不是就用他的哲学来教授小学生。我们是取他注重科学精神、研究社会组织的主义，来作我们教育的宗旨。为注重科学精神，所以各种教科，偏重实地考察，不单靠本子同教师的讲授……③

蔡元培阐述了孔德学校的教育精神。孔德学校以新式学校著称，学校用的是白话文课本，注重培养学生的动手动脑能力，倡导科学教育，提倡学生德、智、体、美全面发展。学校初办之际，教员有来自北大的沈尹默、马幼渔、周作人、钱玄同和沈兼士等。教授的学生不少是北大教师的子弟，如蔡元培的女儿、钱玄同的儿子、李大钊的儿子、沈尹默的儿子和周作人的儿子，都在这里上学。

不仅如此，学校还拥有占地超过 13000 多平方米的校舍，大型图书馆藏书超过 64000 余册，鲁迅先生也曾来这里借阅过图书、查找过资料。孔

---

① 陈星旦主编：《王大珩年谱·文集》。长春：吉林人民出版社，2015 年，第 18 页，提到"1920—1921 年在北京孔德学校小学部二、三年级学习。入学时通过了初小一年级的考试，优异的成绩使校方决定，让其直接进入二年级学习。"但"王大珩履历表（1988 年）"（王大珩档案，存于中国科学院人事档案处）的"学习简历"栏记录："1921—1922，北京孔德学校，初小二、三年级肄业。证明人钱三强。"王大珩与钱三强是小学同学，根据《钱三强年谱长编》（葛能全编，科学出版社，2013 年）第 14 页，"1920 年 七岁 秋 由北京高等师范学校附属小学转入位于东华门大街的孔德学校，就读二年级"，王大珩的入学时间应为 1920 年。

② 华法教育会，由蔡元培、李石曾、吴玉章、吴稚晖及法国学者欧乐（Aulard）等人创建的中法学者文化教育学术团体。

③ 蔡元培：北京孔德学校二周年纪念会演说词（1919 年 12 月）。见：《蔡元培教育论著选》。北京：人民教育出版社，2011 年，258 页。

德学校师资实力很强，是北京城内首屈一指的名校之一。文学家刘半农曾在《我眼睛里所看见的孔德学校》中称赞孔德学校是一个"实施人格教育的机关"[①]。孔德学校实行男女同班，在课程设置上重视新型教育方式，无论是教授学生注音字母、用白话写作，还是提倡德、智、体、美全面发展方面都堪称走在了民国教育的前沿。

孔德学校在社会上名气很大。王应伟慕名把儿子送到孔德受教育，他希望儿子在求学之初便能受到最好的教育。在孔德学校上学期间，王大珩是班上个头最小的学生。他上讲台答题的时候，踮起脚尖、努力举起手来也够不到黑板，必须踩着小板凳才能在黑板上书写。但他理解能力很强，掌握知识速度很快，成绩在班里很优秀。

那时候王家住在西观音寺附近，王大珩上学较远。1922年秋，王大珩转入位于钓饵胡同的北京汇文小学念了一年初小，接着转入位于马匹厂的汇文高小就读，直到1926年夏天毕业，他升入汇文中学，成为了一名初中生。

汇文学校也是北京赫赫有名的一所学校，曾涵盖小学部、中学部和大学部。

汇文学校始建于1871年，初为美国基督教会设立教堂时附设的"蒙学馆"，后更名为"怀理书院"，1888年增设大学部，取名为"汇文书院"，1904年改名为"汇文大学堂"，学校科目设置上包括文科、理科、神学、医学、艺术等多种科目。1918年，汇文大学部与华北协和大学合并组成燕京大学，迁到海淀区今日北京大学的校址，原校址为汇文小学和汇文中学，后改名为"京师私立汇文中学"。中华人民共和国成立以后，学校几经演变，更名为北京市立第二十六中学，1989年恢复原校名——北京汇文中学。

汇文学校教学水平很高，培养了很多名人，据统计，学校走出了30余名两院院士和一大批著名科学家，如建筑学家梁思成、动物学家刘承钊、生物学家梁植权、土木工程学家林同炎、神经外科专家王忠诚、物理

---

① 呼志强编：《20位民国文化大师的阅世心得》。北京：中国纺织出版社，2013年，第119页。

学家谢家麟，他们都是汇文的校友。不仅如此，汇文还培养了许多文化名人，书画家启功便是王大珩在汇文的学友。

王大珩在汇文一直念到了初中毕业，汇文是他始终怀念的一所母校。老汇文学校有一口校钟，这口铜钟是学校当年的重要标志。汇文学校早期，催促学子们起床、上课、吃饭，都靠校门口挂着的这口老钟。一直到20世纪50年代末，学校安装了电铃，才结束了这口铜钟的历史使命。这口钟，是早期汇文学校精神的象征。伴随着悠扬响亮的钟声，王大珩在汇文求学，从孩童渐渐长成了一名半大的少年，在这里度过了人生最纯真、最美好的时光。若干年后，回忆起母校，他最先想起的便是那口经历了沧桑岁月的老校钟："汇文的钟声特别好听，它的频率在人耳最敏感区，听起来很清脆，不像有的大钟太低沉。"[1]

王家子女回忆兄长在汇文学习期间，"聪慧有加，对各门课程能够做到概念清晰，领悟深邃，以至融会贯通。中学时期被班上的同学称为'小老师'。……（成绩）始终名列前茅，被父亲誉之为'考胚'，成为家中弟妹们的典范。从知识的深度及广度上，都为他以后开展工作打下了坚实有力的基础。"[2]

父亲对王大珩的功课很重视。在父亲的督促下，孩子的学习很努力。王大珩尤其喜欢理科的功课，数学是他的强项，他很快能把课本吃透。学校安排的数学课已经满足不了他的求知欲了，他向父亲求助，父亲给他找来了高年级的教科书，他便如饥似渴地阅读，遇到不会的题目便向父亲请教。而父亲当过中学教员，很擅长辅导孩子的功课。

有一件令王大珩印象深刻的事，一次学校布置了一道"鸡兔同笼"的算术题，说的是：一个笼子里养了鸡和兔子，加起来一共有30个头和100条腿，问笼子里有鸡和兔子各多少只？他用数数的办法，很快便领先于同学们得出了答案——10只鸡，20只兔！他喜滋滋地把这件事告诉了父亲，但他并没有得到父亲的夸奖。父亲在得知儿子是靠数数得出答案后，认为

---

[1] 王丽：《追寻失落的中国教育传统》。北京：教育科学出版社，2010年，第138页。
[2] 王大琬、王大珍、王大瑛：奋发图强 殚心竭力为祖国——我们的兄长王大珩。见：宣明主编，《王大珩》。北京：科学出版社，第142-144页。

孩子并没有掌握解决问题的真正方法，严厉地告诫王大珩：得出结果不是关键，重要的是要了解过程，不求甚解不是治学应有的态度！

在父亲的启发教导下，王大珩渐渐掌握了一些学习数学的方法，他很重视解题方法和过程。解的题多了，他便能够做到举一反三。父亲很满意儿子的进步，并甘当儿子的课外辅导教师，专门指点他的理科学习。在父亲的帮助下，王大珩很快就自学完成了初中数学。学有余力，他又开始啃高中的课本，据王大瑜回忆，兄长"在初中毕业前就已超前学完了全部高中数学课程及大学的微积分课程"[①]。

汇文有奖励各学科第一名毕业生的传统，校方为每个学科考得第一名的毕业生颁发一枚银盾，表彰学生在校期间取得的好成绩。王大珩学习刻苦，成绩名列前茅，当仁不让是银盾有力的角逐者。1929年，在汇文中学初中毕业典礼上，他因算学（数学）、科学（生物）两门功课排名第一，获得校方颁发的两枚银盾殊荣。

在青岛礼贤中学

初中毕业后，王大珩并没有留在汇文继续升学，而是去了青岛礼贤中学开始了他的高中学业。

1929年，王应伟即将去青岛观象台工作，是否要把全家搬到青岛是他考虑的问题。王应伟赞赏儿子在学习上的灵气，王大珩的学业是父亲除了学术和工作之外最为看重的事，所以即使最后王应伟决定把妻子和其他子女都留在北平[②]，依然要带着王大珩去青岛，为的就是能让孩子在自己的眼皮底下专心学业。

[①] 王大瑜：王大珩在英国昌司公司。见：宣明主编，《王大珩》。北京：科学出版社，2005年，第145-146页。

[②] 北京，1928年设立北平特别市。1937年10月12日，日伪政府将北平改为北京，1945年日本战败投降后，恢复北平旧名。

青岛礼贤中学是现今中国的百年名校之一,它的历史可上溯至1901年德国基督教同善会传教士、汉学家卫礼贤①在胶州路上开办的德华神学校,1903年后这所学校被命名为礼贤书院,成为青岛历史最长的一所教会中学。学校初办时为师范学堂,除了开办德文班以外,还教授清政府钦定的高等学堂章程课程。1905年学校增设女学,即礼贤女学(也叫美懿书院,后改称淑范女学校),成为青岛第一所招收女生的中学。学校开办之初的教学方针为"中西结合""有教无类,一视同仁",并提倡"中学为体、西学为用"。1919年,学校改名为礼贤甲种商业学校,直至1923年恢复原校名。1952年,人民政府接管该校后改其名为山东省青岛第九中学。

　　王应伟对儿子的学业很上心,他要为儿子选择当地最好的学校就读。礼贤中学作为当时青岛私立学校中规模最大、教育水平最高的一所中学,是王应伟的首选。就这样,王大珩成为礼贤中学的一名少年学子。

　　王大珩喜爱礼贤中学漂亮的校园,他更欣赏学校里浓厚的学习氛围。令他高兴的是,这里的老师有很多是国外留学回来的,学校里还有外籍老师,他们教学都很有特点。礼贤中学还开设德语课,他的德文基础就是在此时打下的。礼贤中学给他留下了深刻而美好的印象:

　　　　学校的西花园中建有一座尊孔文社藏书楼。这是维尔海姆②为表达自己尊崇孔夫子的意思而执意要求建造的。藏书楼中珍藏着的大量古今中外书籍,为这所普通的中学创造了浓厚的治学氛围。学校的另一个突出特点是师资力量很强。礼贤中学的教师中,外籍人士和留学归国人员很多。单就我这个班来说,教物理课的就是一位瑞士籍物理学博士;教化学课的是一位留学德国的化学博士;而教地理课的则是一位德国地质学博士。还有一位德国夫妇负责英语教学,丈夫是博

---

① 卫礼贤(Richard Wilhelm,1873—1930),出生于斯图加特,原名为理查德·威廉,来中国后取名卫希圣,字礼贤,亦作尉礼贤。汉学家,翻译出版了《老子》《庄子》和《列子》等道家著作,还著有《实用中国常识》《老子与道教》《中国的精神》《中国文化史》《东方——中国文化的形成和变迁》和《中国哲学》等著作。

② 即卫礼贤。

士，那位妻子的英语发音十分标准。在这些教师中，我最喜欢那位瑞士先生，因为瑞士先生总是能想方设法为学生们做出种种有趣的物理实验，这在当时落后的教育条件下，是其他同类学校都难于比拟的。我最初对物理的兴趣便是由此产生的。①

礼贤中学的教育令王大珩受益良多。他喜爱理科，觉得物理、数学等学科令他更接近科学的真相，但他在学习上并不偏科。礼贤中学是一所汇聚了中西方文化的学校，创始人卫礼贤是一名汉学家，崇尚中国的古典文化，在课程设置上很重视向学生教授中国的传统文化。学生在礼贤中学里既要学习科学，还要学习文化课程。王大珩一生喜欢诗词，除了受到父亲王应伟学贯中西的影响外，和其少年时期受到的教育也有关联。在礼贤中学的三年里，无论是国文还是数学，历史还是物理，还有其他的科目，王大珩都学得很好。

王应伟虽然鼓励孩子刻苦读书，但他并不提倡"死读书、读死书"，他不赞成儿子一心扑在书本上。王应伟是一名科学家，他清楚活学活用的重要性，因此刻意培养儿子在学习理科时的实际操作能力。父亲的教育方式对王大珩影响很大，在他的科学生涯中，他始终注意锻炼自己的实践能力，而且，他后来还坚持要求自己的学生和下属也要重视在实践中提高实际操作水平。

父亲注重实践的一件事便是，他常常带着儿子去自己工作的青岛观象台学习观测气象。在礼贤中学

图2-3 20世纪初的青岛观象台

---

① 王大珩：《七彩的分光》。南京：江苏人民出版社，2008年，第44-45页。

上课之余，王大珩成了当时观象台里一名年幼的见习生。博学的父亲手把手教授儿子如何使用科学器械观测星空，教导他如何通过工具和数据来预测气象，告诉他什么是地磁，为他讲解地震的原理。王大珩深感眼界开阔了，他窥见到了浩瀚宇宙的一角，了解到了天气变化的变幻莫测……大自然的奥秘令他深深着迷。观象台的这段实习经历，在他的生命中打下了深刻的烙印。1998年，在青岛观象台百年诞辰之际，王大珩曾重游故地，写下了一首诗，深情缅怀过去的岁月：

青岛风光，观象有方。
百年业绩，贵在经常。
气象测报，日夜绵延。
日月星辰，窥成壮观。
太阳黑子，描记隐现。
中星过顶，校准时间。
地磁地震，亦录亦研。
海洋探测，斯是开端。
世纪沧桑，国势日强。
承前启后，观象其昌。[1]

---

[1] 王大珩遗留资料（手稿），"诗词"，中国科学院长春光学精密机械与物理研究所档案室。

第三章
自强不息清华人

1932年，王大珩考上清华大学物理系。20世纪30年代的清华物理系，有叶企孙、吴有训、周培源、萨本栋等名师，学术成就和教学水平在全国的大学里也是数一数二的。在清华的四年里，王大珩既得良师指点，又有友情相伴。在1935年年底那场轰轰烈烈的学生运动中，他还是一名怀有强烈民族情感的积极分子。

慕名选择清华物理系

1932年高中毕业后，17岁的王大珩从青岛回到北平参加大学招生考试。那时候不设统考，由各个学校自行命题、自行组织考试、自行判卷、自行发榜。因为不愿意离开生活了多年的北方，他报考的三所学校都地处北方：一是清华大学，他的母亲和弟弟、妹妹们住在北平；一是南开大学，校址天津，距离北平比较近；一是青岛大学，父亲在青岛观象台工作。结果，三所学校发布的榜单上，都有王大珩的名字。他记得当时的情况是这样的：

南开大学我考了个第一名。青岛大学当时虽然不知道考了第几名,但后来据青岛大学的数学教授说,我大概是在十名之内,因为我的数学考卷十分突出。清华大学我是第十五名。[1]

王大珩最后选择了清华大学的物理系,这在很大程度上是慕名而来。

清华大学是一所综合性大学,其历史可以上溯到1909年。这一年,游美学务处在北京设立后,筹建了游美肄业馆,招考庚款留美学生,先后录取了梅贻琦、竺可桢、赵元任等人赴美留学。1911年,留美预备学校依托美国退还的部分"庚子赔款"而建立,因校址设立在清华园内,所以被命名为清华学堂。清华学堂设高等科、中等科,按照美国的教学办法,学制为四年,学生毕业后资送留美。1912年学校改名为清华学校,1925年清华设立大学部,成立了国学研究院,聘请了梁启超、王国维、陈寅恪、赵元任为国学四大导师,学校宗旨从派遣留学逐步转为培养本国人才,并开创了四年制本科教育。1928年学校更名为国立清华大学。

清华大学一直强调学术的独立性。1928—1930年担任校长的罗家伦在就职典礼上曾说:"要国家在国际上有独立自由平等的地位,必须中国的学术在国际上也有独立自由平等的地位。把美国庚款兴办的清华学校正式改为国立清华大学,正有这个深意。我今天在就职宣誓的誓词中,特别提出'学术独立'四个字,也正是认清这个深意。我今天在这庄严的礼堂里,正式代表政府宣布国立清华大学在这明丽的清华园中成立。从今天起,清华已往留美预备学校的生命,转变而为国家完整大学的生命。"[2] 1931年梅贻琦担任校长后,清华大学迅速发展起来,成为全国最高水平的大学之一。

1937年抗日战争爆发后,学校南迁长沙,与北京大学、南开大学联合组建国立长沙临时大学。1938年学校迁至昆明,改名为国立西南联合大学,直至1946年迁回清华园原址复校。清华大学师资力量很强,除了

---

[1] 王大珩:《七彩的分光》。南京:江苏人民出版社,2008年,第43页。

[2] 罗家伦:学术独立与新清华。见:《中国人的品格》。北京:中国工人出版社,2010年,第150页。

国学四大导师外，还有蒋廷黻、张曦若、冯友兰、张子高、熊庆来、叶企孙、赵忠尧、吴有训、周培源等，民国时期著名的许多学者都曾在这里任教过。

1932年清华大学的国文考题是由国学大师陈寅恪出的，有两道题引人注目，一为对对子题，"对下列之对子：（甲）少小离家老大回；（乙）孙行者"，二为作文题，即《梦游清华园记》，附注：此题文言白话皆可，但文言不得过三百字，白话不得过五百字。"作为一名对未来怀有梦想的高中毕业生，王大珩对清华园有着美好的展望。他心中既有对未来学业上深造的期待，也有对清华园美丽景色的喜爱和向往。

"景昃鸣禽集，水木湛清华"①，这句诗描述的是清华大学工字厅后的园林景色。山林掩映之下的水木清华古亭，所谓"槛外山光历春夏秋冬万千变幻都非凡境，窗中云影任东西南北来澹荡洵是仙居"②，东、南、西、北；春、夏、秋、冬，校园内四季之景色各不相同。每一个清华人，都对这所依托于皇家园林基础建立起来的美丽校园有自己的爱好。春日树木掩映的荒岛、夏日莲叶亭亭的荷塘……水木清华园，为每一位清华学子营造了最美好的梦。

王大珩初入清华园，清华高大的校门便令他产生迈入科学圣殿之感触。清华的老校门③体现的是厚重之美，它的上部用汉白玉砌成，顶部篆刻有清代大学士那桐用遒劲笔迹书写的"清华园"三个字，基座用的是朴实的青砖。这所古朴优雅，又饱经风霜的校门是清华大学的标志，也是清华精神的象征之一。从迈入这所庄严肃穆的大门起，他便成了清华大学的一员。清华园的生活影响了他的一生，这四年的学习经历为他开启了一扇通向科学的大门。

王大珩报考清华大学，一个很重要的原因就是他慕名于清华大学物理

---

① 出自东晋谢叔源的《游西池》，原诗为，"悟彼蟋蟀唱，信此劳者歌。有来岂不疾，良游常蹉跎。逍遥越城肆，愿言屡经过。回阡被陵阙，高台眺飞霞。惠风荡繁囿，白云屯曾阿。景昃鸣禽集，水木湛清华。褰裳顺兰沚，徙倚引芳柯。美人愆岁月，迟暮独如何？无为牵所思，南荣戒其多。"

② 为水木清华轩楹联。

③ 即二校门，原校门落成于1911年，"文化大革命"期间被拆毁，1991年重建而成。

系！1926年，清华设立了17个系，物理系为其中之一。清华物理系并不是我国大学中设立最早的，但在当时却算得上是"全国学术中心之一"[1]。

1926年，清华物理系的创办人之一、物理学家叶企孙（1898—1977，另一位创办人是梅贻琦）担任了物理系的系主任。在他的全力主持下，物理系的教学和研究水平日益提高。

清华物理系成立之初，只有梅贻琦和叶企孙两位教授，前者因为担任学校教务长无暇为学生授课。叶企孙到任后，注重发展物理系的教师队伍，据王大珩的同学钱三强回忆，叶企孙"延聘一批学术造诣较高的理学院教授，如熊庆来（1927年）、吴有训、萨本栋（1928年）、张子高、周培源、黄子卿、萨本铁、李继侗（1929年）、赵忠尧（1931年）等，到抗日战争爆发前，清华理学院教授阵容已属国内前列"[2]。

清华大学的教师与其他学校不同的是，他们除了擅长教学之外，还从事科学研究，这在当时中国的大学里是不多见的。例如，叶企孙做光谱方面的研究，吴有训利用X射线研究金属结构，周培源进行理论物理方面的研究；赵忠尧与霍秉权研究原子核物理，并开始建立威尔逊云雾室；萨本栋与任之恭进行电路和电子学方面的研究，并准备试制真空管，等等。

除了教师力量，物理系从筹建开始，便积极"筹备研究工作用的实验室、设备较好的金工厂和有专门书刊的图书室"[3]。经过几年的发展，叶企孙在1934年的《清华周刊》上发表了一篇题为《物理系概况》的文章，写到了当时物理系已经较为完备的硬件设施："本系所有仪器，约值国币十一万元，书籍及杂志足敷参考之用。本系设有工场，能自制精密仪器"[4]。

《周易》有云："天行健，君子以自强不息；地势坤，君子以厚德载

---

[1] 叶企孙：物理学系概况。见：清华大学校史研究室，《清华大学史料选编（第二卷，上）》。北京：清华大学出版社，1991年，第395-396页。

[2] 钱三强：缅怀敬爱的叶企孙教授。见：《钱三强文选》。杭州：浙江科学技术出版社，1994年，第293-300页。

[3] 同[2]。

[4] 同[1]。

物。"1914年梁启超在清华学校做的一次题为《君子》的演讲中援引了这句话，此后，清华人便用"自强不息、厚德载物"作为校训。自强不息，即奋斗不止、奋发图强、不屈不挠、追求卓越；厚德载物，则是要有团结民主、严己宽人、兼容并包的博大胸怀。正是校训的鼓励，数代清华人无论是在学习期间，还是走出校园后，都以校训激励并规范自己的行为。对于清华物理系的学生而言，校训为他们带来的精神上的鼓励远胜于其他诸系，因为清华物理系对学生的学习要求尤其严格，倘若求学期间不能做到奋斗不止，学生就毕不了业。关于物理系的办学目的和教学计划，叶企孙是这样说的：

> 在教课方面，本系只教授学生以基本知识，使能于毕业后，或从事于研究，或从事于应用，或从事于中等教育，各得门径，以求上进。科目之分配，则理论与实验并重，重质不重量。每班专修物理学者，其人数务求限制之，使不超过十四人，其用意在不使青年徒废其光阴于彼所不能学者。①

正是因为叶企孙"重质不重量"，清华物理系早年招生并不多，坚持到毕业的人数更是稀少。以1929年清华物理系的第一届毕业生为例，顺利毕业的有四人：王淦昌、施士元、周同庆以及钟间。其中，王淦昌、施士元、周同庆后来都成了知名的物理学家：王淦昌为"两弹一星"元勋，施士元是居里夫人的学生，也是我国最早从事核物理研究者之一，周同庆则是我国最早从事光学、真空电子学和等离子体物理学等领域的领军人物之一，他们为中国的物理学发展做出了很多贡献。

关于当时清华物理系的课程设置的具体情况，从1931年吴有训代理物理系主任职务时的一段讲话可以看出一二：

> 在第一学年中，除应将各学系公同必修学科（即国文六学分，英

---

① 叶企孙：物理学系概况。见：清华大学校史研究室，《清华大学史料选编（第二卷，上）》。北京：清华大学出版社，1991年，第395-396页。

文六学分，社会科学六学分）修毕外，最好能同时习普通物理及微积分（或普通化学）。若想同时读物理、化学、微积分三者，那是非常繁重；应得慎重斟酌自己的体力和已往的训练，不可轻于尝试；同时本系同学，应留意求学的工具。外国文当特别注重外，最少对于一种外国文，要能读能写。第二种外国文之选习，似以在第二学年为宜。

……

本系自最浅至最深的课程，均注重于解决问题和实验工作，力矫现时高调及空虚的毛病。大学一二年级功课，是本系的基本课程，须特别留意。凡大学一年级所读普通物理成绩不到中等者，不得入物理学系，这是一条要紧规则，须得注意！[1]

王大珩在物理系上的课程很多，既有必修课，也有选修课；既有公共课，也有专业课；甚至还要学习两种外语。按照清华《1936—1937 年度物理系的学程一览》，就专业课程而言，学生第一年要学普通物理，第二年要学中级电磁学、中级光学、中级热学和中级力学，同时还要学习中级物理实验；第三年要上力学、热力学、电磁学、光学和分子运动的物质论的课程；第四年则是学习近代物理学、无线电学和近代物理实验与无线电实验[2]。

清华物理系还有一个特点是重视培养学生的动手能力，提倡手脑并用、理论与实验相结合。物理系规定学生选修实验课的学分，不得少于理论课的二分之一。当时物理系学生"须修本系学程五十学分其中实验学分须有十二，理论学分须有二十四。……每实验一次，约占二小时至三小时；每星期一次，一学期完毕者，算一学分"[3]。

---

[1] 吴有训：清华大学物理系概况。见：吴有训著，郭奕玲、沈慧君编，《吴有训的科学贡献 吴有训科学论著、讲演、文稿、谈话集》。厦门：鹭江出版社，1997 年，第 144 页。

[2] 根据《1936—1937 年度物理系的学程一览》。见：清华大学校史研究室：《清华大学史料选编（第二卷，上）》。北京：清华大学出版社，1991 年，第 397 页。

[3]《物理系学程一览（民国二十五年至二十六年度）》。见：郭奕玲主编，《吴有训文集》。南昌：江西科学技术出版社，2007 年，第 367-370 页。

难忘恩师

王大珩慕名投考清华,成为了物理系一名学子。在这里,他聆听了叶企孙教授的磁学、热力学课程,学习了吴有训教授的X放射课程,还有萨本栋教授的无线电课、周培源教授的理论物理学课以及赵忠尧教授的光学课程,等等。大师们的讲授令他受益匪浅。而老师对学生们由衷的关怀和教育也让他终生难忘。

王大珩眼里的老师叶企孙,眼神平静无波,面孔貌不惊人,说话还略带些口吃,从外表上一点也看不出这是一位在清华大学叱咤风云的大学者。在进入清华以前,喜爱物理的王大珩便已在父亲那里听说过叶企孙的大名。他知道叶企孙早年在留美期间曾经用X射线短波极限法精确测定普朗克常数 h 值,被国际科学界公认为当时最精确的 h 值。不仅如此,他还讨论过液体静压力对典型的铁磁性金属铁、钴、镍磁导率的影响,他所做的开创性的工作受到当时欧美科学界的广泛重视。

叶企孙是清华学校1918年的毕业生。1925年,清华学校创立大学部,他接受邀聘就任物理学副教授,并在次年升任教授,在清华做了很多工作。1948年12月,清华园解放,叶企孙拒绝了南京政府的南下邀请,毅然留在了清华园,他决意要一直为清华服务下去,就这样,他留在清华工

图3-1 叶企孙

作到了 1952 年。①

叶企孙的授课很得学生们的喜爱，王大珩对叶师的印象是："思维敏捷，教学方法灵活独到，讲课从不照本宣科。他虽有很重的上海口音而且又口吃，但这丝毫也不影响他把那些基本概念讲得清晰易懂。叶先生极善于把握关键。他负责讲授的热力学是最难懂的课程之一。每当讲到关键之处，叶先生总是不厌其烦地反复强调、重复讲解，直到学生真正透彻理解了为止。"②

王大珩钦佩并欣赏叶企孙与众不同的教学方式，叶企孙倡导教学"重质不重量"，因此他给学生们出考题的方式与众不同。他重视因材施教，每次考试时，学生们领到的考试题都不一样。在一次统计物理学考试前，叶企孙交给王大珩一本德文版的统计物理学专著，让他认真阅读后写出自己的见解，这是叶企孙给他的考试题目。王大珩虽然有一些德文基础，但以他的水平，要通读一本高深的学术专著难度很大。他知道老师在治学时从不通融，只好硬着头皮接下了这份考题。回去后，他借助德语字典，一字一句艰难阅读了这本专著，终于在规定的时间内交上了一份圆满的答卷。这样的考试方式使王大珩收获很大，他不仅提高了自己的德语水平，学习新知识的能力也得到了锻炼。

王大珩的毕业论文也是由叶企孙指导的，内容是安装高分辨率的光谱学设备，并且利用它作光谱线的精细结构研究。由此也可以看出他那时候就对光学有了浓厚的研究兴趣。清华物理系一向有重视毕业论文的传统，王大珩他们这一级的学生们（八级）更以做毕业论文认真而著称，就如钱三强后来回忆所说的：

> 我们这一班以做毕业论文比较认真著称。四年级时，除了几堂必修课外，我们主要精力都用在毕业论文上了。从先生指定题目，参阅文献，设计实验，制造设备，进行实验到写论文是研究工作的一个全

---

① 叶铭汉、戴念祖、李艳平编：《叶企孙文存》。北京：首都师范大学出版社，2013 年，第 686 页。

② 王大珩：《七彩的分光》。南京：江苏人民出版社，2008 年，第 47 页。

过程，与今天大学中进行的硕士论文差不多，这种训练对学生毕业后进行科学技术工作大有好处。我们后来在国外进行科学研究工作时，由于国内受过这种训练，因而很快能动手做实验，不差于同时工作的外国青年。[①]

王大珩最后写成的毕业论文题目为《卢膜盖克干涉仪进行光谱高分辨率的实验》，叶企孙在审阅后给予了高分，王大珩获得清华大学物理学士学位。

叶企孙是王大珩学术道路上一位重要的老师，他对王大珩从业的影响很深。后来王大珩去英国攻读应用光学专业就是受过叶企孙的启发。原来叶企孙喜欢和学生们谈话，他有一个小本子，里面专门记录着他与学生的对话内容。他总是在不断思索着每个学生的特长在哪儿，该推荐他们到国外学习进修哪个专业。王大珩回忆："在设置留学生的专业和名额上，叶先生有深谋远虑。在抗战前中国的光学工业是零，而国防需要光学机械，为此他设置了应用光学这个名额。"[②]

王大珩尊敬叶企孙，敬佩他崇高的人格和高洁的师德。这位终身未婚的老教授，把学生视为自己的子弟，尽心尽力为学生们传道授业解惑。王大珩曾经多次在公开场合提到：叶企孙不仅教授学生知识，更令人终身受益的是，学生从老师身上学到了爱国的、无私的人格。

除了叶企孙，王大珩难忘的老师还有吴有训。吴有训（1897—1977），是中国近代物理学的奠基人。1928年吴有训应邀来到清华大学物理系任教，1934年担任物理系主任。他在物理系开设近代物理课程，"注重于近三十年来物理学界对于电子及能量子之实验研究及其所得结果之解释，使学者对于当代之原子结构论得窥门径"[③]，不仅如此，他还着手在清华建设了近代物理实验室。王大珩学会的吹制玻璃技艺，就是吴有训1933—1934年去美国休假回来后教会他的。

---

① 钱三强：缅怀敬爱的叶企孙教授。见：《钱三强科普著作选集》。上海：上海教育出版社，1990年，第209页。
② 应兴国：叶企孙：不能不提的一个人。《南方周末》，1999年10月22日。
③ 《吴有训在清华大学》。见：郭奕玲主编，《吴有训文集》。南昌：江西科学技术出版社，2007年，第358页。

图 3-2　王大珩与清华同学的合影〔前排左起：钱三强、王大珩、戴中扆（黄葳）、陈亚伦；后排左起：杨龙生、杨振邦、谢毓章〕

那时物理系开设的实验课，有供全校选修的，也有只供本系专修的，而且有些实验课由知名教授指导操作。许多教授从总结西方经验认识到，使用技术对摆脱国家实业落后有关键作用。因而在清华形成一种风气，不少教授根据校方制定的休假条例①，去国外深造或短期工作，一边掌握科学理论和使用技术的最新发展，用于教学实践。

王大珩记得吴有训鼓励培养学生的动手能力，他回国时带回来一些吹玻璃的设备，还有玻璃真空泵和各种口径的玻璃管，他要学生学一点金工，于是在 1935 年开设了一门"实验技术"的选修课，手把手指导学生实际操作，教他们掌握烧玻璃的火候和吹玻璃的技术关键。当时班上有五六个人参加了这门课，其中就有王大珩和后来成为原子核实验物理学家的钱三强。时间过去半个多世纪以后，王大珩留下的记忆还是那样亲切：

---

① 连续服务五年可休假研究一年，其间除了享受本薪外，给予来往旅费 520 美元和每月 100 美元研究费。

第三章　自强不息清华人

吴师教我们物理课，简明扼要，条理清晰，引人入胜。他更关心学生们要培养出从事物理实验工作的能力。吴师为我们专门开了一门实验技术课，着重训练我们在一般物理实验课程中所没有的内容。特别如吹玻璃等特殊技艺，这使得我们在以后的实际工作中，确实显得得心应手。这一课程，也是吴师发现学生们实验才华的机会。①

同窗挚友

在清华四年的学习中，王大珩和同学们在物理学的世界中尽情徜徉。1932年考入清华物理系的学生有28名，但物理系实行的是淘汰制度，成绩跟不上进度或不适合学物理的学生，陆续转系或转校了。到大学二年级的时候，物理系只剩下12人，此后坚持到毕业的只有九人，加上1934年从上海大同大学转入清华物理系的于光远（郁钟正）一共是10名学生，王

图3-3　1936年夏，清华大学物理系毕业生合影［前排左起：王大珩、戴中扆（黄葳）、许孝慰、何泽慧、郁钟正（于光远）；后排左起：钱三强、杨镇邦、陈亚伦、杨龙生、谢毓章］

---

① 王大珩：怀念吴有训老师。见：吴有训百年诞辰纪念活动筹备委员会主编，《吴有训百年诞辰纪念文集》。北京：中国科学技术出版社，1997年，第37页。

大珩是其中之一。除了王大珩和于光远之外，这些毕业生还有钱三强、杨龙生、杨镇邦、谢毓章、陈亚伦，难得的是还有三位女生：何泽慧、戴中扆（黄葳）和许孝慰。这些同学，他们后来也是好朋友，尤其钱三强、何泽慧伉俪——被称为中国物理学界的"居里夫妇"，更成为王大珩一生的挚友。

钱三强与王大珩，曾经在孔德小学一起做过同班。钱三强家学渊源，是国学大师钱玄同之子，他进清华物理系不是"慕名"，而是出于自己的亲身感受。他原本在北京大学读了两年预科和一年物理系本科，当他在听了物理系的几位教授在北大的讲课后，受到了强烈的吸引，认为清华的物理系水平更高，便产生了转考到清华的念头，并决然放弃在北大的三年学历，在1932年重考清华物理系。

清华同窗四年，加以此后的经历，王大珩和钱三强称得上是相识时间最长、交情甚笃的学友和同事，王大珩更以"相识七旬称莫逆"来形容他与钱三强的关系。

钱三强1992年6月28日逝世，王大珩闻讯后，当天哽咽着给何姐（何泽慧）打电话，而后久久默坐沉思，握笔撰成悼文《怀念钱三强》，写下长诗《忆三强，我的挚友》。笔者采集资料中，有幸目睹到王大珩这两件作品的亲笔，真有种跟随他的笔触走进那沧桑岁月的感觉。这里全文引录下其中的诗作《忆三强，我的挚友》：

　　　　幼自更名志气先[1]，人道少年非等闲
　　　　四载清华攻"牛爱"[2]，一朝出国成大贤
　　　　纷纭战火历辛苦，难得何姐结良缘
　　　　诚赞华夏有居里，铀核三分创新篇
　　　　祖国革命换人间，英才驰骋有地天
　　　　计穷顽敌施细菌，敢邀正义揭凶焰
　　　　两研纵横继往业，一院科学展宏颜
　　　　原子大事奠基业，春雷一声秉穹轩
　　　　十年动乱耐磨炼，响应改革志趣坚

第三章　自强不息清华人

> 霞光照晚红灼灼，赢得国际好名衔
> 须知继业满桃李，荣哉奋拓半百年
> 相识七旬称莫逆，哀悼挚友痛心弦

注1：三强幼时与我在孔德小学同学，他原名"秉彝"，后来自己改名"三强"，用以自勉，可见从小志气不凡。

注2：喻牛顿、爱因斯坦。

被王大珩习惯称为何姐的何泽慧，是当年由苏州振华女校考入清华物理系的八名女生之一，后来她成为中国少有的女性核物理学家。她聪慧、勤奋、执着，一辈子投身科学事业，是一位受到王大珩敬重的女性。同样，何泽慧也很敬重王大珩，甚至对他怀有感佩之情。何泽慧一直记得一件事，1936年她毕业时没有找到工作，好不容易争取到山西省（何籍贯是山西）的官方资助出国留学，这时王大珩告诉她德国的军事工业先进，有一位弹道学权威专家克兰茨（Carl Cranz，1858—1945）在南京兵工署担任顾问。于是，一心想学军工、打击日本鬼子的何泽慧，在当年乘火车去了德国，她找到柏林高等工业学院技术物理系的系主任克兰茨，要求学弹道学。经过一番力争，何泽慧成为这个保密系招收的第一名外国学生，更是弹道专业的唯一女生，并于1940年获得工程博士学位。何泽慧说起这件事，是时过66年的2002年。

王大珩对何泽慧，有很多突出的印象，尤其是她的物理学成就和贡献，赞誉她为"华夏居里魂"。在何泽慧九十寿诞之际，王大珩作诗一首表达庆贺：

> 春光明媚日初起，背着书包上班去。
> 尊询大娘年几许，九十高龄有童趣。
> 毕生竞业呈高能，尤庆后继茂华林。
> 夕阳照晚红烂漫，赞我华夏居里魂。[①]

[①] 王大珩遗留资料（手稿），"诗词"，中国科学院长春光学精密机械与物理研究所档案室。

王大珩和钱三强夫妻的友谊弥坚，20世纪80年代以后，王家搬至北京长居。王大珩住在当时还较为偏僻的中关村，但他很高兴，因为他能够与居住在这附近的钱家老友时常来往。

清华毕业前夕，学校组织学生参加为期三周的毕业参观，这次参观对物理系毕业生择业产生了影响。原来，那时候，清华大学每人每年要交给学校20元大洋学费，这样四年下来便有了80元大洋，到毕业时，校方用这笔钱作为旅费组织毕业生就业参观，这在当时来说是很宽裕的。

在青年教师任之恭带队下，学生们参观了协和医院、北平研究院、南京的资源委员会、兵工署的相关单位和中央大学。这次旅行对毕业生选择职业生涯影响很大。毕业参观之后不久，大多数人都定下了未来的方向：王大珩和谢毓章留在清华研究院，一边当助教一边继续学习深造；钱三强选择去了北平研究院的物理研究所；陈亚伦和杨镇邦去南京兵工署的弹道研究所服役；于光远去了广州岭南大学；杨龙生后来去了厦门大学。而班

图 3-4　1936 年春，清华大学物理系部分师生合影（第一排左起：陈亚伦、杨镇邦、王大珩、戴中孚（黄葳）、钱三强、杨龙生、张韵芝、孙湘；第二排左起：周培源、赵忠尧、叶企孙、任之恭、吴有训、何家麟、顾柏岩）

第三章　自强不息清华人

上的几位女生，何泽慧决定去德国学习军工，许孝慰和戴中扆留在清华参加工作，而后者在不久以后投身了革命。

王大珩以自己是清华毕业生而自豪。即使离开了母校多年，王大珩一直心系母校，他常常回校参加学术活动，还兼任了一些职务，帮助培养研究生，他用实际行动支持清华大学和物理系的建设和发展。1983年他担任清华大学激光单原子探测实验室首任学术委员会主任，2001年起担任学术委员会名誉主任。2006年，清华物理系建系80周年之际，王大珩赋诗一首，表达了对母校的深情爱戴。

> 厚德载物名师集，清华大学物理系。
> 春风化雨历八旬，桃李芬芳跨国际。
> 两弹一星树丰碑，诺贝尔奖现真谛。
> 祖国科技爱以铭，还看今朝创奇迹。[1]

"一二·九"的积极分子

王大珩在小学时候便产生了民族情感，1978年他曾经回忆说："在小学时受到中国受帝国主义侵略的教育，革命者在公共场所宣传英、日帝国主义的暴行。在青岛时更目睹日本军舰在中国港口示威，还受过日本孩子的凌辱。"[2] 他那时候年岁还小，尚不明了异族入侵将会给民族带来什么样的苦难，但是报刊上正义的宣传和师生们义愤填膺的抗议给他留下了深刻的印象。随着年纪的增长，他了解的道理渐渐多了，开始意识到：原来我们的国家还很弱小，而落后便会挨打！

1931年9月18日，蓄谋已久的日本侵略者对我国东北军发起偷袭，

---

[1] 王大珩遗留资料（手稿），"诗词"，存于中国科学院长春光学精密机械与物理研究所档案室。

[2] 入党自传材料（1978年5月），王大珩档案，存于中国科学院人事局档案处。

并迅速占领了沈阳及东北地区。"九一八"事变爆发后，日本侵占中国的领土，数千万东北同胞由此开始了长达14年的流亡生活。这件事令国人震惊，全国激起了轰轰烈烈的抗日运动。直到1998年王大珩在《我的自述》中还清晰记得当时唱响全国的《松花江上》：

"我的家在东北松花江上……哪年，哪月，才能够回到我那可爱的故乡？……"那深沉而悲壮的旋律，激荡着我的爱国热情。难忘的《松花江上》那支歌，是我最爱唱的歌曲。[1]

王大珩看到了因为日寇侵略失却家园、失却课堂而向南方流亡的东北学生。他们无家可归，满怀悲凉和激愤，王大珩的内心被触动了。年轻的他虽然不问政治，但并不表明他看不懂时局、不明白外族的侵略意味着什么。倘若没有国，哪里来的家？他已经开始思考国家的未来将会如何了。他知道父亲年轻时候曾抱着"科学救国"的志向远离故土、负笈东渡，父亲的行动也影响了他，于是，他努力上进的决心更强了。

相比北大而言，清华的政治活动较少，教学安排很紧，学术气氛比较浓厚，这也是学校多年来形成的传统。就像校长梅贻琦在1931年上任后，在对全校的讲话中所主张的："我们做教师、做学生的，最好最切实际的救国方法，就是致力于学术，造就有用人才。将来为国家服务。"梅贻琦要求清华保持学术上的独立，希望在这个风雨飘摇的国家内，仍然能摆得下学生们的一张书桌。但国难当头下，梅贻琦的愿望只是浮萍，注定不可能实现。日本在东北地区推行殖民地化统治的同时，把侵略的魔爪伸向了华北，策划华北五省"自治"，热血学生们不满的情绪全面爆发了。

1935年12月6日，北平学联召开代表会，通过并发表了《北平市学生联合会成立宣言》。随即，平津15所大中学校联合发出通电，反对"防共自治"，要求政府讨伐汉奸，并动员全国人民抵抗日本的侵略。这时，传来了日本逼迫政府当局成立"冀察政务委员会"的消息，社会各界震惊

---

[1] 王大珩：我的自述。见：宣明主编，《王大珩》。北京：科学出版社，2005年，第11页。

了。12月7日，在中共北平临时工委的领导下，北平学联决定于9日举行学生大请愿，反对"华北自治"。

1935年12月9日，北平学生发起了抗日救亡运动，有6000余学生走上街头，举行了游行示威。他们振臂高呼着"打倒日本帝国主义""停止内战，一致对外""用武力保护华北"的口号。

清华有许多学子都参加了游行活动。那时和王大珩关系亲密的同班同学戴中扆（1936年加入了中国共产党）在"一二·九"运动中担任了纠察和交通工作。王大珩也参加了这场轰轰烈烈的学生运动，他甚至还是"一二·九"游行的提议人之一，有材料①记录：

> 一九三五年十二月九日北京学生抗日救国运动，当时王②看到蒋介石对日一再妥协表示不满，便参加了"一二·九"游行（王是当时游行提议人之一）。这是他第一次喊出打倒日本帝国主义的口号，喊得很高尖……

这场运动是以城外的清华大学为中心展开的。12月9日这一天，阴云密布，朔风凛冽③，王大珩和许多清华学子一道结队走上了街头。他举起自制的标语，第一次高声喊出了"打倒日本帝国主义"！游行队伍沿途散发由清华地下党支部书记蒋南翔起草的《清华大学救国会告全国民众书》，响亮地发出了"华北之大，已经安放不得一张平静的书桌了"的呼声！

> 亲爱的全国同胞，中国民族的危机，已到最后五分钟。我们，窒息在古文化城里上着最后一课的青年，实已切身感受到难堪的亡国惨痛。痛痛的经验教训了我们：在目前，"安心读书"只是一帖安眠药，我们绝再不茫然地服下这剂毒药：为了民族，我们愿意暂时丢开书

---

① 王大珩鉴定材料（1963年），王大珩档案，存于中国科学院人事局档案处。
② 即王大珩。
③ 根据"一二·九"的亲历者宋黎的回忆。宋黎：中国学生革命运动的来潮——回忆"一二·九运动"。见：杨树先等，《一二·九运动回忆录（第1集）》，北京：人民出版社，1982年，第1-57页。

本，尽力之所及，为国家民族做一点实际工作。我们要高振血喉，向全国民众大声疾呼：中国是全国民众的中国，全国民众，人人都应负起保卫中国民族的责任！起来吧，水深火热中的关东同胞和登俎就割的华北大众，我们已是被遗弃了的无依无靠的难民，只有抗争是我们死里逃生的唯一出路，我们的目标是同一的：自己起来保卫自己的民族。我们的胸怀是光明的：要以血肉头颅换取我们的自由。起来吧，亡国奴前夕的全国同胞！中国是没有几个华北和东北，是经不起几回"退让"和"屈服"的！唇亡齿寒，亡国的惨痛，不久又要临头了！挣扎在死亡线上的全国大众，大家赶快联合起来！[①]

当清华、燕京等校参加游行的同学顶着寒风步行到西直门的时候，因为城门被军警关闭而不得入城，于是他们就在城外游行示威，向过路的行人和城上的军警宣传抗日救国的道理，他们奋战了一整天。据当时报刊的记载，情景是这样的：

冷风依然在刺骨地吹着，从早晨到午上，从午上到傍晚，大众们不停地急速地走着喊着。……在所谓"和平制止"的命令之下，当前的人们，开始感到水龙的阻碍，冰冷的水急剧的（地）射到面孔上和衣服上，宪兵，警察占满了整个的街头。当用水扫射不会发生什么效力时，于是皮鞭，短棒，大刀柄，刺刀，开始在人们的面孔，颈项，胸膛，脊背，四肢上乱打起来。

沸腾的心房，流出鲜红的热血。

前面的人们，在挨着打，流着血，后面的大众在高喊着冲！冲上去！[②]

[①] 清华大学救国会告全国民众书（1935年12月9日）。见：《一二·九运动资料（第一辑）》。北京：人民出版社，1981年，第97—99页。

[②] 李凌：朔风吹荡中的呐喊（北平通讯）。见：《一二·九运动资料（第一辑）》。北京：人民出版社，1981年，第110—114页。原载于《大众生活》第1卷第6期，1935年12月21日。

"一二·九"学生运动遭遇到当局的无情镇压，数百手无寸铁的爱国学生被军警打伤，更有数十人被捕。触目惊心的现实令王大珩格外愤怒！他的同学钱三强在得知爱国学生们的遭遇后，感到"正义感和激情之火被点燃了，他以自己的实际行动响应学生救国会的号召，参加了12月16日反对借成立'冀察政务委员会'向日本帝国主义出卖华北的大游行中"①。

　　在"一二·九"之后爆发的"一二·一六"运动是北平爱国学生举行的又一次大示威。清华大学和燕京大学的学生们纷纷参与进来。游行当天，学生们手挽着手，不断高呼"挽救危亡、共赴国难"口号，从不同的方向向城内前进。

　　从西直门到阜成门，游行队伍再次被拒于紧闭的城门之外。当游行至西便门外时，愤怒的学生们感到不能再等了，他们决心冲破阻碍，强行进城。学生们轮番用血肉之躯向城门发起了攻击，钱三强更是不顾衣服被撕破，腿碰伤流血，"以清华校拔河队员的全身力气，和着号令，一次次发起冲撞"②。就这样，游行的清华学生们得以与城内学校的同学们会合，他们在天桥举行了万人市民大会，接着又到外交大楼示威。学生运动再次遭到了军警的血腥镇压，清华大学校方虽然竭力保护学生，但仍然有不少学生在运动中被捕或受伤。

　　这两次学生运动使王大珩得以与"进步分子有所接触，得知共产党在陕北形成了革命根据地"③。不久后他参加了中共的外围组织——中华民族解放先锋队（简称"民先"），对蒋介石的不抵抗政策公开表示了不满。但此时此刻的他，思想并未达到产生用革命的方式来推翻当局的高度。受到父亲王应伟厌恶尔虞我诈的政治斗争的影响，王大珩虽然愤恨日本人的侵略、不满当局的不作为，但他认为自己只是一名书生。他径自走在科学的大路上，并愿意响应校方的号召，刻苦读书，用知识来报效国家。但随着国难的加剧，他的想法发生了变化。

---

① 葛能全：《魂牵心系原子梦——钱三强传》。北京：中国科学技术出版社；上海：上海交通大学出版社，2013年，第52页。
② 同①。
③ 入党自传材料（1978年5月），王大珩档案，存于中国科学院人事局档案处。

1936年的毕业旅行令王大珩感到了真正的憋屈和无奈。在南下的火车上，一群日本浪人为了运输他们走私的货物，居然用武力驱赶火车上的中国乘客。中国人在自己的领土和火车上，遭受了外国人无理的欺凌！王大珩虽目眦欲裂却又无可奈何，他感到了国家当时的贫弱和可悲。民族情感战胜了书生的退却！

值得一提的是王大珩的恩师叶企孙。当时时局不稳，华北危急，叶企孙作为一名学者，倡导"只有科学才能拯救我们的民族"。出于对青年们的爱护，一开始他告诫学生们应以学习为主业，不要过多涉足政治运动。但面对国难，这位正直的教授也坐不住了。他向国民政府兵工部门提议派遣有志青年到德国学习兵工弹道学，以期他们学成之后从事国防科学，为国效命。在后来的抗日救亡中，他不顾环境恶劣，帮助、支持自己的学生为冀中抗日军民研制、运送TNT炸药、地雷、无线电器材、药品等物资，他为此做了大量工作。叶企孙对学生的影响是潜移默化的，王大珩毕业后留在清华深造的一年中，选择以核物理作为自己的研究方向，他和老师一样，认为国防军工是强国的重要环节，他希望未来国家的军事力量能更强大一些，在他的内心，总希望能为当时还贫弱的国家做一些事情！

在兵工署的短暂时光

1936年夏，王大珩从清华毕业后留校担任助教，负责教授大学二年级学生中级物理实验。年底，他通过考试获得了清华的"史量才奖学金"，成为研究生，在清华攻读核物理。

以史量才为名设立的"史量才奖学金"奖励国内理工科的大学生毕业后继续深造，在国内或国外继续从事研究工作。史量才（1880—1934），江苏南京人。民国时期著名的报人，其主笔的《申报》在20世纪初以敢于抨击时弊，揭露当局的黑暗统治而声名鹊起，而史量才本人也因此在1934年遭遇国民党特务的暗杀。"史量才奖学金"每年资助学子数名，由

图3-5 1937年，王大珩在清华大学

学界名人充当评委进行遴选。

1936年王大珩考取"史量才奖学金"的情况，《翁文灏日记》中有记载："11月1日星期日在沪。至哈同路史宅，参加史量才奖学金基金团董事会。到者：沈信卿、陈陶遗、马萨良、张耀曾、黄炎培、徐静仁、钱新之、史咏庚、汪伯寄等。议定本届录取补助名额为：卢玉川，化学；陈世昌，电机；党刚，矿冶；黄席棠，物理；王大珩，物理；李瑞轩，生物等六人。"[①]

王大珩考取了这份奖学金，获得了进一步深造的机会，他的指导教师是赵忠尧。赵忠尧（1902—1998），浙江诸暨人。1925年毕业于国立东南大学物理系，1927年赴美国加利福尼亚州理工学院留学，获得了理学博士学位，1931年在英国剑桥大学卡文迪许实验室访问，回国后在清华任教。赵忠尧在中国的核物理事业上做了大量工作。1949年，他前往在美国加州理工学院进行原子核反应研究，1950年回国。1955年，他主持建成了中国第一台质子静电加速器，并进行了原子核反应的研究。

王大珩在清华跟着赵忠尧做中子实验研究，这是那时最新的研究课题。这期间，在赵忠尧指导下，在简陋的实验条件下，他们从中子共振入手，探讨原子能的能级间距。他和老师共同署名，在英国《自然》杂志上发表了一篇论文，题为《银、铑、溴的共振中子能级的间隔》（Spacing of the Resonance Neutron Levels of Silver, Rhodium and Bromine Neclei）[②]。

王大珩跟随赵忠尧的研究时光只有短短半年。1937年"卢沟桥事变"

---

① 翁文灏：《翁文灏日记》。北京：中华书局，2010年，第86页。
② Chao C Y and Wang T H. Spacing of the Resonance Neutron Levels of Silver, Rhodium and Bromine Nuclei. *Nature*, 1937, 140: 768−769.

爆发，日军进犯华北，炮火打入了北平，清华、北大等高校难逃被侵占的噩运。在中国的高等教育面临生死存亡之际，北京大学、清华大学、南开大学做出了南迁的决定，这几所学校先是南下长沙，成立国立长沙临时大学，后来又西迁昆明，更名为国立西南联合大学。国难当头，生命尚不可能保全，谈何学习、研究？原打算随学校南迁的王大珩不得不放弃学业去了青岛，不久，在青岛遇到携全家南下的清华大学物理系教授周培源，他对王大珩多有关怀，两人之间交情很深。

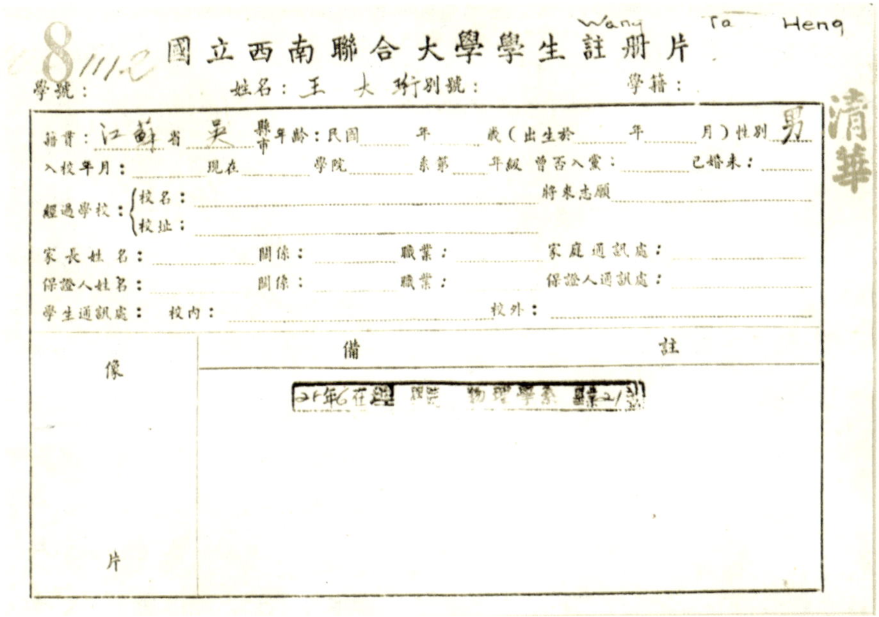
Wang Ta Heng
8 111-C
國立西南聯合大學學生註冊片
學號： 姓名：王大珩 別號： 學籍：
籍貫：江蘇省 吳 縣市 年齡：民國 年 歲（出生於 年 月）性別 男
入校年月： 現在 學院 系第 年級 曾否入黌： 已婚未：
經過學校：校名： 校址： 將來志願
家長姓名： 關係： 職業： 家庭通訊處：
保證人姓名： 關係： 職業： 保證人通訊處：
學生通訊處： 校內： 校外：
像片
備註
物理學系
清華

图 3–6 王大珩的学生注册片

周培源（1902—1993），江苏省宜兴县人，流体力学家、理论物理学家，1929 年起担任清华教授。在“一二 · 九”救亡运动的时候，周培源特意在物理系开设了弹道学课程，激励了学生们的爱国情感[①]。周培源和王大珩会面晤谈后，师生二人对国事无比担忧。王大珩本该和周培源一起去长沙，参加临时大学。但他向老师表达了自己将来想做有关国防工作的意愿。他想：战时兵工是国防中最重要的一环，国家的武力强大了，才能

① 刘晓：《卷舒开合任天真——何泽慧传》。北京：中国科学技术出版社；上海：上海交通大学出版社，2013 年，第 59 页。

有力地击退侵略者。周培源仔细考虑了学生的意向，向他介绍了南京的弹道研究所，希望弟子能在国防上有所作为，并打算亲自带王大珩去兵工厂看一看，再考虑未来的路如何走下去。

周培源没有把王大珩当作外人，在南下的旅途中，他处处体贴、照顾着这位青年，并时时用自己的知识、人生经验教导着他。旅途中，王大珩接触到读书以外的世界：他途经了许多地方，有大都市上海，也有贫穷落后的农村；他看到了形形色色的人，这些人或是衣衫褴褛且面色麻木，或是西装革履却悲伤抑郁，民众心中蕴藏着悲愤，这也是他亲身体验到的"国破山河在"的真实情感。这段经历对他的思想产生了很大触动，令他终生难忘。多年以后，他怀念这位老师，想起了当年的情景：

> 战争已使我的旅途蜿转曲折，先是乘船去上海，然后是乘长途汽车经嘉兴、无锡，先回到周老师家乡宜兴。周老师真是待我如家里的亲人，逃难路上要住一次旅馆，他让我和他全家同住在一间房里。在宜兴住了一个星期，这是我生平第一次接触到农村生活。我看到农村生产技术的落后，周老师语重心长地指出应当把改变我国落后面貌作为我们的责任，我们要救国，有多少事情要做啊！要把眼光放开，不能把自己圈在纯粹物理的小范围内。我理解这是他赞成我去弹道研究所的初衷。周老师的教诲，终生难忘，决定着我以后走上从事应用科学研究的道路。当时到了南京，周老师亲自送我去弹道研究所，并会见了该所所长，然后才西去长沙。[1]

王大珩和周培源一起来到了南京的弹道研究所。弹道研究所是兵工署研究所[2]下设机构之一，它成立于1937年7月，由军政部兵工署在南京

---

[1] 彭桓武、何泽慧、王大珩：缅怀周培源老师。见：《世纪清华之四》。北京：清华大学出版社，2011年，第80页。

[2] 兵工署研究所于1935年3月16日正式成立，下设精度、样板、弹道三个研究所，前两者设在百水桥，后者设在汤山。

汤山民众教育馆旧址上建立的，建立初期由兵工署署长俞大维[①]兼任所长，主要从事枪炮膛内外弹道及火药研究。1937年年底，因战乱南京沦陷，该所迁往重庆，直到1947年迁回南京大方巷原址复工。弹道研究所筹办期间，曾请德国柏林高等工业学院（今柏林大学）著名的弹道学家、弹道学国际权威克兰茨教授来华任顾问指导工作，并从德国购买了如照相测速仪、压电测膛压仪等，那时的弹道研究所，"设备之新颖完美，国内绝无，国际亦属少见"[②]。

王大珩的同班同学陈亚伦和杨镇邦都在弹道研究所工作，与老同学在异乡团聚令他倍感高兴。陈亚伦和杨镇邦劝说王大珩不要去长沙，而是留在研究所工作。他起初有一些犹豫，但再三考虑之后，一来认为时局不稳定，去长沙复学未必能有安静的科研环境，学不了知识，也做不出来成果；二来弹道研究所的工作环境在国内来说算是不错的，他希望能做一些具体的国防研究工作。于是，他最终下定了决心。周培源把王大珩托付给了他的老朋友、弹道研究所的临时负责人丁天雄。在弹道研究所，王大珩做的是文职工作，从八级技术员起步，工作内容是编制弹道表，做各种兵器材料的试验，以及编制炮兵器材的说明书等。

王大珩感念周培源对他的提携，在他撰写的文章《缅怀周培源老师》中，清晰地记述道：

> 1937年"七七事变"后，抗战开始，周先生亲自送我到南京弹道研究所就业。这个研究所曾邀请Cranz（克兰茨）教授指导近两年光景，后因抗日战争而离去。一年多兵工工作，使我看到物理学为国防服务的广阔天地。……我早期从事兵工方面的经历促使我把光学应用于国防事业。[③]

[①] 俞大维（1897-1993），祖籍浙江绍兴，生于湖南长沙。军工专家、政治家，曾任民国时期兵工署署长。

[②] 王虹铈：民国时期的兵工署弹道研究所.《钟山风雨》，2006年第5期，第55-57页。

[③] 彭桓武、何泽慧、王大珩：缅怀周培源老师. 见：《世纪清华之四》. 北京：清华大学出版社，2011年，第80页。

第四章
考庚款、赴英伦

大学毕业后，王大珩留在清华大学做了一段时间的核物理研究生。"七七事变"后，受战火的荼毒，他不得不中断了学业。在短暂的就业之后，他有了进一步深造的机会。1938年，王大珩考取了中英庚款留学生，赴英国攻读光学研究生。随着远洋渡轮汽笛的徐徐响起，出发的号角吹响，王大珩踏上了去英国的旅程。随着故国的海岸线渐渐远离，他的心情十分复杂，他依稀体会到当年父亲为了求学背井离乡的那番酸、甜、苦、辣……

帝国理工学院的光学研究生

王大珩到南京不久就遇到兵工署搬迁。1938年春他随弹道研究所转移到武汉，与同学杨镇邦一起做炮兵技术试验。正在这时，吴有训因公务经过武汉，告知二人不久将有庚款留英考试。

"中英庚款"，是英国退还的庚子赔款。受庚款留美的启示，英国于

本章的部分内容发表于《物理》(2015年第44卷第6期，第390-397页)，题目是《其行如玉，其道大光——王大珩与英国光学》，作者为刘晓、胡晓菁。

1930年与南京政府换文，以英国退还庚款利息的15%用于考选赴英留学生。1931年4月，国民政府成立"管理中英庚款董事会"，由时任中央大学校长的朱家骅亲任董事长。中英庚款的章程规定，"凡国内高等教育机关成绩优良助教及各大学毕业生之服务于社会具有特殊成绩或专门著作，得参加此项考试"[①]，章程指出，需从专门以上学校毕业且从事研究或相关职业两年以上者才有报考资格，该章程还规定，公费生留学期限为三年，入学两年以后视研究需要派往工厂实习[②]。

图4-1　20世纪30年代中期的王大珩

1933年，中英庚款开始用于考选留英公费学生，此后大约每年招考一次，一共录取了9届，共193人。郭永怀、陈省身、钱钟书、钱临照、许宝騄等，都曾经是中英庚款留学生。

在20世纪三四十年代的公费留学考试中，庚款留英考试以录取名额较少、竞争激烈而著称。中英庚款考试完全按分数录取留学生，秉承宁缺毋滥的原则，从而保证了被录取人员的高质量。据统计，从1933年8月中英庚款第一届考试开始，前六届分别录取了9人、26人、24人、20人、25人、20人，录取率均不足10%。而令人赞叹的是，当时清华大学的毕业生成绩优异、素质优良，他们除在留美考试中占绝对优势外，在庚款留英考试中也占有很高的比例[③]。

---

① 中英庚款息金用途支配标准（1931年8月）。见：财政科学研究所、中国第二历史档案馆编，李增寿主编，《民国外债档案史料（12）》。北京：中国档案出版社，1992年，第582页。
② 管理中英庚款董事会考选第四届留英公费生章程及考试专门科目表。《全国学术工作咨询处月刊》，1936年第1期，第45-61页。
③ 马祖圣编著：《历年出国/回国科技人员总览》。北京：社会科学文献出版社，2007年，第193-194页。

1938年中英庚款，物理方面只设了理论物理和应用光学两个专业，并各设有一个名额。吴有训希望王大珩和杨镇邦中只有一人报考应用光学；至于理论物理，他另有心仪的人选。他到了昆明，增设考场，教导彭桓武[1]投考理论物理名额[2]。杨镇邦事后回忆起吴有训对学生们殷殷叮嘱的情形："今夏有留英考试，仅有一名物理名额，嘱我们俩自己决定一人去考，省得自己竞争，我们商量后决定推举大珩赴考。秋后发表，大珩果然中榜，同事们皆大欢喜。"[3]

人在旅途的王大珩并未给自己留多少准备的时间，凭着多年的积累，他从容奔赴了汉口考场。中英庚款留学考试的科目有党义、国文、英文以及三门专门科目（部分专业加考"著作"科目）。考完后，他回到研究所继续工作，不久后便随迁去了湖南衡阳。

据有关档案资料，王大珩各科目的考试成绩为：党义40分，国文60分，英文40分，另有与专业相关的三科专门科目分数分别是70分、64分和67分，各科目按比例折合总分为56.45分[4]。这一分数比同届报考的彭桓武（66.4分）低了近10分，原因之一是彭桓武另有"著作"80分，折合为4分计入总分。

王大珩考取的是第六届留英公费生。根据资料，他报考的这一届中英

---

[1] 彭桓武（1915-2007），出生于吉林长春，籍贯是湖北麻城。物理学家，1935年毕业于清华大学，1940年获得英国爱丁堡大学哲学博士学位，1948年当选为爱尔兰皇家科学院院士，1955年被选聘为中国科学院学部委员。他长期从事理论物理的基础与应用研究，1999年被国家授予"两弹一星"功勋奖章。

[2] 彭桓武：《物理天工总是鲜——彭桓武诗文集》。北京：北京大学出版社，2001年，第58页。

[3] 杨镇邦：深切怀念吴有训老师。见：吴有训百年诞辰纪念活动筹备委员会主编，《吴有训百年诞辰纪念文集》。北京：中国科学技术出版社，1997年，第43-44页。

[4] 刘真主编：《留学教育——中国留学教育史料》（4）。台北：国立编译馆，1980年，第1939-1942页。同届庚款生中，在英国和王大珩关系较好的有彭桓武、夏震寰、卢焕章、王应睐等人，他们所取得的成绩，现摘录一二：彭桓武（理论物理），党义45分、国文65分、英文55分，专门科目分数为55分、77分、78分，著作80分，总分66.4分。夏震寰（土木工程），党义50分、国文50分、英文35分，专门科目分数为91分、77.5分、80分，总分64.21分。卢焕章（化学工程），党义50分、国文62.5分、英文43分，专门科目分数为67分、63分、93分，著作65分，总分65.37分。王应睐（生物化学），党义60分、国文50分、英文35分，专门科目分数为91分、77.5分、80分，总分64.21分。

庚款考试，报名的人数多达 439 人，应考人数有 338 人，最后仅录取了 20 名[1]。录取比例很低，可见，考中的学生都是专业拔尖，并经过了精挑细选的。被录取的 20 名学子是：陈仲秀、储钟瑞、黄用诹、卢焕章、宁榥、彭桓武、璩定一、史家宜、铁明、王承绪、王大珩、王显湘、王应睐、夏震寰、徐近之、谢志耘、张民觉、赵国华、张万久、朱树屏。其中，除了王大珩外，陈仲秀、宁榥、彭桓武、夏震寰、张民觉也为清华大学毕业生。

1938 年 9 月，王大珩得知自己被录取为庚款研究生的消息时，正在衡阳乡下。因为被通知出国的时间仓促，加上交通不便，他已来不及回家与亲人们告别。收拾了简单的行装，他便匆匆踏上了去英国的旅程。

王大珩登船的这一天，是在 1938 年 9 月 17 日[2]，他从衡阳来到香港，与考上庚款的其他同学们会合，再乘船去英国。同行的人中，彭桓武和王应睐与他关系甚笃。王应睐考取的是生物化学（营养学）名额，去英国剑桥大学读研究生。他和王大珩在英国时常一起组织留学生的活动，曾经一同参加组建中华自然科学社英伦分社，编辑出版《东方副刊》向国内发行。

彭桓武是比王大珩高一届的清华大学物理系的师兄，他去了英国爱丁堡大学读理论物理研究生，后来还拜量子力学奠基人马克斯·玻恩[3]为老师。在英国的岁月中，王大珩和彭桓武同在异乡为异客，他们行进在相同的科学道路上，在事业上惺惺相惜，彼此成为了好朋友。2005 年，在彭桓武 90 华诞的时候，王大珩还曾赋诗一首赠送老友：

理论物理入名门，卅龄爱都[4] 院士彭。
几代桃李芳四邑，两弹一星志奇勋。

---

[1] 根据《第一届至第七届留英公费生应考人数和录取人数统计》。见：杨学为等主编，《中国考试制度史资料选编》。合肥：黄山书社，1992 年，第 797 页。

[2] 王大珩在《怀念吴有训老师》一文中提到同届一行 20 人登船日期是 1938 年 9 月 17 日。根据同届庚款生朱树屏回忆，他"到香港时因轮船迟误两日到港，9 月 19 日始开船"。

[3] 马克斯·玻恩（Max Born，1882—1970），德国犹太裔理论物理学家，量子力学奠基人之一，1954 年诺贝尔物理奖获得者。

[4] "爱"，指的是爱丁堡；"都"，指的是都柏林。

> 科技兴国创新多，幸聆渊见一尺明。
> 求是不懈七十载，祝寿华夏科学星。①

当时吴有训正旅居香港，等待从香港转道前往昆明大后方，他特意赶来为王大珩等学生送行。这一届庚款留学生中很多人都曾受过吴有训的教诲，吴老师为爱徒们离别寄语："你们好好学习去吧！待你们学成归来，抗战届时终了，你们能更好地为祖国效劳。"②恩师之言既令将要远游的学子们尝到了离别的苦涩，也激发了他们胸中对未来学成归来报效国家的豪情。

轮船延误两日，于9月19日离港，王大珩心中既有将往异国他乡发奋苦学的宏图壮志，亦有离家去国的悲切情思。同行的庚款生、后来成长为海洋生态学家的朱树屏③，曾在自传中提到这次赴英伦的往事，他描述出留学生心中复杂的情感：

> 船离港时目见祖国大陆步步远离，泪如雨下。其他留英同学亦皆以远离祖国异常悲切。在途中我觉得他们除一两位外皆与我性情相近（绝无我在南京看惯了的中央大学学生的纨绔欺诈的卑劣性格），我们都互相敬爱，相处极好。每人皆有许身报国的决心。我曾作诗告勉同舟赴英同学，记得中有："食犬吐之食（留英公费出自庚子赔款退回之一部）勿望其臭，忍辱（庚子赔款和不能从军抗日是耻辱）负重。庚款（英文原意译为拳匪赔款）锥刺股（苏秦刻苦读书每逢读倦思睡取以锥刺股，醒来再读。用庚款二字作苏秦之锥），胯下（韩信胯下之辱）学勾践（灭吴报仇之意，将努力学习以期强国雪耻），共肩建国大业时聚首联欢"。④

---

① 王大珩遗留资料（手稿），《恭祝桓武学长从业科学与教育七十年并祝九十华诞》（2005年5月），存于中国科学院长春光学精密机械与物理研究所档案室。
② 王大珩：怀念吴有训老师。见：江西省政协文史资料研究委员会，高安县政协文史资料研究委员会编，《江西文史资料选辑，第36辑，吴有训》。北京：中国文史出版社，1990年，第31页。
③ 朱树屏（1907—1976），字锦亭，山东昌邑人。海洋生态学家、水产学家、教育家。朱树屏去英国后，先在伦敦大学玛丽皇后学院师从 Fritsch F E 教授，欧战爆发后，伦敦大学并入剑桥大学。1941年，他获得剑桥大学哲学博士学位，1946年回国效力。
④ 日月、朱谨编：《朱树屏信札》。北京：海洋出版社，2007年，第2页。

经过 20 多天的海浪颠簸，王大珩他们乘坐的轮船终于抵达法国马赛港口，而后改坐火车经巴黎前往伦敦。前后经历了近一个月的旅行时间，1938 年 10 月，王大珩到达了目的地——伦敦。

庚款生在英国就读的学校是根据他们的专业择定，一般是由中英庚款董事会邀请国内相关领域的顶尖专家帮助他们选择合适的大学。第六届庚款生除了王应睐前往剑桥，彭桓武前往爱丁堡，夏震寰前往曼彻斯特以外，选择伦敦大学的学生最多，王大珩、朱树屏、王承绪、卢焕章等人都留在了这里。

伦敦大学是在 1836 年由伦敦大学学院和伦敦国王学院合并而成的一所公立联邦制大学。在叶企孙的启发下，王大珩选择到成立于 1907 年的帝国理工学院（时称 Imperial College of Science and Technology，今称 Imperial College London）[1]物理系学习应用光学，因为当年只有这个学校的物理系设置了技术光学组（Technical Optics Section）。

帝国理工学院的光学研究历史可以上溯到第一次世界大战期间。当时德国是光学工业强国，英国海军用的望远镜、潜水艇的潜望镜等军用光学器件都要从德国进口。战争使英国的光学玻璃储备告竭，1917 年夏，出于国家紧急任务的需要，伦敦高等教育委员会在帝国理工学院设立了由政府资助支持的光学设计系（Optical Design Department），任命熟悉军需光学装置和德国光学工业的切舍（F. J. Cheshire）为系主任兼教授。1919 年该系开设了英国最早的技术光学课程，在国际光学领域颇有影响[2]。然而受制于战后（20 世纪 20 年代）英国经济的不景气，光学设计系招生情况不理想，到 1926 年，该专业只有不到 20 名毕业生，本科教学无奈关门大吉。此后，光学设计系改名为技术光学系，并于 1931 年合并到物理系研究生部，改为技术光学组，物理系为技术光学组的发展提供了资金和体制上的保障。同一时期，学院成立了光学咨询委员会，向学院管理部门提出关于与工业相关的光学科学发展的建议，该委员会至今仍存在[3]。

---

[1] 2007 年帝国理工学院脱离伦敦大学，成为一所独立的大学。
[2] Section Grows from War Time Need. *IC Reporter*. 1997. 46.
[3] A History of Optics at Imperial College London. http://www3.imperial.ac.uk/photonics/about/history/fullhistory.

王大珩成为帝国理工学院的一名光学研究生，他在导师、光学专家马丁（L. C. Martin）的指导下开展了光学设计研究。马丁从1919年起便在帝国理工学院的光学设计系担任讲师，从事光学玻璃研究，1931年以后，他成为技术光学组的主管。

马丁从业多年，拥有渊博的光学仪器知识和丰富的教学经验。1930年，他所著的《应用光学导论》（*An Introduction to Applied Optics*）得以出版；1948年，他的《技术光学》（*Technical Optics*）专著作为前书的修改增订版再次出版。该专著的内容主要包括光学基础、光学系统、物理光学等理论，虽已提及光学玻璃及透镜系统的制作，但非重点章节[①]。马丁后期的研究兴趣是几何光学。他虽在1951年退休，但荣任国际光学委员会[②]副主席。在1956年，他总结自己的研究经验，撰写了《几何光学》（*Geometrical Optics*）[③]一书。后来因应用光学与技术光学可以互用，马丁的继任教授改专业名称为应用光学（Applied Optics）。

另外，当时帝国理工学院物理系名义上唯一的教授（称Overall Professor）是电子发现者汤姆孙（J. J. Thomson）的独子小汤姆孙（Sir George P. Thomson）。他于1932年担任系主任，因发现电子的衍射现象而获得1937年诺贝尔物理学奖。1938年，德国科学家发现铀裂变，他的兴趣转向核物理的军事应用，特别是自1940年担任了对启动英、美原子弹研制起到关键作用的莫德委员会（MAUD Committee）主席[④]后，小汤姆孙以一名科学家的身份，在政府推动大科学项目中发挥了重要的决策咨询作用。王大珩日后成长为战略科学家的经历与小汤姆孙亦有相似！除此之外，有一件事可以从侧面印证王大珩与小汤姆孙是有来往的。1945年6月，钱三强来到伦敦拜会小汤姆孙，申请到他的实验室工作，牵线的人，有可能便是王大珩。因为在这一年6月4日，小汤姆孙致信约里奥："钱三强

---

① Martin L C. *Technical Optics, A revised and enlarged edition of "an introduction to applied optics"*. New York: Pitman Publishing Corporation. 1948.

② 该组织的情况将在后文"与光学学会的情缘"中详述。

③ Martin L C. *Geometrical Optics*. New York: Philosophical Library, Inc. 1956.

④ A History of the Physics Department. http://www.imperial.ac.uk/natural-sciences/departments/physics/about/department-history/

先生通过一位朋友申请到我的实验室来工作。"[①] 如果是曾在约里奥的实验室工作过的核物理学家哈尔班（H. Halban）介绍的钱三强，小汤姆逊应在信里直呼其名，但小汤姆孙只是用"一位朋友"来指代，这位朋友可能便是曾在小汤姆孙任教过的帝国理工学院学习过、又与钱三强交好的王大珩。

融入英伦新生活

伦敦这座城市给王大珩的印象，除了雾，就是雨！20世纪30年代的伦敦，整个城市看起来是一片灰蒙蒙的颜色，它常常被笼罩在一片雨雾之中，几乎从未有空气通透的时刻。这里的饮食、气候、生活方式都和北平有很大的不同，一切都要慢慢适应。年轻的王大珩很快便融入到这所城市，开始了他的新生活。

根据管理中英庚款董事会1936年度《考选留英公费章程》，当时庚款给留学生的学费、膳宿费每月24英镑（牛津、剑桥稍多），全年288英镑，高于同期教育部公费生240英镑的标准，这笔钱足够应付留学生在国外的开销。王大珩得到的庚款资助除了用于上学所需之外，还要支付在异乡的生活费和房租。他在英国的生活虽然不用太发愁，但也谈不上有多宽裕。这时他的父亲已经赋闲在家，王家收入锐减，仅靠积蓄和房租度日；除却家人日常生活开销之外，因母亲的坚持，还要

图4-2 20世纪40年代，王大珩（前）与李薰（后）在英国寓所

[①] 葛能全：《钱三强年谱长编》。北京：科学出版社，2013年，第67页。

筹措弟弟妹妹们上学的费用,这是一笔不小的开支,王家常常有入不敷出之感。为了省钱,王大珩租住了一间小小的"鸽子笼",一床、一桌、一椅等少量家具和四处堆放的书籍便是他的全部家当。令他满意的是,这间小屋不仅租金便宜,而且离实验室距离很近,他可以把全部的时间都用在研究工作上。他在生活上省吃俭用、精打细算,这样下来每个月便能结余一些钱。省出来的钱,他早已规划了用途,他把这笔钱托人带回北平,供给远在国内的弟弟妹妹上学使用[①]。王大珩对物质要求不高,生活很简单,食能果腹、衣装整洁即可。这种勤俭不仅体现在生活拮据之时,即使后来经济条件好转了,他也从未耽于享受,而是始终保持着朴素。

来到英国后,王大珩很快就通过了语言关。这得益于父亲王应伟精通英、德、日数种语言的缘故,父亲看重孩子们的外语学习。王大珩在孔德和汇文上学便接触过英文,幼时打下了好的外语基础;在礼贤中学他初步接触到了德语,对语言学习能力的提高有诸多裨益;大学期间,清华大学的恩师们谆谆教诲学生们要重视外语。因此,不用费太大的力气,他便能与英国的教师、同学们流利地交谈了。王大珩的英文水平很高,一直到晚年,他还能用地道的英语与来自各国学者们进行学术交流。

初到英国,陌生的语言、陌生的环境、周围皮肤和发色与己迥异的人群,走在飘雨的街道上,王大珩心中升起了难以诉说的孤独之感。在英国,和他有一样感触的中国学子很多,这些人为着共同的理想和目标远离故土和亲人,在异乡飘零,他们深深思念着家乡。

王大珩常常和旅居英国的同胞们一起参加活动,他们有时候参观工厂,有时候朋友聚餐或游览。有那么多的朋友在英国,他很快便不再感到孤独了。

中国留学生组织了一个名为"留英中国学生总会"的团体,这也是当时英国规模和名气很大的留学生团体。它于1926年在英国伯明翰大学成

[①] 王大琬、王大珍、王大英:奋发图强 殚心竭力为祖国——我们的兄长王大珩。见宣明主编,《王大珩》。北京:科学出版社,2015年,第143-144页:"大哥对弟妹们爱护有加,责任心强。'七七事变'后,父亲辞职赋闲,家中生活比较清苦,大哥伸出留学公费,由英国辗转寄回,供给弟妹上学。"

立，通过举办联谊、组织游览，或是举办演讲等方式，把分散在英国各个大学里的中国学子联系起来。留英学生会成立后，很快便得到了在英国的中国学生的响应，迅速壮大起来，发展到后来，凡是来到英国的中国学生都被算作是其中的会员，王大珩也是这个团体中的一员。

20世纪40年代末到50年代初，"留英中国学生总会"在鼓励留学生回国参加建设方面起到过积极的作用。这批留英科学家群体回国后对在新中国科技事业的发展中发挥了重要的作用。王大珩回国后，多方联络并帮助留英的中国人回国参加建设，在1952年李薰致王大珩的一封信件里便记述了这样的事情。

李薰（1913—1983）是王大珩在谢菲尔德大学（University of Sheffield）的好友，湖南人，1937年通过湖南省的公费留学考试来到英国谢菲尔德大学深造，在冶金学院做金属材料研究。谢菲尔德又被称为钢铁之城，谢菲尔德大学的冶金学院在当时的英国最负盛名，是当时英国唯一有权授予冶金博士学位的学院[1]，这个学位也是冶金学院的最高学位，李薰也是这个学院毕业的第二位冶金博士[2]。

从1941年到1943年，有一年半的时间，王大珩和李薰时时来往。那时候李薰租住在一位英国工人的家里，房东一家是他很好的朋友，房东太太对他中国同胞的造访也表示了热烈欢迎。

英国的饭食并不合中国人的口味，和大多数留学生一样，王大珩在英国生活，很快便学会了一项实用的生活技能——做中国饭，所以"每逢星期日休息时，我都要到李薰那儿去做一顿中国饭菜改善生活"[3]，王大珩回忆，"当时英国在打仗，晚间有宵禁，特别是晚上外国人不能上街，有时在他那儿待的时间晚了就住在他那儿，我们两个人就睡在一张床上。我们两个人关系非常好，但是在业务上的话不多，俗话说：隔行如

---

[1] 英国的博士学位分两种，一为哲学博士（Ph. D），获哲学博士学位后继续从事研究五年以上，工作有成绩者才可申请专业博士。

[2] 李薰于1940年6月获得哲学博士学位，1951年3月被授予冶金博士（D. Met）学位。从1923-1951年的28年间，他是得到该学位的第二人。

[3] 王大珩：我们永远怀念李薰同志。见：李薰著，师昌绪主编，《李薰文集 纪念李薰院士诞辰九十周年 逝世二十周年》。北京：科学出版社，2003年，第714页。

隔山。"① 抵足而眠是中国人友情深厚的表现,王大珩虽然不了解李薰的专业,但这并不妨碍两人结下的友谊。他钦佩李薰的科研能力和学问,尤其是对李薰会写诗的才情感到赞赏。

1950年,还在英国的李薰收到钱三强的来信,邀请他回国参加筹建冶金研究所,据钱三强信里提到,这是由王大珩举荐的。尽管那时候李薰对国内形势还不太了解,但是他信任王大珩,他随即回信表示愿意回国②。不仅如此,1951年3月,李薰获得谢菲尔德大学冶金学博士学位的消息传回国内,王大珩特意给李薰写信祝贺:"这真是不容易得来的荣誉,它将为中国冶金界树立起一面旗帜。"③ 王、李二人之间结下的深厚友谊由此可见。此后王大珩和李薰都回到了祖国。李薰同国以后,为中国科学院金属研究所的建设做了许多工作。他也是首批技术科学部学部委员之一。王、李二人后来在不同的行业内工作,但他们一直都是很好的朋友。20世纪80年代以后,他们同在技术科学部工作,李薰为主任,王大珩为副主任,青年时代的友谊维系了他们的一生。

1952年李薰给王大珩写信,信中谈到,他曾经询

图4-3 1941年,王大珩(左)与李薰(右)在英国

---

① 王大珩:我们永远怀念李薰同志。见:李薰著,师昌绪主编,《李薰文集 纪念李薰院士诞辰九十周年 逝世二十周年》。北京:科学出版社,2003年,第714页。
② 李望平、冼爱平编著,《李薰传》。北京:科学出版社,2013年,第88页。
③ 同②,第60页。

问过在英国的柯俊、张作梅、张沛霖归国工作的意愿，这三位都表示很愿意回国效力。于是李薰便请求已经在国内任职的王大珩帮忙向科学院申请一笔回国旅费，并为这三人做些接洽①。这三人回国后都在相关领域内做了很多工作，并成为中国科学院院士。柯俊（1917—）在北京钢铁学院当教授，创建了高校金属物理专业和冶金物理化学专业；张作梅（1918—1998）回国后帮助李薰筹建金属所，从事金属可塑性、高速形变的机理和材料的机械性能方面的研究，后来还和王大珩成了同事，为长春光机所的发展作出贡献；张沛霖（1917—2012）在金属研究所工作，并对核科学技术事业和国防事业发展作出了贡献。

除了"留英中国学生总会"外，王大珩在英国期间还参加了"一社"（建设事业励进社）"英国物理学会""英国玻璃技术学会""访英科学家协会""留英工程师学会""中华自然科学社""伯明翰城中华会馆"等组织。这些团体或是有关学术，或是有关留学生联谊，这些组织有的由中国人自己发起的，有的是全英国性的组织、团体。

那时王大珩已经展现出较强的组织和领导能力，并在留学生中很有威望，这从当时剑桥大学的留学生朱海帆1945年写给王大珩好友朱树屏的一封信里可以看出来，他写道："六月十八日手书欣悉，谢谢。弟参加曼城之会后即返剑桥，在曼城参观一所工业技专、两处机械工厂，逢到很多F.B.I.同学。在集会中中华自然科学社并未举行任何集会，弟当时曾向在会王大珩兄建议，但未能举行。中华自然科学社在英分社究竟要做些什么工作请兄多多指示，弟在时间能力范围内当追随大珩兄尽一分社员之力。"②

王大珩在留学生里的名声和人缘都很好，在英国居住多年后，当选为"中国人会"伯明翰城分会主席③，他常常组织当地的留学生和旅英华侨联谊，活动反响都不错。社交活动缓解了王大珩在异国他乡的孤独感，帮助他熟悉并融入到英国的生活，令他进益良多。在组织活动的过程中，他

---

① 案卷号 1952-02-027-16，《李薰致王大珩信》，存于中国科学院的文书档案。
② 日月、朱瑾编：《朱树屏信札》。北京：海洋出版社，2007年，第131页。
③ "拟接收我所所长、一级研究员王大珩入党的意见"。王大珩档案，存于中国科学院人事档案处。

崭露头角的一篇光学论文

王大珩在伦敦帝国理工学院学习了两年多，这一时期他的学习、生活和在清华大学时并不相同。在清华的四年里，他学习了物理学的基本知识，打下了未来深造的良好基础。在师从赵忠尧先生的短暂时光里，他学习到核物理的理论知识。在帝国理工学院，他展开了对应用光学的进一步研究。

1940年王大珩获得伦敦大学理学硕士学位，帝国理工学院不长期保存硕士论文。王大珩的论文《在有球差存在下的最佳焦点》[①]，经由马丁推荐，于1940年11月投稿，并于1941年在《伦敦物理学会会刊》（*Proceedings of the Physical Society, London*）上发表，这是他在伦敦大学帝国理工学院两年多硕士学习阶段中取得的重要研究成果。他的这篇论文后来被学界公认为是具有创造性的。

王大珩的这篇论文研究的是镜头光学设计中的问题。在论文中，他从理论上提出并论证了一种基于光强最大判据，在有残余球差光学系统中确

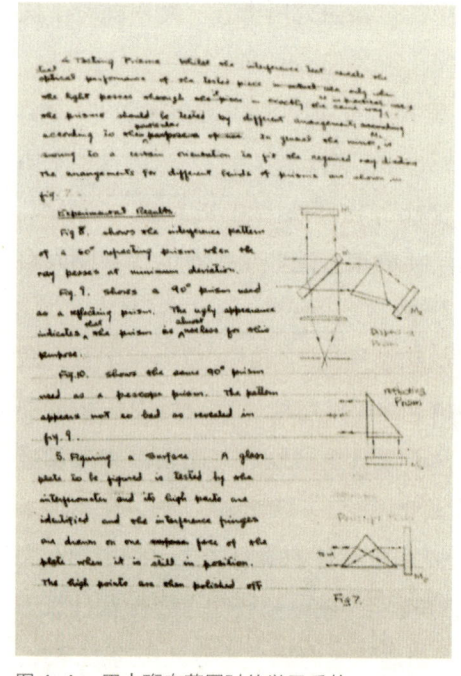

图4-4 王大珩在英国时的学习手札

---

① Wang Ta-Hang: Note on the Best Focus in the Presence of Spherical Aberration. *Pros. Phys. Soc.* (London), 1941. 53: 157–169。

定最佳焦点位置的计算方法。他巧妙地利用了瑞利准则（当一个光学系统最大波像差小于 1/4 波长时，系统成像质量与理想光学系统没有显著差别）推导出有初、高级残余球差光学系统的光程差计算的数学模型和近似解析表达式，分别讨论给出了系统初、高级球差对系统光程差的影响机制及球差允差计算公式；他创造性地提出了在系统中以初级球差平衡高级球差并适当离焦可以获得优化成像的论点和计算方法，这些处理方法还经过了镜头优化设计和实验的验证。这篇文章提出的学术观点和数学处理方法，与前人原有的方法相比，计算复杂度被大大降低了，且还能满足瑞利准则，这在当时对于光学设计领域是有重要学术意义和应用价值的。

20 世纪 40 年代，还没有计算机，那时要制造一个由三到五片透镜组成的光学镜头，光学设计就是一项庞大的计算工程。在光学设计过程中，光学工程师在初步建立了镜头模型和完成参数设计后，最大的工作量和难点就是计算和优化光学系统的像差（光程差），要通过改变透镜镜面几何参数和优选光学玻璃，计算光线以不同方位在不同位置进入光学系统后到达成像焦面的光程差，经过多次循环计算，直到光学系统成像质量达到优化。在像差计算中，能够用解析表达式求解部分像差，当然就能大大减少计算工作量，没有解析表达式的，就靠光线追迹计算了。可想而知，在没有计算机的年代，光学工程师要靠手算、拉计算尺和借助手摇计算机（一种机械计算机，只能做加减乘除计算）来完成光学设计，计算复杂度和工作量是最大的问题。正因为此，在当时的应用光学界，研究像差的优化计算方法，必然是热门课题。甚至可以看到，在早年的应用光学教科书中，光学系统像差解析表达式的推导和计算的内容，通常要占据全书 80% 的篇幅。直到 20 世纪 50 年代末，在长春光机所里做镜头光学设计时，以设计一个多片的光学镜头为例，需要一位光学工程师带着四、五位计算员，计算几个月，计算员手中的那本三角函数表，由于光线追迹计算中要不停的翻用，右下角都会是破损的！长春光机所直到 20 世纪 60 年代初，才从英国购置了第一台大型计算机，用于光学设计计算。

王大珩这篇文章的研究成果后来被学界公认为具有创造性的，并被一些教科书引用、借鉴，他的观点"至今仍是大口径小像差光学系统（如显微物镜）设计中像差校正和质量评价的重要依据"[1]。例如，在照相机技术上有较高成就的日本光学家小仓磐夫[2]曾提到自己在学生时代就曾阅读过王大珩的论文，一直以来印象深刻，他说，这篇文章影响了他的研究方法和思路[3]。小仓磐夫在他的《现代照相机和照相物镜技术》专著中还单列了一个章节，标题为"三级球差和波动光学的最佳象面——摘自中国光学学会理事长王大珩先生青年时代的论文"[4]，专门引用并论述了王大珩的学术工作。光学专家、中国科学院院士王之江也对这篇文章做过评价："王大珩先生在英国时发表的论文《在有球差存在下的最佳焦点》是当时国际上对像差校正最佳方案研究中很有开创性的工作。"[5]

青年时代的王大珩在光学设计上花了一番工夫，练就光学设计的基本功，这奠定了他后来从事光学玻璃研究，培养光学设计人才，乃至指导长春光机所完成高、精、尖国防光学任务的基础。

1941年春天，因战争对光学玻璃的需求量骤增，王大珩的目光转向了这一领域。他对光学玻璃的制造技术很感兴趣，他离开伦敦前往谢菲尔德大学的玻璃技术系，师从著名玻璃学家特纳（Turner W E S，1881—1963）学习玻璃炼制工艺，并进行玻璃的光学性质研究。这是王大珩攻读博士的课题，也是他对未来的又一次规划。

第一次世界大战后，英国玻璃进口锐减，在当地玻璃制造业者的支持下，1915年谢菲尔德大学开设玻璃制造系（次年改为玻璃技术系），这是英国第一个以玻璃制造为研究和教学对象的大学机构，时任物理化学讲师的特纳被聘为主任。特纳是英国有名望的玻璃学家，1916年他在英国历史

---

[1] 陈星旦、周立伟、卢国琛：王大珩传略。见：宣明主编，《王大珩》。北京：科学出版社，2005年，第3-8页。

[2] 小仓磐夫是日本东京大学的教授，1960年开始研究激光，曾在1984年来华，在西安应用光学研究所访问讲学。

[3] ［日］小仓磐夫著，傅维乔等译：《现代照相机和照相物镜技术》。北京：机械工业出版社，1989年，第195页。

[4] 小仓磐夫在其著作中提到，该书是他在日本《照相工业》杂志上发表的文章选编而成，他曾在文中介绍过王大珩的工作，故以这种形式收入该书中。

[5] 2015年4月19日，王之江在与笔者邮件往来中提到。

名城谢菲尔德创立了英国玻璃技术学会（Society of Glass Technology），该学会以"促进玻璃工艺研究，加强玻璃工业界有志之士之间的联系"为宗旨，学会通过定期举办会议、出版相应刊物、组织和整理图书馆等方式，在激励玻璃研究等方面发挥了重要作用。

特纳培养了一批玻璃专业的研究型人才。据统计，截至1947年，玻璃技术系70多名毕业生中，有超过30名成为各玻璃公司或部门的主管。不仅如此，他还为英国各地的玻璃工人开设全日班和周末班。到20世纪30年代，玻璃技术系和玻璃技术学会在特纳的统一领导下，学术研究、应用和交流功能得到充分发展，吸引了包括中国和日本在内来自世界各国的学者[①]。1950年，特纳当选国际光学委员会首任主席。

更要说明的是，在今天的谢菲尔德大学材料科学与工程系楼内，还附属有一个以特纳名字命名的博物馆——特纳玻璃博物馆（Turner Museum of Glass），这个始创于1943年的博物馆收藏了大量19—20世纪的玻璃制品，包括欧美各主要玻璃制造者的杰作，藏品之丰富在英国罕有其匹。由此可见，特纳在英国玻璃制造业上成就斐然。后来，即使王大珩前往昌司玻璃公司中断了学业，但他时常向老师特纳请教，他们合作发表了多篇论文。

卓有收获的光学玻璃研究

1942年4月，王大珩来到位于英国中部的工业城市伯明翰（Birmingham），他成为昌司玻璃公司（Chance Brothers）研究试验部里的一名物理师[②]，他对稀土光学玻璃的研究便是从这时开始的。

昌司玻璃公司是一家实力强劲、以制造光学玻璃而闻名于英国的大型

---

① Gooding E, Edward Meigh(ed.). *Glass and W. E. S. Turner* [M]. Sheffield: The Society of Glass Technology. 1951: 21.

② 王大珩去昌司玻璃公司工作的缘由将在后文（"祖国在心中"）详述。

图 4-5 20世纪40年代的王大珩

公司。这家公司在1875年前后制造出英国最早的光学用途玻璃：四种燧石玻璃和两种冕玻璃。直至1914年，英国90%的光学玻璃仍依赖进口，昌司公司作为当时英国唯一的光学玻璃工厂，生产了英国多数品种的光学玻璃。从1932年到第二次世界大战以前，昌司公司通过兼并等方式，规模日益扩大，其光学玻璃的产量较之以前增长达五倍之多[1]。第二次世界大战期间，随着战争对光学玻璃需求的多样化，昌司公司里新品种光学玻璃的研发紧锣密鼓地进行着。

王大珩一开始只在昌司公司的实验室里做一些研究开发工作。在20世纪早期的英国，光学玻璃作为要害技术是严格保密的。整个玻璃工业界步步设防，各个研究机构之间基本没有合作，特别是不同玻璃制造业者的配方都是严格保密的。当时对光学玻璃的手工操作的配方没有严格的配比和分析，其成分一般是通过经验获得。在这种严加保密的制度下，王大珩作为外国人，不被允许进入生产车间，但他细心观察，通过检测成品光学玻璃的特征，摸索着进行了一系列的实验工作。

王大珩统计自己在昌司公司工作的几年中，约进行了300埚玻璃熔炼实验。他在写给同届庚款生朱树屏的信中提到那时候的生活非常辛苦：清晨进厂，晚至8时才回[2]。因为不知道光学玻璃的配方，所以每一次的实验都要花费他许多功夫。那时候在熔炼玻璃液的时候没有什么搅拌装置，要提高成品玻璃的光学均匀性，他"只能再将玻璃倒出粉碎，用研钵研磨均匀后重熔，得到可测色散的玻璃"[3]。也正因为他的反复摸索，他对用

---

[1] Gooding E, Edward Meigh(ed.). Glass and W. E. S. Turner. Sheffield: The Society of Glass Technology, 1951, 37–40.

[2] 1945年10月王大珩致朱树屏的信。选自朱谨等著：《朱树屏传记》。北京：新华出版社，2007年，第39页。

[3] 姜中宏、王世焯：中国光学玻璃的先导者。见：宣明主编，《王大珩》。北京：科学出版社，2005年，第57页。

不同配比的材料所熔炼出来的玻璃性质认识更清楚。

王大珩在昌司公司期间，对光学玻璃的光学、光谱性能进行了深入探讨，对光学玻璃性能测试方法和测试装置进行了改进研究。他还进一步研究了玻璃配方和退火工艺，以获得性能更加优化的光学玻璃，同时他开展了对稀土光学玻璃的研究工作。王大珩所取得的重要研究成果多数发表于英国权威学术期刊《玻璃技术学报》（J. Soc. Of Glass Technology）上。

折射率是光学玻璃最重要的光学性能之一。为了获得更精确的玻璃折射率测量结果，1945年，王大珩发明制作了V-棱镜折射率测量装置，其测试原理巧妙，测试精度可以达到10^{-5}量级，性能优于当时在光学工业界通用的"普式（Pulifish）"折射仪。他把这一装置制成了商品仪器，在英国物理学会展览会上展出，获得了英国科学仪器学会"第一届青年科学仪器发明奖"（即"包温氏奖"）。V-棱镜折射率测量仪是光学玻璃实验室和工厂必备的测量仪器，在光学玻璃技术发展中起到了重要作用。1966年，英国科学仪器展览会在天津举办，开幕式上还展示了当年由王大珩发明制造的V-棱镜折射率测量仪。该议器至今仍在国内外光学实验室和光学制造业中普遍使用。

要说的是，王大珩把自己在英国所学带回了祖国，并用在了国家所需上。1956年，根据研制望远镜的需要，王大珩在仪器馆光学玻璃实验室开展了一项名为《V型棱镜折光仪的研制》的课题，他带着当时年轻的科研人员刘顺福、杨秀春开展了该课题的工作。王大珩拿出了自己在英国昌司公司工作时记录的手稿供年轻人参考，他还亲自参加了V型棱镜标准玻璃的测定工作，并对实验所获得的折光仪的各种常数做了详细记录。根据王大珩提供的数据，刘顺福完成了课题报告之一——《V型棱镜折光仪技术报告》，对试制情况做了总结。随后，王大珩也以书面形式对该项目做了总结，写成《V型棱镜折光仪及其精确量测固体折光常数的应用》的重要研究报告，他提出了V型棱镜折光仪是由一个45°、-90°、-45°的V-形棱镜和一个垂直式分光计组成，他指出了该项目的关键技术所在，并提出所试制的V棱镜折光仪，是用于制造望远镜的重要组件；制成后的折光仪，具有介乎大型精密分光计和Pulfrich折光仪之间的精度，而在方法上却比二者都简捷得多。由王大珩所承担的V棱镜折光仪项目于1978年4月，被中共吉林省委员会、吉林省革命委员会评为吉林省重大科技成果。

上述是王大珩在V棱镜研制中取得的成果。1942年，王大珩撰写了题为 The Visual Spectrophotometry of Glass with Speccial Reference to Low Absorptive Glass（《低吸收玻璃的光谱特性比对测量》）的文章，并在同年11月18日的谢菲尔德会议（Sheffield Meeting）上宣读。在这篇文章中，他首先从理论和实验两方面分析论证了原经典装置用于测量高透明玻璃光谱吸收率的局限性，报告了他自己基于经典光谱光度计建立起来的一套改进型光谱光度测量装置，并提出了新的测试方法。新装置采用了均匀散射扩展光源，在这个装置中测试样品可以加厚成柱状，这对于低吸收玻璃的光谱透过率/光谱吸收系数的测试，不仅降低了玻璃测试样品的制作难度，特别在玻璃样品不可避免地存在条纹等光学性能不均匀的情况下，仍可以获得高精度的测量精度。同时在文章中，他还报告了在开展对含氧化铁的钠钙硅酸盐玻璃（Soda-Lime-Silica Glass Containing Iron Oxide）的脱色工艺研究中，用新装置对不同氧化铁含量玻璃样品的光谱吸收率的测试结果。

在这次会议上，王大珩还宣读了他与他的导师特纳合著的题为《含氧化铁的钠硅酸盐玻璃的某些光谱特性——第一部分：浓度与氧化正亚铁分离的影响》[1]的学术论文，报告了对钠硅酸盐玻璃中所含不同氧化铁浓度对玻璃光谱吸收特性的测试和分析结果。紧接着，1943年王大珩与特纳合作完成并发表了上述同名论文的第二部分——砷与氧化锑的作用[2]。他们进一步的研究表明，在钠硅酸盐玻璃配方中加入砷和氧化锑，可以起到到脱色剂的作用，在经过了多次配比的实验和测量后，得到了不同砷和氧化锑含量对玻璃光谱吸收特性的影响。这两篇文章于1942年和1943年相继

---

[1] T. H. Wang, W. E. S. Turner. Some Spectrophotometric on Iron Oxide-Containing Soda-Lime-Silica Glasses-Part I. The Influence of Concentration and Ferri-Ferrous Dissociation. *J. Soc. Of Glass Technology*, 1942.

[2] T. H. Wang, W. E. S. Turner. Some Spectrophotometric Investigations on Iron Oxide-Containing Soda-Lime-Silica Glasses-Part II. The Effect of Arsenic and Antimony Oxides. *J. Soc. Of Glass Technology*, 1943.

发表在《玻璃技术学报》上。

王大珩在昌司公司的工作实践中，学术研究不断深入，学术水平不断得到提高。他的实力越来越强。他不仅在光学玻璃性能测试方面已经有所建树，也渐渐掌握了光学玻璃研制和生产工艺的多个关键环节。他在稀土玻璃配方研究中取得了成果。1945年，王大珩和特钠合作发表了题为《氧化硼对钠硼硅酸盐玻璃折射率和色散性能的影响》[1]的论文，这是王大珩涉足稀土玻璃领域取得的第一项研究成果。

人们把稀土元素应用于玻璃制造，开始于19世纪末。1925年美国科学家摩莱开始研究稀土硼酸玻璃。1938年美国率先制造出了具有高折射率低色散性能的含镧光学玻璃，扩大了光学玻璃系列的常数范围。王大珩对这一研究领域产生了兴趣，最直接的原因可以追溯到他做过光学设计，他深知高折射率低色散性能的玻璃在设计透射光学系统色差优化中太重要了。借助昌司公司玻璃实验室的优良条件，他开始了对稀土光学玻璃系列的研究，或为英国最早研究稀土光学玻璃的人之一。1944年，王大珩在英国获得了两项新光学玻璃配方的发明专利[2]。

王大珩第一项专利的核心发明是通过在钡硼酸盐玻璃中添加多种不同配比的稀土氧化物，从而获得了五种新玻璃配方的镧冕玻璃系列。他的第二个专利是在钡硼硅酸盐玻璃中加入14.5%的氧化钍和高达45%的氧化钡，获得了折射率1.65阿贝数58.5特征性能的新牌号玻璃。

说到王大珩获得专利这件事还发生过一段故事。时过60年，在2003年的"中国科学家人文论坛"上，由他本人讲出来。他说："在科学高度发展的当代，人们在传统意识和行为上，仍保持着有神论的烙印，科学家也难免如此。在实验室里他是无神论者，但是在社会上也是有神论的大

---

[1] T. H. Wang, W. E. S. Turner. The Influence of Boric Oxide on the Refractive Index and Dispersion of Soda-Boric Oxide-Silica Glasses. *J. Soc. Of Glass Technology*, 1945.

[2] 两项专利的信息，其一 Patent: CA494204. English Title：Optical Glasses；French Title：Verres Optiques. Inventors: Ta-Hang Wang, Raymond E. Bastick, Wilfred M. Hampton. Owners: Chance Brothers Limtted. Issued: 1953-07-07. 其二 Patent: CA504429. English Title：Optical Glasses；French Title：Verres Optiques. Inventors: Bastick, Raymond E; Wang, Ta-Hang. Owners: Chance Brothers Limited. Issued: 1954-07-20.

流,成为有神论和无神论的两面派。我也这样做过……"①然后,王大珩讲了他的故事。

1944年的一天,王大珩到英国伯明翰专利机构去申请新种光学玻璃配方的专利,没有想到在英国这个世界上最早(1624年)颁布专利法的国家申请专利,手续竟如此繁复。在填完各种表格、递交原始资料以后,还要接受答询、等待审核。最后专利局官员拿出一本《圣经》放在桌上,要申请人王大珩把手放在上面宣誓,发誓所做的工作和写的材料是真实的。这时,他犹豫了,他心里暗想,我是什么教都不信的无神论者,怎么还要向《圣经》起誓呢?转而他又想,不就是宣誓自己工作的诚实可靠吗?这当然是科学家的本分,当然应该坚守的。"在这种情况下,我何必说我不信你的教呢?算了,我也就随大流了,你爱怎么样我就跟着走了。"②

因为研究工作取得了诸多进展,王大珩作为公司里为数不多的亚洲面孔逐渐受到了昌司玻璃公司高层的器重,他的待遇好起来,受到的尊重也多了。但他的内心并不满意,他认为,"在那些年里,我是受雇于人,出卖自己的智慧,为别人出成果、效益的。"③他希望能将学问用在自己国家上!那时第二次世界大战已经结束,但因为中国内战,国内时局尚未安定,回国后也未能有安稳的研究环境。他暂时看不到出路,回国的打算还只是计划中,也只能选择在英国继续做学术积累。好在这一期间,他做了许多研究,这是他回国后进一步发展的基础。在英国期间,他在对光学玻璃配方的改进中获得了宝贵的经验,这也促进了中国未来光学玻璃事业的发展。对此,王大珩说:"可以自慰的是,根据自己多年工作经验,掌握了保密性很强的光学玻璃制造的许多关键技术问题,为当时的英国光学玻璃前沿技术做出了贡献。此外,还学会了一套从事应用研究和开发工作的思路和方法,特别是讲求经济实效的意识。这对我回国后从事新技术创业和应用研究的开发工作,有着深刻的意义。"④

---

① 王大珩:漫谈科学精神。见:宣明主编,《王大珩》。北京:科学出版社,2005年,第23-30页。
② 同①。
③ 王大珩:我的自述。见:宣明主编,《王大珩》。北京:科学出版社,2005年,第11页。
④ 同③。

第五章
祖国在心中

中国的知识分子，即便身处积贫积弱的时代，大都怀有一颗亲热祖国的心。20世纪三四十年代那些漂洋渡海负笈留学的学子们，差不多都有一个共同点——为了国家强盛，王大珩和他的学友钱三强、彭桓武、何泽慧、李薰、王应睐等，就是这样的突出代表。

"日夜思念的祖国""一切要服从祖国的需要"。这是王大珩在《我的自述》里表达他在英国十年期间对祖国的情怀；再从他的许多事迹，更清楚地看到他把心中的情怀，转换到"为祖国需要做好准备"的自我践行上。

放弃在读博士学位 做光学玻璃实验师

第二次世界大战爆发后，由于先进技术被应用于制造武器的警示，在欧洲，一些主要国家很快把光学玻璃研制技术提到"军事要害技术"（王大珩语）的高度，并加以强化研究和发展。1942年春的一天，正在谢菲尔德大学做玻璃光学性质研究博士论文的王大珩，偶然得到一个消息，他在帝国学院时的英国同学汉德（W. C. Hynde，由昌司公司委派到帝国学院

图 5-1　王大珩与汉德合影

进修）告诉他，伯明翰昌司玻璃公司实验部急需找一位实验物理师，专职从事新型光学玻璃的开发研究，汉德认为王大珩符合应用光学专业的应聘条件，问王大珩愿不愿意去伯明翰就任。

想不到，就是这个偶然间的消息，决定了王大珩一生的事业。这件事他一直铭记在心，时过半个多世纪后他回忆说："我的英国同学汉德先生告诉我，英国昌司玻璃公司急需一位懂应用光学专业的科研人员，担任新型光学玻璃开发研究工作。这真是一个难得的机遇，我的祖国是多么需要这种技术啊！"①

王大珩听了消息后，第一感觉这是难得的机遇，很希望能学到制造光学玻璃的真实本领，同时想到了祖国需要这种技术。但是还有一点，他一定会想到却没有说，那就是放弃在读的博士学位去做技术产品开发，毕竟是一次重大改变，于个人、于将来，会遇到些什么情况？事情难以预料。

事实是，王大珩很快拿定了主意，并且带着意向先去见博士论文导师特纳征求意见。老师听后颇觉意外，甚至对这名聪慧、有创造性思维的中国学生直说了惋惜的话，不过，老师还是尊重了学生的意愿。

就这样，1942 年 4 月，王大珩受聘于昌司公司实验部，做了长达 5 年的实验物理师。这件事本不一般，5 年也不是短时间，而在从不习惯多谈自己的王大珩笔下，却是如此简略和平常：

---

① 王大珩：我的自述。见：宣明主编，《王大珩》。北京：科学出版社，2005 年，第 11 页。

经汉德先生的推荐,离开学校,到昌司玻璃公司工作。我在这家公司实验室工作了五年,职务是研究实验部物理师。在那里我学会了如何从事研究开发工作。虽然不许我进入生产车间,但因为实验室既是产品质量的控制中心,又是进行新技术、新产品开发的源地,所以对生产的组织形式,以及生产光学玻璃的要害问题能有足够的了解。①

为了国家将来需要而放弃在读博士学位,王大珩向来认为是不值得挂在嘴上的平常事,因而学界知者不多,能理解其中大义的更少。但有一个人几十年一直很钦佩王大珩的决断,并且从内心发出"真是难得"的赞誉,这个人是钱三强。钱三强和王大珩是相知甚深的同学和挚友,他们小学(1921—1922年)在孔德是同学,在清华物理系(1932—1936年)又同班,毕业后分别到法国和英国留学,还共同经历了欧洲第二次世界大战之苦。

钱三强所以特别理解王大珩,还因为他本人与中国学位制的一个历史情结。早在新中国成立之初的1953年,钱三强率领科学家代表团赴苏联作了几个月的考察,归来就积极主张搞中国的学位制,因为客观形势和学界意见分歧,他的计划搁浅了;20世纪80年代初,国家决定实行学位制,钱三强被任命为国务院学位委员会副主任(主任胡乔木,副主任还有多人)。虽然是一项兼职,但钱三强很上心把它当正业去做,因为他认为,建立自己的学位制,"实质上应该看作是在人才培养上消除半封建半殖民地痕迹的一个内容"(钱三强语)。

1982年2月,钱三强在一次学位工作座谈会上,颇有感触地讲到旧时中国知识界看待博士学位的心态②,说当时在大学当教授的,非得有外国的博士学位不可,没有博士学位最多只能当个副教授,还让人看不起。他当场举了刘半农作例子,说胡适经常流露出瞧不起"土包子"刘半农,为了出这口气,刘半农到法国去学语言学,得了文学博士学位,回国后大家对他就刮目相看了。钱三强对比讲了王大珩放弃在读博士学位去做玻璃实

---

① 王大珩:我的自述。见:宣明主编,《王大珩》。北京:科学出版社,2005年,第12页。
② 钱三强:依靠我国自己的力量培养人才。见:吴剑平主编,《清华名师谈治学育人》。北京:清华大学出版社,2003年,第152页。

验师的事，他说："大珩不是不知道没有博士学位对个人的不利影响，但他为了国家将来需要，做了与众不同的选择，在那个时候真是难得。"[1]

事实上，没有博士学位的王大珩，在当年回国时真能感觉到"对个人的不利影响"。他，与获得博士学位同时间回国的钱三强、彭桓武相比较，明显遭受了某种"冷遇"。彭桓武在爱丁堡先后受到国内中央研究院、清华大学、云南大学的邀聘，钱三强在巴黎曾经有北京大学、中央研究院、北平研究院、中央大学、清华大学发来聘函；还有王应睐，他1938年和王大珩同船抵英求学，以《估测可溶性维生素 B_1、维生素 C 及烟碱酸的化学方法及应用》(Chemical Methods for the Estimation of the Water-Soluble Vitamins B_1, C, Nicotinic Acid, with some Applications) 研究论文在剑桥大学获得博士学位，1945年他就被中央大学聘请回国作了生化教授；而从许多可查的历史材料和自述证实，可以说王大珩是"不请"而自己主动回国的，并且回国后一度各处奔波找寻工作单位。

这样的现实情况，相信王大珩也会心知肚明，但他从未流露一丝悔意，更没有说过标榜自己的话，他留下的只有这样简短朴实的一段文字："为了能学到制造光学玻璃的真实本领，我毅然放弃攻读博士学位的机会，抓住第二次世界大战的时机，经汉德先生的推荐，离开学校，到昌司玻璃公司工作。"[2]

眷注国家前途

王大珩自1938年秋登船抵达伦敦之后，他先把全部精力集中到技术光学硕士论文的研究实验中，并于1940年夏获得帝国学院的硕士学位，毕业论文还被公认为具有创造性。紧张科研工作之余，当他回到寓所，吃过

---

[1] 葛能全：又一历史性功勋——王大珩先生与中国工程院。见：宣明主编，《王大珩》。北京：科学出版社，2005年第81页。

[2] 王大珩：我的自述。见：宣明主编，《王大珩》。北京：科学出版社，2005年，第12页。

自己做的简单晚餐，独自一人闲下无事的时候，王大珩心里翻来覆去总惦念着国内的抗战情势，每当从中文报纸上看到我军失利的消息，就有说不出的痛楚，寝食难安，有时不由自主默默唱起最爱唱的《松花江上》，发泄心中对日寇的愤懑，同时寄托对祖国对亲人的念想。

在美国，王大珩也有感到慰藉的时候。他刚到伦敦不久（1939年1月14日），伦敦各种报纸报道了英国、法国和美国的联合声明，共同反对日本的所谓"大东亚新秩序"；再就是，在平时与人接触中，无论在帝国学院还是昌司公司，他的英国同学、同事和老师，都认识到日本帝国主义就是希特勒法西斯，对来自受日本侵略的中国学生，都寄以同情和亲近，使得去国离家的王大珩减轻了精神上的孤独感。

1945年是王大珩感觉开心的事情发生最多的一年。这年5月，德军最高统帅部签署投降书，欧洲战争宣告结束；三个月后，日本接受波茨坦公告，宣布无条件投降，并在"密苏里号"军舰上签署投降书，中国的抗日战争和第二次世界大战结束；这一年，王大珩在昌司公司研制出V-棱镜精密折射率测定装置，其精度达到1×10^{-5}，并制成商品仪器，获得英国科学仪器协会授予的"第一届青年仪器发展奖"；也在这年秋，因为战争多年没有通音信的同学钱三强，意外来到伯明翰见了面，并且带来了延安的最新消息。

第二次世界大战刚一结束，英国和法国首先恢复学术交流。已经升任法国科研中心研究员的钱三强，1945年受约里奥-居里夫妇委派，到英国布里斯托尔大学鲍威尔（C. F. Pavell，因发明核乳胶技术获1950年诺贝尔物理学奖）教授处学习核乳胶技术，同时出席英法宇宙线会议。钱三强离开巴黎时，中共旅法支部告诉他，要他到伦敦后去海员工会见一个人。钱三强后来见的这个人就是延安来的邓发（时任中共中央职工委员会书记。陈家康随行）。那天，邓发除了介绍延安和全国的革命形势，还送给钱三强一份《解放日报》的剪报，报纸上刊载的是毛泽东的新作《论联合政府》全文。

钱三强见了邓发，又读了《论联合政府》以后的感觉，他自己形容"可以说是一个新的发现"，"感到文字内容非常有气魄有远见，并且科学性非常之强,当时我的直觉的反应是'孙中山第二'。"①

于是,钱三强很快从伦敦乘火车去了伯明翰,他要把这些告诉王大珩。关于两位同学这次所谈所感,综合钱三强和王大珩的回忆资料,在《钱三强传》(2013年版)中有这样的记述:

> 两人一起到斯特拉福镇参观了莎士比亚的出生地,还划着小船,在埃文河上一边阅读《论联合政府》,一边畅谈联合政府建立后的中国未来,以及个人应为此做出的准备。钱得知王刚获得英国首届"青年仪器发展奖",赞美他三年前放弃博士学位改研究光学玻璃的明智之举,说光学仪器是将来建设国家广泛用得上的。王对钱所攻核物理也有一番赞誉,后来见于诗句的如"四载清华攻'牛爱'(喻牛顿、爱因斯坦——引者注),一朝出国成大贤"。王在诗后加注解说:"我与钱三强相处,主要在大学学习及国外留学时期,他对于革命形势的理解,处世为人,以及从事科学的风格,身体力行,对我有着深厚的感受和影响"。②

图5-2 1942年,王大珩在英国莎士比亚故乡埃文河上泛舟

上面王大珩加注解释的话里,特别说到钱三强的言行(如"对于革命形势的理解")"对我有着深厚的感受和影响",这也透视出王大珩的自谦,是他一向不标榜自己的习惯使然。其实,王大珩对钱三强的进步影响同样有之。"一二·九"运动在清华时,钱三

---

① 钱三强:《自传》,1953年2月20日,原件存"钱三强档案"。
② 王大珩:忆三强,我的挚友。见:《清华校友通讯丛书》复26册。

强还是"不问政治的学生"①,他那天在图书馆用功没有参加游行,同班同学王大珩不仅是游行的积极分子,还是发起游行的建议人之一,而且不久加入了进步组织"民族解放先锋队";钱三强后来(12月16日)参加游行、冲城门,是因为他看到12月9日游行学生遭镇压感到非常愤激,也是受到王大珩等人行动的感染。钱三强在1953年写的入党"自传"里,记有另外一件关于王大珩的事情,那是他到巴黎不久的1939年,经过王大珩介绍他开始订阅英国出版的进步书籍,钱三强写道:"由留英同学(其时王大珩为钱三强的唯一留英同学——注)介绍订到英国'左翼书籍俱乐部'的书籍,其中有斯诺著的《红星照耀中国》,在那里我第一次看到关于红区、毛主席及游击战争的记载,使我眼界一点点地展开了。"② 由此而言,王大珩和钱三强之间数十年的关系,最精准的表述正是王大珩的说法——挚友。

共同的约定

王大珩、钱三强、何泽慧、彭桓武四位清华同学,都是在1948年回国的,按抵达时间顺序,彭桓武2月在先,王大珩5月,钱三强与何泽慧是在6月回国。

他们1948年回国的这个时间点,给后来留下了猜疑,甚至一度成为政治污点,"文化大革命"中更有人说,这是"投奔国民党反动派";直到许多年过后,1948年回国的时间问题还在缠绕着他们——在新中国成立60周年(2009年)时,北京一家官方电视台计划报道他们中的一位(钱三强),但发现回国时间跟"向往新中国"的主题相左,感觉很为难,后来节目主持人听了情况介绍,了解了历史细节,对那段历史有了新的认识,报道计划终于得以实施③。

---

① 此为于光远作为入党介绍人在钱三强的《入党志愿书》上写的话。
② 钱三强《自传》,1953年2月20日。
③ 葛能全访谈,2014年9月8日,北京海淀区中关村寓所。资料存于采集工程数据库。

第五章 祖国在心中

图 5-3 1939 年,王大珩(右二)在凡尔赛与彭桓武(左一)、钱三强(左二)等合影

实际上,选择 1948 年回国是王大珩他们共同的约定。还原历史真相,情况大致是这样的:

早在 1939 年夏,王大珩和彭桓武(还有夏震寰、卢焕章)有一次暑假旅行,除了游览风景名胜,到巴黎会晤钱三强、到柏林会晤何泽慧首先写上日程,并由王大珩分别致信作了预约。钱三强记得,这是他离开清华园后第一次接到王大珩的信,以往的记忆被这封信重新唤醒;钱三强又想起在清华不同级的彭桓武,两人 1935 年曾经编在一个班参加学校组织的军训,夜间冒雨巡逻……

当几位同学在巴黎见面时,那种情景就像回到了从前,特别是来自英国爱丁堡的彭桓武,见了巴黎的太阳,就像小孩子一样又叫又笑,原来,据彭桓武介绍"爱丁堡是终年不见阳光的地方。我因此患了怪病———坐到饭桌上便厌食,但不吃又饿……到暑假,我约王大珩等清华校友作欧洲大陆之行,见见阳光,这才根治了这怪病。"[①] 每当他们话题转到国家正

---

① 彭桓武:《彭桓武诗文集——物理天工总是鲜》。北京:北京大学出版社,2001 年,第 58 页。

遭日寇涂炭、民生疾苦时，心里都厚积着出国时抱定的"求学强国"的意志，但谁也没有说大话。

这次短暂旅游，后来被他们自己戏称为"一次历险"。王大珩他们从巴黎到柏林后，见到德国和苏联签订互不侵犯条约的报道，便以为战争打不起来，打算再多玩几天，就在这时接到了钱三强从巴黎拍的电报，只写了四个字：见电速返。于是，王大珩几人在迷惑中乘火车返回了伦敦——后来知道，他们乘坐的正是开战前最后一趟返回巴黎的车。

这件事，几位同学都留下难忘的记忆。时隔60年后王大珩回忆道："我们四人去了柏林。这时第二次世界大战已紧锣密鼓，法国已实行了灯火管制。三强关心备至，写信要我们赶快离德，我们便提前返英，途经巴黎，再次与三强会面，战争即将开始，只好互勉好自为之。"[①] 彭桓武还记得："在报上见到德苏外长签订互不侵犯协定，并受当地市民和平气氛的鼓舞，我们正想做多日停留的打算，却收到三强从巴黎发来的和我们事先约定的电报。我们马上乘车返回巴黎，来时所住的巴黎大学，此时住满了军

图5-4　1946年夏，王大珩（右一）与钱三强（左一）、何泽慧（中）在英国伯明翰

---

① 王大珩：忆三强，我的挚友。见：清华校友总会，《清华校友通讯丛书》复26册。北京：清华大学出版社，1992年。

队，他督促我们立刻换车回伦敦。事后才知道，这是最后一次直达车。如若没有钱三强的帮助，我们当时就会被困在柏林，后果不堪设想。"①

1946年夏，王大珩与钱三强、何泽慧、彭桓武在英国剑桥又一次相聚了，他们同时出席牛顿诞辰300周年纪念大会（因战争延期）。这次，王大珩正好尽地主之谊，把新婚的钱何夫妇接到自己的寓所小住，两天里许多话题从他们新近读的斯诺著作《红星照耀中国》（即汉译《西行漫记》）引出，天南地北，国际国内，政治、科技、人生，无所不谈。王大珩回忆说："这次会面，特别有意义，三强向我介绍了陕北革命根据地（钱从中共旅法组织处知道的——注）的一些情况，说到那里现在有肉吃了，感到特别兴奋。对比重庆政府的腐败无能，使我在政治概念上受到很大启发。"②

这次英国分手时，他们作了一个约定：随时做好回国准备，待到形势

图5-5　1946年夏，王大珩（右一）与周培源（右二）、钱三强（左一）、何泽慧（左二）参加剑桥物理集会后合影

---

① 彭桓武：《彭桓武诗文集——物理天工总是鲜》，北京：北京大学出版社，2001年，第77页。
② 王大珩：忆三强，我的挚友。见：清华校友总会，《清华校友通讯丛书》复26册。北京：清华大学出版社，1992年。

明朗后就回去，为将来建设一个强盛的中国效力。

一年过后，国内的大学和科学机构都已复员，纷纷邀聘海外学子回国教学和做研究。这时国内战争的形势发展迅速，变得渐渐明朗起来，依据钱三强从中共旅法支部得到的说法，"三年左右发生大的变化是可能的"。于是王大珩和钱三强、何泽慧、彭桓武，便在1947年开始将约定计划付诸行动。

王大珩他们约定政权更迭之前回国，其中一个原因，用彭桓武当时的话说，"回去学习学习通货膨胀"，王大珩写的回忆文字，讲得更直截了当：

> 国内解放已成定局，感到新中国已经有望，回国后要为新中国而工作。我和钱三强约好1948年回国，当时有一种想法，就是要看看蒋介石国民党的腐臭情况。因为再晚回国，全国解放了，那种国民党鱼肉人民的情景就领会不到了。这是对我毕生有益的一次反面教育。[①]

也是在1947年夏，彭桓武借去布鲁塞尔出席会议的机会，顺便到巴黎看望钱三强和何泽慧，面告他们自己已接受云南大学校长熊庆来邀聘，准备即将回国。钱三强把自己打算近期回国的计划也向彭桓武交了底，彭桓武很赞赏钱三强促使国内机构和人员联合起来发展原子能科学的想法，并且约好一旦国家安定下来，将来"一起好好干"。时至2006年，91岁高龄的彭桓武依然清楚记得那次巴黎约定，他在中关村寓所对《钱三强传》作者说："其实那时我们谁也没有说得很直白，说是回去要搞原子弹什么的，只是说一起好好干，因为说这话时美国已经在日本投了原子弹，一说好好干，彼此都明白是什么意思。"[②]

要特别说的是，王大珩和钱三强、彭桓武都用事实兑现了约定，1999年，他们同时被授予"两弹一星"功勋奖章，被誉为人民共和国的强国功臣。

[①] 王大珩《自传》，王大珩《入党申请书》附件（1978年5月），王大珩档案，存于中国科学院人事局档案处。

[②] 葛能全：《魂牵心系原子梦——钱三强传》。北京：中国科学技术出版社；上海：上海交通大学出版社，2013年，第164页。

第六章
投奔解放区

1948年王大珩回国之初，辗转于北平、秦皇岛、上海等地供职。1949年，情况有了变化，这一年对他来说特殊而难以忘记。离开上海抵达大连，解放区的新气象令他耳目一新。新时代赋予了他前所未有的激情，他加倍努力工作，从创办大连大学应用物理系开始，他把自己一身所学用到了支持国家科学发展的宏图上！

回国后的辗转经历

1947年夏秋之交，王大珩已经开始为回国做准备了。但他对当时国内的玻璃行业并不熟悉，他的旅英好友柯俊得知他要回国的事后，主动提出介绍他与当时经济部工矿调整处的张谔联系，以了解国内玻璃工业的情况。柯俊是在1944年来到英国伯明翰大学学习金属物理学科，来英国之前，曾在民国经济部工矿调整处工作过几年，在行业内有一些人脉。王大珩通过柯俊介绍的朋友，在越洋通信中了解到国内的科学、工业的发展情况。

1948年4月，王大珩登上了由伦敦开往香港的客轮，踏上了回归的旅程。

王大珩归国后先到了上海。当双脚踩上祖国的土地，他的内心有了依托。虽然阔别祖国数年，但国家的变化并不大。他在上海逗留数日，一边等待取回托运的行李，一边思考未来的人生路。此后，他应物理学家严济慈之邀，临时来到了北平研究院物理研究所。在这里他与严济慈及北平研究院副院长李书华做了一番畅谈，王大珩流露出想从事光学研究的志向。他原定要在此工作，因为物理研究所正要发展应用光学，但他只在物理研究所待了一个多月，7月，他应秦皇岛耀华玻璃厂厂长、总工程师龚祖同的邀请，去秦皇岛耀华玻璃厂工作。

龚祖同（1904—1986），1926年考入清华大学，后去德国柏林技术大学深造，1938年回国工作。抗战期间，他研制出我国第一架野外望远镜。他曾参加过我国第一个光学工厂——昆明光学仪器厂（昆明兵工署二十二厂）的组建，后又参加创建贵阳兵工署五十三分厂，到后来担任了秦皇岛耀华玻璃厂的总工程师。

王大珩对龚祖同在光学研究方面的成就很佩服，他接受了邀请，打算在耀华玻璃厂继续光学玻璃的研究，干出一番事业来。但现实却令他深深失望了。此时正值国民党统治即将垮台，时局动荡，国内的金融秩序十分混乱。当时通货膨胀到了不可想象的程度，市面上用来充当流通货币的金圆券大幅度贬值，他领到的薪水根本就买不回来什么东西。吃不饱饭，又有战争的阴影，人心惶惶，玻璃厂里几乎没有几个人能安心工作。无论是在北平还是秦皇岛，王大珩都没有安定做研究的环境。在秦皇岛的一个月里，他还没来得及熟悉厂房、设备，便不得不向上海分厂转移以躲避战争，他继而担任了上海耀华玻璃厂的工程师和研究主任。

回国之初的短短两三个月，王大珩从上海来到北平，从北平去了秦皇岛，最后又辗转回到了上海。就在这时，他又收到英国昌司玻璃公司的一封电报，邀请他再度返回英国任职。从个人生活条件上说，再回英国，报酬优渥，生活安定，研究环境优越，但王大珩并没有接受昌司公司的邀请，他决意留在国内发展，去大连大学任教。

大连大学的成立是基于为了培养将来在各个大城市进行建设的科学技术人才的需要。当时，大连是中国共产党最早解放的大城市之一，环境安定，基础设施条件较好，已经具备了开办正规大学的条件。早在1947年冬，医学专家、中共党员沈其震便在向周恩来汇报工作时，提出要在大连办大学的建议。1948年秋天，在东北和全国解放战争节节胜利之际，中共旅大地委为适应新中国成立后经济建设和文化建设的需要，也为了落实东北局给予的"大力培养干部"的指示，向东北局提出了要在大连开办一所大学的请示报告，学校名称拟定为"大连大学"。其中成立于1946年11月的关东工业专门学校和1946年年底成立的关东电气工程专门学校，也是后来大连大学工学院的基础。

经过东北局批准，1948年11月2日大连大学筹备委员会成立，后派遣沈其震在各地聘请教师。中国共产党党员、曾任中共旅大区党委副书记、担任过大连大学第一任校长的李一氓曾在回忆录里撰写道：

> 对学校来讲，主要还是要请到好教授。仅仅限于原来的教师就不够了。那时，全国的军事形势逐渐向南发展，上海、南京、武汉、广州的大学都无法开学。同时这些教授们出于对国民党腐败统治的不满，赞成新民主主义革命。因此我们医学院院长沈其震到上海、香港邀请了一批名教授到大连大学担任工作。因为大连这个城市是一个沿海的工商业、文化发达的城市，适合这些教授个人的生活习惯，并且我们的条件比较好。一是他的教授地位不变，二是他的薪水不变，三是只要把书教好，不必参加政治活动。[①]

沈其震的弟弟沈其益[②]当时正在中央大学生物系担任教授，他思想进步，在业内有很高的声望。沈氏兄弟通过自己的影响力，在上海、南京等地，私下寻找并动员技术人员前往解放区工作。在他们的运作下，先后有50余名教授、专家、学者投奔了解放区。这些科技人员，包括各个学科拔尖的专家、教授，他们有真才实学又热爱祖国，正是未来的大连大学亟须

---

① 李一氓：《模糊的荧屏　李一氓回忆录》。北京：人民出版社，1992年：393-394页。
② 沈其震（1906—1993），长沙人。医学生理学家，中国科学院院士。沈其益（1906—1993），长沙人。植物病理学家、农业教育家。

的人才。吴有训当时正在上海交通大学担任教职，他与沈其益关系很好，也明白沈其益四处活动是在做什么事情。吴有训理解王大珩回国后心中的抑郁和彷徨，得知解放区要人的事情后，他便将王大珩介绍给了沈其益，推荐他前去工作。在了解到是要去解放区帮助筹建大学，王大珩很高兴，他很珍惜这样的机会，预感自己在新的世界里将有用武之地。

1949年2月16日，对王大珩来说，是辞旧迎新的一天，他在这一天启程前往心中的圣地——大连解放区！他先乘坐一艘美国邮轮，从上海抵达香港，再换乘上一艘"非法出境"的苏联货船——"AZOV"号。"AZOV"号是沈其震在香港设置的"京华公司"租用的货轮，它以"运货"的形式掩护"运人"的实际目的，这是我党的一条秘密航线。这艘船从1948年下半年到1949年，在党组织的部署下，通过香港—大连或天津的海上运输线，运送了许多科学技术专家、民主人士、文化界人士来到解放区。

在夜幕掩映之下，"AZOV"号从维多利亚港出发，到达朝鲜的兴南港后，王大珩一行人改乘火车，经平壤，路过沈阳，去往东北解放区。与王大珩一路同行的还有后来成为建筑学家的汪坦、电子学家毕德显和生物学家何琦等[①]，船上这些特殊的中国乘客，正是向解放区秘密输送的亟须人才。1949年3月28日，王大珩抵达大连，从此翻开了他人生中全新的一页。

创办大连大学应用物理系

初抵大连，王大珩和同行的专家们受到了解放区的热情招待，他们被奉为"贵宾"，受到了最高的礼遇与人们由衷的尊敬，王大珩心有触动。无论是客居英国，还是到国民党统治下的科研院所工作，他从未受到过这样真诚的接待。他感到自己被认可、被接纳，感受到了中国共产党对知识分子真心的敬重。与王大珩同行去大连解放区的冶金专家郭可

---

① 同行11人，其中王大珩、郭可讱、汪坦（及其夫人）、毕德显、何琦、李士豪、马思琚从上海出发；杨济时、李辰、周辉、陈文从香港出发。

第六章 投奔解放区

郭可讱[①]教授在其《应聘北上记》中提到过在这次奔赴光明的旅行，字里行间流露出北上专家们发自内心的愉悦：

> 在3月10日左右，我们一行11人由我和汪坦带队，在香港乘坐苏联货轮AZOV号"非法出境"，前往朝鲜。……在3月18日左右，船停泊在朝鲜的兴南港。第二天，我们乘火车到达平壤，住在东北人民政府驻平壤商务代表处（实际上是大使馆），受到该处文同志的热情接待。在沈阳，我们住在太原街附近的一家高级宾馆。从这时起，我们就由大连大学前来迎接我们的一位科长同志接待了。在沈阳，我们受到东北人民政府卫生部长贺诚的接见。大约是在3月28日的清晨5时到大连，受到了大学校长李一氓同志、秘书长段玉明同志、工学院院长屈伯川同志等的热情接待。我们渴望已久的来解放区工作的目的终于达到了！[②]

1949年4月15日，安顿下来的王大珩参加了在大连市文化宫举行的大连大学创校典礼。这是一场盛大的会议，"4月15日"从此被定为大连大学的校庆日。大连大学的首任校长由时任旅大区党委副书记、旅大行署（市政府）副主席的李一氓（1949年3—11月在任）担任，他到任后，很快在学校组织形成了一支坚强的干部队伍[③]。在创校典礼上，李一氓校长深情地说："中国的资产阶级民主主义性质的革命……很快就要在全国范围内完全胜利了！""夺取全国胜利，这只是万里长征走完了第一步，我们还要解决中国独立自主的问题，使经济获得广大的发展，把中国由落后的

[①] 郭可讱（1915—1989），福建省福州人。铸造理论专家。

[②] 孙懋德主编，郭永康等编：《大连理工大学校史》。大连：大连理工大学出版社，1989年，第42-44页。

[③] 根据《大连理工大学校史》（孙懋德、郭永康等编，大连理工大学出版社，1989年，第28页），大连大学早期领导班子的构成情况是：段玉明任中共大连党委书记兼大学秘书长，孙廷烈任教务长，屈伯川任工学院院长兼科学研究所所长，沈其震任医学院院长，杨济时任关东医院代理院长，孙文彬任俄语专科主任，廖玉洁任卫生研究所所长，罗若遐任辅导处处长，范大因任教务处副主任兼电讯专修科主任，姚志健任秘书处长。

农业国建设成先进的工业国。"①

时任中国共产党旅大区党委书记的欧阳钦（1900—1978）在会上也作了发言，他说，"现在东北全部解放了，就不打仗了。我们就要集中全力来建设，不久的将来全中国也是这样。大连大学，就是为着建设而办的。"② 在听完李一氓校长和欧阳钦书记的发言后，王大珩心情澎湃，他预感到未来中国的建设将是一幅宏伟的蓝图，自己掌握的科学技术就要派上用场了！

大连大学建校以来，奉行的是在"民主集中制基础上的'大家办学'"方针，校方提出了"要求大连大学全体教职员工大家都来当校长"的号召③，正因如此，师生们把学校当作一个大家庭，把自己看作这个大家庭中的一分子，群策群力，畅所欲言，积极向校方提出有益于学校办学的意见。王大珩亲身体验到大连大学里的主人翁气氛浓郁，学校里一派民主办学的和谐气氛。

王大珩以师生代表的身份，兼任了大连大学校务委员会委员。他常常和学校领导一起，开大会、开小会，共同讨论和处理重大校务问题，为学校提了许多建议。他受过西方教育的洗礼，知晓世界顶尖大学的办学情况，他对学校领导提出要把大连大学工学院办出美国麻省理工学院特色的设想，得到了校领导的重视和肯定，这也令他干劲更足了。

在大连大学度过的这段民主、和谐的美好时光令王大珩久久难忘。1991年5月他来到大连理工大学④，回忆起学校早年的办学历史，深情地说："那是中国知识分子十分舒心、精神振奋的一段美好日子。"

1949年8月1日，中共中央东北局和东北行政委员会发出《关于整顿高等教育的决定》，决定设立大连大学工学院、大连大学医学院⑤和大连

---

① 孙懋德主编，郭永康等编：《大连理工大学校史》。大连：大连理工大学出版社，1989年，第28页。

② 同①。

③ 同①，第34页。

④ 建校时为大连大学工学院，1950年7月大连大学建制撤销，大连大学工学院独立为大连工学院。1988年3月，更名为大连理工大学。

⑤ 大连大学医学院以1947年5月开学的关东医院为基础，并接受关东医院作为附属实习医院。

大学俄文专修科①。大连大学初期的学生是1948年11月—1949年2月在沈阳和大连两地招来的。1949年暑假，为保证学生质量，学校首次面向全国招生，在上海和北京招录了490名新生。

大连大学建校初期，设置了八个系，即电机工程系（系主任毕德显教授）、电讯工程系（系主任毕德显教授）、机械工程系（系主任胡国栋教授）、土木工程系（系主任李士豪教授）、冶金工程系（系主任孙廷烈教授）、化学工程系（系主任张大煜教授）、应用物理系（系主任王大珩教授）、应用数学系（系主任陈伯屏教授）。院系设置以理工为主，担任各系负责人和教职的多为从国统区投奔解放区的爱国科学家，这些科学家和来自国内外的学术骨干，为学校的科学研究和学科建设打下了良好的基础。

王大珩来到大连大学，原本是要担任物理系教授和负责人。但是他在思考了大连大学的办学目的是为建设新中国服务之后，认为，仅用"物理"作为系名是不够的，本系除了教授理论外，还应令学生体会到科学的实际应用，应多方面考虑学科和教学方式。他考虑："物理是一切工业技术发展的基石，冠以'应用'二字，对新中国的工业建设更有现实意义。"②

王大珩向工学院的负责人屈伯川③院长说明了他的新思考。屈伯川既是一名教育家，也是一位学者，他懂教学，也懂科学，他同意王大珩的看法，表示全面支持他，鼓励他放手去干。王大珩感怀于屈伯川的信任，开始着手应用物理系的建设。在他的想法里，物理教学不是纯理论教学，应从实际需要出发，能解决实际问题；教学要求提高了，对学生的要求也便水涨船高。他认为："'物理人'比单纯学工科的考虑问题更深入些，虽不能解决所有问题，但知道该去找什么人。"他希望应用物理系的学生"要

---

① 大连大学俄语专修科是1948年9月15日开办，以适应向苏联学习而培养初级翻译人才的俄语专门学校为基础。

② 孙懋德：屈伯川。见：《中国现代教育家传》编委会编，《中国现代教育家传（第三卷）》。长沙：湖南教育出版社，1986年，第337页。

③ 屈伯川（1909—1997），原名屈伯传，四川省泸县人。教育家、学者，延安自然科学院的创始人之一，大连理工大学的创始人之一。

有较好的基础，希望从有志于这个专业的一年级学生中选拔。"王大珩建设应用物理系的方式打破了传统，增加了开展工作的难度，这也令工学院的一些干部想不通，好在屈伯川的大力支持，"使他（王大珩）满意地挑选了20个学生（这些学生现在很多是有成就的专家、学者）；并且勉励他们团结一心，办好新系，还积极在物资上给他们创造条件。"[1]

1949年底，王大珩通过鼓励学生自愿报名、所在系推荐等方式，动员学校一年级的学生们报考应用物理系。他在动员大会上做了一场精彩的报告，他对学生们讲述了物理对认识世界、改造世界的影响，吸引了许多对物理感兴趣学生的注意。那时候学生已经入学，为了了解这批学生的知识水平，学校在三个月的政治学习结束后，组织了一次物理考试。据1949年入学的姚骏恩（现为电子光学专家、中国工程院院士）的回忆：有些考题他在上海中学学习时学过，答题比较顺利。他感到监考老师在旁边看了一会儿，交卷时看到老师的签名，怎么像"美术"两字！后来才知道这是老师名字"王大珩"三个字的连写。这是他第一次见到恩师的情景，至今还记忆犹新[2]。

在考试以后，学校从各系49级（1949年入学）学生中抽调了22人转到应用物理系作为第一届学生[3]。后来又从50级（1950年入学）学生中抽调了20余人转入应用物理系。这些学生是学校精挑细选出来的，他们的考试成绩都不错，理科基础也很好。

为办学倾注心血

王大珩为大连大学应用物理系早期发展做了很多工作。虽然师生们的办学热情很高，但学校财力有限，经济条件并不好，且在当时的大连，也

---

[1] 孙懋德：屈伯川。见：《中国现代教育家传》编委会编，《中国现代教育家传（第三卷）》。长沙：湖南教育出版社，1986年，第337页。

[2] 2014年9月21日，姚骏恩访谈。资料存于采集工程数据库。

[3] 原22人有留级和退学各1人，实际毕业生为20人。

买不到什么像样的实验仪器,现有的实验设备极为简陋。为了创造好一些的教学环境,提高学生们的动手能力,教师们想尽了一切办法改善实验室条件。王大珩作为系主任,率先提倡自己动手建设实验室。学校校史上有这样的记载:

> 为了贯彻理论联系实际的原则,工学院积极加强实验室建设。……应用物理系主任王大珩教授把实验室建设当做创系的重要工作,亲自来抓。他自己动手,领导教师和实验人员修复旧的仪器设备,使它继续发挥作用,教育大家要培养学生"用低级的仪器也能得出好的实验结果"的能力。有一次,他从土木系和旧货摊上弄来两个破水平仪上的刻度盘和轴承,如获至宝,在机械工厂工人师傅的帮助下,作出了两台精度很高的分光仪。后来,又做出了电阻箱、冲击检流计及黏滞系数测定仪等多种仪器。这样,他们在短期内就建成了两个能同时容纳130人的普通物理实验室,装配了一个能容纳150多人的物理示教用的阶梯教室。这就保证了全校580多名学生,2到3人编成一个小组,每周作一次,一学期共作30个实验。这样的情况,"就国内各大学同样设施来比,规模上当已是最大的了"。[①]

为了给实验室多添置一些设备,王大珩费了一番苦心。他四处寻找购买设备的渠道,为这事,还给自己惹了些麻烦。当时有一名匈牙利来的化学博士名叫谢德彻,他在大连街上售卖仪器。王大珩听说后找到此人,告诉他自己想买一些实验设备,结果被公安部门注意到了,闹出了些误会,还对此做了一番调查。事后证明王大珩只是一心想建设学校,只为了购买仪器设备,与匈牙利人并无其他交往。

在外寻找渠道购买仪器无法实现,王大珩又想了个办法,他跑到当时大连的"西岗破烂市场"上,想在旧货摊上淘一些合用的"宝贝"回来。有一次他发现了一个做物理实验用的旧秒表,又一次他买得一台高级电位

---

① 孙懋德主编,郭永康等编:《大连理工大学校史》。大连:大连理工大学出版社,1989年,第38页。

差器，还有一次他居然找到了一台旧天平……他淘来的这些东西，大多数连卖主都不知道是干什么用途，王大珩如获至宝。他把这些物品拿回来修理一番，很快便令"废品"获得了新生。例如，他曾在旧货摊上找到一块无人问津的玻璃，回来后他用这块玻璃磨出了好几片光学镜片，供学生们观察使用。得益于多年从事相关工作的动手能力，他能够把这些几近报废的仪器改装成为合适的装置。在他的努力下，应用物理系的硬件设施很快便是全国比较领先的了。

除了实验室建设之外，王大珩也很重视物理课教学。他在课程设置上提了很多建议，也经常到课堂旁听教师授课，还亲自给物理系学生出考试题。他出的考题并不复杂，但很有创意，诸如"马向前拉车，车向后拉马，车为什么能向前走""设计一种方法，在一楼和二楼都能任意开关楼梯中间的一盏电灯"，等等。这些题目现在看起来并不难，但在当时的教学水平下，锻炼了学生的开放性思维。王大珩出了题，他既要求学生能正确解答，还要让他们详细列出解答的思路和方法。考完后，他要学生们互相讨论，交流经验。他的教学方法开拓了学生们的思维，提高了学生们思考问题的能力。

应用物理系的学生们毕业很久以后，也忘不了老师当年的教学方式。王大珩重视实验训练的教学方法使学生们受益匪浅。北京大学前校长陈佳洱院士回忆当年王大珩授业的情景，久久难忘：

> 大珩老师关心学生实验训练，作为系主任，他亲自带领学生实验，他对学生讲，要学好物理首先要做好实验！他那个时候对学生实验要求非常严格。大学一年级下学期做光学试验，我们刚要进去时，看到大珩老师早早坐在实验室大门口等着我们。他等着我们干什么呢？原来要进去做光学实验先要回答他的问题。他要问每个学生实验有什么问题、准备观察哪些物理现象、采集哪些数据，而且还要做实验的数据记录，要说得让他满意了。他很认真地看每个同学的实验操作。[①]

[①] 2015年2月26日，纪念王大珩百年诞辰座谈会，陈佳洱发言。资料存于采集工程数据库。

王大珩认为实验是学好物理的基础，他希望学生们要像重视理论一样重视实验。他亲自指导学生，让学生不但要明白为什么要做实验、实验课上要观察的目的是什么，还要重视每一步操作过程。

姚骏恩清楚地记得王大珩对学生们的严格要求：

> 王老师认真指导学生做实验，坚守岗位，仔细审查实验报告，在给"不对"两字时，故意不说明原因，以培养学生的独立思考和动手能力；同学嫌仪器设备简陋、做实验不顺手、太费事，他的回答是：告诉你们一个真理，所有精密的东西都是用不精密的设备造出来的。你们要学会用低级的仪器做出好的实验结果。后来，我们同学能独立思考并有较强的实际工作能力，与老师当时的培养和严格要求是分不开的。①

姚骏恩想起当年王大珩指导的一堂物理实验课，老师原本打算做钟摆物理实验，但悬挂着钟摆的那根丝总是容易断。许多年后王大珩回忆起那堂课，"现在可以和你说了，1950年在准备钟摆物理实验时，那根挂钟摆的悬丝经常断，实验课马上就要开始了，真着急。后来才发现，是穿悬丝的那个小孔边上有毛刺，把悬丝割断了。刮去了毛刺，问题就解决了"②。王大珩一丝不苟，尽管是一个小问题，但他仍然认认真真去解决，这种做法让学生们铭记不忘。

不仅如此，王大珩注重培养学生实事求是的科学作风，他喜爱这些朝气蓬勃的年轻面庞，经常向这些初踏科学道路的学生们强调，科学研究绝不能弄虚作假！这样的教诲伴随了学生们的终身，令他们获益良多。

南京大桥机器厂总工程师刘永昌和解放军通讯工程学院的王蕴芳回忆说："有一次，物理实验较难做，快到吃饭时间有一同学尚未做

---

① 白玉良主编：《中国工程院院士自述 第2卷》。北京：高等教育出版社，2008年，第164页。
② 2015年1月3日，姚骏恩在与笔者的电子邮件往来中回忆。

完，就造了一个假数据。这件事让王大珩教授发现了。他不仅严厉地批评了这位同学，而且还到每一个班上去讲这件事，告诉大家科学是老老实实的学问，容不得一点马虎和虚假。从此，大家饭可以不吃，电影可以不看，但物理实验始终老老实实地去完成。直到我们参加工作后大家都牢牢记住这一点。"[1]

1952年9月，因为国家建设的需要，第一届应用物理系20名毕业生提前毕业并走向了工作岗位[2]。由于在学习期间打下了较好的基础，他们在各自的工作岗位上表现得极其出色，他们中许多人后来成为杰出科学家，其中王之江、姚骏恩等人当选为中国科学院院士或中国工程院院士。

喜结终身好伴侣

在大连，王大珩认识了在大连大学医学院小儿科当医生的顾又芬，收获了甜美的爱情。

顾又芬是一位上海姑娘，毕业于上海第一医学院，受过良好的教育，立志成为一名救死扶伤的医生。1949年她作为爱国知识分子，从国统区上海转道香港到达解放区大连，参加了大连大学医学院的建设，担任医学院小儿科医生。就这样，两位投奔光明的人，因为共同的理想，从天南海北相聚在了一起。

顾又芬端庄的脸庞上总是挂着开朗的笑容，学生时代的她曾是短跑运动员，全身散发着青春的活力。

虽然喜欢顾又芬，但羞涩的王大珩并不好意思向心爱的姑娘表白，他

---

[1] 孙懋德主编，郭永康等编：《大连理工大学校史》。大连：大连理工大学出版社，1989年，第45页。

[2] 应用物理系第一届共20名毕业生，五人分配到长春光机所工作，五人分配到冶金部工作，七人分配到中专（后来成为学院、大学）教书，三人留大连工学院任职直至退休。

图 6-1 王大珩与顾又芬结婚时的合影（1950年10月）

形容自己那个时候"感情比较内向，在与女孩子打交道时总是有些怯懦。"① 他的大妹妹王大玫来大连探亲的时候，看出了两个人迟迟不得进展的关系，主动捅破了这层窗户纸，两个相爱的人牵手了。顾又芬是一位善良的姑娘，虽然比王大珩小了五岁，但对王大珩的生活处处体贴、照料。作为儿科医生的她，待人接物亲切和蔼，富有爱心和耐心，她令单身已久的王大珩品尝到了爱情的芬芳和甘甜。

1950年10月8日，王大珩与顾又芬在北京中山公园"来今雨轩"举行了结婚仪式。

始建于1915年的来今雨轩，假山环绕，古柏长青，在民国时期曾是著名的茶楼和饭馆，社会名流、文化人士常聚会于此。1937年钱三强去法国留学之前，父亲钱玄同便是在此为他饯行。王大珩和顾又芬的婚礼没有举办豪华的婚宴和盛大的仪式，参加婚礼的人仅是与这对新人关系比较好的亲友。新郎新娘庄重而又深情地当着来宾宣誓，将自己

图 6-2 20世纪70年代王大珩的全家福（前排左起：顾又芬、王大珩；后排左起：王森、王競、王赫）

---

① 王大珩：《七彩的分光》。南京：江苏人民出版社，2008年，第285页。

交给了对方。他们毕生都忠于自己的誓言，相依相伴。人生道路上，他们心心相印，再大的风雨也不能让两颗相爱的心远离。

婚后，顾又芬和王大珩感情甚笃，他们共同抚育了三个儿女——王竞（1951年7月10日出生）、王森（1953年12月23日出生）、王赫（1955年12月17日出生）健康成长。

王大珩工作繁忙，经常在各地出差，家里内外许多活儿都靠妻子。在顾又芬看来，丈夫的工作有益于国家，自己要做好丈夫的后盾，让他没有后顾之忧。但是顾又芬在长春时任职吉林医大儿科教授和医大一院儿科主任，工作忙起来也顾不上家里。有时候丈夫出差在外，又赶上自己要下乡参加巡回医疗，孩子们便无人照顾了。为了不拖丈夫的后腿，她请来了自己的母亲——孩子们的外婆来帮助打理家务，教育子女。

在顾又芬和家人们的支持下，王大珩在事业和家庭上双丰收。他们的子女在学业上都有所成就。长子王竞从长春光机学院毕业后，赴美国圣芭拉大学深造，获得了博士学位；长女王森也是毕业于长春光机学院，后来在法国留学深造，获得博士学位；幼子王赫考上了浙江大学，毕业后去了美国爱荷华大学物理系学习，获得博士学位。尤其是女儿王森，继承了父亲的专业——成为了中国科学院国家天文台的一名卓有成就的光学专家。孩子们学有所成，都走上了科研的道路。王家儿女选择以科研为业，在一定程度上也受到了父亲的影响——因为王大珩欣赏和尊重动手能力强、能得到高质量实验结果的科研人员和技术人员。王大珩对子女成才备感欣慰，诗中写道：

难得竞赫森，赞尔手足情。
相继留美法，都成博士人。
少年诚可忆，下乡学农民。
求生靠劳动，求知何艰辛。
竞儿擅电算，人工加智能。
森女随父业，光学老又新。
小赫攻镭射，钾钠知其深。

第六章 投奔解放区

谁是启蒙者？她叫顾又芬。
异国风光好，旨趣岂同心。
需当爱国者，莫忘中国魂。①

图 6-3　1991 年 8 月 11 日，王大珩在美国爱荷华大学参加王赫博士毕业典礼（从左至右：顾又芬、王大珩、王赫、王博和李晓蕨）

顾又芬是王大珩的人生伴侣，是一位贤内助，在生活上照顾丈夫和儿女，自己的事业也卓有成就。顾又芬先后在北京医学院、长春白求恩医科大学（原吉林医大）、中国儿童发展中心工作过，她既担任儿科大夫为孩子们治病，也专注农村地区儿童营养、生长发育等问题，做了许多调研工作，还发表了多篇医学论文。

作为一名医生，顾又芬尽职尽责。在长春的时候，除了本职工作之外，她还是丈夫单位里的孩子们的"专职医生"。谁家的孩子病了，大家都第一时间想起了顾大夫。当时不管带孩子来看病的是所里的科研人员、机关干部还是车间里的普通工人，她都同样对待、义务看病。王赫回忆母亲耐心接待病人的情形："不论是星期日还是下班后，甚至早上上班前，都会有人上门看病，只要在家，我母亲从不推辞。这些都是我们亲身经历的，现在想起来，觉得我母亲真的很了不起。"② 数十年过去了，这些曾被顾又芬看过病的孩子们都长大了，提起顾大夫，尊敬和感激之情依然溢于言表。

顾又芬人品佳，与人为善，从未与人红过脸，赢来了一片赞颂之声。

---

① 王大珩遗留资料（手稿），《庆子女留学成才》，存于中国科学院长春光学精密机械与物理研究所档案室。
② 2015 年 1 月 21 日，王赫在与笔者的邮件往来中回忆。

王大珩敬佩自己的爱妻，他曾用简短的话语评述妻子：

精业务、勤主管、岗位上、"文革"中
难得没有过整风、大字报
荣任政协委员、无愧先进工作者
余芳尤馨
名医生、好夫人、好母亲
邻里间、家庭内，经常涌现出
著名小儿科、关注下一代健康
堪称高尚品德①

王大珩和妻子相伴半个多世纪，和妻子彼此相爱。他感谢妻子的陪伴，与她分享人生道路上的每一次重要的收获。1995年，王大珩获得了首届"何梁何利基金奖"，在颁奖大会上，

图6-4　1995年12月23日，王大珩（左一）与夫人顾又芬切蛋糕

他想起了妻子对家庭的关爱，对自己处处体贴，"我要感谢我的夫人顾又芬教授，感谢她在生活与健康上对我几十年来的照顾，及在子女教育上所承担的责任，从而，使我得以全心致力于工作。在这光荣的时刻，她完全应该分享我的荣誉！"②

在顾又芬80岁寿辰之际，王大珩亲手为妻子写下了爱的诗篇：

---

① 王大珩遗留资料（手稿），《顾又芬八十寿》，存于中国科学院长春光学精密机械与物理研究所档案室。

② 王大珩在"何梁何利基金奖"颁奖大会上的致辞。资料存于中国科学院长春光学精密机械与物理研究所。

第六章　投奔解放区

嗯

真行

有此人

儿科医生

原来在长春

现在调来北京

年龄虽迈有精神

就任儿童发展中心

为了儿孙们健康长成

出差调研开会忙个不停

认真负责不辞辛劳好作风

她就是我的好爱人叫顾又芬

祝你健康长寿作诗宝塔十三层

（甲申年冬日王大珩）①

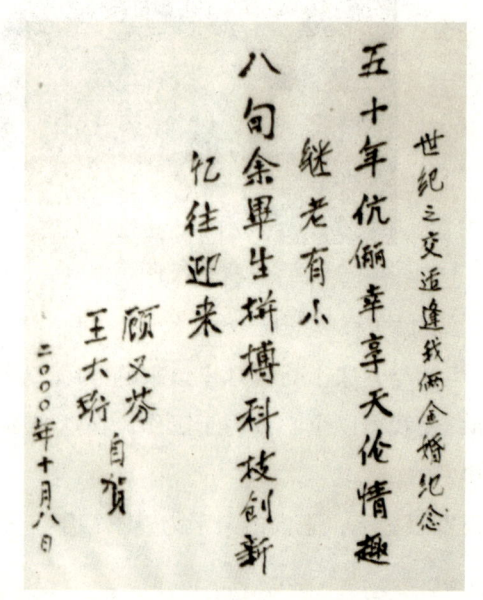

图6-5　2000年，王大珩自贺金婚纪念题词

---

① 王大珩遗留资料（手稿），《宝塔诗》，存于中国科学院长春光学精密机械与物理研究所档案室。

第七章
光学摇篮安家长春

新中国成立之前，我国的应用光学是一片空白。新中国刚成立时，全国只有很少的一些科学家做这方面的工作，全国的光学工厂寥寥无几。没有自己制造的光学玻璃，谈不上制造光学仪器，这样的现状实在是令人痛心。王大珩立志于让光学在中国生根！从仪器馆到长春光机所，他把全部的精力投入到了推动光学事业发展中。

筹建北京仪器馆

1949年，中华人民共和国成立之初，国家一穷二白。在经济困难、百废待兴之际，人民政府采取了一系列恢复经济的措施，致力于发展工业、农业，并大力发展科学技术。仪器，是科学研究必不可少的工具，被作为重点发展对象。

但是当时我国的科学仪器制造的底蕴并不丰厚，从1901年上海科学仪器馆开始经销科学仪器，到1932年中国仪器股份有限公司成立后开始修理一些玻璃分析仪器，当时的中国不具备研制和生产光学玻璃的条件和

图7-1 20世纪50年代，王大珩与中科院领导合影（左起：钱三强、恽子强、王大珩、竺可桢、吴有训、丁瓒）

技术，偌大的中国，并没有做出过一块真正的光学玻璃来，更谈不上能制造显微镜、照相机这些光学仪器和设备了。中国科学院院长郭沫若谈起那时候中国仪器供应情况，备感痛心："大部分都是购买外国的，目前仍有不少要从外国进口。"[1] 截至1950年6月，全国科学仪器制造工厂虽有29家，但像样的仅有一个光学工厂（昆明光学工厂），没有大型精密仪器研制和生产条件，从事科学仪器研究的人员更是稀少。

王大珩参与中国科学院的工作是从1950年开始的。这一年6月，为加强新中国的科学研究工作，中国科学院院务会议通过了"中国科学院各科专门委员聘任暂行办法"，决定聘请国内各学科专家为专门委员[2]及学术顾问，之后王大珩被聘为应用物理组（兼工学实验组）委员之一。与他同为应用物理组委员的还有丁西林、吴有训、余瑞璜、陆学善、叶企孙、葛庭燧、钱临照、饶毓泰、严济慈、施汝为等人。

作为专门委员，王大珩参与的工作主要有，研讨科学院各研究部门的工作计划、执行情况与工作报告；高级研究人员、技术人员的聘任和升级；与科学院院外的合作；对科学院院外各种学术研究的补助；科学发现、技术发明和著作的审核；国际学术合作等。在科学院建院初期，关于机构调整和设置等重大问题的决策，都听取了专门委员的意见[3]。

---

[1] 郭沫若在中国科学院仪器馆筹备委员会第一次会议上的开会词，选自武衡主编：《东北区科学技术发展史资料 解放战争时期和建国初期 二 科研管理卷》。北京：中国学术出版社，1986年，第30页。

[2] 关于"专门委员"的由来，将在后文（"战略科学家的成长经历"）详述。

[3] 樊洪业主编：《中国科学院编年史 1949-1999》。上海：上海科技教育出版社，1999年，第16-17页。

因为仪器制造在国家建设中的重要性，1950年，文化部、卫生部、教育部和科学院联合向中央文教委员会建议：设立从事仪器研究试制的专业机构。1950年8月24日，政务院的政务会议上通过了由中国科学院副院长李四光、卫生部副部长贺诚、教育部副部长韦悫、文化部副部长丁西林等四人联名提出的设立仪器工厂的建议。

为了对中国的光学仪器制造情况摸底，1950年10月，王大珩和物理学家、应用物理组专门委员钱临照[①]一起到抗战时期由国民党政府建立的、全国独一无二的光学工厂——昆明光学工厂了解情况。这个光学工厂在1949年以前又名兵工署第二十二兵工厂，曾经以制造过六倍双眼望远镜、八十公分测距仪、简单的各式迫击炮瞄准镜以及行军指南针等光学仪器闻名。他和钱临照在工厂里逗留了8天，和厂内的军代表、干部、技术工人座谈。经过一番考察，他们发现这个厂的技术水平在当时来说是相当高的，甚至可以与欧洲一般的光学工厂相比。他们两位考虑，可以把这个厂继续留作军用，作为发展军用光学技术的基础。后来在很长一段时间内，国家军用光学技术骨干，大都直接或者间接源于这个工厂。参观完这个工厂以后，在考察报告中，王大珩和钱临照对中国光学事业的发展提出了建议：

中国今后可以有几个专业化的光学厂。其大小与二十二厂相当。分别制造测量仪器、显微镜和文教用仪器等。厂址可个别考虑，不必再设于昆明；关于筹设新厂所需要的光学仪器的人才，可以二十二厂及科学院为培养训练的核心。

从速成立光学器材修理所：鉴于中国各方面现存待修理的光学仪器数量甚为可观，应成立具有规模的光学器材修理所。地址可设于交通方便的中心。

[①] 钱临照（1906—1999），出生于江苏省无锡县鸿声乡。物理学家、教育家，我国金属晶体范性形变和晶体缺陷研究以及物理学史研究的奠基人之一，中国科学史事业的开拓者。1929年毕业于上海大同大学，是第二届（1934年）"中英庚款"生，留学于伦敦大学。"七七事变"后回国，参加了将北平研究院物理研究所的仪器转运昆明的工作。1949年后，先后在中国科学院物理研究所、中国科学技术大学任职。

筹备光学玻璃制造所：光学玻璃是光学仪器上必需的原料。为求这方面技术上的独立，应自行制造。

为培植高级的光学技术实际人才。如有机会（如订购大批器材时）可派遣或选派适当人员至国外著名光学仪器及有关厂实习。①

从这份建议来看，王大珩和钱临照提出了要建立光学仪器厂，并要发展光学玻璃、培养专门人才。他们关于发展中国光学事业的意见得到了政务院文化教育委员会的重视。

1950年，政务院决定在中国科学院设立仪器馆。中央有了建设仪器馆的打算，那么，派什么人来做这件事呢？时任计划局副局长、负责科学院建院期间研究机构设置和人员配备的钱三强，以及后来担任中国科学院副院长的吴有训都想到了王大珩。他们了解王大珩的学术方向，信赖他的学术水平和工作能力，于是便找他来帮助筹建仪器馆。

当时王大珩已经在大连工学院工作了一年多，为学校应用物理系打下了良好基础。在建设大连工学院物理实验室时，他对中国仪器事业的现状有了很深刻的体验和感触。他憧憬着在未来的某一天，中国能生产出足够的质量优良的可供科学家实验和工业部门应用的各种类型的精密仪器。在这里，他心中的愿望是，把在英国学到的研制光学玻璃的技术运用于自己的国家。

王大珩毫不犹豫地接受了任务。"1951年时，当科学院要我参加仪器馆的筹备工作时，那时我下了一个决心，要终身致力于我国的仪

图7-2　1951年，王大珩被聘为仪器馆筹备处副主任的聘书

---

① 案卷号1950-01-002-02,《关于了解昆明光学工厂的简报（钱临照、王大珩）》，存于中国科学院的文书档案。

器事业（特别是光学仪器事业），我是想使仪器馆成为全国的研究与生产中心。"① 这是他心中默默勾画着的一幅宏伟的蓝图。他很快从大连来到北京，转岗位报了到。

1951年1月24日，中国科学院仪器馆筹备处正式成立，丁西林任主任，王大珩任副主任主持日常工作，并聘请有关方面的专家20余人共同组成筹备委员会。王大珩是筹建工作的实际负责人，帮助他开展工作的有龚祖同，以及他在清华大学物理系的同学、电子学方面的专家杨龙生两位。

1951年7月25—27日，中国科学院院长郭沫若主持召开了仪器筹备委员会第一次筹备会议，丁西林和王大珩分别在会议上作了报告。通过讨论，会议确定了仪器馆未来的任务是"制造与文化建设、经济建设及科学研究工作相配合的精密科学仪器；促进国内科学仪器制造事业的发展"②，其具体工作方针为：

  制造建设方面和研究方面迫切需要的仪器，但原则上不以仪器的大宗生产为主要任务；

  对于大宗需要的仪器，而国内尚无专厂，可以大量制造时本馆可为解决技术问题，并与生产部门联系合作，以促进其生产；

  试制在建设方面和研究方面所需的特殊仪器；

  旧有机构合作研究并制造对仪器制造有关的特殊原料；

  协同有关机构提高国内的仪器制造的技术水准为我国发展仪器制造工业，准备技术条件；

  协同有关机构统筹全国仪器生产任务的分工与合作；

  培养仪器的制造与研究人才，并协助其他机构训练技术人员；

  担任仪器的核验与鉴定，并建立检定标准……③

科学院同时指出："目前我国轻重工业、文化教育、及国防建设对仪器制

---

① 《我的自我检查》（1952年）。王大珩档案，存于中国科学院人事局档案处。
② 王大珩：中国科学院仪器馆筹备处近况。《科学通报》，1951年第5期，第541页。
③ 案卷号Z382-25，《为批答仪器馆来函由》，存于中国科学院档案馆。

造之需要异常迫切。而全国现有仪器制造的能力又甚微弱，势难满足各方需求，所以仪器馆今后的任务范围颇广，其需费用自亦较巨……"①

仪器馆筹备处最开始设在北京文津街三号中国科学院院部办公楼二楼一间约24平方米的办公室内。到1951年年底，筹备处在文津街真如镜胡同租了一套四合院，作为部分办公室兼用为小实验工场，以及办公人员的住宿之用。后来科学院将位于东皇城根10号的原应用物理所水晶工厂的光学车间划归仪器馆筹备处②。

当时在设想中，仪器馆未来的组织形式包括专门委员会（在筹备期间为筹备委员会）和馆务会议（在筹备期间为筹备工作委员会），此外，还拟设立秘书室、理化试验室、光学设计室、电学试验室（暂不成立）、机械设计室、试验工厂、技术学校等③。筹备处早期的工作，主要包括采购仪器设备、图书，并培训人员、日常仪器维修等，此外还有基建筹划。筹备处当时面临的最大的任务便是选址！仪器馆到底建在哪里合适？王大珩沉默了。仪器馆筹建的启动经费并不多，"仅为1400万斤小米，折合人民币98万元"④，这笔钱对于建成仪器馆来说是远远不够的。

中国科学院原本打算把仪器馆设立在北京，因为北京是全国经济、文化、教育的中心，南来北往的交通很便利。1951年5月17日，王大珩和钱三强一起，亲往北京西郊去看地，现场勘测择定清华园公路以南、车站以西40亩（约2.7万平方米）地，作为仪器馆未来的建设基地。

但是在对仪器馆的设想中，它既要承担科研任务，还要兼具生产的功能。另外，因经费有限，在寸土寸金的北京，从无到有、一砖一瓦修建厂房、购买设备举步维艰。如何快速建成仪器馆并尽快展开研究、制造工作，能不能找一个有一定硬件条件的地方作为建设基础呢？王大珩遇到了武衡（1914—1999）。

---

① 案卷号Z382-25，《为批答仪器馆来函由》，存于中国科学院档案馆。
② 宣明、孙成志、王永义、王彦祚编：《中国科学院长春光学精密机械与物理研究所所志》（1952-2002）。长春：吉林人民出版社，2002年，第14页。
③ 案卷号Z382-25，《同意所提联合建立仪器馆希即进行筹备》，存于中国科学院档案馆。
④ 张礼堂：王老与仪器馆的创建。见：宣明主编，《王大珩》。北京：科学出版社，2005年，第94-95页。

1951年，为了全面发展东北地区的科学研究事业，中国科学院应东北人民政府要求，决定在最早解放且有一定工业基础的东北设立东北分院。1951年10月开始，国家在接收东北人民政府工业部的相关研究机构的基础上，调集北京、上海相关研究力量，展开了东北分院的筹建工作。武衡从1945年起便在东北解放区工作，1949年担任了东北科学研究所所长，领导东北地区的科技工作。他当时负责筹备东北分院，并欢迎王大珩把仪器馆建到东北，并表示东北地区将会全面支持仪器馆的工作。王大珩回忆那时候的情况：

　　　　当初想把它建在北京。但是那时候条件非常困难，什么东西都要从零搞起，我碰到武衡同志，他那时是东北科学研究所的所长。谈到这件事时他说："我刚接收东北的工业研究机构，已经招聘了好几位搞仪器的专家，欢迎你也到这里来。"①

　　中国科学院有意将仪器馆建在工业基础相对较好的东北。1951年下半年，王大珩多次前往长春进行考察。他感到长春交通位置和设施条件都不错，又有过去的一些工业基础，如厂房和研究人员等，适合仪器馆未来的发展。他看到了位于长春铁路北面的那座日

图7-3　1951年3月25日，王大珩（左二）参加东北精密医疗仪器厂第一次筹备委员会会议

伪时代遗留下的大烟囱。高高的大烟囱矗立在断壁残垣之上，王大珩十分满意，他已然把这座大烟囱看做是光学玻璃熔炼炉的基础设施了。更难得的是，在这个大烟囱的附近，还有一片空地和废弃的厂房。后来确实就是以这个大烟囱为基础，利用一些闲置建筑物，因陋就简地

---

①　王大珩在"武衡星"命名仪式上的讲话，《武衡，光辉无悔的一生 1914-1999》。北京：科学出版社，2005年，第24页。

第七章　光学摇篮安家长春　　*109*

先建立起了仪器馆玻璃熔制厂房。存于中国科学院的档案表述了当时的情况：

> 一九五一年冬因感到仪器馆需要制造工厂，所需建筑较多，那时在京兴建较为困难，又因长春前东北科学研究所有一附属仪器馆实验工厂，在它附近还有旧房屋可以修复利用，所以经中国科学院和前东北工业部批准，把东北科研所属仪器工厂与仪器馆筹备处合并，并决定仪器馆在长春发展。①

东北地区条件良好，东北人民政府对仪器馆也有接纳之心，同意给予科研经费的保证。1952年年初，中国科学院决定由东北科学研究所和仪器筹备处联合在长春筹建仪器馆，地址定于长春市铁北天光路日伪时期的采矿株式会社旧址。王大珩回忆那时候的考虑：

> 当时所考虑的是如何通过对仪器制造技术的研究、试制，作出仪器，培养出事业性的实验工厂，作为发展成为专业性的大型工厂，以进一步建立起专业性的仪器工业。当时确定把仪器馆址设在东北，也就是根据这样的看法，因为当时东北易于筹款投资，对这样一条发展的道路最快，最易于发展。②

从1952年夏季开始，在北京筹备处的人员陆续迁至长春，与东北科学研究所物理研究室的光学仪器组和实验工厂，以及并入的东北工学院教具厂和接管的私营钟东仪器厂，联合开展仪器馆的组建工作。

1953年1月，中国科学院仪器馆正式成立，王大珩任副馆长并代理馆长职务。

---

① 案卷号 Z382-73，《中国科学院仪器馆基本情况》，存于中国科学院档案馆。
② 《我的自我检查》（1952年）。王大珩档案，存于中国科学院人事局档案处。

招兵买马　艰苦创业

仪器馆地址选好了，王大珩招来了一批人马，开始了艰难的创业历程。仪器馆初期，馆内高级研究、技术人员除了龚祖同以外，还有张静安、吕大元、杨龙生、贾国永、王守中、蒋朝江、卓励等，他们中有的人曾经到国外留学或在国外工作过，有的在国民党兵工厂及科学馆做过技术研究工作，普遍具有较多的工作经验和较高的技术水平，王大珩对他们很器重。

仪器馆早期的人员构成还包括长春材料试验机厂（大部分是日伪时期留下的机械专业人员）、感光纸厂和沈阳一些工厂调来的人，北京应用物理研究所光学工厂的技术人员（如闫秋兰等人），以及东北科学研究所的物理研究人员（如龙射斗、陈星旦等人）。除此之外，还有一批从上海或东北招来的高中生和年轻人。1951—1952年分配来的大学毕业生，经过一段时间的锻炼后，成长为仪器馆以及后来的长春光机所一批重要的科技力量。这些人中，有1951年的大学毕业生，如唐九华、刘颂豪、郑璋和钟永成等，还有1952年分配来的20名大学毕业生，其中既包括大连工学院应用物理系提前毕业的几位学生如王之江、姚骏恩，以及来自南京大学的丁衡高，清华大学的潘君骅，北京大学的邓锡铭等[①]。

1952年分配到中国科学院各研究所参加工作的大学生先是集中在文津街院部学习，经过一段时间培训，然后再到各自的研究所报到。王大珩亲自接待，欢迎年轻人参加到仪器馆的建设中来！应用光学专家、中国工程院院士潘君骅还记得当年王大珩带着年轻人参观的情景。那天，他领着青年人去了物理所小光学车间（后来并入到仪器馆）和一家制造体温计的工厂（私营），他一边带领参观，一边详细又生动地讲解了一些小型仪器的生产程序和过程，引发了青年人对仪器制造和光学研究的兴趣。

---

① 潘君骅访谈，2014年10月16日，苏州大学图书馆。资料存于采集工程数据库。

王大珩对分配来的年轻人的专业特长和爱好做了一番了解，他知道新来的小伙子卢国琛喜欢音乐，便拿出了3000元让他去购买大号、长笛、小提琴之类的乐器，并鼓励他在仪器馆里组织了一个乐队，丰富了职工的业余生活。他的这些行动，贴近了年轻人的心，调动了他们工作的积极性[1]。

那时候长春的条件比较差，气候寒冷，冬天见不到一点绿色蔬菜，更别说仪器馆还是一片大工地，设施不齐全。馆内许多人都来自经济条件比较好的南方，不适应这边的气候和生活，已有人萌生退意。据有关材料记载，当时馆内九个高级研究人员里有四个不愿意把家属调动来长春[2]。

图 7-4　中国科学院仪器馆初建时的大门

王大珩明白其中的难处所在，他一边请馆内负责后勤的同志对南方来的研究人员多加照顾，一边身先士卒，带着年轻人投入到了仪器馆的建设中。他等不及妻子办好调动手续，就一个人先到了长春，在独身宿舍生活了一段时间。他住的房子很小、很旧，是日本人留下来的建筑，屋内只有一张铁床、一把小凳子、一个小桌子[3]，生活非常简朴。他白天参加工作，晚上去办公室看书学习，过得很充实。

潘君骅回忆那时候仪器馆职工的生活条件比较简陋，"吃饭就在宿舍后面，北面一个房子是旧的厂房，被改成了食堂，我们就在那儿吃饭。王

---

[1] 卢国琛访谈，2014年11月7日，合肥梅园。资料存于采集工程数据库。

[2] 案卷号 Z382-70，"中国科学院仪器馆党对团结科学家工作的专题总结"，中国科学院档案馆。

[3] 同[2]。

先生也在那儿吃饭。我们那时候吃的是高粱米，还有一个白菜粉丝猪肉汤，我印象很深。"[1] 王大珩吃住都和年轻人在一起，丝毫没有领导的架子，令年轻人由衷地尊敬。

仪器馆的创业十分艰难，它选址在"断壁残垣的旧院落里"[2]，这片废墟里到处是弹片和弹坑，路是泥巴地，坑坑洼洼，一下雨便泥泞不堪，举步艰难；残留的房屋更是破旧，北边的山上还有土匪出没[3]。房屋都是"通过修旧利废（包括光学玻璃车间的大烟囱也是废物利用），以最少的基建投资，勉强适应科研、试制的最低需求。"[4]

从上海搬迁到东北的应用化学研究所所长吴学周曾在日记里记录了当时东北的建设情况，提到1952年1月21日王大珩为解决仪器馆的实际困难找武衡谈话，他说宿舍不够，请上级增加。武衡对此也没有什么好办法，只是说，"谈到工作方法，不能什么事都自己做，每事要找年轻人负责，迫着他负责，他感到困难，也得迫着他克服困难，这样才能打开局面。"[5] 由此也可以从侧面看出，当时仪器馆的基建工作，从厂房到宿舍，职工们一砖一瓦亲身参与了建设。他们一边帮助恢复和修建房屋，一边展开科研和生产。无论是技术人员还是工人，建设热情都很高。

很快，仪器馆的基础设施便小有规模了，"一九五二年在长春北部修复房屋 8136 m²，新建 6524 m²。一九五三年继续修建了 11630 m² 房子。"[6] 房子有了，各个部门各就各位，开始运作了。

在王大珩的组织和领导筹划之下，1952年，仪器馆建成了光学物理、机械、光学玻璃三个试验室。光学物理试验室，室主任是吕大元，全室有研究业务人员21人，主要从事光学系统设计、电学仪器仪表研制、精密刻划技术与光学真空镀膜技术的研究；机械试验室，室主任是张静安，共

---

[1] 潘君骅访谈，2014年10月16日，苏州大学图书馆。资料存于采集工程数据库。
[2] 张礼堂：王老与仪器馆的创建。见：宣明主编，《王大珩》。北京：科学出版社，2005年，第94-95页。
[3] 卢国琛访谈，2014年11月7日，合肥梅园。资料存于采集工程数据库。
[4] 张礼堂：王老与仪器馆的创建。见：宣明主编，《王大珩》。北京：科学出版社，2005年，第94-95页。
[5] 《长春文史资料》编辑部：《长春文史资料·1997年第3-4辑 吴学周日记》，第173页。
[6] 案卷号 Z382-73，《中国科学院仪器馆基本情况》，存于中国科学院档案馆。

有研究业务人员18人,主要从事光学仪器和材料试验机的研制和精密计量技术的研究;光学玻璃试验室,室主任是龚祖同,有研究业务人员18人,主要从事光学玻璃的研制和化学分析方法的建立[①]。仪器馆早期的机构设置是"口袋式",兼容并包,试验室承担的研究方向包容性很强,且在设置上以光学、机械等基础性研究为主,以满足当时国民经济建设的需求[②]。这样的机构设置是符合仪器馆初建时候的人才、设备、经费等硬件情况的。

除此以外,仪器馆还附有生产部门。1952年冬天,仪器馆在上海接受了华光、中光等几个工厂,成立仪器馆上海实验工厂,着重光学仪器的试制和生产。到1953年年末,仪器馆决定成立长春实验工厂[③]。

在仪器馆早期历史中,上海实验工厂和长春实验工厂是十分重要的两个部门。这两个工厂的布局是王大珩最初建馆的想法之一,也是他对仪器馆功能的重要要求。他认为,仪器馆要"为全国各地工矿专业所急需之各种试验仪器之制作而服务"[④]"要搞好仪器制造,必须从研究着手。"[⑤]并且认为由于生产仪器的需要,给进行对仪器制造的研究给予了推动力。仪器馆要在"仪器制造方面作技术发展与示范的工作"[⑥],大量生产还需要设立专门的工厂。他希望能以实验工厂的形式,既能推动仪器制造的研究,也能将试验品转化为产品。

上海已有较好的生产设施,在仪器馆上海实验工厂[⑦]建成之后,王大珩希望能在仪器馆近旁再组建一个工厂。以长春实验工厂[⑧]为例,有材料

---

① 武衡主编:《东北区科学技术发展史资料·解放战争时期和建国初期二·科研管理卷》。北京:中国学术出版社,1986年,第14页。

② 宣明、孙成志、王永义、王彦祚编:《中国科学院长春光学精密机械与物理研究所所志》(1952-2002)。长春:吉林人民出版社,2002年,第19页。

③ 案卷号Z382-73,《中国科学院仪器馆基本情况》,存于中国科学院档案馆。

④ 案卷号Z382-20,《东北科学研究所科学实验仪器工厂关于修建现代化仪器厂的说明》,存于中国科学院档案馆。

⑤ 《我的自我检查》(1952年)。王大珩档案,存于中国科学院人事局档案处。

⑥ 王大珩:中国科学院仪器馆筹备处近况。《科学通报》,1951年第5期,第541页。

⑦ 1955年归属原第一机械工业部,改名为国营上海仪器厂,1958年划归上海机电局,改名为上海光学仪器厂。

⑧ 该工厂先后更名为长春仪器厂、长春材料试验机厂,后为长春新试验机有限责任公司。

记载，它成立时的情况是这样的：

> 建厂之地址：科研仪器工厂的现址，既无夸大发展之余地，固应另觅适宜基地，重建新厂，我们认为长春是一个适当地点，因为它位于东北中心沟通南北满，交通方便原料之购入和成品之销出，适合于工厂经济核算制。而且气候并非酷寒，雨量均，水电及煤气设备完善，并有科学研究所、工学院、地质专科学校等技术机关，可以互相交流技术经验，在发展仪器专业上裨益匪浅……我们希望这个新厂在五二年设计完成，五三年开始建厂，五四年能正式生产……①

经过各方面考虑，两个工厂都建成了。但 1954 年，在学习苏联的浪潮中，中国科学院参照苏联的办所方针，不再允许研究所自办工厂，上海实验工厂和长春实验工厂被划归到第一机械工业部，仪器馆仅保留了光学加工、机械加工、光学玻璃熔炼等小型车间，隶属于相应的研究室。

仪器馆早期曾在国内外购买仪器馆所需的各类基础设备②，但经费有限，馆内的部分设施是王大珩带领工作人员自己动手研制的。经费来之不易，他严禁职工浪费材料，对每一件实验材料、每一个设备都异常爱惜。潘君骅记得当时有一件事③，为了满足煤矿安全生产的需求，仪器馆要试制沼气检定仪；在研制的时候，为了让气体密封室不漏气，他打算采用苏联进口的厚铜板铇制的方案。老技术员不了解潘君骅的方法，便向王大珩汇报，说潘君骅浪费材料。王大珩心疼仪器馆里来之不易的材料，一时心急便毫不留情、严厉批评了潘君骅。但是改进工艺的过程中，因气室总是漏气，在重新了解这项工艺的具体流程以后，王大珩欣然接受了潘君骅的方案。在另一项研制工作中，潘君骅用土办法标定气流计，王大珩对年轻人的敢想敢干表示了欣赏。

---

① 案卷号 Z382-20，《为呈请苏联专家协助仪器工厂建厂设计专题报告》，存于中国科学院档案馆。
② 案卷号 Z382-73，《中国科学院仪器馆基本情况》，存于中国科学院档案馆。
③ 白玉良主编：《中国工程院院士自述（第二卷）》，北京：高等教育出版社，2008 年，第 140 页。

仪器馆从无到有，在废墟中成长，科研人员也在建设中积累了经验。王大珩在仪器馆的建设上倾注了心血。作为仪器馆的建设者和馆长，他深知人才对科研单位建设的重要性，从仪器馆开始筹备，他就对科技人才的培养十分关注。仪器馆建成以后，他既重视对人才的合理使用，也很看重仪器馆人员的学术能力提高，他把年轻人都看成了自己的学生，常常在工作和学习上指点他们。他常说，这些人培养好了，将是中国光学事业发展的骨干力量。为此，他提出"由馆内高级研究技术人员作不定期的学术讲座，目的是提高一般研究技术人员的科学水平，增加有关仪器制造方面的知识"[1]。仪器馆的老职工还记得1954年王大珩做过的一场公开学术报告——"玻璃是一种过冷却的溶液"，他以深入浅出的语言，向青年人讲述了玻璃的熔炼知识。

除了办讲座搞知识普及，王大珩还亲自指点年轻人做光学设计。"做光学仪器必须先有光学设计，所以光学设计对从事光学仪器的机构来说是很重要的！"中国科学院院士王之江是仪器馆时代走出来的光学设计人才，他如此说道[2]。王大珩重视光学设计工作，1952年起他在仪器馆光学物理研究室下面设置了光学设计组。王大珩在光学设计上有专长，亲自指导并部署了研究组的学术方向和研究项目，手把手指导组员的业务工作，后来（1958年以后）这个组发展成为一个独立的研究室。在王之江1962年出版的专著《光学设计理论基础》中曾谈到过光学设计组开展工作和取得成绩的情况：相继设计出望远物镜、显微物镜、照相物镜、广角物镜等，并在"完成大量设计工作以及参考国外的理论和经验的基础上，我们的设计理论和方法逐渐形成了自己的系统。从我们所内的工作经验来看，它是比较准确而且方便合用的。"[3]

仪器馆建设时期，馆里学习气氛很浓，人员素质、科研能力在实践中得到了有效的提高。王大珩回忆，早年分配来仪器馆的大学生和曾在20

---

[1] 案卷号 Z382-73，《中科院仪器馆概况及各部分研究试制工作介绍》，存于中国科学院档案馆。

[2] 2015年4月19日，王之江与笔者邮件往来中谈到。

[3] 王之江：《光学设计理论基础》。北京：科学出版社，1965年，序言页。

世纪50年代来仪器馆（光机所）参加工作锻炼的学子们，尽管其中有的人并非光学专业出身，但通过学习培养后，他们成为了中国光学事业的骨干力量，成长为相关学科的学术带头人，是新中国光学事业的开拓者[①]。

配备了厂房，有了人才，仪器馆的工作顺利开展了。截至1954年，仪器馆已经进行了一部分试制工作，在光学物理仪器方面，仪器馆设计并试制了高倍显微镜、双目立体显微镜、读数游标显微镜，初步试制了精度达20"的光学读数经纬仪和光学大平板仪，为青岛观象台配置了150毫米天文望远镜，并设计和试制了多种映影及放映系统的镜头；在光学精密仪器方面，设计试制了水平磁力秤、检定沼气光学干涉仪；在光学玻璃方面，建立了一系列相关设备，基本掌握了光学玻璃的生产技术。不仅如此，仪器馆的实验工厂还向其他单位供应了科研生产所需的部分产品，如向南京水工仪器厂供应水平仪光学系统1807套，向南京电影机械厂制造镜头500套等[②]。

仪器馆初期，试制出了大大小小、种类繁多的仪器设备，为科学院和全国的科学研究机构提供了重要的研究保证。金属、材料学专家师昌绪回忆20世纪50年代在金属研究所做金属蠕变实验的时候缺一个长焦镜头。那时候这样的设备在国内根本就买不到，所长李薰指点他去找王大珩解决问题。王大珩二话不说，拍着胸脯便应承下来，还把此事当做馆里的重点项目来抓，这样没过多久师昌绪就拿到了自己所需要的长焦镜头[③]。

仪器馆在短短几年的时间内，发展成为一个部门较齐全、设施较完备的研究机构，曾受到过外国专家的好评。1955年8月29日，英国访华友好代表团在参观完仪器馆后的留言中，肯定了它的成就：

> 我们英国访华友好代表团感到很荣幸来参观仪器馆。我们很了解这里的科学工作者所遇到的困难，即便如此，我们看到科学工作者解

---

① 王大珩：中国光学发展历程的若干思考。见：宋健编，《中国科学技术回顾与展望》。北京：北京科学技术出版社，2003年，第198-205页。

② 案卷号Z382-73，《中科院仪器馆概况及各部分研究试制工作介绍》，存于中国科学院档案馆。

③ 马晓丽：《光魂》。北京：解放军出版社，1998年，第137-138页。

决了问题，虽然缺少设备，但是对新中国贡献很大。[①]

1955年，苏联科学院通讯院士达纳那耶夫曾到仪器馆参观。当他看到，仪器馆在很短的期间内制成了许多新型的仪器，认为"仪器馆的发展令人惊讶"！[②] 到1956年为止，仪器馆已经具备了较好的规模。1956年11月21日，《人民日报》介绍了仪器馆的情况，发表题为《科学院仪器馆建立了初步的技术基础，制出许多重要的光学仪器》文章，自豪地向国人宣传："仪器馆经过几年来的工作，已经在仪器制造特别是光学仪器制造上掌握了一些国际上已有的先进技术，并且建立了初步的技术基础！"

第一埚光学玻璃的诞生

仪器馆的发展渐渐走上正轨，所取得的一大成就便是熔炼出了中国第一埚光学玻璃。

在仪器馆筹备时期，王大珩就立志要发展中国的光学事业，他首要的愿望是希望中国能自主研制光学玻璃，他不仅将自己在英国昌司公司研制光学玻璃的经验全部交给了祖国，还四处搜罗这方面的人才，他首先想到的是自己在清华的学长、秦皇岛耀华玻璃厂的龚祖同。龚祖同比王大珩年长10岁，1949年以前两人曾经短时间共过事。王大珩和龚祖同在发展中国光学玻璃这方面志同道合。王大珩敬佩龚祖同在光学事业上做出的诸多工作，希望借助龚祖同多年从事光学玻璃研究的实际经验，来领导仪器馆开展光学玻璃研究。

早在仪器馆筹备期间，王大珩和龚祖同便计划要着手试制光学玻璃。龚祖同受王大珩之托，在1951年2月前往上海考察当地的仪器制造事业，

[①] 案卷号Z382-99，《中科院仪器馆关于接待外国专家及出国访问等报告》，存于中国科学院档案馆。

[②] 同①。

他特意去了中国科学院工学实验馆（中国科学院上海硅酸盐研究所），了解工学馆光学玻璃试验的情况，为将来仪器馆开展工作做了一些先期准备。

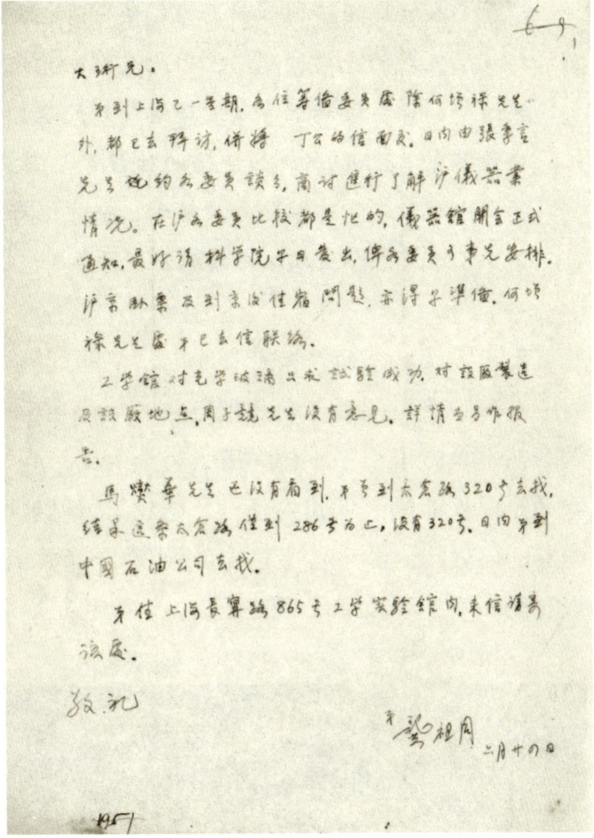
6-9

大珩兄：

弟到上海已一星期，各位筹备委员除何增禄先生外，都已去拜访，并将丁公的信面交。日内由張孝宣先生约各委员谈谈，商讨进行了解沪仪器业情况。在沪各委员比较都是忙的，儀器館開会正式通知，最好请科学院早日发出，俾各委员可事先安排。沪京卧票及到京后住宿問題，亦得早準備。何增禄先生處弟已去信联络。

工学館对光学玻璃正在試驗成功，对該廠製造及該廠地点，周子兢先生没有意見。詳情当另作报告。

馬燮華先生也没有看到，弟曾到大名路320号去找，结果適逢大名路僅到286号為止，没有320号。日内弟到中国石油公司去找。

弟住上海長寧路865号工学實驗館内，来信請寄該處。

敬礼

弟 龚祖同 二月廿四日

1951

图 7-5　1951 年，龚祖同写给王大珩的信

龚祖同和王大珩既是工作上的合作伙伴，又是学术上的朋友。仪器馆里的人都知道，龚祖同和王大珩虽然私人关系很好，但两人一谈起技术问题就免不了有所争论，以至于一度发生过“不团结”的问题①。但他们都敬佩对方的学风和人品，知道彼此对中国光学研究倾注了极大的热情。王大珩尤其明白龚祖同的志向所在：“一生有两大愿望，一大愿望是做出光学玻璃，一大愿望是修改秦皇岛耀华玻璃厂的大炉（可提高生产率 40%）”②。王大珩相信龚祖同能帮助仪器馆把光学玻璃研究搞上去，他们部署了仪器馆熔炼光学玻璃的研究设施和队伍。王大珩放心地邀请龚祖同来领导仪器馆的光学玻璃试验室。

我知道龚先生除了具有应用光学专长以外，他还有搞光学玻璃的

---

① 根据王大珩档案，《我的自我检查》（1952 年）。存于中国科学院人事局档案处。

② 案卷号 Z382-94，《中科院仪器馆关于龚祖同等知识分子改造工作具体材料》，存于中国科学院档案馆。

凤愿。我特地邀请他到仪器馆，使他有机会搞光学玻璃。我在国外已经搞了五年的光学玻璃了，因此我对研究光学玻璃的许多技术细节比较清楚，如对玻璃配方及玻璃熔炼后处理工艺等。但是我缺少熔炼玻璃设备的工程知识，如炉子的建设等。龚先生在这方面是下了功夫的，当时做光学玻璃能如此顺利，全靠他有这方面的知识，亲自设计了炉子以及光学玻璃熔炼的后处理设备等。①

龚祖同欣然领命，携家眷北上，帮助试制光学玻璃。除了指导研制光学玻璃，龚祖同后来在夜视方向、电子光学、大天文望远镜等新方向的开拓上也做了很多工作。王大珩全力支持光学玻璃的熔炼工作。仪器馆先是以铁北的大烟囱为基础，修建了烧制玻璃所需的炉窑，建了一个配套的煤气厂，搭建起光学玻璃的熔制车间。此外，在龚祖同的帮助下，设计出一套光学玻璃的后处理设备，上述是熔炼我国第一炉光学玻璃的

图 7-6　20 世纪 80 年代，王大珩（右一）与龚祖同在一起

---

① 《中国光学事业的先驱者和创业者》，存于中国科学院长春光学精密机械与物理研究所资料室。

硬件基础。

1981年，龚祖同回忆试制光学玻璃的情景：

> 从1951年春提出试制车间的设计任务书后，奔走联系设计与施工，当年动工，当年完成。1952年建筑炉窑，同年7月制造大坩埚，到10月中开炉，其中几次坩埚破裂而失败。我精神上受些打击，但责任在身，决不能知难而退，日夜生活在炉旁，全心全意地将心神灌注到炉内的坩埚玻璃上去。直到1952年除夕，第一次获得了300升一大埚K8光学玻璃。接着又成功了两埚……[①]

实际上，仪器在当时简陋的条件下熔炼光学玻璃困难重重，首先就是要解决熔炼炉料的问题。仪器馆初建于东北时，因对当地的玻璃工业状况不了解，又无法去国外购买熔炼光学玻璃的炉料，只能就地取材，在当地四处寻找合用的国产材料。为了熔炼成这埚光学玻璃，仪器馆可以说是倾全馆之力，派出了多达100人的队伍，组成了化学组、原料和配料组、坩埚组、熔制组、检验组和行政组，每个组都派专人负责工作协调、组织，还请来了曾在全国其他玻璃工厂工作过的有经验老技工，令他们参加到光学玻璃的试制工作。

光学玻璃的熔炼工序复杂，以熔炼所需的容器（坩埚）为例，既要保证容器在高温烧制之下不开裂，又要能承受玻璃液的压力而不倾塌，还要保证它能耐玻璃液的侵蚀、腐蚀而不污染玻璃液，这就要选择适用的制造坩埚的材料，还要较好地控制炉温。在多次试验后，经历了好几次坩埚在烤烧过程中开裂的情况，1952年7月，坩埚组选用软硬适中的黏土制成了一口300升大坩埚。

"日夜生活在炉旁"是那时候参加光学玻璃试制工作的人们的真实写照。在光学玻璃烧制过程中，要对玻璃液进行24小时不间断搅拌，直到玻璃液烧制完成后冷却。玻璃液的烧制时间不是一天两天，有时候一炉光

[①] 龚祖同：誓为祖国添慧眼。《中国科技史杂志》，1981年第2期，第62-65页。

学玻璃熔制成功需要数月。这段时间里,玻璃熔炼炉旁边不能离开人,工作人员需要三班倒才能跟上工作的进度。

熔制光学玻璃很重要的两条,一是光学玻璃的配方,二是退火、测试的关键技术。王大珩在英国昌司玻璃公司工作多年掌握的技术和经验派上了用场,他在这方面有很丰富的经验,他把自己在英国发表的有关光学玻璃退火、测试技术的论文交给技术人员学习,并把自己的所知毫无保留地告诉了他们。

王大珩和龚祖同综合考虑了玻璃的光性、可熔性和抗析晶性等因素后,多次调整了光学玻璃的配方。他们希望冷却后的玻璃必须保持透明,符合折射率高但色散低的指标,在一连串的比较和分析后,他们在配方中加入我国富有的氧化磷(P_2O_5)和稀土氧化物氧化镧(La_2O_3)。另外,用什么样的燃料来加热玻璃液?高温熔炼的玻璃液加热到多少度冷却?搅拌的方法是怎么样的?这些看起来似乎不那么重要的细节却往往会影响到成品玻璃的质量。人们经常看到他二人在玻璃熔炼炉旁讨论,有时候一边说一边拿起纸和笔写画了起来。他们忙起来常常顾不上吃饭,也顾不上休息,直到解决了一个又一个难题。

经历过一些挫折,光学玻璃的熔制终获成功!1953年,光学玻璃熔制车间获得了300升K8玻璃液,龚祖同激动得不能自抑:"1953年的新年真是我的一个欢欣鼓舞的新年。一生的重担从此获得解脱,这是我毕生最幸福的日子。此生此世永志不忘。"[①]

时隔40年后,1993年王大珩重温往事,抚摸着那时试制出来的一方晶莹剔透、光彩照人的光学玻璃样品,对当年经历的困难别有一番感慨:

严格地说,这块光学玻璃出自新中国的第二炉,而不是第一炉。第一炉出来的颜色不太好,虽然原料、配方、工艺等都没有问题,但可能是搅拌棒受到侵蚀,有少量杂质进入了融熔玻璃,影响了这炉玻璃的透明度。经过改进,第二炉就好了。这块玻璃是当时经过破碎选

---

① 龚祖同:誓为祖国添慧眼。《中国科技史杂志》,1981年第2期,第62-65页。

取、精密退火后磨制的样品。就其光学透明度和均匀性来说，现在仍然是一块优质光学玻璃，确实是具有历史意义和代表性的珍品。①

仪器馆成功试制出中国第一埚光学玻璃，结束了中国没有光学玻璃的历史，为建立中国的光学仪器制造工业奠定了基础。此后，在王大珩和龚祖的指导下，仪器馆对光学玻璃的熔制方法进行了巩固和改进。研究人员既发展了光学玻璃品种，又从工艺上对光学玻璃的制造做了发展，并毫无保留地向全国推广了光学玻璃的熔制方法。

图7-7　1953年，中国自行熔炼生产的第一埚光学玻璃

1955年5月5日，《人民日报》发表了题为《我国已能自制光学玻璃》的文章，介绍了仪器馆已能制成12种光学玻璃，且自豪地提道："制造这些光学玻璃所需的炉窑和各种设备，都是我国自行设计建设的！"

仪器研制纳入国家规划

1956年1月14日，党中央召开了关于知识分子问题会议。会上，周恩来作了报告，提出了要最大限度满足整个社会经常增长的物质和文化的需要，发展社会生产力，要充分动员和发挥知识分子的力量。党中央发出了"向科学进军"的号召。在党中央的指示下，1956年，新中国制定了第一个科技发展规划——《1956—1967年科学技术发展远景规划》。

---

① 李海：一份珍贵的礼物——关于我国第一块光学玻璃的回忆。《金秋科苑》，1995年第2期，第13页。

1956年1月31日，国家召开了包括中国科学院、国务院有关部门、高等学校领导人和科技人员参加的动员大会。3月14日，科学规划委员会在北京成立，负责主持和领导制定规划工作。此后，制定规划的工作便展开了。周恩来总理直接领导，副总理陈毅、李富春、聂荣臻主持，在苏联专家的帮助下，1956年2月下旬开始，来自全国各个部门的数百名专家、学者齐聚北京，群策群力，共同讨论这一科学技术发展的伟大宏图。

王大珩和龚祖同带着姚骏恩、潘君骅两位年轻的助手也来到了北京，他们连续工作了数月，为的是讨论远景规划中物理学的分支学科光学部分的规划。早在来北京之前，王大珩作为技术科学学部的委员，便参加了初步的规划草案的讨论工作。他了解这次规划要讨论的是未来将重点发展的、在实际生产中和基本建设中需要解决的较大的科学技术问题。在讨论仪器研制问题的时候，他认为电子显微镜是国防工作的重要组成部分，提出十二年规划中可以展开电子显微镜的试制工作。但很遗憾，帮助制定规划的苏联专家对此提出了反对意见，他们普遍认为这个项目太难了，12年的时间远远不够，还不如向苏联采购更为实惠。最后电子显微镜这一提议未能列入十二年规划中。

和王大珩一起负责光学部分讨论工作的还有吴学周、周同庆、赵广增和龚祖同这几位专家。科技专家对中国光学的现状做了详细的调查研究在此之上对发展前景进行预测，他们希望在未来的12年里，中国光学能有较大的发展，无论是人才、技术、规模都能有大的飞跃。

王大珩"与高校、科研、工业生产方面的资深科技专家，用半年时间编写完成了第五十四项意见书'光学仪器的生产与提高'，并于1957年[①]随以郭沫若院长为首的中国科技代表团赴苏，与苏联科学家进一步磋商，交换意见，后报国家批准实施"[②]。

王大珩的目光不仅仅是集中在光学仪器部分，他在规划制定中还参与

---

① 1957年1月，为征求苏联科学家对我国十二年规划的意见，商谈进一步加强中苏科技合作问题，组成了以郭沫若为团长、各学科专家60人担任顾问的访苏科学技术代表团，赴苏联进行考察。王大珩是代表团成员之一。

② 张礼堂：王老与仪器馆的创建。见：宣明主编：《王大珩》。北京：科学出版社，2005年，第94—95页。

了国防项目以及"四项紧急措施"的讨论。十二年规划中的国防项目包括以下诸项内容：研制地对空、空对空等各种防御性战术导弹和火箭，军用原子能动力堆；研究提高雷达探测距离、武器装备自动化和通讯装备小型化；提高喷气飞机的速度、飞行高度和其他性能；提高潜艇、快艇等各型舰艇的速度、续航力和装备系统的自动控制；减轻坦克、火炮的重量，改善越野性能，研制自行火炮；开展防原子、防化学、防生物武器的研究；等等[①]。它们中许多项目是为发展"两弹"服务的。

另外，在制定十二年远景规划的过程中，科学家们深切感到，为适应国防和工业部门的迫切需要，应发展现代科学技术要重视的新技术，发展我国急需的、重要的科学技术，尤其是基础薄弱的重要技术，并制定了1956年的四项紧急措施[②]。

1956年12月，中共中央、国务院批准了《1956—1967年科学技术发展远景规划纲要（修正草案）》。此后，一个为社会主义现代化建设服务、向科学进军的新时期开始了。

附：节选《1956—1967年科学技术发展远景规划（修正草案）》部分内容如下

十二、仪器、计量及国家标准

没有仪器，计量和国家标准，工业生产和科学研究就会受到很大的限制。我国目前，仪器主要依靠外国进口，计量和国家标准则还没有建立。

现代新技术的发展，都是和仪器分不开的。尤其是原子能的和平利用、喷气和火箭技术、生产过程自动化，都需要先进的强大仪器工业作为后盾。我国仪器制造在极端落后的情况下，要赶上世界水平，必须进行全面规划，有步骤地建立仪器制造工业，在发展生产的推动

[①] 《当代中国的科学技术事业》编辑委员会编：《当代中国的科学技术事业》。北京：当代中国出版社；香港祖国出版社，2009年，第82页。

[②] 四项紧急措施包括：（1）发展计算技术、半导体技术、无线电电子学、自动化技术和远距离操纵技术的紧急措施；（2）开展同位素应用工作的紧急措施；（3）建立科学技术情报工作的紧急措施；（4）建立国家计量基准，开展计量科学研究的紧急措施。

下发展仪器的科学研究。

……

第54项：掌握现有的并建立新型的、更完善的控制仪表、精密仪器和化学试剂

本任务里所指的仪表和仪器包括：

（一）机械制造用的精密量具及量测仪器，（二）光学仪器，（三）电学仪器，（四）无线电及电子真空仪器，（五）自动控制仪表及装置，（六）计算机，（七）材料及工程试验仪器，（八）各种专业用仪器（如探矿、气象、教学等仪器）。其中以自动控制仪表及装置为发展重点。并应注意仪器用特殊材料的生产问题。此外，还要从速确定我国仪器生产及研究的发展规划，协调各生产部门之间以及生产、研究与使用部门之间的问题。

第八章
光学基地已具规模

1956年11月12—17日，仪器馆召开了学术委员会成立大会，由王大珩担任主任。学术委员会的作用是为了加强学术领导，王大珩既以学部委员的身份参加学部的活动，同时组织并参与仪器馆里的科研活动。从1956年起到1986年（除"文化大革命"期间研究所学术委员会中断外），王大珩连续担任了4届[①]研究所学术委员会主任职务，并在1987年以后兼任了3届学术委员会名誉主任职务。

1957年4月28日，中国科学院做出了将仪器馆更名为光学精密机械仪器研究所。更名的依据主要是因为仪器馆"不仅掌握了必要的仪器制造技术和建立了一系列的仪器制造设备和培养了一定数量的仪器制造人才，为光学仪器工业打下了一定的基础，更重要的是，通过他们开展了仪器理论的研究"[②]。这次更名，表明研究所的未来主要以发展光学仪器为主。

仪器馆更名后，5月，在王大珩的主持下，所领导班子召开了所务会议，会上讨论后认为，"所名还是合适的，它反映了我所的工作内容，我所不但有应用光学的工作；精密机械工作占的比重也很大；如果没有仪器

---

① "文化大革命"结束后，1978年光机所组成临时学术委员会，王大珩担任主任。
② 案卷号Z382-164，《中科院光机所1953—1957研究成果一览表及成就概况》，存于中国科学院档案馆。

图 8-1　1956 年 11 月 12 日，王大珩（前排左起十九）参加仪器馆学术委员会成立大会

二字，在中国的情况下，各单位就会把什么工作都拿来你做。群众认识不清，有进一步解释的必要。会议同意以'光机所'作为所名的简称"[①]。

1957 年的变化

1956 年 1 月，周恩来在《关于知识分子问题的报告》中明确指出绝大多数知识分子已经是工人阶级的一部分。随后，"双百方针"提出。1957 年 3 月 24 日，《人民日报》发表费孝通题为《知识分子的早春天气》，提到："去年 1 月，周总理关于知识分子问题的报告，像春雷般起了惊蛰作用，接着百家争鸣的和风一吹，知识分子的积极因素应时而动了起来。"1957 年 4 月，整风运动开始，党中央鼓励知识分子的"鸣"、"放"，知识分子的顾虑逐渐减少，他们给党和国家大胆提意见，一些问题表达得直白，甚至尖锐。这一年春夏之交，科学院和其他科研机关召开过一系列的科学家座谈会，科学家们热烈讨论了科学事业发展的问题。

1957 年 5 月 23—30 日，中国科学院在北京召开了第二次学部委员大会。这次大会正值整风鸣放期间，会上很多委员慷慨陈词，对科学院的工作、对全国科学工作、对学部的定位和职能等很多问题提出了很好的，甚至非常尖锐的意见。如有的委员认为中国科学院应该侧重于三方面的任务，即从事较为重大的基本理论问题的研究、开拓新的科学技术领域、进

[①] 案卷号 Z382-154，《中科院仪器馆关于仪器馆更名、印章启用、馆务会议等文件》，存于中国科学院档案馆。

行综合性的重大研究任务等。这次大会较好贯彻了"百家争鸣"方针。

王大珩参加了这次会议并做了发言。发言伊始，王大珩说了一番耐人寻味的话，他说，当时"所内正讨论着内部的矛盾"，因此"我对这次会议抱着这样一个希望，就是作为科学院所属的一个所的工作者，在会后回到所后，有向工作同志们传达这次会议的精神义务，能解决一些思想和工作上的矛盾。"[①] 王大珩这里所说的"内部矛盾"，指的是光机所的发展方向是结合科学院的方针政策，还是以满足国家的需要为主？尽管二者应是统一的，但是实际工作开展的时候总会遇到问题。

王大珩结合了光机所的实际情况，对研究所的工作方向、机构调整和人才培养等问题做了一些探讨。他的发言并不尖锐，但是有理有据，他既谈到了光机所未来的发展方向，也对人才队伍的培养做了展望。

他提出：光机所的发展是"适应目前工业情况的现实"，还是"服从科学院的工作方向"？他谈道，"问题在于科学院规定的方针任务如何适应于我们所"，他感到国家光学精密机械仪器工业还很落后，但并非毫无基础，且在第二个五年计划中已有很大的发展，光机所在最近几年中的主要任务是"支援我国光学精密机械工业的提高与成长"。他说，"就我所的现实情况来说，似乎谈不到科学院和产业部门如何分工，问题是如何结合当前的需要而又照顾到长远的一面，结合工业水平的提高，而提高研究工作水平。"

在机构调整和添设以及变更领导关系的问题上，王大珩说，光机所"应当尽可能的就现有基础上发展，而不要去惊动已有的研究工作的秩序"，他强调要勤俭办科学。

在对科技人员的培养问题上，尽管王大珩对理科的毕业生不重视实验、工科毕业生基础知识较差的状况有所触及，但他的言语比较平和，他提出的意见是："高等学校培养的人才要紧的是有一定的对专门学科所必备的基础知识，有足够理解问题并创造性地解决问题的能力，并在一定时期的进一步的锻炼下，能够掌握在这门专业中的最先进的东西并能创造性

---

① 案卷号 1957-02-017-01，"中国科学院学部委员会第二次全体会议大会发言汇集"，王大珩委员的发言，中国科学院文书档案。

地予以运用","我们要求精悍的科学技术干部,对干部就不得不有所选择,不能认为人人都能培养成为副博士,人人都能培养成为科学研究人才"。他呼吁科学院不仅要注意研究人员的培养,同时也要培养一定比例的技术人员①。

参会的其他委员,有的人言辞犀利,直指问题所在,其中的一些人在后来的政治运动中遭遇到批判。

以力学家、教育家钱伟长的发言为例,在要求"解决时间和仪器图书问题"时,他直言在为科学家配备助手时,"只见楼梯响,不见人下来";他指出科学进军的后勤工作"一直到现在还是很差的",例如仪器购置效率低导致科学家的要求得不到妥善解决,国外图书进口工作满足不了科学发展的要求,等等②。

钱伟长除了在学部大会上直指了问题外,他和化学家、学部委员曾昭抡在1957年6月9日的《光明日报》上,以民盟中央科学规划委员会名义发表了题为《对于有关我国科学体制问题的几点意见》一文。该文是为了协助研究和解决科学体制的问题,在广泛征求意见后对"保护科学家""科学院、高等学校、业务部门研究机构之间的分工协作""社会科学""科学研究的领导"以及"培养新生力量"等提出了意见。同日,《光明日报》发表了题为《为互相监督开拓了新路》的评论,对他们提出的意见表示了肯定,但不久以后,情况便发生了变化。

第二次学部委员大会刚结束不久,全国范围内的"反右派"斗争开始了,前一年知识分子会议之后,短暂的"早春"气候戛然而止。

中国科学院作为集中了全国知识分子的地方,是"反右"的重点单位。1957年7月6日,《人民日报》发表了郭沫若的发言《驳斥一个反社会主义的科学纲领》。郭沫若批驳了曾昭抡、钱伟长提出的"保护科学家""要科研自由"等意见,批判他们提出的这个纲领是要向党夺取科学领导

---

① 案卷号1957-02-017-01,《中国科学院学部委员会第二次全体会议大会发言汇集》,"王大珩委员的发言",存于中国科学院文书档案。

② 案卷号1957-02-017-01,《中国科学院学部委员会第二次全体会议大会发言汇集》,《要求解决时间和仪器图书问题(钱伟长委员的发言)》的发言,存于中国科学院档案馆文书档案。

权，是"彻头彻尾反党反社会主义的科学工作纲领"。他的发言推动了科学院的"反右"斗争。许多专家、学者遭到了批判，一些知识分子被错划为"右派"，甚至有11名学部委员被定为右派（其中在中国科学院系统内工作的有2人）[①]，并被剥夺了学部委员的称号[②]。

"反右"运动对中国科学院，乃至光机所都产生了影响。在"反右"运动进入高潮后，中国科学院党组书记、副院长张劲夫冒着政治风险，向毛泽东进言要对科学家采取一些保护措施。得到毛泽东的肯定后，科学院内一大批科学家，尤其是一些高级研究人员得到了保护。但政治运动对科研工作产生了不利影响，一些科学家被批判，甚至被定性为敌我矛盾。"反右"开始后，高级知识分子不受信任，科学院党委提出了"建立工人阶级的科学队伍"的号召，研究所内专家领导的职权被削弱。

1956年5月，光机所开始"整风"，6月"反右"开始。所里"反右"的情况可以从1957年7月的一份材料[③]中窥见一二。当时光机所里一些科研人员，如1932年毕业于中央大学物理系、新中国成立前曾在北平研究院物理研究所工作过的吕大元，还有机械试验室的主任、高级研究人员张静安等都被打为了"右派"。在"反右"初期，王大珩不仅替所里的"右派"辩解，还为费孝通、葛佩琦等全国闻名的"右派"说过话，他认为这些人并没有反对党，只是言语不当，但出发点是好的。他说："反右派必须划清界限，把那些野心家与那些随便讲话或讲错了的人分清，总的应当做人民内部矛盾处理，而不是当做阶级矛盾来处理。"[④]他的这些言行被批判为"思想右倾、立场模糊"。王大珩并不是"右派"，但从多份档案材料中可以看出，在此期间他曾感受到了政治上的压力并很花费了一些时间来改造自己的思想，接受了党组织对他多方面的考察。

---

① 这11人为：曾昭抡、钱伟长、孟昭英、雷天觉、谢家荣、余瑞璜、刘思炽、袁翰青、盛彤笙、向达、沈志远。

② 《当代中国》丛书编辑部编辑：《中国科学院（上）》，北京：当代中国出版社，1994年，第87—88页。

③ 《王大珩整风运动以来的表现》（1957年7月）。王大珩档案，存于中国科学院人事局档案处。

④ 《王大珩综合材料》（1957年7月）。王大珩档案，存于中国科学院人事局档案处。

在"反右"斗争如火如荼之际，一个于光机所来说很特殊的人物——李明哲，于1957年7月11日调来所里，主管党务工作。

李明哲，1923年11月生，河北行唐人。1941年他加入中国共产党，1952年10月在思想改造运动刚过后调入中国科学院工作。李明哲从1952年10月—1955年2月先后担任了中国科学院办公厅秘书处、人事干部局干部管理处副处长、处长职务，1955年3月—1957年6月担任中国科学院沈阳办事处主任、中国科学院干部学校副校长。在调入光机所后，他从1958年2月起担任副所长，并在1958年10月—1964年，担任光机所党委第一书记，直到1964年8月调往上海光机所任副所长、临时党总支书记。

李明哲在光机所主持工作期间，虽然名为第一常务副所长，但实际为光机所里日常行政工作的一把手、是所谓的"领导核心"。李明哲工作能力很强，深得一部分院领导的信任。他在"反右"后紧接而来的"大跃进"运动中，大胆启用年轻人，发挥他们在研究所科技工作中的作用。在"大跃进"之后，光机所取得了"八大件"的成果，引起了全国科技界的瞩目。李明哲支持光机所研制红宝石激光器，在促成上海分所成立，发展激光方向上也发挥了作用。但一系列的成绩令他的自信心膨胀，导致他一度对光机所开展科研工作的态度是：有利于扩大光机所规模的就干，"当主角就干，当配角不干""周期短、出成果快的就干"。其中一件事，便是李明哲并不对研究所的科研项目、发展方向产生一定的影响。"社会主义教育运动"时，中共中央监察委员会驻中国科学院监察组对光机所开展了调查，调查小组在考察了光机所的情况之后，认为这个研究所大多数干部和群众是好的，但是问题也很多，其中一个便是光机所在党委之外，俨然还存在一个以李明哲为主的"领导核心"，研究所里的发展规划、研究方向、重要课题、人事变动等重要问题，几乎都由少数人说了算，调查组对李明哲的评语是："把党的科学事业当做发展个人野心的资本"[①]。1966年，李明哲因"杀妻"案身陷囹圄，不再担任长春光机所和上海分所的领导职务。这是时任光机所党委书记及副所长的李明哲个人的情况。

---

① 案卷号1966-24-016-01，"光学精密机械研究所社教运动的情况报告"，中国科学院文书档案。

在 1957 年"反右"之后,光机所的情况与之前比有了很大的不同。其一,研究所里大搞群众路线,依靠年轻的科技人员作为科研的主力军;其二,是党在研究所里的领导加强了。这些变化从李明哲的两篇文章中可窥见一二。

1958 年李明哲在《科学通报》上发表了一篇题为《解放思想、打破迷信、发动群众、依靠群众向世界科学的最高峰奋发前进》的文章,介绍了光机所对科学家的态度,他否定了专家路线,对老专家做了批判,他

图 8-2　20 世纪 50 年代末,王大珩(右一)、龚祖同(左二)、李明哲(左一)与苏联专家合影

说,"年老的科学家必须依靠,但终归还是少数",高级研究人员(科学家)思想保守、在学术上是权威,他们"把科学神秘化、崇拜英美",是不可取的;他认为研究所需要"插红旗、拔白旗",要"发动群众,大胆使用青年",培养青年干部、发挥年轻的科技人员的作用[1]。李明哲的文章,也反映出当时对于知识分子认识上的一个社会现象:那就是老知识分子的思想上沾染了浓厚的资产阶级色彩,而年青的新知识分子,许多出身工农家庭,受过新中国教育,在政治上更为可靠。李明哲进而在另外一篇文章《党是如何领导科学大跃进的》中说到,研究所里开展的"反右"斗争解决的是两条道路的问题,批判的是"资本主义科学道路"以及老知识分子的"保守",运动"明确了政治挂帅的重要性,因而,掀起了大跃进的浪潮",他认为"整风和反右派斗争的胜利奠定了大跃进的基础"[2]。

---

[1] 李明哲:解放思想、打破迷信、发动群众、依靠群众向世界科学的最高峰奋发前进。《科学通报》,1958 年第 14 期,第 420-422 页。

[2] 李明哲:党是如何领导科学大跃进的。《科学通报》,1958 年第 18 期,第 545-550 页。

李明哲的思路与1958年张劲夫提出的要"建立工人阶级的科学队伍"、培养"又红又专"的科学家①是配合的。这是当时党对知识分子的要求，要求他们以红带专，以政治带动业务。从对研究所的一份调查材料②中可以看到，光机所对知识分子的改造持续到了1966年还没有结束。材料提到，光机所里知识分子突出的问题是"重业务、轻政治""只专不红，或先专后红"，并且还存在"两种道路"的问题。材料提出了解决问题的方法，是要在光机所突出政治，以"政治统率业务"，并加强党的领导。

从光机所早期的历史来看，仪器馆时代，馆务会议是所里的重要决策机构。1956年11月，仪器馆成立学术委员会，作用是加强学术领导，王大珩以所长、学部委员、专家的身份担任主任，主持所里的日常科研工作。

1957年"反右"斗争后，随着党对知识分子政策产生变化，光机所的面貌因政治形势而发生了改变。王大珩作为光机所的所长，他在研究所领导班子里的分工也发生了变化。

1958年10月25—26日，光机所召开党员大会，推举组成了9人党委会（此前为总支），此后，党委在光机所开展工作中发挥着重要的作用，李明哲以党委第一书记的身份晋升为研究所的实际负责人。

王大珩在党委成立大会上做了一次发言。在他的讲话中，字里行间，既承认了党委在光机所领导中的核心作用，也直接点明了他认识上发生了变化，他不断地在思想上改造自己。他说："一年多来，光机所党的领导，有力地说明了党在科学技术的绝对领导，是迅速发展我国科学技术事业的根本保证。"他提道"反右"斗争以后，研究所里不再依靠"少数科学家"，"党不但能从方针政策上进行领导，同时也能对科学工作进行具体领导"，他继而批判了自己曾经"立场模糊，技术至上"，在业务领导上"把自己的意见考虑在前面"，他在发言中表达了对党委成立的态度是：坚决服从党的

---

① 张劲夫：建立工人阶级的科学队伍。《学术月刊》，1958年第1期，第1—15页。
② 同①。

领导，主动争取改造自己成为工人阶级的知识分子[①]。

在相当长的一段时间内，党委在研究所的科研生活中影响力很大。1959年光机所科研重心转向国防任务需要，研究所提出了《1961—1962年国防科技发展项目》的研究计划；从这一计划是由党委提出，而不是以学术委员会的名义发出，便可得知当时的情况。之后无论是作出"以国防光学研究为中心"的决定，或是要"开辟红外物理、弱光物理领域的研究"，还是后来出台的"保证完成红宝石激光器"等任务的决议，光机所党委的角色至关重要[②]。在研究所领导班子中，并非中共党员的王大珩和龚祖同两位所长，作为老专家、老领导，仍然在学术上发挥了重要的作用，但对研究所的领导作用受到明显削弱。

图8-3　1958年7月8日，王大珩（前排右一）参加中科院吉林省分院第一次学术委员大会

除了担任光机所所长职务外，王大珩还有一重参政议政的特殊身份。1955年2月他当选为吉林省人民委员会委员，1958年6月17日他又当选为吉林省第2届人民代表大会代表和常务委员会委员；1964年起，他连任第3至第6届全国人民代表大会代表，他还担任过第3、第7届全国政协委员；1977—1983年他担任了吉林省政协副主席。这一身份，既给了王大珩参政议政的机会，一定程度上也维护了他在光机所里发挥领导作用。人大和政协，也为他后来参与向党中央提出"863"计划和倡议建立中国工程院等重大建议积累了必要的经验，提供了必要的平台。

---

① 《王大珩同志在光机所成立党委大会上的讲话（1958年）》，存于中国科学院长春光学精密机械与物理研究所资料室。

② 宣明、孙成志、王永义、王彦祚编：《中国科学院长春光学精密机械与物理研究所所志》（1952-2002）。长春：吉林人民出版社，2002年，第296-303页。

从 1957 年"整风""反右"到"大跃进"插红旗、拔白旗,尽管研究所里政治运动的气氛浓厚,但光机所的职工们从上到下投入工作的干劲都很足。在这期间取得的"八大件"的成功,对光机所上下鼓舞很大。

"八大件、一个汤"

长春光机所的职工们在回顾研究所发展历程的时候,总会众口一词说到"八大件、一个汤"。这是光机所在发展初期取得的令全体职工引以为自豪的代表性研制成果。

"八大件"、"一个汤",指的是:万能工具显微镜、大型石英摄谱仪、电子显微镜、晶体谱仪、高精度经纬仪、高温金相显微镜、多倍投影仪、光电测距仪 8 种有代表性的精密仪器,以及一系列新品种的光学玻璃[①]。

这批研制成果取得的时间是在全国"大跃进"的 1958 年。但难能可贵的是,这些成果不是信口开河、狂吹虚报的假"卫星",而是王大珩和全所上下借着"大跃进"的形势,不丢掉科学精神,共同艰辛奋斗取得的,是一批有影响、有水平、货真价实的科研成果。

1953 年我国经济建设实行了第一个五年计划,并于 1957 年顺利完成,工农业生产有了大幅度的提高。当时全国上下开始"鼓足干劲、力争上

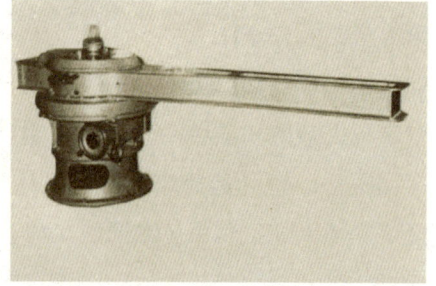

图 8-4　1958 年研制成功的中国第一台光电测距仪　　图 8-5　1958 年研制成功的中国第一台晶体谱仪

---

① 宣明、孙成志、王永义、王彦祚编:《中国科学院长春光学精密机械与物理研究所所志》(1952—2002)。长春:吉林人民出版社,2002 年,第 6 页。

图 8-6 1958 年研制成功的中国第一台大型石英摄谱仪

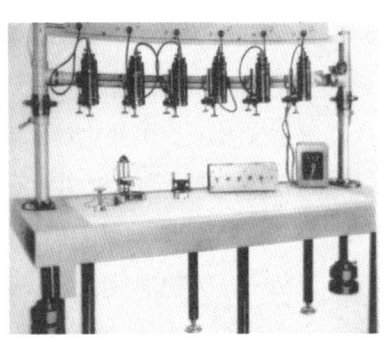

图 8-7 1958 年研制成功的中国第一台多倍投影仪

图 8-8 1958 年研制成功的中国第一台高精度经纬仪

图 8-9 1958 年研制成功的中国第一台高温金相显微镜

图 8-10 1958 年研制成功的中国第一台万能工具显微镜

图 8-11 1958 年研制成功的中国第一台中型电子显微镜

第八章　光学基地已具规模

游"。1958年2月2日,《人民日报》发表社论,宣传:"我们国家现面临着一个全国大跃进的新形势,工业建设和工业生产要大跃进,农业生产要大跃进,文教卫生事业也要大跃进"。1958年6月初,国家计委提出了"第二个五年计划要点",提出要五年超过英国,10年赶上美国。

"八大件",原本是光机所第二个五年计划攻关研制的项目。在"大跃进"形势下,光机所党委会议决定将此原本要在几年内完成的计划提前完成。王大珩作为全所的学术领导,一开始,他对光机所党委提出的要在几个月之内攻关并拿下"八大项目"感到忧虑。当时光机所党组曾提出把原定于在第二个五年计划期间完成的万能工具显微镜跃进为一年半做出来,他担心这样是一种冒进,不符合科学发展规律,曾表示过不同意见。他说:科学研究工作不比工农业生产,不能大搞跃进。由于这样的言论,他当时在所里被人议论是"保守""学术垄断"[①]。

1958年3月16日,中国科学院光学精密机械仪器研究所、机械电机研究所、应用化学研究所和长春地质所4个单位联合召开了一场跃进誓师大会,光机所参会代表在大会上坚定表态:研究所要在今后6年内赶上国际先进水平,并提出了跃进期间光机所将要进行的任务,其中包括要在1958年试制出中型光谱仪和大型光谱仪的光学部分,要在1959年6月试制出先进的万能工具显微镜,在1958年年内试制出一等精度测量用的经纬仪,在1959年年末试制出新式电子显微镜,还要在1958年使得光学玻璃的熔炼新技术达到世界先进水平[②]。

为了达到这些目标,从1958年6月开始,全所科技人员放弃了节假日,自觉加班;他们打破8小时工作制的要求,每天工作10小时、12小时或更多时间;他们夜以继日工作,忘我地投入到跃进中[③]。这场历时75天的战役,提出的口号是"反保守、插红旗、实现科学大跃进"。

王大珩记得那时候光机所里热火朝天的情形,"当时年轻人干劲非常

---

① 《王大珩的变化情况》(1960年4月)。王大珩档案,存于中国科学院人事局档案处。
② 中国科学院光学精密机械仪器研究所:在今后六年内赶上国际先进水平。《科学通报》,1958年第8期,第230-232页。
③ 同②。

足……大家真是白天晚上干起来。干到什么程度呢，就是研究一个东西，碰到材料上的问题、碰到技术上的问题，当时就把所有有关的人找来，当时就解决。……铺盖卷放在实验室里，你太累了睡觉，有人接着做。原来预备两年的工作，我们半年就做出来了。正是由于'大跃进'，后来光机所搞工作，差不多近10年的工夫，实验室的灯白天晚上通明，人们戏称其为'日不落实验室'"[1]。

王大珩被所里你追我赶的热烈气氛感染了，他忘我投入到了工作中。在装校光谱仪的时候，遇到技术难题无法解决，他亲自上阵，自己动手，连续加班加点，直到把光谱仪装校完成。"大跃进"期间，党组织对他工作情况鉴定如下：

"大跃进"以来，一直是夜以继日的紧张工作，想办法克服困难完成任务，在技术革新运动中表现突出，亲临前线指挥。[2]

"八大件"里，电子显微镜是其中很重要的代表性项目，它打破了苏联权威。早在1956年制定十二年远景规划时，王大珩就提出过电子显微镜试制计划，但被苏联专家否定了，他们认为我国没有研制的实力和技术，直接从国外引进就可以了。但王大珩始终认为电子显微镜是一项重要的工作，有必要研制，当时他还曾考虑过五年之内派人去东德学习这项技术。

提到电子显微镜，不能不说的一个人便是电子光学专家黄兰友。黄兰友是我国有机化学家黄鸣龙[3]的儿子，1951年他毕业于美国福兰斯大学物理系，1957年获得了德国杜宾根大学应用物理系的博士学位后回国。黄兰友回国以后，在中科院电子学研究所工作。他希望能参加制造电子显微镜的工作，为此，他在1958年4月专程去了光机所，拜访王大珩，希望能得到他的支持。王大珩当时正在外地出差，可当他听说了黄兰友来访，

---

[1] 根据《向科学进军　一段不能忘怀的历史》第77页中转述的王大珩回忆。路甬祥编：《向科学进军　一段不能忘怀的历史》。北京：科学出版社，2009年。

[2] 《民主人士鉴定表》（1965年12月）。王大珩档案，存于中国科学院人事局档案处。

[3] 黄鸣龙（1898–1979），江苏扬州人。有机化学家，学部委员，以"黄鸣龙还原反应"闻名。

便立刻与这位年轻人取得了联系。黄兰友回忆起那时候的情形"王大珩所长讨论了以后,他们又把我叫了去,第一句话就是叫我马上回北京去取行李,我一下子没有听懂。他们说快回去拿暖和的衣服来,国庆前回不了北京了。工作马上开始,国庆拿出东西来。我大吃一惊,说研制这么一个大型仪器要两三年的时间,怎么可能在几个月里做出来呢?回答很干脆:要么十一献礼,要么不考虑。"①

王大珩全力支持电子显微镜的研制工作,他派出业务秘书邓锡铭、孙功虞全力协助黄兰友,并组建了一个试验室展开工作。当黄兰友提出需要一台比较现代化的电镜做参考时,王大珩立刻找到并说服了中国科学院副院长张劲夫,张劲夫第二天便同意将武汉微生物研究所刚进口的一台显微镜借调到了光机所。当时张劲夫曾问过王大珩:你们的电子显微镜能做出来吗?他斩钉截铁地回答:做得出来,分辨本领不会比 Ruska② 的第一台差!③

黄兰友"暗中敬佩领导这个所的王所长,他聚积了这么多的有各方面专长的人才"④。当时光机所车间里同时进行着"八大件"的研制工作,机械设计、电器设计、加工、采购……事情很多,情况又复杂,"图纸都是几万张,这八大件加起来是 2.3 万张;光学零件有五六百件,每大件仪器装配都有一个组,都有一个摊子"⑤,黄兰友感到惊诧:"在我看来是一团乱哄哄的事,光机所是怎么组织得如此有条有理?"⑥ 那时候光机所的工作虽然紧张但有条不紊,事务繁杂却又井然有序。到 8 月,电子显微镜等"八大件"便成功试制出来了。

1958 年 9 月 6 日,《人民日报》发表《高精度经纬仪、多倍投影仪、光速测距仪研究试制成功》,报道了光机所的这一成就:

---

① 黄兰友:早期电子显微镜制造的回忆。《电子显微学报》,1996 年第 15 卷(2-4),第 344-352 页。

② 恩斯特·奥古斯特·弗里德里希·鲁斯卡(Ernst August Friedrich Ruska,1906—1988),德国物理学家,电子显微镜的发明者,1986 年诺贝尔奖物理学奖获得者。

③ 同①。

④ 同①。

⑤ 卢国琛访谈,2014 年 11 月 7 日,合肥梅园。资料存于采集工程数据库。

⑥ 黄兰友:早期电子显微镜制造的回忆。《电子显微学报》,1996 年第 15 卷(2-4),第 344-352 页。

中国科学院长春精密机械仪器研究所经过八个月的苦战,已经基本完成了第二个五年计划所规定的研究任务。到八月底为止,研究所已先后完成了八大仪器的试制工作。

……

这八大仪器的研究成果,对于我国的技术革命和文化革命具有极重要的作用。电磁式电子显微镜的应用范围非常广泛,是物理学、冶金、医学和有机化学高分子等研究工作所不可缺少的工具。大型光谱仪是现代工业和科学研究上进行光谱分析的主要工具。利用光谱分析法,可以对金属冶炼、合金制造和矿物的化学成分的分析,得出精确结论。万能工具显微镜是一种高精度的计量仪器,是机械工业必备的重要仪器。光速测距仪是一种新型的大地测量仪器,高温显微镜是发展冶金工业不可少的工具。

这八大仪器经过鉴定,其质量都已达到国际同类产品的水平。它们的试制成功,表明我国在光学精密机械仪器研究方面已经进入国际先进行列。

1958年10月5日—11月9日,中国科学院在中关村新建实验大楼举办了"自然科学跃进成果展览会",光机所研制的"八大件"在展览会上亮相了。展览会展出了3000余件成果,有来自院内外445个单位的38392名观众参观了展览。10月27日,毛主席在郭沫若、吴有训、张劲夫等中科院领导的陪同下,也亲来参观,他看到了光机所研制的高精度经纬仪等参展成果,表示了赞赏。光机所取得的成果在全国科技界引起了极大的轰动,尤其是那台电子显微镜令观众感到了震撼。

"八大件"里的电子显微镜,加速电压为50kV,分辨率达10nm,是一台中型电子显微镜。这台电子显微镜是仿制的,那么,能不能自己设计制造显微镜?1958年9月,王大珩决定自行设计研制100kV大型电子显微镜XD-100型,由黄兰友担任技术负责人,姚骏恩担任课题负责人。姚骏恩回忆,"王所长参加了方案论证和图纸审查,提出了十分中肯的意

图 8-12　1958 年 10 月 27 日，毛泽东在北京中关村参观光机所研制的高精度经纬仪等科技成果（前排左起：张劲夫、吴有训、毛泽东、郭沫若）

见。"[①] 项目组花了 10 个月的时间，到 1959 年 9 月末，一台分辨率优于 2.5nm，放大倍数达 10 万倍以上的大型电子显微镜研制成功。1959 年 10 月 1 日，这台大型电子显微镜作为一项重大科技成果在北京展览馆中央大厅展出，姚骏恩回忆展览的时候的盛况："观众十分好奇地排长队等待着用电子显微镜来观看蚊子翅膀上的'汗毛'，……这种场面恐怕也是古今中外少有的。"[②] 在国庆 10 周年庆祝大会上，这台电子显微镜的巨大模型就排在中国科学院游行队伍的前列，在天安门接受党中央和毛主席的检验。每当回忆起这台 XD-100 大型电子显微镜的研制，姚骏恩便感到自豪，因为这项成果被列为中国仪器仪表行业从仿制到自行设计制造的一个重要标志，为"中华人民共和国四十年重大科学技术成就"之一，收入记载古

[①] 姚骏恩：王大珩院士与中国电子显微镜制造事业。见：宣明主编，《王大珩》。北京：科学出版社，第 68 页。

[②] 信息科学与技术卷编委会：《20 世纪中国知名科学家学术成就概览 信息科学与技术卷（第二分册）》。北京：科学出版社，2014 年，第 137-148 页。

今中外自然科学大事的《自然科学大事年表》[①]。1960年，光机所将电子显微镜的图纸无保留地交给了合作的上海精密医疗器械厂，王大珩叮嘱前去上海厂传授电子显微镜电子光学设计及调试技术的姚骏恩，一定"要发扬共产主义大协作精神"。该厂在1965年7月，制造出了分辨率在0.7nm、放大倍数为20万倍的DXA_3-8型一级电子显微镜，并通过了国家级鉴定。1964年，光机所的电子显微镜研究室被调并到北京科学仪器厂。

王大珩关心和支持对中国电子显微镜技术的发展，他多次向姚骏恩了解电子显微镜的研究进展，当得知已取得了进展时，他便感到由衷的喜悦。1987年11月，当我国自行设计制造的扫描隧道显微镜（STM）在国内首次获得石墨表面原子像时，他高兴地称赞："这是件大事！"

上述是电子显微镜的研制情况。除了电子显微镜引起的轰动之外，"八大件"里产品的反响也不错。例如，万能工具显微镜研制成功后，虽然因为同期从苏联进口了全套技术资料而未在生产厂家里做大范围推广，但这件仪器在研究所的车间里却使用了多年。当苏联专家、光学教授福利希来研究所参观时看到大型石英光谱仪，他大为惊讶，没想到这台由中国人自行研制生产的仪器光学性能已达到了当时同类仪器的国际水平。另一台晶体谱议，这也是王大珩亲自参与研制的项目，后来研究人员在仪器上加装了编码器，使它更加现代化了。这台仪器作为为原子能试验专门设计的大型精密测角仪器，试制成功后便送往原子能所作为原子堆旁的一项中子试验仪器。1978年，该项成果获得中国科学院重大科技成果奖。

图8-13 1978年，长春光机所的晶体谱仪获得中国科学院重大科技成果奖

虽然"大跃进"期间

---

① 姚骏恩：我国超显微镜的研制与发展.《电子显微学报》，1996年第15卷（2-4），第353-370页。

存在不重视经济规律的问题,但全国人民要在短时期内赶英超美、建成共产主义的热情高涨,带来的是对工作的无比投入。在"八大件、一个汤"取得成功的事前和事后,王大珩都曾表示过担忧:"抢时间、搞突击的科研方式是不够严谨的,甚至可以说在某种程度上是缺乏科学态度的"[1]。但无可否认的是,光机所在仪器馆时代打下了较好的精密仪器制造基础,以及研究所对人才队伍的培养和锻炼,都是取得成功的保证,更别说"八大件"原本便是光机所计划内并打算在第二个五年计划中研制成功的项目了。同时,在八大件仪器和一系列光学玻璃的研制中,我国未曾接受外来援助,试制中所需的特殊材料和精密加工以及其中某些关键性的设计都是国内和研究所自行解决的,且研制进行得非常深入,为此后开展研究工作积累了宝贵的经验。

"八大件、一个汤"是我国科研人员自己的汗水和努力的结晶,也是我国自力更生成果的展现,这些成果填补了我国在光学仪器发展中的空白。"这些仪器代表着近代仪器中较高的水平,在祖国建设事业中将发挥一定的作用"[2]。"八大件、一个汤"的成功也是光机所发展中的巨大飞跃,标志着该研究所"已实现了从研制一般、通用、简易的光学仪器向独立设计、研制高精度光学精密仪器的飞跃",也为研究所"在国内树立起一个勇于向高档精密仪器进军的排头兵形象。"[3] 更重要的是,"八大件"的成功,为研制、开发大型精密国防光学装备奠定了可靠的技术基础。

放眼学科布局　研制军用光学仪器

除了"八大件、一个汤"是光机所的代表性成果之外,20世纪50年代

---

[1]　王大珩:《七彩的分光》。南京:江苏人民出版社,2008年,第189页。
[2]　中国科学院光学精密机械仪器研究所资料室:光学精密机械仪器研究所一九五八年试制成功的八大件仪器。《物理》,1959年第11期,第481-486页。
[3]　宣明、孙成志、王永义、王彦祚编:《中国科学院长春光学精密机械与物理研究所所志》(1952—2002)。长春:吉林人民出版社,2002年,第86页。

末期，研究所取得的成就还有许多，引人瞩目的有能刻出面积为 100mm×90mm、每毫米 600 条线纹的中国第一台光栅刻划机，而当时在世界上能够刻划出大型光栅仅有苏联和美国，能刻出中型光栅的也只有民主德国和英国。除此之外，1958 年，研究所在试制高级摄影镜头的基础上，研制出天池牌高档照相机，满足了当时我国驻外使馆的需求。研究所初步奠定了结构设计、精密铸造、小模数齿轮加工、精密冲压工艺以及表面处理技术的良好基础。20 世纪 50 年代，光机所取得了非常丰富的成果，建成为全国屈指一数的大型光学基地。

仪器馆在建馆之初的几年中，着重建立应用光学学科及技术基础。1956 年 11 月，在仪器馆学术委员会成立大会上，王大珩发表了讲话，明确指出了仪器馆在第二个五年计划中将要开展的工作，即"以大地及航空测量仪器、物理光学量测仪器为重点的研究领域；系统地掌握仪器的设计与工艺"；"研究并掌握光学仪器关键材料的制造技术"；"大力支援国防及科学研究方面的光学技术问题"，"开展应用物理光学，特别是有关光度、辐射、与发光方面的研究工作"[①] 这 4 个方面，明确了仪器馆在未来几年内的学科布局和发展方向。尤其是他指出了两点，一是重点领域的大地及航空测量仪器，二是为支援国防以及为原子能的和平利用，进行特殊光学仪器的设计与试制工作。这对仪器馆（研究所）的未来影响很大，在很长一段时间里，仪器馆（研究所）的研制重点都围绕着这两个方面进行。

1956 年，随着"向科学进军"，"制定科学发展规划"的展开，仪器馆（研究所）在发展中，更注重学科建设，其研究体制和机构发生了变化。这一阶段，光学学科呈现多元化发展，光机所成绩斐然。

在光学设计上，自 1952 年在王大珩指导下建立了光学设计组后，1956 年该组王之江撰写了《光学设计方法与高级像差分析》一书。1959 年，在王大珩的授意下，王之江、谭维翰等展开了"光学设计理论及方法"课题，在完成大量设计工作并参考国外光学设计理论和经验，对光学设计的

---

① 案卷号 Z382-193，"王大珩馆长在学术委员会成立大会上关于中国科学院仪器馆基本情况及发展方向讲演稿摘要"，中国科学院档案馆文书档案。

理论和方法逐渐形成了自己的系统，为光学设计的原则和具体方法提出了理论依据和实施途径，并撰写了《光学设计论文集》和《光学设计理论基础》等专著，对促进我国光学工业的发展起到了积极作用。

光学设计是王大珩的专长，他认为这是进行光学研究的基础，在国家发展光学事业的起步阶段，他大力提倡要培养这方面的专门人才。在他的倡导下，研究所开办了光学设计训练班。王之江回忆，早期训练班面向的是本单位计划科里的人，后来因为反响很好，申请来学光学设计的人很多，训练班便面向全国的高校和光学工厂了[①]。1957年，王大珩部署王之江、王乃弘等人为全国光学设计训练班编写了讲义。1958年和1959年，研究所连续举办了两届光学设计训练班，有来自全国各单位约100人参加，培养出一大批从事光学设计的人才。

仪器馆（研究所）通过学习、吸收、分析和评价国外光学设计理论，在大量光学设计实践的基础上，逐步形成了一整套具有中国特色的光学设计理论和方法，并在1960年以后，设计出高质量的大型折反式光学系统，满足了国防工程（"150-1"工程）的需求，并为研究所承担大型电影经纬仪的光学设计工作奠定了基础。1964年，长春光机所汇总研究所在光学设计上的研究成果，整理出《光学设计论文集》一书，在经过王大珩以及吕大元的审读和修改后，经国防工业出版社出版，供全国从事该专业的研究学者参考。

在光学材料方面，自1953年仪器馆熔制出第一埚光学玻璃开始，便不断发展光学玻璃制造技术，展开了光学玻璃新品种、新工艺的研究，至1956年，仪器馆光学玻璃研制部门已经基本掌握了光学玻璃的制造技术。

1955年5月，仪器馆展开了滤光玻璃的研究，并于1959年研制成功了中国第一批滤光玻璃，这也是国庆10周年献礼的内容之一。1958年，光机所在国内率先开展了稀土光学玻璃的研制工作，探索了玻璃组分与其性质的关系，并从理论上研究了各种稀土和稀有元素氧化物对玻璃光学常数、密度、化学性质、析晶性能等各种物理化学性质影响的规律，研制出性能良好，具有实用价值的高折射率、低色散的稀土光学玻璃，批量生产

---

① 2015年4月19日，王之江与笔者邮件往来中谈到。

出具有良好性能的稀土玻璃新品种，满足了我国当时光学工业发展需求，填补了我国稀土光学玻璃的空白。

光机所研制稀土光学玻璃，参考了王大珩在英国昌司玻璃公司对稀土光学玻璃的研究工作的经验，王大珩将自己多年光学玻璃研制经验用在了国家需要的地方。20世纪60年代初，当时研究所里还很年轻的两位从事光学玻璃研究的技术人员钟奖生、干福熹开展了一项题为"硼酸盐系统玻璃性质的综合研究"，他们后来还要撰写《光学玻璃》一书，王大珩干脆就把自己的研究资料毫无保留地交给他们，供他们参考和研究。王大珩的这些资料对《光学玻璃》一书的撰写起了很大的帮助，该书成为光学玻璃研究领域的重要教科书、参考书目，并获得了包括第一次全国科学大会奖在内的多项重要奖励。若干年后（2005年），已经是中国科学院院士的干福熹回忆往昔，心中满怀对前辈的尊敬和感动：

> 20世纪60年代初，在龚祖同和王大珩先生的鼓励下，由我编写《光学玻璃》一书，我向他们请教如何写书。大珩先生讲，请龚祖同先生写绪论，他把光学玻璃退火的一些资料（他的著作）给钟奖生先生写入"光学玻璃精密退火"一章。他详细审阅了书稿，但不署自己的名字。[①]

除上述工作外，自1960年起，根据军工任务需要，光机所还开展了大尺寸、优质光学玻璃的熔制工作，以及红外玻璃、激光玻璃的研制工作，这些研究成果，为"150-1工程"、激光技术的发展做了很多贡献。

在光学工艺和检验方面，仪器馆于1952年便开始了该方向的研究工作，并已具备加工显微镜、沼气干涉仪的光学零件及直径在50mm以下的平面及球面的能力。在测量显微镜和望远物镜的成像质量方面，建馆初期在王大珩的指导下，主要采用的是刀口阴影法和星点法。1958年起，研究所开展了对显微镜像质评价的研究，之后又开展了利用干涉法检验光学系统质量与测量光学元件面型的研究，1960年，研究所研制出显微物镜波面

---

① 干福熹：谦虚和严谨的楷模——记王大珩先生二三事.《王大珩》（宣明主编），北京：科学出版社，2005年，第70页。

像差测定仪、显微物镜几何像差测定仪和数值孔径仪。不仅如此，20世纪50年代中期，研究所还开展了用光学传递函数的方法检测光学系统的研究，长春光机所的光学工艺和检验的水平由此不断提高。

在光学计量方面[①]，仪器馆（研究所）受国家计量局委托，从20世纪50年代初起便展开了建立国家长度、光度、温度及电学计量标准的研究工作，并奠定了一定的研究基础[②]。在中国计量科学研究院成立后，上述大部分工作移交给了他们承担，但研究所仍然负责光度基准研究，并于1965年完成工作。

在光学薄膜研制方面，研究所是在国内最早开展该研究工作的机构，除了1954年研制成功国内第一台真空镀膜机外，1958年，研究所建立多层膜制备技术，同年研制出全介质多层高反射膜；1959年，研制出全介质干涉滤光片；1960年，又研制出用于氦氖激光器的全介质高反射膜，由单层薄膜的研制到建立多层膜的制备技术，光机所的工作在全国范围内处于领先地位。

上述是光机所进行光学基础研究的情况。在光学仪器方面，光机所于1958年在国内率先自行设计制造成功了大型石英-玻璃摄谱仪及中型石英摄谱仪；从1959年开始，研究所又开始研制高档次的双光束自动记录红外分光光度计。研究所另一项卓有收获的成果便是"地形一号"光学经纬仪的研制，这是我国独立设计研制的第一台光学经纬仪，它的研制是基于国家经济建设发展急需地形及工程测量仪器的状况而产生的。

在20世纪50年代以前，我国没有制造高精度的测量仪器的能力，国家需要用大量外汇购买测量队使用的测量仪器，而且所需的仪器还常常难于及时供应，不利于测绘事业的开展。1957年年初开始，仪器馆接受国家测绘局委托，研制中等精度的光学经纬仪，这就是"地形一号"。"地形一号"以当时国际上使用较多的名牌产品蔡司030型经纬仪为参考，对其中的复测机构，垂直轴系和调平机构等作了改进。"地形一号"的样机于1958年试制成功，通过了中国科学院测量制图研究室的检定，精度达到了

---

① 关于王大珩与计量科学的发展，在本书第12章中有简要介绍。
② 宣明、孙成志、王永义、王彦祚编：《中国科学院长春光学精密机械与物理研究所所志》（1952—2002）。长春：吉林人民出版社，2002年，第29–138页。

当时的国际水平。该仪器推广生产以后，主要应用于四等三角测量，导线测量及一般测量。该项成果于 1978 年获得吉林省重大科技成果奖。"地形一号"研制成功，为我国测绘仪器制造开辟了新的一页，显示出我国已经有独立制造中等精度的经纬仪

图 8-14　1960 年 7 月 28 日，王大珩（前排右六）与参加全国经纬仪系列化会议的代表合影

的能力了。在此基础上，光机所总结经验，不断创新，制造出了特殊高精度的测量仪器。1958 年 8 月，光机所研制出我国第一台高精度经纬仪，这也是"八大件"中的代表成果之一。该仪器由长焦距高分辨率望远镜、高精度水平度盘以及精密显微测微器等部件组成，供一等三角大地测量用，其技术性能和精度均达到当时国际同类产品的先进水平。这台高精度经纬仪的研制成功，令光机所上下兴奋不已："我们登上了大地测量仪器的最高峰！"[①] 该经纬仪于 1978 年获全国科学大会奖、中科院重大科技成果奖和吉林省重大科技成果奖。

20 世纪 50 年代末期，因研制技术和条件日趋成熟，研究所除了研制民用和各建设行业所需的光学仪器外，也涉足常规国防光学仪器方面，并取得了较好的成果。1958 年，王大珩和龚祖同在结合国家需要，提出"增大观察望远镜入射孔径以提高观察性能的建议"，研究所展开了大倍率军用观察望远镜的研制工作。1959 年初，在他们的指导下，研制出大倍率观察望远镜和以红外变像管为核心部件的红外望远镜，运送到前线使用。前者可以全天候观察，后者满足了夜间做近距离观察需要，这一技术为开辟

---

① 案卷号 Z382-781，"高精度经纬仪的研制"，存于中国科学院档案馆。

图8-15 20世纪60年代，王大珩（左五）与苏联专家在一起

夜视技术领域打开了局面。在上述基础上，当时光机所的研究人员发展了微光夜视仪，它由三级串联的像增强管组成，在星光照明下就可以看到百米以外的情况。这些成果为研究所在20世纪六七十年代从事靶场光学设备中的红外捕获追踪研究奠定了良好的技术基础，也有力地支持了国防军事技术的发展[①]。

  上述是光机所在20世纪50年代取得的一部分成果。到1959年，光机所已经具备了规模齐备的研究机构，研究所包含有7个研究室。这7个研究室，第一研究室是光学设计与检验研究室（主任王大珩），主要开展光学设计、光学检验、光学工艺方面的研究；第二研究室是光学材料研究室（主任龚祖同），主要开展光学玻璃、光学晶体及相关化学工作的研究；第三研究室是精密机械与计量研究室（主任王守中），主要开展仪器机构设计、精密刻划、精密量度、精密机械工艺等研究；第四研究室是物理技术研究室（主任卢寿楠），主要开展光度、色度、光源、干涉仪器和真空镀膜研究；第五研究室为特种光学仪器（军工）研究室（主任龚祖同），开展夜视侦察、航空摄影、光学跟踪、导向技术等方面的研究；第六研究室为光敏元件、电真空器件研究室（副主任付宝中），从事探测器件、变像管等研究；第七研究室为光谱仪器、电子学技术研究室（主任王大珩），从事光谱技术、光谱仪器和电子学技术研究工作。王大珩作为所领导，主抓全所业务之外，兼任并亲自主持光机所两个研究室开展具体的科研工作。并且，从研究机构布局中可看出，与仪器馆初建时发展光学基础学科、试制民用和普通光学仪器不同，从20世纪50年代末期开始，光机所研究方向有一项很大的转变，那就是着眼国家需要，研制军用光学仪器。

---

① 宣明、孙成志、王永义、王彦祚编：《中国科学院长春光学精密机械与物理研究所所志》（1952—2002）. 长春：吉林人民出版社，2002年，第45—46页。

至此，光机所既包含规模齐全的研究机构，又具备了一定的生产能力，是当时国内具有较高规模的大型光学研究与生产基地。

1959年10月8日，光机所鉴于"现址长春市铁道北，地偏一隅，与本市文教区相距过远，形似两级，工作联系较为困难，又按长春市市政规划，我所原址属工厂区域，研究机构不能发展，而实际上又无发展余地，我所研究主楼是从日伪留下的断垣残壁的基础上修复而成，保险期已过，即使能在原地重建亦无地皮可用"[1]，在向上级请示之后，研究所从铁北迁址到南湖新址。

1960年，中国科学院决定将光机所和机械所合并。1960年11月，中国科学院光学精密机械仪器研究所更名为中国科学院光学精密机械研究所[2]。20世纪60年代初，光机所明确了其主要任务和开展工作的方针：

> 在光学和机械学（主要是精密机械）方面的主要学科，建立基础，为解决国家有关的重大科学技术问题，做出重要贡献，培养出一批具有社会主义觉悟和高度学术水平的光学和机械方面的科学家；力争在某些重要方面接近或赶上国际先进水平。
>
> 为在国防建设和经济建设中所需的有关光学和精密机械方面的高级的、尖端的、精密的仪器装备和元件，承担科学技术任务。[3]

1968年，光机所划归国防科委，并在1971—

图8-16 2002年9月16日，王大珩（左二）在长春光机所建所50周年庆祝大会上讲话（左一为丁衡高）

---

[1] 案卷号Z382-205，《中科院光机所迁移地址等请示及中科院批件》，存于中国科学院档案馆。

[2] 所长为王大珩，副所长包括龚祖同、李明哲、吴学蔺、张作梅、贾力夫、张希光等人。

[3] 案卷号Z382-388，《中国科学院光学精密机械研究所今后发展方向及任务安排的意见》，存于中国科学院档案馆。

1976年先后改称为中国人民解放军第一零一八研究所及中国人民解放军沈字六一九部队。1976年光机所回归科学院管理。1999年，在中国科学院统一调整部署下，长春光机所与长春物理所整合，建成了中国科学院长春光学精密机械与物理研究所，走向了新的发展方向。

中国第一台红宝石激光器

在光机所的部分研究方向向国防任务转变时，20世纪60年代初期，令长春光机所职工们骄傲的科学成果还有中国自行研制的第一台红宝石激光器。该项成果于1978年4月获得吉林省重大科技成果奖。

图8-17 红宝石激光器

激光是现今人类所能获得的最亮的光，是基于量子物理的一种新型光源。早在1916年，爱因斯坦在论述普朗克黑体辐射公式的推导时，便提出了受激辐射的概念，奠定了激光的理论基础。

20世纪60年代，激光作为一门新兴科学，得到了人们的重视。"激光"，即"Laser"，是取Light Amplification by Stimulated Emission of Radiation开头第一个字母组合而成的一个专门名词，表示"受激辐射光扩大"的意思。早期人们曾用"光量子放大"、"受激光发射"等表示"激光"一词。直到1964年10月，钱学森致函《受激光发射译文集》编辑部，建议将"光受激发射"改为"激光"。1964年12月，全国第3次激光会议召开，严济慈、王大珩等专家参加了会议讨论，在钱学森的建议下，"Laser"一词正式被称为"激光"或者"激光器"。

关于红宝石激光器的历史,1960 年 5 月,美国物理学家西奥多·梅曼(Theodore Maiman)在美国加利福尼亚州梅里布市的休斯(Hughes)研究实验室里,成功研制了世界上第一台红宝石激光器,他用一个高强闪光灯管来刺激在红宝石水晶里的铬原子,从而产生一条相当集中的纤细红色光柱,当它射向某一点时,可使这一点达到比太阳光还高的温度——梅曼的发明震惊了世界!

在梅曼研制出第一台红宝石激光器以前,中国的科学家其实已经开始了对激光的探索了。1958 年前后,中科院电子学研究所的研究人员黄武汉开始了红宝石微波量子放大器的研制工作,并在 1959 年制成了液氮温度下的 10cm 波段和 3cm 波段的量子放大器。长春光机所的研究人员受到启发,对光量子放大器产生了研究兴趣[1]。但一开始,这项工作只是个探索性的课题,研究人员仅凭着兴趣在摸索。

在听到梅曼的红宝石激光器问世的消息后,长春光机所的王之江、邓锡铭、王乃弘等年轻人意识到这是一个可研究的方向,很快便投入到这项研究里来了。他们利用电子所提供的红宝石和仓库里报废的电源器展开了研究。王大珩回忆,"我们有些有利的条件:刚巧有人在研究红宝石晶体生长,加上长春光机所有光学精密加工的条件,而且这些年轻人在光学理论上比较透彻。我们只花了一年多一点的时间就做出自己的激光器,正是因为有这个基础。"[2][3]

1961 年 9 月,长春光机所的王之江和邓锡铭等人研制成功了我国第一台红宝石激光器,这只比世界第一台激光器的出现晚了一年多一点的时间。对于长春光机所来说,这是一项激动人心的成果。1961 年 11 月,邓锡铭和王之江在《科学通报》上发表题为《光学量子放大器》的论文,

---

[1] 陈崇斌、孙洪庆:历尽艰辛 锐意创新——中国第一台红宝石激光器的研制,《中国科技史杂志》,2009 年第 30 卷第 3 期,第 347-357 页。
[2] 王大珩:激光,具有巨大的生命力,《中国激光》,2000 年第 27 卷第 12 期。
[3] 王大珩在《美好的回忆和感受》中写道:"光机所研制成功的红宝石激光器,仅比世界上第一台激光器晚十个月",实际情况是,梅曼于 1960 年 5 月成功在一根红宝石棒中实现了受激辐射的光放大,中国第一台红宝石激光器 1961 年 9 月诞生于长春光机所。

介绍了激光的工作原理、基本特性和应用前景，这是我国有关激光的第一篇论文，对国内激光学科的发展有启发意义。

长春光机所研制出的红宝石激光器在结构上和梅曼研制的有很大的不同，最明显的地方是，"泵浦灯不是螺旋氙灯，而是直管式氙灯。灯和红宝石棒并排地放在球形聚光器球心附近"[1]。原来，在器件设计上，长春光机所的研究人员考虑，能不能用光学成像的办法激发能量呢？于是他们"只用了一支较小的直管氙灯，其尺寸同红宝石棒的大小差不多，用高反射的球形聚光器聚光，使红宝石棒好像泡在光源（氙灯）的像中，所以效率很高"[2]最后这台红宝石激光器只用了很小的能量就可以发出明亮的激光了，这是我国研究人员的创新。

红宝石激光器能够输出的激光能量在聚焦后能烧穿刀片等硬质材料，这样强大的能量应用于国防，将带来多么大的效益！科学家们已经看到了激光作为武器将有较好的应用前景。在《1963—1972年十年科学规划纲要》中，钱学森明确指出，"重要的发展方向的另一个例子是受激光发射……受激光发射技术的生长和发展有可能将在今后十年内，在科学技术中引起一次广泛的波澜，建立起另一门尖端技术。"在1963年12月16日，毛泽东主席在听取时任国务院副总理、国家科委主任的聂荣臻汇报《1963—1972年十年科学规划纲要》时，也说："死光（即激光），要组织一批人专门去研究它。要有一小批人吃了饭不做别的事，专门研究它。没有成绩不要紧。军事上除进攻武器外，要注意防御问题的研究。"[3]

光机所部署了"光量子放大及光谱晶体研究室"，由邓锡铭和刘颂豪两位主持工作，专门研究受激光发射及工作物质。在红宝石激光器研制成功之后，光机所再接再厉，1961年，干福熹等人开始研制掺钕激光玻璃，以便获得大尺寸、高质量的成品，希望由此获得更大的激光能量。1963年7月，邓锡铭领导的研究组研制成功我国第一台气体激光器——He-Ne激光

---

[1] 邓锡铭：《中国激光史概要》。北京：科学出版社，1991年，第1-2页。
[2] 王大珩：激光，具有巨大的生命力，《中国激光》，2000年12月第27卷，第12期。
[3] 毛泽东：《毛泽东文集》（第八卷）。北京：人民出版社，1999年，第352页。引自王扬宗、曹效业主编：《中国科学院院属单位简史》（第二卷，上）。北京：科学出版社，2010年，第46页。

器。为了推进激光研究，1962年1月、1963年7月和1964年12月，长春光机所连续举办了三次全国性激光学术会议，派科技骨干参加会议，促进了激光科研在全国各个行业的开展。1964年，光机所和科学院半导体所在同一时期研制出了半导体激光器，并首先演示了半导体激光通信。

在这样的发展势头下，很快，成立一个专门研究激光的机构便被提上了长春光机所的工作议程。据潘君骅回忆，当时王大珩出于种种考虑，对此还存有犹豫，但是长春光机所的党委负责人李明哲，科研人员邓锡铭、王之江等人对这件事很敏感，认为激光的出现是"光学上的一次革命，应该大发展，于是直接捅到张劲夫那里，策划成立上海光机所"[①]。光机所的领导班子随后便达成了一致。

1963年9月16日，王大珩等在中国科学院召开的受激光发射工作会议上，提出了"加强激光研究，建立专门研究机构的若干建议"。王之江等人来到了上海，他们组织了一次激光应用展览，请来了上海市委的人来参观激光器，希望得到上海的支持。激光展览展示了初期激光加工和激光通信的能力，上海方面看到后感到满意。王之江回忆，上海对发展新兴科学技术很重视，不单是同意分迁人员的户口迁入，还拨给了两处办公实验楼和两个光学工厂作为所属实验工厂，在上海分所成立后帮助将煤气管道通到当时位于上海郊区的嘉定区的分所内，而那时候上海市区多处还尚未通煤气[②]。

1963年10月28日，国家计委有关部门和领导听取了关于开展受激光发射的研究工作和国外量子电子学的最新发展情况的汇报，会后决定以工业基础和经济条件较好的上海作为分所的筹建地点。经国家科委和国家计委批准，1963年12月30日，中国科学院技术科学部批准成立光机所上海分所筹备处，并决定将长春光机所和电子学所有关科研骨干迁上海组建中国科学院光学精密机械研究所上海分所（即上海光机所的前身），着重发展激光器件及其应用，并以辐射武器作为长远发展方向之一。

---

① 白玉良主编：《中国工程院院士自述（第2卷）》．北京：高等教育出版社，2008年，第145页。

② 2015年4月13日，王之江与笔者的邮件往来中提到此事。

1964年5月，中国科学院光学精密机械研究所上海分所建立了，王大珩兼任所长，邓锡铭担任副所长，这是世界上第一个专门从事激光研究的研究所。王大珩和上海光机所领导班子，"带领全所科技人员集中主要力量，开展了以大能量激光和大功率激光为中心任务的各项单元技术和总体装置的研究"[①] 工作。上海光机所成立之后在很长时间内一直处于保密状态，直到1974年，杨振宁前来上海光机所参观，该单位才被公之于世。

中国科学院光学精密机械研究所上海分所成立以后几度易名，1966年1月，改称为中国科学院六五一六研究所；1968年5月，改称为中国人民解放军第一五〇五研究所；1968年7月，被称为中国人民解放军南字829部队；1970年10月，改为现名——中国科学院上海光学精密机械研究所。

王大珩对上海光机所的发展一直很关心，付出了很多心血。建所不久，王大珩便带领上海分所的科研力量，一边筹建所，一边组织开展了以大能量激光和大功率激光为中心任务的各项单元技术和总体装置的研究。上海分所当时的研究方向兵分两路，一路由王之江率领，主要从事激光武器的研究；另外一路则是研究激光核聚变，由邓锡铭牵头，这项研究很快取得了进展。

1982年王大珩担任中国科学院技术科学部主任以后，为促进上海光机所发展激光事业，他请来了全国光学方面的顶尖专家、行业内的知名学者50余人对研究所进行了为期4天的全面评议，全方面考察上海光机所历年来的发展、取得的科研成果。最后专家的评议结果如下："肯定上海光机所已建设成为我国激光科学技术的重要研究基地"，"强激光方面力量最强，基础较好，已形成自己的特色"，"同意上海光机所的研究方向以强激光研究为主，发展激光物理和新型激光器及其应用"[②]。这次评议对上海光机所发展有很大推动。

不仅如此，在发展激光核聚变问题上，王大珩多次向国家提出建议，

---

① 上海光机所：我国激光事业发展的战略科学家——上海光机所在王老的指导、关爱下成长。见：宣明主编，《王大珩》。北京：科学出版社，2005年，第90-93页。

② 同①。

促成了中国核聚变研究的迅速发展。上海光机所的干福熹院士回忆：

> 中国核聚变的推进工作，王大珩先生起了很大的作用。我们那时候叫两个王老：小王老、大王老。大王老就是王淦昌，小王老就是王大珩，他积极反映意见，对我们的发展方向有影响。[1]

20世纪70年代末，王大珩和我国核物理学家王淦昌联名向聂荣臻副总理提出建立相当规模的激光核聚变装置的建议。1986年，在聂荣臻副总理的支持下，王大珩、王淦昌和于敏3位学部委员的努力下，积极促成了中国科学院与核工业部的联合，跨部门合作，利用已经建成的主要从事激光技术研究的上海光机所，建成了峰值功率超过10^{12}瓦的强脉冲激光试验装置——也就是举世瞩目的"神光"！

上海光机所的老职工们对王大珩心存感念："回顾建所四十年的历史，上海光机所的成长与发展同样得到王老的亲切指导与关爱，处处闪耀着王老为我所的激光事业所创造的光辉业绩。"[2]

创办长春光机学院

王大珩一直重视光学人才的培养，他回忆光机所发展初期，所里科研力量不足，那时候每年分配到光机所的大学毕业生的数量离实际需求差得很多，且分来的大学毕业生有些在学校并未受过光学研究训练，还有的大学生不是专为从事研究工作而培养的，他们来到研究所之后，还得经过一段时间的熟悉和学习才能上岗。这样的人才状况，对光机所的发展是十分不利的。王大珩知晓人才对研究所发展和对科学事业发展的重要性，提出，"应该把培养专

---

[1] 干福熹访谈，2014年11月8日，上海光机所。资料存于采集工程数据库。
[2] 上海光机所：我国激光事业发展的战略科学家——上海光机所在王老的指导、关爱下成长。见：宣明主编，《王大珩》。北京：科学出版社，2005年，第90-93页。

业人才、壮大科学队伍作为一项基本职责。也只有把培养的任务担负起来，才能更好地解决今后大量需要科学研究干部的问题。"①

1956年2月，王大珩和龚祖同招收了两名应用光学专业的研究生。1956年开始，中国科学院干部培养局选拔留学生去苏联学习，王大珩和龚祖同先后推荐了潘君骅、干福熹、丁衡高、刘庆云等年轻人去苏联，学习国内紧缺的光学仪器相关技术。但这些远远满足不了光机所发展科技事业对人才的需求。那么，是否可以利用光机所里的有利条件——师资、设备，创办一所培养光学专业人才的学校呢？

1958年6月27日，中国科学院决定以光机所为基础，创办长春光学精密机械学院（简称长春光机学院）。这也是光机所跃进计划的一部分。长春光机学院是中国第一所光学专业的高等院校，初创校时学制定为五年。1958年，长春光机学院招收了113名学生，后来又从学满两年的高中生中选拔增招学生300人，首届入学的共有413人。

图8-18　1958年，王大珩在长春光机学院首届学生开学典礼上讲话

王大珩兼任光机学院第一任院长职务，他的任期长达7年（1958—1965）。光机所里的其他的领导，李明哲兼任常务副院长，龚祖同任副院长。

王大珩曾经在大连工学院工作过，他有丰富的办学经验。在长春光机学院时期，他的办学思想是以切合国家需要为主。他认为，科学研究机构要培养专业人才。长春光机学院提倡"教学、科研、生产"相结合，其中，教学为主，科研和生产作为辅助工作。在教学上，王大珩对光机学院早期的专业设置、课程制定和发展规划提出了许多建议。

长春光机学院建院初期只开设了物理系。1959年年底增加到4个系（5

---

① 王大珩：科学研究机构要培养专业人才。《人民日报》，1960年4月15日。

个专业），分别是：精密机械系（开设光学仪器专业）、电子物理系（开设电子学专业）、光学物理系（开设光学物理专业、技术物理专业）、光学材料系（开设光学玻璃专业）。这是长春光机学院最初的情况。长春光机学院最初的办学方针是"政治挂帅"，王大珩结合实际情况，提出了"全所办学院"，号召光机所全体成员都参加到办学中来。因此，长春光机学院里的许多专职教师都是由光机里的研究人员充任，从所长到普通研究人员，从所长到普通研究人员大多数人都曾在学校里为学生讲过课。王大珩更是其中的榜样，虽然业务繁忙，但他仍然亲自为学生们授课，他为学生主讲了普通物理、近代物理、理论物理等课程。尤其是普通物理课程，因为这门课是物理学的基础课，也是最难讲明白的课程之一，他不放心别人经手，在条件允许的情况下，一直亲自讲授。

图 8-19　王大珩在光机学院授课

一开始学院的硬件设施较差，王大珩回忆初期办学的艰苦："实验室还在准备，房子也还欠缺，学生还要睡在地板上，吃饭在席棚中。"[①] 除了几张办公桌，学校里啥都欠缺。有人质疑，这样的条件能办成一所像样的学校吗？王大珩号召师生们勤俭办学，没有经费置办设备，他便让研究所和学院公用实验仪器。长春冬季寒冷，但学校初办，教室没有暖气，王大珩发挥苦中作乐的精神，激励学生要克服困难学习，上课之前，他领着学生搓手、跺脚，待身体活动暖和了再开始讲课[②]。

王大珩要求学生们在学习过程中，尽可能多地参与到实际的操作中去。在制订教学计划时，王大珩提出要保证学生的实验实习课时，还指出

---

① 王大珩：科学研究机构要培养专业人才.《人民日报》，1960 年 4 月 15 日.
② 姜会林：王大珩院士的教育思想与实践. 见：相里斌编，《光耀人生——王大珩学术思想与创新贡献》. 北京：科学出版社，2011 年，第 166-169 页.

第八章　光学基地已具规模

要着重培养学生的理论基础、学习方法和实践能力[①]。他重视实践，号召学生们去研究所的实验工厂中去实习，学习制造的工艺技术，而学生们经过实践，开拓了思维，想出了不少好点子。王大珩欣慰地看到学生们在实践中帮助工人提出不少改进工艺方法的建议。在光机所的技术革新技术革命运动中，学生们在生产劳动中所起的作用更为显著。据统计，学生们参加研究所的某项重大研究项目的制图工作中，他们绘制了3000余张图纸，提出了技术革新的建议多达1400条[②]。

1960年11月，随着光机所和长春机械所合并，长春光学精密机械学院与由机械所创办的长春机械学院合为一校，但校名仍采用长春光学精密机械学院。在1962年5月30日，吉林省委宣传部提出了要停办长春光学精密机械学院，王大珩感到不妥，他几次三番找到吉林省委的主管领导，要求保留学校。在他的努力下，学校成为长春市1958年创办的10余所院校中唯一保留下来的学校，也成为当时全国407所大专院校之一。

1963年5月5日，为了光机学院未来的发展情况，王大珩给国务院副总理聂荣臻写了一封信，信里汇报了光机学院自成立以来的发展情况，并对未来做了乐观的展望。他提出：为了使光机学院得以较快的发展，适应培养光学人才的需要，建议将学院划归国防科委直接领导。信中写道：

聂副总理：

您好！

……

据我了解新中国成立前我国能从事光学方面的科学技术的专业人员仅有数百人，新中国成立后虽然国内有关高等院校（例如浙江大学、北京工业学院、哈尔滨工业大学等）设有光学方面的专业，培养了相当数量的专门人才，充实了我国的光学队伍，但根据目前近代科学技术，尤其是国防尖端科学技术的飞跃发展，远远不能满足需要，

[①] 姜会林：王大珩院士的教育思想与实践。见：相里斌编，《光耀人生——王大珩学术思想与创新贡献》。北京：科学出版社，2011年，第166-169页。

[②] 王大珩：科学研究机构要培养专业人才。《人民日报》，1960年4月15日。

而且需要光学方面人才的程度是一天比一天更加迫切。国外对光学人才的培养早已给予了极大的重视。……重视并加强我国光学方面人才的培养，确为一项当务之急。

……

这所学院在党和国家的重视下，经过五年来的艰苦努力，它已初具一定的规模，并且具备了继续发展的初步基础。特别是在国务院和您批准保留这所学校后，更使我们感到党和国家对光学人才培养的重视和支持，亦是我们继续办好这所学院的极大动力。

……

目前虽然这所学院领导关系较前得到了进一步的明确，但实际情况表明，学院今后发展中的一些根本性问题尚未得到应有的解决。为此我个人建议，为使光机学院得以较快的发展，适应培养光学人才的需要，还是将光机学院划归国防科委直接领导为宜。

……

借此机会表示一下：光机学院应该办下去，而且应该下决心办好，为国家培养出能从事近代科学技术，特别是国防尖端光学方面的科学技术人才，这个任务对于我们来说是责无旁贷的。

……

近安

中国科学院光学精密机械研究所

王大珩

一九六三年五月五日[①]

自此，光机学院归属国防科委和科学院双重领导，但实际上还是由光机所负责办校。1965年2月，中国科学院同意学校与长春光机所分开，人员编制和经费独立核算。

经过多年的发展，长春光学精密机械学院逐渐形成为一所以光学为主

---

① 王大珩遗留资料，《给聂荣臻的信件》（1963年5月5日），存于中国科学院长春光学精密机械与物理研究所资料室。

体、光机电算相结合、理工管文兼备的高等院校。1988年，在学院建院30周年之际，王大珩饱含深情，为学院题词，寄托了他对学院多年培养专业人才的嘉许和对学院未来发展的美好期待：

三十而立，继往开来，发扬艰苦创业传统，培养现代科技人才！

2000年，长春建筑材料工业学校并入学校。2002年4月，经中华人民共和国教育部批准，学校更名为长春理工大学，王大珩亲笔为学校题写了校名。

2008年，在建校50周年之际，王大珩因病无法出席纪念盛典，他写来贺信一封，回顾历史，字里行间寄托了对学校未来的美好祝愿：

1958年，在中国科学院的领导下，我们白手起家创办了长春光学精密机械学院。50年来，学校从小到大，由弱变强，从单科性的院校发展成为具有工、理、文、经、管、法六大学科门类的多科性大学，其间凝聚了几代人的心血和汗水。今日的学校在办学条件、人才培养、学科专业、科学研究、服务社会等方面，都已取得了长足的进步和发展。作为长春理工大学的名誉校长，对于学校所取得的成就甚感欣慰和自豪。

建校50周年，既是学校承前启后、继往开来的新起点，也是学校规划未来、改革创新、凝聚力量、加快发展的重要契机、衷心希望广大师生继续努力，发扬学校的优良办学传统和严谨的治学精神，坚持教研并举，产学结合，军民兼顾，实践求是、审时度势、传承辟新、寻优勇进，为全面建设小康社会、实现中华民族的伟大复兴作出新的更大的贡献！

……

王大珩

2008年9月10日[①]

[①] 王大珩遗留资料，《贺信》，存于中国科学院长春光学精密机械与物理研究所资料室。

第九章
国防光学创新篇

抵御外敌、自强自立，在特殊的年代里，国防力量的强大可以支撑着一个国家屹立于世界民族之林。亲身经历过国家遭遇外来侵略，王大珩深知发展国防科技事业是多么重要！

提到新中国的国防科技，"两弹一星"——被载入新中国史册的重大事件，代表了20世纪中国国防科技发展的最高成就。"两弹一星"，指的是核弹、导弹和人造卫星。早在1945年7月，美国在日本广岛投下了第一颗原子弹，标志着美国成为拥有核武器的军事大国。20世纪五六十年代，国际形势复杂，在当时美苏两极争霸，"冷战"加剧的情况下，美国继续推行对华封锁包围政策，并凭借手里的原子弹，多次对我国进行核威胁和讹诈，那时甚至有美国政客叫嚣要对中国进行先发制人的军事打击，我国承受着巨大的压力。面临着严峻的挑战。为了保护国家安全，不受制于人，我国决定集中力量发展自己的国防科技。

1954年地质部的探矿队在广西第一次发现了铀矿资源，我国发展原子能的计划便被提上了议程。1958年，毛泽东主席在中共中央军委扩大会议上谈到了国防问题，提到了要"搞一点原子弹、氢弹、洲际导弹"，并提出，一年要"抓它七八次"，"有十年工夫完全可能"！[①] 毛主席的讲话指出新中国对发展国防科技非常重视，并提出国防尖端科技的发展目标。国家投入了许多人力、物力和财力，致力于"两弹一星"的研制。

发展"两弹"一开始采取的是"自力更生为主，争取外援为辅"的方针，即一边自己发展，一边向苏联专家学习。在中苏断交以后，苏联撤走援华专家，带走了研究资料，进而对我国进行封锁，我国面临的国际形势愈发严峻了。1960年7月18日，毛泽东在北戴河会议上发出号召："要下决心搞尖端技术。"我国发展国防科技事业便完全依靠自己的科技力量，独立自主、自力更生！

从仪器馆试制出中国第一埚光学玻璃起，光机所试制、生产出各类精密仪器，应用于国家建设中的各个部门，这个研究所已经具备了一定的仪器研制能力。光机所开始由研制光学精密仪器升级到研究光、机、电、控仪器，并致力于让光学仪器为国防科技服务上来。王大珩说，那时候研究所在"光学技术上已建立了相当配套的技术基础，包括预研、工程设计以及进行加工的技师、熟练的技工"，所里领导考虑未来的研究方向，认为，"出路有两条，一是服务于国防，二是研制发展高档民用光学仪器"；但民用仪器花钱可以从国外进口，先进的军事装备则是各国的要害技术，花钱也买不到[②]。1959年11月28日，光机所党委提出了《1961—1962年国防科技发展项目》，其中提到了要发展夜视器材、远距离侦察技术、光学跟踪、导向技术、轰炸瞄准具、高速摄影技术等。可见当时光机所的研制重心与国家需要始终紧密联系在一起。

1960年1月26日，光机所党委制定了"以国防光学研究为中心，军民用并举，基本理论、尖端、重大同时并举，发展'一主、二从、三结合'，以宏观综合研究为纲，带动研究工作进一步发展"的指导方针[③]。

---

① 毛泽东：要搞一点原子弹氢弹（一九五八年六月二十一日）。见：《毛泽东军事文集（第6卷）》，北京：军事科学出版社；北京：中央文献出版社，1993年，第374页。

② 王大珩：《光学老又新，历程端似锦》（1990年），存于中国科学院光学精密机械与物理研究所档案室。

③ 宣明、孙成志、王永义、王彦祚编：《中国科学院长春光学精密机械与物理研究所所志》（1952-2002）。长春：吉林人民出版社，2002年，第297页。

光机所结合国家的需要,把光学和国防的联系集中到仪器上,开展了一系列与国防相关的科研工作。

提到光学与"两弹一星"的关系,王大珩在技术科学部举办的一次座谈会上这样说,光学是"打边鼓"的,简而言之,便是"在试验以前和试验以后,做记录这方面的工作,和使它能够看见"[①]。他的说法显然十分谦虚,因为他钦佩为"两弹一星"工程做出贡献的科学家们,所以不把自己和所从事的学科放在主角的位置上。实际上,光学在"两弹一星"任务中看似配角,但它作为探测、测量、观察、记录、通讯等手段,发挥的却是不可替代的作用。尤其是在靶场光学系统和卫星研制中,光学必不可少。

光学仪器专家、中国科学院院士、参与过我国载人航天工程任务王家骐说:光学与国防的关系最密切了,无论是定位、侦察、引导、制导,都离不开光学的作用,没有光学、光电行业,就没有现在的国防[②]!

20世纪六七十年代,王大珩以及长春光机所将光学事业和中国的国防科技发展紧紧联系在了一起。在这一系列的工作中,长春光机所里很多科研人员参加了国防光学任务的完成。这些人,有的后来成为两院院士,有的成为教授、高级工程师,有的虽然默默无闻,但却如螺丝钉一般发挥了重要作用。无论工作安排、无论功劳大小,他们将永远被历史铭记!

研制高速摄影机

有王大珩组织和参加的高速摄影机研制任务是基于核爆试验的需要。

1950年5月,中国科学院组建了近代物理研究所,主要任务在于建立核科学技术基础,为核能的应用和发展做准备。1955年,中央做出了发展

---

① 王大珩在技术科学部纪念"两弹一星"功勋奖章获得者座谈会上的发言,资料存于长春光机所档案室。

② 2015年5月19日,王家骐访谈。资料存于采集工程数据库。

原子能的决定，我国核工业开始进入全面建设时期。1958年7月，北京建立了核武器研究所，开展了原子弹的研究和设计工作。1960年春，随着硬件设备相继就位，原子弹研究工作正式展开。

1960年3月，经钱三强点将，物理学家程开甲被调到二机部任中国核武器研究所副所长，1962年10月30日，他从二机部到国防科委报道，负责靶场试验技术设计，准备为核试验提方案，并同时准备组建核武器试验研究所。在钱三强推荐下，程开甲在吕敏、陆祖荫、忻贤杰等3人的协助下展开了工作。这一年的11月26日，程开甲主持起草的《国家第一种试验性产品试验技术方案》出台了。为了确保方案实现，他提出了《急需安排的研究课题》，包含研究项目45个、研究课题96个。方案批准后，围绕第一颗原子弹定于1964年爆响的目标，参加单位各方面紧锣密鼓展开了一场大会战！

核爆试验是一项综合性的任务，涉及的研究和课题是多方面的，其中，进行远距离长焦距高速摄影是很重要的一个环节。1962年年底，王大珩在北京参加了原子弹爆炸试验光学测试方案交底会。会上讨论的主要问题是如何用高速摄影机摄取爆炸初期产生火球的画面，取得火球直径随时间变化的规律，从而计算原子弹爆炸威力的数据。当时的情景在传记《程开甲》里提到了：

> 程开甲详细介绍情况后，向中科院光学所的王大珩所长坦诚相见，说："我们知道的情况已经全部交底了，光学测试总体方案怎么定，光学站如何布局，完全交给科学院的专家组来确定。"大家接受如此充满信任的重任，心里非常激动，坚决表示一定要高质量、高标准地完成任务。王大珩所长还亲自提出了等待式几十万次高速相机方案。[①]

科学院新技术局向长春光机所下达了承担核爆炸光学测量的研制任务，代号"21#"，并要求研究所一定要在一年半之内完成这项任务。长

---

① 熊杏林：《程开甲》。贵阳：贵州人民出版社，2004年，第85页。

春光机所在讨论后，把这个任务迅速分解成为两个课题，一是"光冲量测量"课题，二是"高速摄影测核爆火球尺寸"课题。前者由光学专家、研究所科研骨干陈星旦（现为中国科学院院士）负责，设计研究分别由薄膜电阻热计和薄膜温差电偶组成的多种光冲量计，以测量原子弹爆炸时光辐射的时间空间分布和积分光冲量值；后者则由王大珩带领所里相关科技人员开展研究。那个时期，王大珩多次奔波于长春和北京两地开展工作，为配合核爆试验工作殚精竭虑。

这项任务最基本的设备是高速摄影机，用来测试核爆火球直径与时间的关系，从而推断出原子弹的威力。王大珩的助手是王传基、薛鸣球和王金堂等人。他们在一没有经验、二没有参照物的情形下艰难摸索，研究难度很大。核爆试验任务十分紧迫，好在有研究所的全面支持：所里的器材仓库全部开放，只要有需要，马上领出去！就这样，王传基等人用了一天时间，从仓库里拉了三手推车的设备和材料，仅用了一周便建立起一个简易的实验室。

为了缩短研制周期，王大珩对课题组提出了一个方案，即征调一批国内已有的进口高速摄影机作为主机，在此基础上进行改装，他说，这样可以节省时间，避开一切从零做起，快速达到预期的效果。课题组请求国防科委调来了 10 台由民主德国进口的每秒 3000 次的 Pentazete-35 型高速摄影机，在王大珩的指导下，以原装置为基础，更新了一个中等焦距的镜头，并且增加了一套光电原点启动系统及 1000 次／秒的时标打点系统。他提出的这种改装方案增大了摄影机 4 倍视场面积，实现了特定要求的高速摄影方案，圆满完成了研制任务。

1963 年 10 月底，在光机所已经进行了半年多研制工作后，陈星旦、王传基等骨干人员带着为"21#"研制的 3000 次／秒高速摄影机样机和光冲量计来到北京，参加由国防科委组织的炸药爆炸模拟试验，以考验即将参加原子弹爆炸测试的各种仪器的性能。这次试验包含几百次小试验，试验过程中也遇到了一些挫折。例如，当工作人员为摄影机安装底片时，如装片时稍有不慎，或者底片本身带有瑕疵，便会造成摄影测试工作的失败。一番试验下来，研究人员摸清了样机的"脾气"，获得了宝贵的经验和教训，为进一步研究打下了良好的基础。

1964年1月27—31日，由国防科委组织相关单位，在长春对3000次/秒高速摄影机进行了鉴定。鉴定小组充分肯定了光机所在较短时间内完成这项任务的成绩，而且鉴定结果表明：由光机所负责改装的样机能得到满意的成像质量，已达到了技术指标，适合现场使用，建议投入实物加工。不久（1964年3月），由光机所陈星旦等人负责研制的光冲量计也通过了鉴定。

实际上，早在1962年，在高速摄影研究任务下达时，钱三强曾建议成立一个专门的机构，从事高速摄影方面的研究。他提到，"科研任务还需要很多仪器，特别是光学仪器，例如高速摄影，还要调中国科学院的一些人去"。① 1962年3月27日，中国科学院决定以由原中国科学院西安原子能所、中国科学院陕西分院应用光学所、机械所大部分和自动化所部分人员合并，组建中国科学院光学精密机械研究所西安分所。长春光机所派出龚祖同率领20余名骨干来到西安参加工作。

光机所西安分所成立以后，1963年5月，受国防科委委托，中国科学院党组下达任务，要求研制微秒级单片克尔盒高速摄影机。西安分所立刻抽调了全所60%以上的研究人员投入到研制中，并取得了较好效果。

1964年6月，王大珩在西安参加了单片克尔盒相机和ZDF-20G型高速相机的鉴定会，为我国首次核试验的高时间分辨光学测试设备把关。通过鉴定，认为这套装备完全能够满足使用要求。

为了保证首次核

图9-1 20世纪80年代，王大珩在西安光机所做学术报告

---

① 王扬宗、曹效业主编：中国科学院西安光学精密机械研究所。见：《中国科学院院属单位简史（第二卷下册）》。北京：科学出版社，2010年，第883-904页。

爆测试任务顺利完成，1964年6月开始，中国科学院地球物理所、物理所、声学所、自动化所、长春光机所、光机所西安分所先后派出本所的40多名科技骨干，到达核试验场地，协同国防科委21所执行测量任务。

1964年10月16日下午3时整，在一片寂静中，测试人员紧张地倒计时："五、四、三、二、一、零！"随着一道强烈的闪光，一声惊雷如期劈开长空，罗布泊上空冉冉升起一朵巨大的蘑菇云。热泪、拥抱、欢呼、鼓掌……参加核爆测试的科学家们激动了：他们见证了历史！与此同时，安装在现场的高速摄像机完整地记录下了爆炸时产生的火球在不同时刻的照片。

事实证明，由长春光机所、西安光机所改装、研制的高速摄影机取得了成功，达到了核爆测试的使用要求。通过拍摄的图像，研究人员看到了核爆火球在不同时刻的尺寸变化，由此获得了核爆早期火球的变化规律。不仅如此，由物理所、长春光机所和自动化所研制的光热辐射测量仪器，也测得了核爆炸最小照度和最大照度到来的时间、光冲量及火球表面温度等参数。这些由长春光机所等单位研制的光学设备完整记录了核爆炸早期的一些特殊发光现象的照片，为后来改进核弹设计提供了数据支持。

核爆试验结束后，光机所参加现场调试的王金堂回所后向王大珩汇报试验取得了成功，王大珩十分高兴，他把王传基、陈星旦、王永义等参加过这一任务的人都叫到家里。他也不说发生了什么事，只拿出来一瓶珍藏多年的陈年红葡萄酒，给每人斟满了一杯酒，率先一饮而尽，以示庆贺。多年后，曾担任过长春光机所计划科科长、科技处处长的王永义研究员回忆起这件事，作词《如梦令》一首：

往昔靶场驰骤，曩日小楼红酒。低问领路人，却道"称心"依旧。知否，知否？应是强者智叟。[①]

第一次核爆炸试验成功，我国拥有了原子弹。这是我国发展国防科技获得的巨大成功，由此也粉碎了美国和苏联对我国的核威胁。随即发表的

---

① 王永义：是智者，更是强者——记大珩先生二三事。见：相里斌编，《光耀人生——王大珩学术思想与创新贡献》。北京：科学出版社，2011年，第171页。

《中华人民共和国政府声明》严正声明："中国在任何时候，任何情况，都不会首先使用核武器！"我国在和平使用原子能方面迈出了跨越式的坚定步伐。

值得一说的是，原子弹研究工作全面展开之际，也正值"大跃进"之后，我国经济面临极大的困难。在原子弹研制最关键的那几年，也是科研人员面临困难最多的几年。生活上的艰苦自不必说，粮食不够吃，甚至要饿着肚子搞研究，更别提能吃到肉了。有这样一段描述，记录了当时人们不惧艰苦、奋进向前的情景：

> 这是中国经济最困难的年代，每个人都在经受饥饿的煎熬。由于核武器研究院是重点单位，国家给的补助要多一些，尽管这样，这里的大科学家们每餐也只能领到一个馒头，一角钱的干菜汤，汤里，只漂着几星油花。很多人患上了浮肿，彭桓武的脚脖子也肿了……[1]

从这段文字中可以看出，在国家极度困难之际，饥饿对每个人来说都一样，不分年龄和官职大小。王永义回忆，为了保证完成光机所承担的国防任务，党委不允许职工开展任何文体活动，如打篮球之类的，那是绝对禁止的，为的便是避免体力消耗过大，影响工作。食堂有时给职工们煮萝卜水喝，防止他们因饥饿导致浮肿病。后来研究所搞了一个小农场，抽调力量专搞后勤，种地养牲畜。条件好转些后，党委第二书记贾力夫便亲批了一个名为"114"的指标，那便是给每一位科技人员每月增加1斤粮食、1斤肉、4个鸡蛋，来保证职工的营养[2]。但就是在这样艰难的情况下，科学家们满怀爱国热情，干劲十足，克服了一切困难，发誓要把科研工作搞上去。聂荣臻在回忆录中提到，"如果没有那几年的实干，'两弹'也就不会那么快地上天"。[3]

---

[1] 陶纯、陈怀国：国家命运 中国两弹一星的秘密历程（三）．《神剑》，2012年第3期，9-41页。
[2] 王永义访谈，2015年5月21日，长春寓所。资料存于采集工程数据库。
[3] 聂荣臻：《聂荣臻回忆录》。北京：解放军出版社，1984年，第838页。

一竿子插到底的"150-1 工程"

20 世纪 60 年代初,国家要发展中、远程火箭,并要在这个基础上发展洲际导弹及人造卫星,这便需要在靶场上建立大型光学观测系统,对导弹轨道进行跟踪及精密测量。为了适应这个需要,国家部署了"150 工程",即有关现代靶场光学测试设备的工程性研制任务,这是为了配合"两弹"研制而进行的一项重要任务。

"150 工程"主要指的是大型光学跟踪电影经纬仪和与之配套的时间统一勤务设备、引导雷达、程序引导仪、判读仪及数据处理设备的研制。这项工程的命名是和其研制的内容紧密相关的。原来,导弹飞行分为主动段和被动段,主动段指的是导弹起飞时由控制系统控制的距离,而被动段指的是控制系统关闭后导弹飞行的距离。当时要求光学观测导弹飞行的主动段距离为 150 千米以上,"150 工程"正是反映了光学系统对导弹飞行的主动段进行跟踪测量的要求。

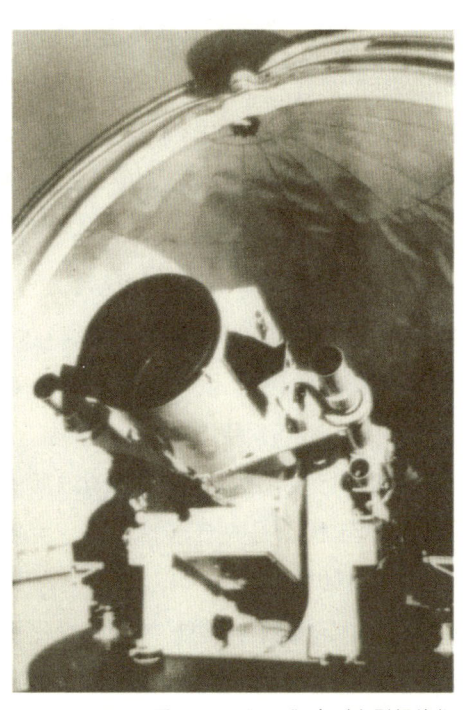

图 9-2 "150"大型电影经纬仪

研制这套大型的光学系统是一项综合性强、难度高的研究任务。我国那时候只有一个可供远程发射火箭使用的靶场,且只配备了观测极限距离在 100 千米左右的光学电影经纬仪,达不到观测需要。导弹靶场任务需要配备能观测到 100 千米以上距离的光学观测设备。当时除了美国、苏联外,并没有哪个国家具备这样的研制能力。这项艰巨的任务由中国科学院负责牵头,并由多个国防科技有关部门协作完成，参加研究的人数多达 600 人。虽然 50 年代末期国内的光学工厂很多，如国营 298 厂、248 厂、208 厂以及上海光学仪器厂等。但只有光机所具备较强的研究队伍和测试技术，具有光、机、电、控的研究基础，因此国防科委副主任钱学森提出由光机所主要负责完成工程的核心任务——大型电影经纬仪的研究和制造工作（即"150-1 工程"）。1960 年 10 月，国防科委把导弹光学外弹道测量系统的试制任务交给中国科学院，随后科学院正式向光机所下达了样机研制任务。又由于考虑到该项目是一项综合性的任务，于是就组织了科学院自动化所、测绘所、电工所、计算所、东北三省的分院及 0038、0029 部队、西安军事电讯工程学院等单位参加，且参加项目的人员都集中到光机所工作。1961 年 6 月经国家计委、国家科委联合批准之后，"150-1 工程"项目被列为国家项目。

电影经纬仪是跟踪测量飞行器飞行轨迹的光学测量仪器，它是电影摄影机与经纬仪相结合的仪器，在固定的位置上测量目标的方位角和俯仰角，对飞机、火箭和航天器轨迹进行测量以及对其起飞、着陆与飞行做实况记录。光机所即将研制的这台大型电影经纬仪，预计仪器的总重量将大于 5t，经纬仪望远镜的口径达到 600mm，"要求能对弹道轨迹进行跟踪、记录、测量角坐标，并同时摄取导弹姿态，通过 2—3 台经纬仪的同步测角交会以获得飞行目标的空间轨迹。有关作用距离、定位精度、测速精度等性能指标要求远高于当时国内所有的同类型进口仪器"，且这是一项"庞大的工程，是一台包括光学、精密机械和自动控制等综合技术的大型精密测量装备"[1]。

国家要求这台电影经纬仪必须优于当时同类型的国外进口仪器，达到世界先进水平。对于 20 世纪 60 年代国际上对中国的封锁而言，研究人员能够参考的科技资料太少了。据王之江回忆，那时候国内光学工业的水平尚达不到研制这台电影经纬仪的要求[2]。王大珩想起"150-1 工程"研究初期困难重重，一来没有国外大型仪器可以借鉴，二来研究时能参考的资料只有国

---

[1] 王大珩：中国光学发展历程的若干思考。见：宣明主编，《王大珩》。北京：科学出版社，2005 年，第 37-46 页。

[2] 王之江访谈（访谈人朱晶），2014 年 5 月 7 日，上海光机所。资料存于采集工程数据库。

外一般文献中的少许描述和一些仪器的外形照片[①]，科研人员颇有无从下手之感。当时可以参考的材料只有美国生产的 ROTI-II 型经纬仪的图片和简单的指标介绍，科研人员看到图片后估量口径是在 500 多毫米。王大珩对图片和数据做了分析，他在方案里预测，大型电影经纬仪的口径应是 600—700mm，重量为 6—7t。后来国家不惜重金，通过非常的途径购进了少量中小型的相似设备，供我国科研人员参考。尽管如此，研制难度仍然很大。

在承接大型电影经纬仪制造任务之前，尽管 1956 年研究所曾研制过系列大地测量仪器，有一些成功经验，但仿制 EOTS-C 经纬仪的失败，却令光机所上下感受到受挫折后的沮丧，给"150-1 工程"任务也带来了压力。

原来，1959 年年底，光机所接受国防科委委托，承担了研制中小型电影经纬仪的任务，即"60"号任务。当时我国曾经过中间商人买回来 6 台瑞士产的 EOTS 型靶场光测设备，仪器的总重量仅 3t，而国家却花费了 1.5t 黄金的代价。尽管耗费巨资，但研究工作却屡屡遭遇了挫折。那时候光机所还处于"八大件"取得了巨大成功的热情和喜悦中，在仿制瑞士产品 EOTS-C 型电影经纬仪的基础上，组织科技力量测绘样机，并开展了加工、组装工作，希望以最快的速度完成这项任务。但很遗憾，试制工作最后并未取得圆满成功，做出来的中小型电影经纬仪的光学系统成像质量和控制系统的可靠性均未达到预期，大家感到很沮丧。试制结果不理想，打击了研究人员的信心，对光机所后来承接大型电影经纬仪研制任务也带来了很大的压力。但光机所参加试制的人员随后又细致地测量分析镜头的光路、齿轮的精度……他们一点一滴摸清了 EOTS-C 经纬仪的设计思想，在组织光、机、电、控总体系统分析以及对关键元部件进行测试工作的同时，积累了经验，锻炼了人才，奠定了独立开展电影经纬仪研制的基础。

王大珩对研究所承接和开展"150-1"工程做了再三考虑。前期的工作，有三件大事。

第一件大事是王大珩提出由 0308 工厂负责大型电影经纬仪制造工作。

[①] 王大珩：中国光学发展历程的若干思考。见：宣明主编，《王大珩》。北京：科学出版社，2005 年，第 37-46 页。

0308厂即光学精密机械仪器实验工厂，于1960年1月由国家计委批准建设，配备了全套设备，这个厂为长春光机所制造了大批高精尖的科研仪器，令长春光机所光学、机械加工水平闻名全国。

第二件大事是1960年11月光机所与机械所的合并，原机械所大批人员参加到"150-1"工程研究中来，这增强并集中了研究所从事"150-1"工程的技术力量，也影响了研究所后来的发展方向。两所合并后，光机所确定以"150-1"经纬仪、受激光发射、红外、微光夜视技术以及精密陀螺仪为研究所的主攻方向。

第三件大事是王大珩向国家申请了150万美元的外汇，用于进口部分精密机床。以上3件事，从人员和装备上为光机所展开大型电影经纬仪的研究和试制工作奠定了较好的基础。

大型电影经纬仪的研制工作正逢"大跃进"之后，我国经济面临极大困难。为了纠正"大跃进"期间的一系列问题，1961年春天，周恩来和李富春酝酿提出了"调整、巩固、充实、提高"八字方针。此后，在听取各方面的意见后，党中央制定了《关于自然科学研究机构当前工作的十四条意见》，即"科学十四条"[①]，规范了科研秩序，鼓舞了科学家的士气。在被誉为第一部科学宪法的"科学十四条"发布以后，迎来了知识分子的积极性空前高涨，为科学事业尽心尽力。为了贯彻执行"科学十四条"，中国科学院要求各所进行"三定"工作（定方向、定任务、定人员），在这种情况下，光机所按照学科发展方向调整、整顿了研究室的建制，组建了

---

① 科学十四条的具体内容：（一）研究机构的根本任务是"出成果、出人才"。（二）保证科学研究工作的相对稳定。（三）正确贯彻理论联系实际的原则。（四）要从实际出发，制定和检查科学工作计划。（五）科技人员要在工作中发扬敢想、敢说、敢干，但又要与严肃性、严格性、严密性结合的"三敢三严"精神。（六）保证科技人员每周有5天时间搞科研工作。（七）采取措施，着重培养青年科技人员，对有突出成就的科学家和优秀青年科技人员，要重点支持重点培养。（八）科研部门要与生产单位、高等院校加强协作和交流，共同促进科技进步。（九）在人力物力财力使用上，要贯彻"勤俭办科学"的精神。（十）科学工作中提倡自由辩论，不戴帽子，允许保留意见，以贯彻"百花齐放，百家争鸣"繁荣科学的方针。（十一）知识分子初步"红"的标准是，拥护中国共产党的领导，拥护社会主义，用自己的专门知识为社会主义服务，并强调"红"与"专"要统一。（十二）要根据知识分子的特点进行细致的思想政治工作，各级政工和行政干部要特别强调为知识分子服务。（十三）领导干部要大兴调查研究之风，逐步由外行变为内行。（十四）科研单位要在党委领导下，贯彻由科技专家负责的技术责任制，基层党组织只起保证作用。

19个研究室[1]，其中"光学跟踪研究室"（光学专家唐九华担任副主任）便是专门负责"150-1工程"工作的。

"150-1工程"项目开始时，研究所里出现了两种声音，即"半竿子"和"一竿子"问题的争论。所谓的"半竿子"，即主张研究所主要负责解决关键性的技术问题，而不负责整机制造任务。因为大多数人认为研究所应以研究性质为主，而非制造为主，应该扬长避短，集中力量做自己擅长的工作。当时负责研究所党务工作的李明哲认为"150-1"任务只是"加工设计项目，没有什么研究内容，加工量大，搞出来也叫不响"，不甘心当配角[2]。

以李明哲为首的一些人主张"半竿子"，王大珩却不这么看，他提出要"一竿子"，这就是说，研究所除了负责研制样机之外，还要负责经纬仪整机的制造和生产，这样一来，压力便大得多了。王大珩的主张并没有得到光机所党委的认可。据王永义回忆，有一次李明哲当面告诉王大珩要采用"半竿子"方案，并要他向院里做汇报；王大珩不同意李明哲的做法，但他当时并没有与党委负责人直接发生冲突，而是采取了迂回措施，他暗地里找人对方案做了多方面论证，他打算在行动上把"一竿子"落实[3]。搞"150-1"，到底是应该"半竿子"，还是"一竿子"呢？这种争论一时半刻也没有定论。

王大珩考虑到光机所从建成到发展已有多年，具备了一定的技术力量和加工能力，他对自己亲手建成的光机所的实力有信心。他认为，"我们

---

[1] 这19个研究室为：技术光学研究室（主任王大珩），光度及大气光学研究室（副主任陈星旦），光学材料研究室（副主任干福熹），光栅刻划、精密刻划与精密计量研究室（主任龙射斗），电子光学研究室（主任杨先敏），电子学技术研究室（副主任崔志光），精密机械工艺研究室（主任王守中），轴承及摩擦磨损润滑研究室（主任刘承烈），齿轮及机械传动研究室（副主任孙麟治），材料及热加工研究室（副主任、代主任刘正经），机械强度研究室（负责人单藩圻），农机研究室（主任周广瑄），"216"组（丰仟龚祖同），化学分析研究室（负责人郭永廉），机械设计室（副主任卢国琛、王宏义），光学跟踪研究室（副主任唐九华），陀螺及机械振动研究室（副主任张顺天），红外光学研究室（副主任王乃弘），光量子放大及光谱晶体研究室（副主任邓锡铭、刘颂豪）。

[2] 案卷号1966-24-016-01，《光学精密机械研究所社教运动的情况报告》，存于中国科学院文书档案。

[3] 2015年5月21日，王永义访谈。资料存于采集工程数据库。

要提供的是高档设备,技术上的综合性极强,从方案论证、技术攻关到造出产品,有许多问题是相互交叉难以分割的,许多微妙精细之处,从研究到制造生产,如果转手,很难实现"[①]。他考虑到在仪器研制的过程中已经配备了工艺检验设备和工具,具备了制造仪器的条件,且该任务时间紧迫,他果断建议,"一竿子到底更为有利"[②]。

王大珩的考虑是有道理的,1963年4月,国防科委、国防工办和中国科学院在北京召开了讨论会(即"410"会议),王大珩等共42人出席了这次会议,王大珩在会上汇报了情况,会议一锤定音,确定长春光机所全面负责产品的研制和生产,除了做出样机外,还要于1967年年底提供4台成品机。同年6月15日,根据"410"会议决定,光机所落实了"150-1"工程任务,成立了设计部及设立了"150-1"工程办公室。长春光机所承接了大型电影经纬仪的制造任务,这也意味着研究所即将接受一项重大的考验。

中国科学院对这项任务高度重视,副院长裴丽生亲自担任了"150-1"工程领导小组组长。在王大珩的主持下,长春光机所调动了所里一半的科技力量,热火朝天地投入到这项任务中。

根据大型电影经纬仪的设计要求,王大珩和所领导班子经过研究,将这项庞大的任务分解成了包括工程样机总体设计、光学总体、光学设计、光学玻璃制备及检测、光学工艺及镀膜、跟踪系统、特殊控制元件等60个实验项目,并委派科研人员各自负责。

当时这台电影经纬仪在技术上主要有3个方面的难度:摄影距离、测角精度和跟踪精度。这也是判断成品经纬仪是否能够顺利交付使用的重要指标。围绕这些难题,科研人员开展了紧张的攻关。

作为总设计师,王大珩主要从望远镜的口径、焦距等结构参数对仪器的总体框架方案提出了设想。他"设计了望远镜的十字线结构,使瞄

[①] 王大珩:发扬自主开发的创新精神——回忆150工程的研制。见:母国光主编,《现代光学与光子学的进展,庆祝王大珩院士从事科研活动六十五周年专集》。天津:天津科学技术出版社,2003年,第103—104页。

[②] 同①。

准线不因为镜筒挠曲而改变，提高了瞄准精度"。他还提出"水平转轴采用滚轮弹簧支承及驱动系统"从而"大大增强了水平轴运转的灵活性、平稳性及自控能力"。长春光机所的老人们还记得那时候王大珩参与设计的情形：

> 150工程中，有一个直径接近两米的端面滚动轴承，它是支撑整台装置实现360度旋转的重要部件。轴承面的平面度要求甚高，因为它的偏差将直接影响测量系统的垂直轴偏差……王大珩先生运用他丰富的光学知识，提出了一个大胆而富有创新精神的想法，将一台立式车床进行改装，保证研磨盘在转盘上旋转时有足够的稳定性。同时，在立式车床旁装一台牛头刨床，利用刨床刀架的往复直线运动，拉动工件沿研磨盘的直径方向作往复运动。如此，如同研磨光学镜面的办法，硬是把轴承端面研磨到了3—5微米，使整台仪器的测量精度达到了国际水平。[1]

不仅如此，王大珩还对经纬仪光学作用距离进行了总体分析[2]。他的工作涉及电影经纬仪试制较为关键的技术问题，并联系了仪器的各个组成部分，推动了电影经纬仪的设计和制造。

在长春光机所的相关技术人员和其他有关部门的协同努力下，经过5年半的艰苦努力，"150-1型光学电影经纬仪"于1965年研制出来，并一次试验成功。这是中国自主研制成功的第一台大型电影经纬仪，其性能超过了当时苏联的同类设备，与当时美国正在使用的电影经纬仪水平相当。例如，该大型电影经纬仪的技术指标，在观察距离上，远远超过了150千米，实际达到210千米。后来使用单位反馈的材料显示，天气晴朗的时候，150-1工程电影经纬仪可以观测300—400千米。在测量精度上，当时美

---

[1] 王传基、王永义：王大珩先生与"两弹一星"。见：宣明主编，《王大珩》。北京：科学出版社，2005年，第78页。

[2] 王大珩：光学老又新，前程端似锦。见：《回顾与展望——新中国的国防科技工业》。北京：国防工业出版社，1989年，第470-473页。

第九章　国防光学创新篇

国是20角秒,而我国自行研制的大型经纬仪精度分析是14角秒,性能更优越。且在"150-1型光学电影经纬仪"使用长达20年后,机器仍然稳定可靠,保持了出厂时的精度。

大型电影经纬仪用于测量导弹的飞行轨道参数,记录飞行姿态,将数据提供给导弹靶场,解决了当时国防的急需问题。1966年1月,中科院组织人员对该产品进行了鉴定,1966年9月,"150-1"工程通过了国防科委的鉴定验收。

王大珩总结"150-1"工程的研制成功"开创了我国自行研制大型精密光测设备的历史,为国家节约了大量外汇,为独立自主地发展我国尖端技术做出了突出的贡献"。[①]

历时5年半的"150-1工程"不仅完成了国防任务,长春光机所同时也培养了一支光学设备研制的技术力量,并"带动了一批相关技术的发展,锻炼了测控系统总体队伍,形成了以光、机、电为主体的光学设备研制体制,为进一步发展中国的测控技术打下了基础"[②]。在"150工程"的基础上,1967年长春光机所等单位又展开了"160工程"的研制工作,并于1971年研制成功了机动式160型中型电影经纬仪。

不仅如此,为配合国防任务的需要,在靶场大型光测设备研制过程中,长春光机所圆满完成"170跟踪望远镜"研制任务。这是王大珩又一次巧妙的构思,在这个项目中,他"借鸡下蛋",征用国内进口的高速摄影机加以创新改造,完成了国防光学测量的任务。

1966年底,国防科委为了检验反导系统的反击弹的作战性能,要求能提供进攻弹和反击弹两弹相遇爆炸时的遭遇参数以及摄取弹体的姿态,并测量从发射到爆炸的时间。为此国防科委向长春光机所下达了研制跟踪望远镜的任务。

1967年夏,此时"文化大革命"已经开始,长春光机所受到了很大的

---

① 王大珩:发扬自主开发的创新精神——回忆150工程的研制。见:母国光主编,《现代光学与光子学的进展,庆祝王大珩院士从事科研活动六十五周年专集》。天津:天津科学技术出版社,2003年,第103-104页。

② 《当代中国的国防科技事业》。北京:当代中国出版社;香港祖国出版社,2009年,第397页。

冲击，所里已经开始乱了，正常的科研秩序受到很大干扰。为了完成国防科委下达的任务，王大珩顶着外界的干扰，组织了研究所里能调动的科技力量，展开了调研，并多次进行方案论证。

长春光机所要研制的跟踪望远镜是飞行器轨道光学测量装备的另一种类型，主要用于空间飞行目标的姿态、事件、遭遇参数的测量和记录之用。它与已经研制成功的"150-1"型经纬仪既相似也有不同，在设计上，其中的光学机械结构总体有许多地方可以参考已有"150-1"工程的经验。但是，这台仪器与众不同的地方是，它需要有一个精密的高速摄影机，用来拍摄进攻弹和反击弹两弹相遇爆炸过程的遭遇参数及摄取弹体姿态，这就要求高速摄影机取得较多的同帧画幅，达到两弹影像置于同一画面的要求，这也是这台仪器的核心部分和关键技术所在。王大珩具有丰富的组织大型科研项目的经验，他很清楚地知道，尽管长春光机所已经研制出"150-1经纬仪"，并具备了一定的研制高速摄影机的经验，但是如果要完整研制一台包含达到要求的高速摄影机的跟踪望远镜，从设计到施工，至少要花去 4 到 5 年时间。国防科委布置的这项任务十分紧急，时间不等人，必须要另辟新路。

在这样的情况下，王大珩想起了在研制核爆光测设备时的经验。他提出可借鉴已有的设备，通过改造、技术革新等方法，以节省时间达到任务要求。在他的指导和建议下，从 1969 年上半年开始，课题组展开了跟踪望远镜的设计工作。他们选择了以民主德国生产的 ZL-1 型高速摄影机的转镜补偿结构作为参照，将 ZL-1 高速摄影机所采用的内多面体反射系统改造成任务所要求的外多面体反射系统。就这样，长春光机所的研制人员在较短的周期内实现了摄取较多同帧画幅的要求。时隔近半个世纪，王永义还能清楚回想起王大珩当时的思路：这种一"内"、一"外"的摄像，一种"倒过来想"的巧妙构思成就了一台崭新仪器的视线[1]。

1972 年 10 月，长春光机所研制成功第一台跟踪望远镜，参加了我国自行研制的第一颗反击型导弹发射试验。通过仪器拍摄的电影胶片，实验

---

[1] 根据 2016 年 2 月，长春光机所王永义提供的资料。

人员观察到弹体在飞行过程中除尾部有喷火外,在弹头处还有不正常的小喷火现象。这些珍贵的记录对于我国导弹研制有很高的参考分析价值。长春光机所承担的科研任务取得了圆满成功。1983年后,根据国家发射地球同步试验通信卫星要拍摄弹体和卫星飞行姿态的需要,相关科技人员对"170跟踪望远镜"进行了改装,并在1984年4月发射地球同步试验通信卫星中投入使用。根据记录到的影响表明,该设备高速摄影状况良好。

"远望号"上的光学设备

　　第一次核爆试验获得了成功,1965年年初,中国下决心发展洲际导弹。洲际导弹是一种无人驾驶的无翼飞行器,它沿着一定的空间轨迹飞行,攻击固定的目标。导弹飞行分为主动段、自由段和再入段三部分,其射程一般是在8000千米以上。因导弹射程超越了我国大陆范围,因此我国把洲际导弹靶场建立在幅员辽阔的海洋之上。

　　为了对洲际导弹进行测量观察,人们要在导弹飞行的沿途布置大量的测控站。但因为洲际导弹的射程很长,不仅要飞过大陆,还要飞越海洋,仅靠陆上无线电测量精度是远远不够的。对于导弹的再入段测量,必须依靠海上测量船。在茫茫大海中对远程导弹的落点轨迹做测量,是一项复杂的工作。观测人员必须在船只上利用光学设备,观测洲际导弹再入段轨迹。不仅如此,测量船的光学设备还可以在远离国土的海面上对卫星运行轨道进行观测。发展远洋测量船与导弹任务以及卫星研制工作直接挂钩,其对于国防的重要性不言而喻。

　　结合导弹研制任务实际工作的需要,1967年1月18日,国防科委提出要发展测量船、护航舰艇和后勤补给船只等一系列配套舰船,这项工程以上报日期作为代号,被命名为"718工程"。而后来建成的远洋测量船,便是在我国大名鼎鼎的"远望号"测量船。"远望号"综合测量船是航天测控网的海上机动测量站,它能够根据航天器和运载火箭的飞行轨道与测控要求，灵活地配置在海域的适宜位置上，对航天器和运载火箭进行密切跟踪和精确测量。关于"718 工程"中所需的光学设备研制，尤其是船用电视电影经纬仪，王大珩的回忆是这样的：

> 中央军委在 20 世纪 60 年代提出了向南太平洋发射洲际导弹、核潜艇水下发射潜地导弹及发射地球同步通信卫星等 3 项体现我国国威、军威的国家级工程研制项目（后来简称"三抓"工程）。其中，涉及许多光学技术问题要由中国科学院解决。我们为发射洲际导弹全程试验研制的船舰用 718 激光、红外、电视、电影经纬仪及船体变形测量系统，为舰艇水下发射潜地导弹试验研制的 G179 激光、红外、电视、电影经纬仪和 912 光电瞄准仪以及为发射地球同步静止通信卫星研制的 331 激光、红外、电视、电影经纬仪和光电技术所研制的电视跟踪望远镜等靶场光测设备，在发射试验中都发挥了应有的作用。[①]

远洋测量船是一项技术先进、专业面广、系统复杂的综合性大型系统工程。这里要说的是由王大珩和唐九华作为总指导的"718 工程"激光、红外、电视、电影经纬仪研制项目以及船体变形测量系统项目，这两个项目，前者是研制海上靶场测量船的主要光学观测仪器，后者是解决海上颠簸环境下各类仪器合理布局问题，这两项是远洋测量船中关键技术所在，至关重要的环节，可以说是缺一不可。后来，这两个项目成果获得了 1978 年、1979 年国防科委国防科技成果一等奖。

在"718 工程"激光、红外、电视、电影经纬仪研制项目中，国防科委对长春光机所提出要求，希望研制出的船用经纬仪具备较好的功能，既要能精确测量洲际导弹载入弹道参数和中程飞行目标的轨道参数，为安全控制提供实时测量数据，还要兼顾两个目标的遭遇参数及摄取飞行姿态和提供事故记录，不仅如此，国防科委还补充提出，要求该经纬仪兼做天文定位及供夜间观察卫星使用。

---

① 王大珩：光学老又新，前程端似锦.《王大珩年谱·文集》，长春：吉林人民出版社，2015 年，第 237 页。

国防科委提出的要求非常高。王大珩明白，要达到这样的要求需要研究所上下一心。他与唐九华担任了这项任务的总指挥，先后组织了上百名科研骨干参加到这项工作中，其中有王锋、朱云青、邹仲玉、刘栖山、姚立常、孙世维等。

经过"150-1"工程和近10年的积累，研究所已经有了较好的研制国防用经纬仪的经验和技术，但是尽管原理相似，船用经纬仪和以往研制的经纬仪在实际工作方法上有很大差异。以往研制的经纬仪是安装在稳固的地基之上，用于测量导弹飞行的初始段，可获得较高的测量精度。而海上测量时，船体在大海上漂浮，船身时时刻刻都处于不平稳的状态。国防科委不仅要求船用经纬仪能够观测导弹的飞行姿态，还要在海上多变的环境下测量导弹重返大气层后的再入段，这样的难度实在太大了。当时参与研制的科研人员心里都没底，既不知道已有的经纬仪能否在测量船上使用，也不知道能不能研制出符合要求的新型号经纬仪。当时国际上仅有美国、苏联和法国拥有带光学测量设备的远洋测量船，国外对中国封锁，科研人员拿不到多少国外的资料，如何在一无资料、二无经验的情况下完成这项任务，是摆在专家面前首当其冲的难题。从千方百计获取到的有限的国外测量船图片资料上，王大珩和研究人员们发现测量船照片上有圆顶舱，经过推测，认为这可能是经纬仪的圆顶室，他们对要研制的经纬仪的大小、结构有了一些印象，这样就打开了一个新的局面。根据长春光机所原科技人员王永义回忆，实现舰用经纬仪海上测量，至少要解决3个基本问题[①]：

（1）准确可靠地在导弹再入段捕获快速飞行目标，即"抓得住，跟得上"；

（2）经纬仪能在海上获得稳定、准确的测量数据，即"测得准"；

（3）海上船体和仪器的定位。为此，必须把仪器的底座安放在依靠陀螺仪稳定的平台上。

---

① 根据2016年2月，长春光机所王永义提供的写作材料。

按照这样的要求，以往研制的经纬仪皆不能满足在测量船上使用的要求，只有重新研制新型仪器。王大珩和唐九华带领科研骨干进行了多方论证，对仪器技术指标提出了具体要求，并制定出总体研制方案：船用经纬仪的光学结构选用与原大型经纬仪相同的光学系统，口径为350mm；为实现海上单站测量，仪器备有激光测距系统；为捕获快速再入目标，采取红外、电视等多种跟踪手段，电视测量可为安全控制实时提供精确数据，并备有天文测量系统，提供仪器自检和船体定位手段。

为实现上述方案，王大珩组织科技人员多次进行海上试验，还多次去了船上考察，和科技人员一起讨论，提出在海上颠簸、潮湿、太阳直射等特殊的环境下，要对典型零件进行"三防"处理——即防湿热、防霉、防盐腐蚀，这样才能确保仪器能够长期稳定使用。他们还对海上大气抖动，船体置平稳定性做了研究。为确保仪器在海上的使用精度，科技人员对经纬仪的仪器轴系结构、主镜等部件进行了多次振动、冲击试验，并做了仪器实体模型控制系统及结构刚度方案试验，对仪器整体模型进行了冲击、振动试验，通过上述工作采集到的大量数据，为经纬仪技术设计奠定了好的基础。

王大珩与长春光机所的科研人员历经10年，经过多次试验、调试，终于将现代化的具有激光、红外、电视等技术武装的第二代电影经纬仪研制成功。1978年10月，该经纬仪通过鉴定，参加了远程导弹的发射试验。

发展远洋测量船的另一项任务就是进行船体变形测量系统的研制，简而言之，就是要在特殊环境下，对测量船仪器进行合理安装和布局。

图9-3　"718"激光红外电视电影经纬仪　　图9-4　远洋测量船上的光学测量设备仪

茫茫大海上，狂风巨浪，海面上波涛翻滚，船只在颠簸中行进，无时无刻都处于不平稳的状态中。海上颠簸环境造成了船体变形，安放在船上的测量设备——雷达、电影经纬仪、天文经纬仪等，与安放在平地环境中不同，它们要在颠簸的环境下工作。因为受到外界环境影响很大，船上的测量设备无法在相对静止的环境下运作，从而会导致测量上的误差。因此，设备研制人员面临最大的难点就是要解决这些误差带来的问题。只有对误差进行及时修正，才能得到最准确的测量数据。

如何解决船体变形带来的测量误差呢？1968年5月31日，国防科委委托长春光机所研制远洋测量船船体变形测量系统，王大珩和唐九华接受了任务，组织并指导了所里的科研力量开始了研制工作。但因"文化大革命"的原因，科研工作受到了多方面干扰。船体变形测量系统正式研制实际上是从1970年开始的。

当时对远洋船的设计是这样的：在主甲板上放置各种精密测量设备，甲板下层则安放惯性导航平台和变形测量系统。惯性导航平台和变形测量系统是精密测量的关键所在，研究人员以惯性导航平台的大地坐标系为基准，通过变形测量系统的光学手段，将主甲板上各种测量设备测得的数据联系起来，得到最精确的测量数值。

原理看起来并不复杂，但实践起来却是千难万难，细节问题更是千头万绪。在和相关专家进行了一系列的论证之后，王大珩把光学变形测量系统研制的主要任务交给了史济成等人，他自己主要负责远洋船测量系统的布局和测量方法。在靠雷达作为测量手段的情况下，他对雷达的盲区和精密测角等处应用光学设备进行了测量。在对测量船的图纸做了

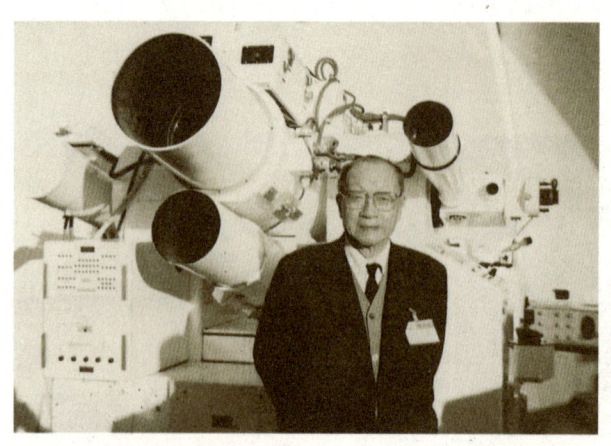

图 9-5 王大珩在电影经纬仪前

详细研究，并进行了多次实际勘测后，他提出要在最合适的位置上安放光学测量设备，必须对测量船的布局做一些调整；考虑到船体在海浪颠簸中行进的实际情况，他对测量的方法提出了改进性的建议。他做的工作解决了在变形船体中进行光学测量的关键技术问题：

  一是在测量船的布局上，把船上烟囱移到船尾，利用船的中心有利位置布设测量仪器，特别是光学经纬仪，须对周围甲板采取措施，使光学望远镜的成像质量不致受太阳照射甲板产生气流变化的影响；二是发明了一套利用机械连杆及飘动钢筒加上光学测量的方法，解决船体摇摆和挠曲变形在测角上得到补偿的问题。[①]

不仅如此，王大珩考虑到，经纬仪作为距离分析仪器必须要考虑到大气环流、大气抖动。他提出，安置经纬仪的地板一定需要是木头的，因为地面如果是钢板，在大海中潮湿的环境下，经过太阳照射后会蒸发出水气，会影响经纬仪的作用距离。王大珩所提出的这些方案最后都被证明是行之有效的。

研究进一步推进，经过艰苦的努力，在多次试验后，远望号远洋测量船终于在1980年5月首次执行向太平洋发射洲际导弹的试验任务中，取得了圆满成功。我国独立研制的现代化的多功能舰载电影经纬仪第一代船体变形测量系统，出色地发挥了它的作用[②]。

远望号执行洲际导弹海上再入段测量任务的那一天，是载入史册的一天，读者可以从有关文字的记录中了解到测量船光学系统执行精密测量任务的情形：

  目标刚刚出云层，经纬仪操作手兴奋地喊："发现目标！"接着红

[①] 王大珩：光学老又新，前程端似锦。见：《回顾与展望——新中国的国防科技工业》。北京：国防工业出版社，1989年，第472页。

[②] 史济成：洲际导弹远洋测量船船体变形测量系统的研制。见：罗荣兴主编，《请历史记住他们 中国科学家与"两弹一星"》。广州：暨南大学出版社，1999年，第209-214页。

第九章　国防光学创新篇　*185*

图9-6 1985年,长春光机所获得的"现代国防试验中的动态光学观测及测量技术"奖项证书

外、电视也收到目标信息,仪器转入红外自动跟踪。霎时,再入弹体同大气激烈摩擦而爆炸,解体的弹片像流星群一样发出强烈的白光。当操作手发现光点从视场前移,断定红外跟踪解体弹片时,及时加以干预转入半自动跟踪,直到目标进入云层并转入数字引导自动跟踪目标。整个测量过程只不过30多秒钟,目标多次穿云,工作方式转换5次,摄影机仍拍到480多张有目标显示的画幅。这些画幅是目标在云缝中穿行时分7段拍摄的……①

回忆测量船光学系统的研制历史,王大珩认为,这项工作是值得自豪的创新,因为研究人员在"没有资料可循的情况下,完全依靠自己的创造力出色地完成了任务"。而他自己,"也为在技术方案上有些创造而感到欣慰"。②

"远望号"下水后,圆满完成了一系列的国防任务。现在,"远望号"家族更加庞大了,在科技人员的努力下,从远望1号、2号到远望6号,组成了我国航天远洋测量船新一代的"姐妹船"。"远望号"测量船是我国研制的第一代海上综合测量跟踪站,远洋测量船队建成使得我国成为继美国、苏联、法国之后,第4个具有海上跟踪测量能力的国家,填补了我国海上测量的空白。

从20世纪60年代承担"150—1"工程开始,长春光机所先后研制出

---

① 刘栖山:洲际导弹海上再入段测量纪实。见:罗荣兴主编,《请历史记住他们 中国科学家与"两弹一星"》。广州:暨南大学出版社,1999年,第215—220页。

② 王大珩:光学老又新,前程端似锦。见:《回顾与展望——新中国的国防科技工业》。北京:国防工业出版社,1989年,第470—473页。

的近百台套靶场光测设备装备了我国各有关兵种基地靶场。根据统计，由长春光机所参加研制的光测设备占各基地光测设备的 80% 以上[1]，长春光机所承担的研制任务为国家节省了上亿美元的外汇支出。1985 年，由王大珩和唐九华支持的"现代国防试验中的动态光学观测及测量技术"项目获得了国家科技进步奖（国防专项）特等奖。该奖项肯定了 1985 年以前以长春光机所为主研制的靶场光测设备系列[2]，这些设备在国家"两弹一星"历次重大试验中均圆满完成了测试任务。

　　经历了"两弹"及相关国防科研任务的研制，长春光机所"以任务带动学科"，在光电工程技术上取得了巨大的成就。在很长一段时间内，光电工程技术也成为了长春光机所立足于国内光学界的一大优势。在以王大珩为首的长春光机所老一辈科学家的精心指导下，研究所建立起我国特有的光学靶场测量装备的研制基地，同时也培养、造就了一批不畏艰难、团结协作、勤俭务实、勇于攻克技术难关、不断追求技术创新的科研骨干队伍。他们继往开来，对我国发展国防光学，为推进我国国防现代化建设做出了重大贡献。

---

[1] 2016 年 2 月，王永义提供的资料。
[2] 包括"150-1"电影经纬仪，160 电影经纬仪，170 跟踪望远镜，G179 激光、红外、电视电影经纬仪，718 激光、红外、电视电影经纬仪，331 激光、红外、电视电影经纬仪，812 光电瞄准仪，912 光电瞄准仪，以及 718 船体变形测量系统。

第十章
布局光学新发展

　　1999年9月18日，在中华人民共和国成立50周年的前夕，党中央、国务院、中央军委隆重表彰为我国"两弹一星"事业作出突出贡献的23位科技专家，授予于敏、王大珩、王希季、朱光亚、孙家栋、任新民、吴自良、陈芳允、陈能宽、杨嘉墀、周光召、钱学森、屠守锷、黄纬禄、程开甲、彭桓武"两弹一星功勋奖章"，追授王淦昌、邓稼先、赵九章、姚桐斌、钱骥、钱三强、郭永怀"两弹一星功勋奖章"（以上排名按姓氏笔画为序）。

　　王大珩忘不了在困难的岁月里，科学家们处处以国家的需要作为自己的行为准则，他们拧成了一股绳，团结、奋进！他们求真务实、大胆创新。在物质条件跟不上、科研条件也不完善的情况下，参加"两弹一星"事业的人们坚韧不拔，克服了种种困难。许多人隐姓埋名、默默奉献，甚至献出了宝贵的生命，就是这样鞠躬尽瘁、死而后已的精神，为中国的国防事业谱写了一曲赞歌！

　　在科学研究中应当永远保持这一优良传统和精神，那就是热爱祖国、无私奉献、自力更生、艰苦奋斗、大力协同、勇攀高峰。这就是"两弹一星"的精神。我们要永远发扬崇尚科学、团结协作、追求一流、讲求正气的团队精神。我们就是靠这种精神,独立自主地发展我国的光学事业的尖端技术,做出突出成绩和贡献的。[1]

给卫星安上"慧眼"

1970年4月24日,随着我国第一颗人造地球卫星按预定计划发射入轨,一曲《东方红》在浩瀚无边的宇宙中唱响,在中国航天史册上写下了新的篇章。

早在东方红卫星上天以前,1958年5月17日中共八大二次会议上,毛泽东便发出"我们也要搞人造卫星"的号召。1964年6月29日,中国自己研制的中程导弹再次发射成功,我国已经具备发射人造卫星的能力。1965年1月,党中央正式做出了研制我国第一颗人造地球卫星的决定。1965年4月29日,国防科委向中央提出了要在1970—1971年发射我国第一颗人造卫星的报告,并建议由中国科学院负责卫星工程。

1965年5月31日,中国科学院成立了卫星本体、地面设备、生物和卫星轨道四个专家组。王大珩被任命为地面设备组组长。1965年8月,中国科学院召集院内有关单位负责人开会,讨论卫星工程任务的落实和组织实施。会议上成立了卫星总体设计组,赵九章担任组长,郭永怀、王大珩担任副组长。

1965年10月20日—11月30日,中国科学院主持召开了我国第一颗人造地球卫星的总体方案论证会。王大珩和来自有关单位共100余名科技人员参加了会议。王大珩在会议上发言,在地面跟踪方案问题上,深入浅出,向与会人清晰地"介绍了光学编码度盘的原理和应用"[2]。对于

---

[1] 王大珩:中国光学发展历程的若干思考。见:宋健编,《中国科学技术回顾与展望》。北京:中国科学技术出版社,2003年,第198-205页。

[2] 潘厚任:王老与我国空间科学事业。见:宣明主编,《王大珩》。北京:科学出版社,2005年,第101-103页。

我国第一颗人造地球卫星采用的跟踪体制问题，他支持了与会年轻人的看法——采用国际上刚发展的多普勒测速定位跟踪系统新技术。这次论证会，确定了我国第一颗人造卫星的性质为科学试验卫星，提出了卫星研制的方案并部署了任务，以及以"东方红1号"为这颗卫星命名。这是王大珩在我国卫星研制早期所参与的一些工作。

在东方红卫星进入太空以后，《人民日报》1970年4月26日发表文章——《我国人造地球卫星运行情况良好，从空中发回〈东方红〉乐曲清晰嘹亮，各种仪器工作正常，遥测仪器不断发回各种数据》，记录了东方红卫星在地球上空的运行情况：

> 我国第一颗人造地球卫星四月二十四日进入预定的轨道以后，一天来运行情况良好，各种仪器工作正常。人造地球卫星上的短波无线电发讯机，循环播送《东方红》乐曲和遥测讯号，乐曲声音清晰嘹亮。每分钟循环一次，首先以四十秒的时间连续播送两次《东方红》乐曲，间隔五秒钟以后，播发遥测讯号十秒钟，又间隔五秒钟，进入另一个循环。人造地球卫星上的遥测仪器不断地发回各种数据。现在，这颗人造地球卫星正在围绕地球继续正常运行。
>
> 我国第一颗人造地球卫星从天空中发回的歌颂伟大领袖毛主席的《东方红》乐曲和遥测讯号，已由中央人民广播电台收录，并从四月二十五日二十时三十分开始广播。这个录音，中央人民广播电台将对国内外连续广播三天。

一曲《东方红》，唱响了华夏大地，将中国的声音传送到了世界每一个角落。东方红卫星上天，预示着中国在空间科学事业的发展上将迎来辉煌。在东方红卫星之后，中国积累了经验，开始研制返回式卫星。

空间摄影相机是返回式遥感卫星的"主角"。卫星在空间轨道上对预定地区进行摄影，完成预定的拍摄任务后，将装有胶片暗盒的返回舱回收，以获取遥感资料。

对于对地观测卫星来说,"光学"观测系统确实是真正的"主角"。卫星是它的载体,为它提供一个平台;所有的分系统的作用,都是为光学系统提供最佳的工作条件;最后回收的所谓成果,也就是"光学"提供的地面信息。因此,这类卫星的研制,"光学"是所有分系统的"先行者","光学"研制不到位,所有分系统,包括卫星总体都没有了依据,就无从下手了。[①]

1965年,长春光机所接受了空间侦察相机的研制工作任务。光机所的研究人员参考了美国月球考察计划的摄影系统,分析了我国已有的各种航空相机,于1967年上半年提出了地物相机的方案。在方案论证过程中,最初定下来的是用地物相机的方案,即让卫星携带一台可见光地物相机,用以在轨道上对地面预定地区摄影。但王大珩认为这是不够的,他还需要同步对星体摄影作为定位手段,他提出,要在研制地物相机的同时研究星空相机,装在卫星上,用来拍摄恒星照片,以便在事后作为定位的参考,并用来校正卫星姿态误差。

一开始王大珩的方案并没有得到认可。在太空环境中,烈日当空,地面日光反射又很强烈,要把暗背景的星象拍摄下来,就必须消除一切强杂光,在当时的技术条件下要达到这样的拍摄效果难度很大。王大珩的提议等于增加了一个新的攻关项目,加大了原定的研究难度,研究计划要改变的地方太多了。但他很坚持,他说:"星空相机迟早是要上的。与其晚上,不如尽早取得一些经验。即使失败了,也是为今后的成功做出试探。"[②] 他的建议在后来的论证中被采纳了。为了确定目标的地理位置,他提出采用地物相机和星空相机组合的同轴双向相机系统,从而获得拍摄目标的位置信息。

研制期间遇到的困难很多,既有技术上的,也有物质条件上的,王大珩回忆往昔:

---

① 王传基、王永义:王大珩先生与"两弹一星"。《王大珩》(宣明主编),北京:科学出版社,2005年,第77—80页。

② 王大珩:《光学老又新,历程似锦》,1990年。资料存于长春光学精密机械与物理资料室。

我奉命在北京筹建一个新机构——第十五研究院，由于"文化大革命"动乱，研制工作不宜在长春继续进行，于是我就在北京专门组织一班人马，从事空间相机的研制工作。我们借用北京工业学院四系的教学楼作为工作用房，当时在"文化大革命"期间，室内没有暖气要自己生煤炉取暖，我们把光机所有关人员和北京工业学院四系搞过航空相机的教师组织起来开展工作。①

无论是工作场地的不完善、生产中遇到的问题，甚至是特殊年代里人员和骨干的流失，这些困难，王大珩和他的队伍都克服了。万般艰难中，历经8年，星空相机终于被研制出来，并应用于我国第一颗返回式侦察卫星上。

1975年11月26日，我国成功发射了第一颗返回式侦察卫星。这颗卫星的运行轨道距离地球最近点为173千米，最远点为483千米。卫星在环绕地球运行了3天以后，回收成功。我国成为世界上第三个能够回收卫星的国家。在返回地球的卫星相机中，人们欣喜地看到了在太空中拍摄的图像。巨大的成功"不仅为以后几十次上天开了个好头，而且锻炼了一支经过磨难和基本训练的队伍，为我国对地观测科研领域的技术发展奠定了坚实的基础"。②

在一系列工作开展的同时，王大珩还看到了发展遥感技术的重要性，他在此后的工作中，一直关心着中国遥感技术的发展。1976年，国防科工委与中国科学院合作，在通州国防科工委招待所开了一场讨论遥感技术的研究发展会议，这次会上，王大珩执笔拟定了中国第一个遥感科学发展规划。1976年，在他的倡议和领导下，中国科学院长春分院在长春地区还进行了一场综合性航空遥感试验。他重点安排长春光机所试制的多光谱相机、彩色合成仪和地面光谱辐射计，在试验中获得了成功。

---

① 王大珩：光学老又新，前程端似锦。见：《回顾与展望——新中国的国防科技工业》，北京：国防工业出版社，1989年，第470-473页。

② 王传基、王永义：王大珩先生与"两弹一星"。见：宣明主编，《王大珩》。北京：科学出版社，2005年，第77-80页。

打造"人工小太阳"

在发展卫星技术时，做好卫星在太空中的摄影是一项重要的工作。但要保证卫星能够成功上天并在天空中运行，事先还要在地面上进行多次模拟试验。

卫星在浩瀚的太空中运行，在接受太阳光照和辐射时，温度急剧上升，当处于地球阴影区时，温度急剧下降。卫星上的仪器大多由半导体器件组成，在严酷的温度环境下，如果不对卫星本体采取温度控制措施，则会造成卫星器件故障。因此，在卫星上天前，研究人员必须在模拟辐射换热的高真空条件下，对卫星组件展开一系列的模拟试验，以保证卫星上天后在太空中安全运行。

在空间环境模拟试验中用到的设备，即空间模拟器，它是模拟卫星及其组件在轨道运行中经历的主要空间环境的试验设备，太阳模拟器是在地面对航天器做热真空环境试验设备的重要组成部分。王大珩解释了这个装置的原理：

> 一是热沉环境，即在地面制造一个相当于太空的冷背景，另一是要能模拟太阳辐射以及地面光热的照射，要求在容器中能形成单向照射的模拟太阳照射，简称太阳模拟器。[①]

当时世界上各个空间大国都建造有这种设备，尤其是美国，"阿波罗计划"中就有建造这样容器的项目，其建成的容器有30多米高，直径达20多米。

长春光机所较早地开始研制太阳模拟器是在1966年。早期研究所试制的KM_2型太阳模拟器是使用碳弧灯作为光源，这种灯是利用两根接触的

---

① 王大珩：光学老又新，前程端似锦．《王大珩年谱·文集》，长春：吉林人民出版社，2015年，第240页。

碳棒电极在空气中通电后分开时所产生的放电电弧发光的电光源，但光源亮度不够，且能耗较高。随着卫星体积的增大，必须扩大在地面上进行环境试验的规模，对太阳模拟器的要求提高了。1967年10月19日，为了适应人造卫星地面模拟试验的需要，中国科学院新技术局军管会生产领导小组向长春光机所下达了KM$_4$型空间模拟器中的太阳模拟器研制任务。

1968年，长春光机所在王大珩的领导下，组织了50名科研人员专门参加这项研究，并很快建立起从事大型太阳模拟器的总体设计、加工、组装及检测系统的小组。

王大珩认为，新型的KM$_4$型设备中太阳模拟器的研究，主要在于选择更合适的光源。由于1964年上海复旦大学电光源专家蔡祖泉教研室研制出我国第一台长弧氙灯，研究人员想到，能否通过技术上的改进，将高压氙灯应用于新型的太阳模拟器上来呢？

为了达到规定的光照均匀度，长春光机所组织人员专门开展了特殊的照明度光学设计。太阳模拟器的照明指标是25千瓦，辐射面积是直径4m。经过计算，研究人员原打算采用37个单元卡塞格林系统拼接成准直型太阳模拟器系统。但经过多次试验后，发现这种拼接办法令光能量损失较大，且这部分能量落到金属壳体上，会导致金属承受热量增大，造成过热，不利于冷却和密封，且维护困难，阻碍了卫星地面模拟试验顺利开展。

1970年，随着氙灯研究技术的提高，王大珩提出建议：能否减少拼接单元，在达到技术指标的基础上简化照明系统，以便提高系统运行的可靠性和可操作性？王大珩冒着一定的风险找来当时尚处于巨

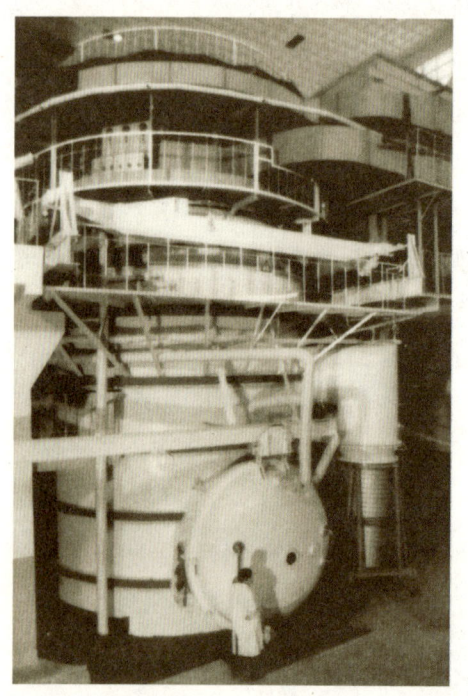

图10-1 KM$_4$空间模拟室

大政治压力下的潘君骅，委派他对拼接单元进行计算。通过精密的计算，课题组决定将新型的太阳模拟器改作为用 19 个单元进行同轴拼接的新方案，同轴准直系统由氙灯、椭球聚光镜、积分器、滤光片、抛物面反射镜和透射式双曲镜、填充系统等组成，其光源采用 25 千瓦水冷短弧氙灯。这一方案结构简单，装调、维修方便，且为国家节约了大笔资金。

在王大珩和长春光机所研究人员的不懈努力下，终于成功研制出一台光照直径达到 4 米的大型太阳模拟器。但令人遗憾的是，因为"文化大革命"，科研停顿，工程暂时停顿下来。一直到 1978 年，太阳模拟器才开始运往北京试验场地，进入全面安装；1980 年因经费不足研究再次中断；1988 年 5 月，航空航天部 511 所和光机所再次恢复安装工作。组装成功的 KM_4 型设备直径 7 米、高 12 米，加太阳模拟器后总高度 15 米，作为大型的空间环境模拟试验设备，它被用于大型卫星整星的热真空与热平衡试验，曾为中国已发射的通信卫星、气象卫星、返回式卫星做过热平衡与热真空试验。KM_4 型大型太阳模拟器经过国家科委主持鉴定，被认为是中国空间技术中的一项重大基础设施，其主要技术性能也达到了当时的国际先进水平。

孵出了一窝"机"

在发展与国防相关的光学技术的同时，国家对光学事业做了部署。20 世纪六七十年代，长春光机所根据国家的需要进行了调整，进行了多次分建和援建，新建设的机构被分派了国家赋予的神圣而紧要的任务。长春光机所——中国光学事业的一只老母"机"，渐渐孵出了"一窝机"！

长春光机所作为中国光学摇篮，被同行亲切地赞誉为中国光学事业的"老母鸡"。这只老母鸡在成长和发展的过程中，"下"了 5 个金灿灿的"蛋"，孵出了一窝"机"来——长春光机学院、上海光机所、西安光机所、光电技术所、安徽光机所，还有全国大大小小的许多光学研究机构、科研院校……中国的光学事业从无到有，从一到多，光学在中国不但牢牢生了根、发了芽，还孕育出许多棵茁壮的大树！

在分建了上海分所和西安分所后，20世纪70年代，在承担国防科研任务的同时，长春光机所在支援三线建设的过程中，分建了中国科学院光电技术研究所，继而又援建了安徽光机所。

20世纪60年代初期，中苏关系交恶，美国在中国东南沿海虎视眈眈，我国面临的战争压力巨大。国防问题是国家生活的重点。1964年5月，在北京召开的中共中央会议上讨论了农业规划和第三个五年计划，毛泽东提出了要进行三线建设。他提到，"三五"计划要考虑全国工业布局的平衡问题，要搞一、二、三线的战略布局，尤其要加强三线建设，防备敌人入侵。此后，国家强调立足于战争，从准备大打、早打出发，积极备战，将国防建设放在首位，加快三线建设。就这样，以调整工业布局、加强国防为主要目的的大规模建设运动便在全国展开了。1964—1980年，三线建设历时15年，被称为我国现代史上的一场大规模的战备工程。当时的三线建设主要包括四川、贵州、云南、陕西、甘肃、宁夏、青海等省区及山西、河北、河南、湖南、湖北、广西壮族自治区等靠内地的一部分地区。其中西南、西北地区俗称"大三线"，各省份自己靠近内地的腹地则被称为"小三线"。

出于国防决策的考虑，三线建设选址采取了三个原则，"靠山、分散、隐蔽"。1968年5月31日，国防科委第15研究院决定在陕西省留坝筹建大型光学跟踪仪器研究基地。1968年7月8日，陕西省留坝三线建设工程指挥部成立，代号"6568工程"。但后来并未把基地设立在留坝，王大珩来这里考察后，发现此地取水不便，无论是开展生产还是群众生活，都很不方便。

1969年12月，研究所提出在成都大邑县找一个地方建设三线基地，代号为"6569工程"。地方选在了大邑县雾山乡，王大珩亲自去这里察看了。提到选址四川作为光机所的三线基地，1973年来到雾山的张礼堂[①]

[①] 原中国科学院光电技术所所长，20世纪五六十年代曾在长春光机所工作。

回忆，因为长春地处北国容易受敌，长春光机所提出建设三线基地是防备苏联对中国开战；一旦开战，承担了大量国防任务的光机所就要遭到破坏了。而正好科学院在"文化大革命"以前就想自己搞卫星、搞导弹研究，便在四川大邑县建了一个研究卫星的单位。后来因为四川的气候条件不利于开展卫星研究，所以这个单位便搬到了别的地区，但在雾山这边遗留下来了厂房和工地。长春光机所考虑之后，认为有这样的物质基础，建设起来更方便一些，便选了这里作为三线基地。后来国家投入了一些资金，派来了干部和科技人员，将这里建成了一个真正的研究所[①]，这就是今天的中国科学院光电技术研究所。

雾山乡，顾名思义，是一个多雾的山沟沟。这里一年到头，雾气深重，雨水较多，缺少阳光。陕西的留坝干旱缺水，雾山乡却潮湿阴霾，要说两处有什么共同点，那便是：地方隐蔽，条件艰苦，符合三线选址原则。

1970年6月起，中国人民解放军1019所在成都大邑县雾山乡动工了。到1973年，这里已经建成了六个研究室和六个试制加工车间。同年4月开始，根据国家"三线"建设总部署，由长春光机所分迁出由党政干部和科研骨干、技术工人全面配套的共400多人去四川大邑组建1019所，即现在的中国科学院光电技术研究所，也是中国科学院在西南地区规模最大的研究所。

在三线建设期间还有一个情况，在分迁了研究人员前往大邑三线之后，长春光机所里的研究力量削弱了。当时研究所里承担的都是国防尖端任务，科研人员减少，令王大珩感到工作开展艰难。他心怀忧虑，1973年6月10日，他给国防科委钱学森与栗再山两位写了一封诚挚的信，详述了研究所的困难：

> 我们所现在承担的国防光学任务很重。最近"尖兵"照相机方面的任务，又将移给我所承担。现在大邑三线即将建成，还得由我所支援相当大的技术力量，但三线要发挥效果，也还要一定时间。这几年

[①] 张礼堂访谈，2014年3月17日，访谈人朱晶，成都寓所。资料存于采集工程数据库。

来，我们感到工作压力很大，处于被动应付状态，影响着研制的质量，对于长远的科研工作更很难顾及。特别着急的是科技力量在最近若干年来后继缺人，会造成光学技术扯国防尖端后腿的局面。[①]

鉴于这样的情况，王大珩希望在支援三线建设的同时，也为本所补充一些科研力量。

条件渐渐具备以后，1973年7月开始，分迁人员便正式投入到紧张的科研试制工作中。建所初期，光电所布置任务是"克隆长春所，做相关的工作"[②]，其工作开展是仿造长春光机所进行，当时最大的任务是研制光电跟踪测量设备，也就是"160数字式电影经纬仪"。根据1973年从长春光机所迁往三线的光电学专家、中国工程院院士林祥棣回忆说，王大珩那时候对三线新研究所的工作十分关心，专程从北京赶到雾山地区，反复动员三线新建研究所要积极地去承担国家科研任务[③]。

虽然雾山地区交通不便，气候恶劣，但是科研人员都全力以赴。1975年，光电所成功试制了第一代"160数字式电影经纬仪"，并交付用户使用。1975年12月，1019所更名为中国科学院光电技术研究所。这一年，所里新提出了研制新一代大型多功能光电经纬仪的设想。经过数年的努力，20世纪80年代，光电所研制成功了我国第一台具有激光、红外、电视三种自动跟踪测量手段的778光电经纬仪，并在1985年4月通过了有关部门的鉴定，这项成果被誉为我国新一代（第四代）光电经纬仪，并与190系列相机等作为"现代动态光学观察及测量技术"，同兄弟单位一起获得了1985年国家科技进步奖特等奖[④]。

因雾山地区地处山沟，交通不便，不适应研究所长远发展的需要。随着时代的发展，1979年，在经过反复考察后，光电所决定在四川省成

---

① 王大珩遗留资料，致钱学森、栗再山的信件《为请予支持调进一些科技人员事》，存于中国科学院长春光学精密机械与物理研究所档案室。
② 张礼堂访谈，2014年3月17日，访谈人朱晶，成都寓所。资料存于采集工程数据库。
③ 林祥棣：王大珩先生与光电所。见：《王大珩》。北京：科学出版社，2005年，第66-67页。
④ 王扬宗、曹效业主编：中国科学院光电技术研究所。见：《中国科学院院属单位简史（第一卷 下册）》。北京：科学出版社，2009年，第777-792页。

都市南郊双流县兴建新所，并于1988年完成全所的整体搬迁工作。如今的光电所，其研究领域面向世界光电科技领域发展前沿，包含光电跟踪测量、微电子光学、微纳光学、自适应光学、光束控制、航空航天光电、先进光学制造、生物医学光学等多学科研究，拥有1000余名职工，一些研究水平达到国内领先水平。

王大珩关心着光电所的成长，他常常对光电所的科研工作提出建议。他提出，光电所必须将国家经济发展、社会发展和国家安全的需要放在心中，研究所的发展应该与国家的需求联系在一起。光电所的职工一直都很感念王大珩对研究所的关怀，他们写下了纪念的文字：

> 王老从我国光学事业发展战略大局出发，既考虑三线建设的需要，也考虑到老所的发展，谈了很多非常有远见的重要指导意见。这些意见为三线研究所科研队伍的组成和以后的发展起了非常重要的作用。
>
> 光电所三十多年来一直以解决国家重大需求为己任，以承担国家重要研究任务为荣，先后出色完成了许多国家重点科研任务，而研究所也在实践中培养锻炼了科技人才，扩大了科技队伍，在科技水平上得到极大提高。[1]

除了光电所，在当时的三线建设中还有一项特殊的任务——组建安徽光机所。这个研究所是作为上海光机所的"小三线"而建设的。

在从事与国防相关的光学研究任务时，长春光机所已经注意到大气光学的重要作用。无论是火箭、导弹、卫星，它们在大气层中运行时，都要受到大气环境的影响。为了配合研制各种光学工程的需要，王大珩多次在长春光机所里强调要发展现代大气光学。1960年，王大珩在长春光机所组建了国内第一个大气光学研究组，1962年建立了长春净月潭光学观测站，开展了大气透明度、能见度及天空亮度的研究工作。

然而，在"文化大革命"的干扰下，所里大气光学研究受到了冲击。

---

[1] 林祥棣：王大珩先生与光电所。见：《王大珩》。北京：科学出版社，2005年，第66-67页。

王大珩对此深感痛心，在秩序混乱的情形下，他希望尽可能把大气光学的研究队伍保存下来。他在自己的处境百般艰难的情况下，走访了科学院有关部门，奔走呼吁。20世纪60年代末期，长春光机所派出技术骨干前往安徽，筹建上海光机所分所的"小三线"建设。在这个背景下，1970年12月，中国科学院安徽光学精密机械研究所成立了。

当时的安徽光机所选址于合肥西北角董铺水库上游的一个半岛上，靠着大蜀山，风景优美。安徽光机所成立初期有100余名职工，人员除了来自长春光机所外，主要是由上海光机所合肥分部、电工所合肥分部、大气所的105组、沈阳507厂的部分技术工人组成。安徽光机所的研究方向主要是激光应用和大气光学方面。研究所成立以后，开展了大能量、大功率激光器和中小能量激光器等方面的研究工作，同时展开激光大气传输、激光晶体材料、激光技术和应用等科研工作[1]。

安徽光机所成立后没多久，在1971—1972年，研究所曾经承担过一项与远程激光雷达相关的大气衰减和大气湍流的研究任务。王大珩当时正主持着一项与国防有关的远程激光工程，考虑到湍流大气引起的激光束光强闪烁对远程激光雷达有严重影响，会大大降低激光雷达的丢靶概率，甚至导致远程激光工程失效。他便把这项工程的辅助研究任务交给了安徽光机所。

1972年的春天，王大珩亲自来到了安徽光机所。他的到来，引起了所里不小的轰动。原来，安徽光机所成立后的一段时间内，只是一片基建工地，并没有展开多少科研活动。王大珩在所里布置的这项任务，可以说是打开了安徽光机所的科研局面。为了欢迎他的到来，研究所安排了一次有关大气衰减的学术报告，并部署了会议讨论。在王大珩的关怀下，安徽光机所的相关人员和长春光机所的激光大气传输组（后来与安徽光机所一起组成了激光大气传输研究室）一起，于1972年9月在长春进行了一次测量激光束的大气闪烁野外实验。

安徽光机所从当初的艰苦创业到如今，已经经过了40余年的寒暑。研究所先后承担了多项国家重点科技攻关、国家"863"计划、国家"973"

---

[1] 王扬宗、曹效业主编：中国科学院安徽光学精密机械研究所。见《中国科学院院属单位简史（第二卷 上册）》。北京：科学出版社，2010年，第477-493页。

计划，国家自然科学基金、中科院方向性及地方攻关项目，并在大气光学、环境光学、光学遥感、激光技术等学科领域，取得了许多重大科技成果，培养了一大批优秀人才，在推动国家科技进步、促进经济发展、维护国家安全等各方面都做出了重要贡献。

1972年10月，王大珩给周恩来总理写了一封信，希望国家能加强国防光学力量，信中，他还对光学系统的几个所的任务方向做了一番规划，摘录其中的部分内容如下：

（1）长春光机所（1018所）作为这个系统的综合研究所。

（2）大邑光机所（三线）逐步简称为从事光学跟踪仪器的专业所。

（3）西安光机所 按照过去传统以面对二机部及21基地所需光学装备为主攻方向。

（4）安徽光机所从事大能量气体激光的研究及大功率固体激光的热冲击试验。从事大气光学等基础科研以及上述激光试验有关的工程技术项目。

图10-2　1972年10月，王大珩给周恩来总理的信

（5）上海光机所 按现在开展的激光科研项目，继续作为所的方向，可与上海市同共领导。

……①

在发展国防光学的过程中，长春光机所调派人员、设备分建或援建了一批相关的研究机构。这些研究所成立后，肩负着艰巨的任务，他们在各自开辟的战场上进行了一系列自力更生的研究工作，在当时有效地打破了

---

① 《王大珩给周总理关于国防尖端光学技术方面的若干问题的信》（1972年10月），存于中国科学院长春光学精密机械与物理研究所档案室。

第十章　布局光学新发展　　*201*

国外的封锁，取得了技术上的独立，培养出一批优秀的科研队伍，增强了国家的军事力量！王大珩曾经算过一笔账：这几个研究所研制出来的大大小小光学设备有数百台，无论是大型电影经纬仪也好，高速摄影机也罢，以及其他的光测设备，如果当时用外汇向发达国家购买，花费在2亿美元以上，而这笔钱已相当于国家对这几个研究所建所以来投资的总和。这样的成就实在是令人惊讶、赞叹！

在长春光机所的《所志》材料中记录了长春光机所自仪器馆时期分建或援建单位的情况。1955年，从仪器馆分出了长春材料试验机厂和上海光学仪器厂两个实验工厂，当时的分迁人员多达1100人。自此开始，根据国家建设的需要，长春光机所在学科、专业技术等方面做了多次集中和调整。据统计，在研究所历史上4次援建、3次大分建和支援工作中，"分出或支援有关单位的事项有近二十次，涉及人员有两千多人！"[1] 这样的变动规模不可谓不大，涉及的人员不可谓不多！

长春光机所的4次援建，第一次是在1961年，由副所长龚祖同带领了一支队伍，在大西北的土地上组建了西安分所，从事高速摄影机研制任务。第二次援建是在20世纪60年代初期，那时候长春光机所里正在展开以龚祖同挂帅承担研制的2.16米大型天文望远镜研究任务。这项任务提出于1958年，启动于1959年，王大珩是研制倡议人之一。1963年，中国科学院在调整学科任务部署后，将"216"研制任务转到南京天文仪器厂，并将研究所里从事该领域研究工作的10名科研人员转调到了南京。

长春光机所的第3次援建是1964年，由姚骏恩等14名从事电子显微镜研究的科研人员被并入到中国科学院北京科学仪器厂，从此，长春光机所不再进行电子显微镜技术领域的研制工作。20世纪60年代末，长春光机所派卢国琛帮助筹建安徽光机所；到1976年，所里从事大气光学的7名科技骨干连同有关设备一起迁往安徽，参加组建大气光学研究室，这是第四次援建。

3次大分建，首当其冲的是1964年成立上海分所，从研究所分出骨干

---

[1] 宣明、孙成志、王永义、王彦祚编：《中国科学院长春光学精密机械与物理研究所所志》（1952-2002）。长春：吉林人民出版社，2002年，第16-17页。

力量250余人。其次是在1965年，长春光机学院独立建制，与研究所脱离，并从所里分出260余人。第三次分建是1973年，由研究所分迁438人前往四川大邑组建解放军第1019研究所（即光电技术所）。

除了上述几次大型援建或分建外，长春光机所从20世纪50年代起，还曾先后派出大量科技人员支援北京自动化所、北京电子所、长春光学玻璃厂、航天部508所、十院十六所等多家单位的光学科技发展。2008年，中国科学院党组决定委托中科院长春光学精密机械与物理研究所负责苏州医工所的筹建和管理运行。

回首往事，人们犹记得20世纪50年代初期，长春铁北地区那片坑坑洼洼、泥泞不堪的大工地。60年岁月一甲子，发展中的长春光机所早已焕发出了新颜。如今的长春光机所，已建成以知识创新和高技术创新为主线，从事基础研究、应用基础研究、工程技术研究和高新技术产业化的多学科综合性基地型研究所。伴随着研究所的成长，研究所走出了一批又一批优秀的科学家。这些人中，有许多甚至在仪器馆时代便跟随王大珩艰苦创业，有的人至今还在光机所里发挥着余热，有的人则在全国其他的科研机构、岗位上开创了一番事业。令职工们备感骄傲并津津乐道的是，截至2013年，这些从长春光机所工作过的科学家中有23人先后被遴选为中国科学院院士或中国工程院院士！

第十一章
挫折与转折

这是一个特殊的年代。在长达 10 年的"文化大革命"中，国家政治、经济、文化……各方面都遭受到了严重的破坏，中国的知识分子也遭遇了前所未有的冲击。王大珩感到了扑面而来的暴风骤雨。虽然他总是说自己非常幸运，但时代洪流滚滚而来，他无可避免遭遇了悲伤、彷徨、失落。好在严冬过后便是春天，科学春天的到来让知识分子焕发出了青春！

风雨满楼

1966 年，在国民经济调整已经基本完成，国家准备开始执行第三个五年计划的时候，一场史无前例、席卷全国、长达十年的"文化大革命"运动开始了。在这场被称之为"浩劫"的运动中，国家经济建设、文化生活都遇到了不同程度的破坏，全国无数机构、无数知识分子都受到了牵连。

1966 年 6 月 2 日，长春光机所群众贴出第一批大字报，开展了"大鸣、大放、大字报、大辩论"的"四大"活动，1966 年研究所的工作秩序大体上还算正常。但到了 1967 年，情况发生了很大的变化。1 月 3 日，长春光机所相继成立了"红色造反大军""五四造反兵团""工农兵造反大军"等群众"革命"组织，光机所的秩序渐渐开始乱了。1967 年 7 月 29 日，"七二九"武斗事件爆发，这是被当时社会上发生的武斗所波及而酿成的恶果，所内科研环境遭到严重的破坏。

面对这样的局势，王大珩深感痛心。他对自己亲手在废墟上一砖一瓦从无到有建立起来的研究所的感情，就如慈祥父亲对待自己心爱的孩子一样。在"文化大革命"初期的武斗中，他看到了风雨欲来的阴霾，他害怕在某些别有用心人的破坏下，研究所里的动乱会扩大，研究所会遭到本不应有的破坏。况且当时长春光机所里承担了许多和国防军工相关的任务，尤其是所里正在试制中的"150 电影经纬仪"等军工产品与国家命运息息相关，容不得一点闪失。虽然王大珩那时候在所里已经开始说不上话了，他被当做反动学术权威，被夺了权、"靠边站"，自身难保的他仍然下定决心要为恢复所里的秩序尽一份绵薄之力。他去了北京，希望能在那里找到一些帮助。可是事实令他深深失望了：

> 我永远也忘不了去北京的那次经历。我满怀希望地跑到北京，却一头撞上了批斗张爱萍将军的大会。在那里，我亲眼看到张爱萍将军被批斗，而且是跪在地上被批斗的！这个场面给我的打击太大了，我没有想到连张爱萍将军这样德高望重的人也不能幸免于难。这个场面给我的打击太大了……我惶惶地走出了门，走上了北京那贴满了大字报的凌乱街头，心里禁不住感到一阵阵彻骨的寒意。[①]

王大珩一无所获，怀着沮丧的心情从北京回到长春，他的心和寒冬一样冰冷。但他不愿意放弃，他抱着一线希望，要再努力一次。他想起了一直以来对长春光机所非常关心的中央军委副主席聂荣臻元帅。聂荣臻十分关心国防科技，早在 20 世纪 60 年代，他主持的国防科委便大力支持长春

---

① 王大珩：我的半个世纪。见：梁东元编，《倾听大师们的声音》。武汉：湖北长江出版集团，2007 年，第 103 页。

光机所开办光机学院。不仅如此，他对长春光机所研制"150-1 工程"也很关心，时常过问研究进展。于是王大珩想方设法联系到了聂帅办公室，请求聂荣臻对研究所进行一些必要的保护。那时候，王大珩差不多每天都要和聂荣臻的秘书通过电话联系，汇报光机所的情况。在后来形势乱起来后，王大珩提出要求：能不能请求部队来保护光机所？在聂帅的关怀下，1967 年 7 月，中国人民解放军驻长春部队奉中央军委命令进驻光机所实行军事保护，12 月，长春光机所实行了军管。这在当时是全国唯一受到军队保护的科研单位。

在聂帅的关心下，长春光机所暂时得到了保护。虽然这些保护也仅仅是让"造反派"不做出格的事，但相比国内的大环境来说，光机所的秩序暂时已经算是好的了。平静仅是短暂的，1968 年开始，军管会中的某些人为了实现个人的野心，为了把光机所变成一个抓阶级斗争的典型，借着全国"清理阶级队伍"的机会，在长春光机所挑起了一场灾难。

在这种"清理阶级队伍"的形势下，长春光机所掀起了一片"抓特务"之声。军管会的某些人叫嚣：知识越多，权威越大，越反动！研究所成了"重灾区"，凡是到国外去过的或者过去跟国民党有点关系的人都莫名变成"特务"了，所里的科技干部、领导班子中的大多数人都受到了冲击，连所里德高望重的老领导、中国科学院学部委员吴学蔺，以及曾保护了"150"样机不被破坏[①]的老党员、老专家龙射斗都被无辜送到公安机关关押。一时间风云变色、秩序混乱，所里人人自危。不仅如此，许多干部、科技人员举家下乡插队落户，例如当时所里的副所长、老专家张作梅就被下放到农村插队。还有的骨干或是被停止了工作，或是去农场接受"劳动锻炼"，或是被发放到车间接受再教育。

那是长春光机所历史上最阴暗的一段日子，几乎每天都有人被突

---

① "根据新型导弹试验的需要，150 光学电影经纬仪先后生产了 5 台。1967 年年初，导弹试验基地设备研究所派张曰仁等数人来到长春光机所，督促第二台 150 的安装调试工作。此时正是长春武斗最激烈的时候。每天，他们冒着枪林弹雨，猫着腰溜进光机所的车间。只听子弹从耳边嗖嗖地飞过去，有的同志拣起地上的子弹头放在手里，热得直烫手。"可参考李培才著：《太空追踪：中国航天测控纪实》。北京：中共中央党校出版社，2005 年，第 17 页。

然送去隔离审查，不断地有新的特务被供出来，越来越多的人受到了牵连……[1]

"文化大革命"结束以后，光机所职工回顾往事，震惊地发现，在特殊时代里，光机所里许多干部、科技骨干无辜蒙受了不白之冤，有人被勒令进"学习班"做检查交代，还有人被押送到公安机关，被隔离审查的达200多人，甚至有12名科技人员、干部和家属含冤而死[2]。"文化大革命"后复查的结果证明，这些所谓的"特务"案全部都是冤假错案！

军管会某些人迫害知识分子，干扰科研秩序。因为他们的无知和别有用心，居然把"大跃进"期间研制出来的、代表长春光机所成就的"八大件、一个汤"污蔑为"废铜烂铁"、"白菜帮子汤"，对这些在科技界受到瞩目的成果进行了全盘否定。他们不懂科研，把所里的研究室和工厂车间完全打乱，编成"中队"、"大队"，导致工程工作无人能干、长期停滞。甚至在产品的试制和生产上胡乱指挥。例如，在生产160B型经纬仪时，某些人无视科学规律，不搞试制便强令投产，导致生产周期拉长，产品质量变差，返修量大，造成很大的损失。王大珩对研究所遭到这样的破坏深感痛心，他回忆那时候的混乱状态：

> 合理的规章制度被取消，严重地影响了科研生产的质量。……原来的不少实验室，如精密机械材料、热处理、精密轴承、精密计量等，都被撤销了。整个一座实验楼的试验设备基本上都被扫地出门。如精密材料尺寸稳定性的实验，积累了二十余年的数据，非常可贵，现在已是一无所存。[3]

---

[1] 王大珩：我的半个世纪。见：梁东元编，《倾听大师们的声音》。武汉：湖北长江出版集团，2007年，第104页。

[2] 王扬宗、曹效业主编：《中国科学院院属单位简史（第一卷 下册）》。北京：科学出版社，2010年，第1062页。

[3] 案卷号1977-2-33，《院工作会议简报》第18期，《一场触目惊心的灾害——长春光机所王大珩同志在二十五日大会上的发言（摘要）》，存于中国科学院的文书档案。

提到王大珩个人的境遇，他常感慨相对于那时候的大多数人来说，自己是幸运的。

"文化大革命"开始后不久，因国防任务，国家要成立专门的部门研究代号为"6403"的激光炮和其他激光武器，1967年10月27日，王大珩被调到北京，负责"十五院"的筹建工作，他担任了国防光学研究院[1]筹建办公室副主任。筹建"十五院"期间，尽管他仍属于"成分不好"的知识分子，要谨言慎行，但也暂时避开了发生在长春光机所里的动乱，远离了喧嚣，能够把精力投入到国防科学事业上来，但他心里仍挂念着长春光机所里遭到不幸的同事和朋友们。

1969年，因"十五院"解散，王大珩回到了长春光机所[2]，1971年他担任了革委会副主任职务。虽然他头上挂着领导职务，但在所里的处境并不好。他被别有用心的人比作电影《海港》里的反革命分子钱守惟，被所里的当权派扣上了"资产阶级反动学术权威总代表"、"牛鬼蛇神的总后台"、"买空卖空的大老板"、"反党"、"反军"等的大帽子，当着全所人员被公开点名批判[3]。

王大珩在光机所里得到群众的广泛拥护。1974年1月7日，军管会在所里开办"718"学习班。这个学习班并不是为了解决科研和生产上的问题，而是所里的某些人以学习班的名义，大抓"意识形态领域里的阶级斗争"的产物，军管会的某些人在所里叫嚣，"凡科研生产中出现的问题，都要从政治上查找原因！"学习班上，一部分参加"718工程"的科技骨干人员被点名批判，当批斗蔓延到王大珩身上时，研究所里善良的群众都感到了愤慨[4]。

一次，军管会在大礼堂开全所大会，要大家揭发对军管会不满的人和

---

[1] 即国防科委第十五研究院。

[2] 1971年8月15日，国防科委第十研究院通知长春光机所番号为"中国人民解放军第1018研究所"，代号称"中国人民解放军沈字六一九部队"。

[3] 案卷号Z382-688，《长春光机所在全国科学大会上的发言稿及相关贺信》，存于中国科学院档案馆。

[4] 宣明、孙成志、王永义、王彦祚编：《中国科学院长春光学精密机械与物理研究所所志》（1952-2002）。长春：吉林人民出版社，2002年，第250页。

事。会议中间，突然有人站起来"揭发"说：王大珩曾在北京的招待所里说过对光机所的军管会不满的言论。一言惊起千层浪，会场一片哗然。军管会的某些人闻言如获至宝，以为拿到了他的把柄，立刻就有爪牙叫嚣着要把他推上台批斗。在后排群众席上听会的王大珩一言不发，面色沉着地站了起来，全场顿时鸦雀无声。片刻后便有职工站了起来，打破了这难言的沉默，群众挺身证明：是告密者自己对军管会有看法，王大珩没有过错！正义人群的声援，令军管会某些人尴尬异常，此事便不了了之。

王大珩为光机所的发展所做的工作是有目共睹的。面对别有用心之人的污蔑，所里的同志们站了出来为他伸张正义。甚至有人因为保护他而被当权派屈打成了"特务"，受到不公正，甚至是野蛮的对待。王大珩感谢那些在暗无天日的日子里保护他、为他主持正义的人们。但他更为那些蒙受不白冤屈的人们感到悲伤和愤懑！之后，这个"学习班"因吉林省委统战部干预，草草收场。

因为环境的恶劣，那时候王大珩虽然还能进行一些科研工作，但也不得不做一些额外之事。当权者对他的安排，名曰"三同"，实为"监督劳动"[1]。那时候他主动去扫厕所，与受到不公正待遇的职工们一同参加劳动。他没有什么抱怨，觉得比起很多老同志来说，自己得到的"待遇"已经够好了。即使是扫厕所，那也是为人民服务！他自愿劳动，抱着在劳动中改造自己思想的想法，除了正常上班工作之外，一丝不苟、认认真真干起了体力活。

不仅如此，即使是"文化大革命"后期，全国的秩序开始渐渐恢复的时候，光机所作为"重灾区"，情形并没有好转多少。那时候，中国与国外时有科技往来，王大珩作为业内的资深专家，有时候会被安排接待外宾或者是率领代表团出国考察。但因为某些人争权夺利的私心，不顾国家利益，王大珩的出访工作一而再、再而三地遭到了阻挠。军管会的某些人对他甚至破口大骂，攻击他"上面有根，下面有人，根子在北京"，等等[2]。

---

[1] 案卷号 Z382-688，《长春光机所在全国科学大会上的发言稿及相关贺信》，存于中国科学院档案馆。

[2] 同[1]。

因为种种倒行逆施，研究所里的秩序无法恢复，正常的科研工作无力开展，宝贵的时光被白白浪费，这是多么令人无奈的事情！在这风雨飘摇的时刻，王大珩苍老了、消瘦了，脸上也没有了笑容。他眼睁睁看到光机所大批的科研骨干遭到劫难，无法开展工作；他看到许多对国家忠心耿耿，对科技事业无比投入的老同志们被污蔑为"特务"，甚至有人因此蒙冤自杀。光机所的基础就这样一点点被毁掉，他的心在滴血，他感到悲哀和痛心。

我十分痛心在"文化大革命"中受屈和牺牲的同志，其中有才华洋溢从事150-1工程结构设计的王子馨，在金属热处理上做出踏实贡献的刘正经，在装校及精细加工富于创造的佘杰，在上海有量子电子学专家黄武汉。在那暗无天日的日子里，奸人总想屈打所里的某些人逼供我是大特务。我感谢那些对我爱戴，主持正义，使奸人未能得逞的同志……①

最后，王大珩将千言万语化成一声叹息："我虽然因为受到保护没受到身体上的那些磨难，但是精神上的磨难也的确是够受的。"②

接受水晶棺研制任务

1976年9月9日16时，中央人民广播电台万分悲痛地对外播报：中国人民的伟大领袖、伟大导师毛泽东主席于当天凌晨0时10分在北京逝世。噩耗传来，山河变色，全国上下都沉浸于巨大的哀痛中。国家做出了长期

---

① 王大珩：《光学老又新，历程似锦》，1990年。存于中国科学院长春光学精密机械与物理研究所档案室。
② 林祥编，李鸣生采访：《世纪老人的话：王大珩卷》。沈阳：辽宁教育出版社，2000年，第47页。

保护主席遗体的决定。

1976年9月13日,中央领导小组办公室召开了会议,决定成立安放毛主席遗体的水晶棺制作小组。除了水晶棺,国家还要建立毛主席纪念堂,将安放毛主席遗体的水晶棺移入堂内,让广大人民群众瞻仰遗容,缅怀领袖,让领袖的精神永久传承下去。制作水晶棺听起来简单,但其实是一项极其精密的工程。设计上和制作上要解决的细节和难题很多。因为任务紧急,在当时被称为"一号工程"。

水晶棺研制任务由许多部门协作完成。水晶棺制造由北京市玻璃总厂、国家建筑材料研究院、621所、国家有色金属研究院承担;大理石棺座由北京市大理石厂负责;控制部分由北京自动化所、北京分析仪器厂等单位承担;照明光源部分由北京光源所牵头。其中,水晶棺制造是这项工程的核心部分。

这具水晶棺并不是普通烧制的玻璃棺材,它既要能够保护毛泽东主席的遗体不受到外界环境损坏,还要让前来凭吊的群众透过水晶棺瞻仰敬爱的毛泽东主席遗容。如何既能起到保护作用,还能达到最佳的瞻仰效果,这便要对水晶棺做特殊的处理。中央政治局对水晶棺提出了两个要求,一是水晶棺选材不能使用普通光学玻璃材料。二是要达到最佳瞻仰效果,要求水晶棺梯形的坡面上不能倒映出遗体的影像。解决这两个关键问题是水晶棺研制工作的重中之重。

当时在国际上,只有苏联的列宁、斯大林和越南胡志明的遗体使用过水晶棺,但都没有公开的技术资料可供参考,且这些"水晶棺"只是由普通光学玻璃制作而成。选用何种优质的水晶材料作为原料呢?经过反复试验比较,研究人员决定使用提纯后的东海水晶作为水晶棺的材料。

在解决倒影问题上,中国科学院和国家计委找到王大珩,希望能够借助他多年从事光学研究的经验来完成这一任务。和他一起参加工作的还有他的老伙伴龚祖同。

王大珩参与到这个任务中来还历经了一段波折。原来,长春光机所在"文化大革命"时为"重灾区",即使在粉碎"四人帮"以后,某当权军代表仍然对王大珩怀有敌意,他卡住了科学院下发到长春光机所要王大珩去北京参加修建毛主席纪念堂的工程任务通知，直到国家计委点名后，他才"无可奈何"地放行。

光学专家们来到北京后，投入到了紧张的工作中。1977年9月10日的《人民日报》报道了王大珩来京参加工作的情景：

> 光学专家王大珩接到参加研制水晶棺的任务后，心情十分激动，迅速赶到北京。到京后，他不顾长途跋涉的疲劳，立即参加了战斗。几个月来，不论是严冬还是盛夏，他总是不分昼夜地紧张工作着，对水晶棺的光学设计，提出了很有价值的建议，攻克了一些重要的技术难关。[①]

王大珩和龚祖同对水晶棺的烧制、焊接、切割、研磨、抛光、黏合、组装、镀膜等多道工序进行了现场的技术指导，帮助解决了诸多实际问题[②]。王大珩回忆这具水晶棺是由集体的智慧结晶凝聚而成的，在设计上他们的思路是这样的：

> 理想中的成品应该是在设计上与周围的环境相称——人们瞻仰的是主席遗容，而不是水晶棺，不能喧宾夺主。坚持这一原则，制造水晶棺在解决配光技术、动静效果、光学的反光映像等问题方面，都进行了一些细而又细的创新尝试。[③]

成品水晶棺长度为2.28m、宽1.08m、高0.48m、水晶玻璃厚度为40mm，设计上由棺盖一块板和棺体四块板组合而成。王大珩看到了水晶棺的设计图纸，仔细研究后，他不仅仅关心水晶棺的光学问题，还从力学的角度出发对水晶棺组合和支撑提出了一些建议。时隔多年后当事人回忆：

---

① 精心敬制毛主席安卧的水晶棺.《人民日报》，1977年9月10日。

② 王大珩：《付出光阴逐光华》。见：何平、柳方园、袁梦令主编，《中国高层新智囊：影响中国进程的精英传记（第2卷）》。北京：党史研究出版社，2007年，第914-915页。

③ 同②，第915页。

该任务的艰巨性,一旦出现问题,就面临全部返工。于是在向上级汇报商量之后,决定邀请时任中科院长春光学所所长的著名光学家王大珩院士审查图纸,希望王大珩的把关能把风险降到最低。王大珩很快就赶来北京……审查后说:"图纸数据都没有什么问题,但是我还想提一个小小的建议,不管化学所研究的胶有多么的牢固,有机胶总是会有老化的时候,万一这个胶老化了怎么办?最好能让五块棺板在没有胶的情况下也不至于塌下来。"他建议李家英使用"虚空原理"(一种能达到自动平衡的方法),再稍稍改动一下棺板的角度,达到自动平衡,这样水晶棺的五块板材即使在没有胶的情况下,也不会出现坍塌。①

解决了棺板的结构支撑难题,专家们经过多次试验,确定了水晶棺在纪念堂的安放位置。科研人员用石膏像代替遗体对水晶棺做了测试,当照明灯亮起,在场工作人员清晰地看到,光亮的水晶棺板上映射出了数个倒影。这些倒影是光线通过水晶棺板后发生折射而产生的。

如何解决倒影问题?光学专家们进行了一系列的运算和分析。他们实验了从各种角度和在不同的灯光下观察水晶棺的情形。考虑到水晶棺是静止的,但参观的群众是不断走动着的;且参观的人有高有矮,人眼是从不同角度看到水晶棺的。这动与静的关系到底该如何处理?

光学专家们考虑后,决定让水晶棺侧板倾斜度为60°,并采用真空镀膜的方式来解决这个问题。1977年6月,光机所承担了题为"水晶棺光学

图 11-1 长春光机所参建毛主席纪念堂的奖状

---

① 姜莹莹、董毅然:我们研制了毛主席的水晶棺。《传奇》(《传记文学选刊》),2007年第1期,第39-43页。

薄膜保护膜的研究"的课题任务。这项任务的负责人是王大珩,并由北京微生物所、北京物理所协作完成。王大珩建议:在水晶玻璃的表面上均匀镀上一层厚度约20mm、长度约2m、宽度大约在0.8m的水晶玻璃表面均匀镀上一层特殊增透膜。在水晶棺镀上增透膜之后,透光率增加为99%,光线通过镀膜透过去后不会产生反射,自然就不会形成倒影了。不仅如此,他还提出,最好为水晶棺再加涂一层防潮膜,这样增强了水晶棺的防潮性能,更是万无一失。他亲自示范,教授技术人员如何一寸寸为水晶棺涂上由武汉大学化学系生产的一种野战军涂镜头用的憎水膜。

为了解决水晶棺光学薄膜在恶劣环境下受到侵袭后腐蚀损坏问题,研究了涂49号光学玻璃防雾剂保护膜,分别进行了湿热、霉菌和馆内特定条件的试验。试验表明,49号保护膜对底膜为SiO_2材料的双层、3层和4层增透膜保护效果好,而聚合氟乙丙烯保护膜对底膜为MgF_2材料的薄膜具有有效的保护效果。其消反射光和耐腐蚀均获得最佳效果。同时也进行了水晶棺保护膜的牢固试验。实验证明,涂有保护膜对表面抗磨性有很大提高,对清除水晶棺表面上的灰尘耐摩擦有一定的益处,透过水晶棺可清晰地看到毛主席遗体。该项研究为保护毛主席遗体作出了重要贡献。[1]

水晶棺研制就这样获得了成功,而光学镀膜技术也在水晶棺研制过程中得到了发展。

可以说,水晶棺综合运用了现代高技术,是我国科学技术史上的一大奇迹,它的许多科研成果后来都应用到我国的经济建设和人民生活中。[2]

1977年8月19日,毛主席遗体被静静地安放在建成的纪念堂中。

---

[1] 案卷号 Z382-1026,"水晶棺光学薄膜保护膜的研究",存于中国科学院档案馆。

[2] 王大珩:付出光阴逐光华。见:何平,柳方园,袁梦令主编,《中国高层新智囊:影响中国进程的精英传记(第2卷)》。北京:党史研究出版社,2007年,第915页。

1977年9月1日，毛主席纪念堂正式对外开放。直至今日，当人们走进纪念堂中庄严肃穆的瞻仰大厅，可以清晰地看到毛主席遗容栩栩如生，安卧在一个以黑色泰山青花岗石为基座，气魄雄伟、晶莹剔透的大型水晶棺内。群众在瞻仰毛主席遗容的同时，缅怀他的遗训！

在激情中迎接春天

1977年8月，王大珩接到上级通知，叫他到北京去参加一个会议。但当时并没有人告诉他，要参加的是什么会议，会议的议题是什么？他带着疑惑，简单收拾了行装，来到北京饭店报到。

在饭店的报到桌前，王大珩拿到了参加会议的名单，这才知道一同来开会的都是来自全国各行各业的科学家和教育部门的负责人，其中有一些人还是他的老朋友。名单上写的参加会议的人除了王大珩以外，还有吴文俊、马大猷、郝柏林、张文裕、汪猷、钱人元、童第周、邹承鲁、张文佑、叶笃正、黄秉维、严东生、王守武、许孔时、高庆狮、金善宝、黄家驷、周培源、沈克琦、何东昌、潘际銮、吴健中、杨石先、史绍熙、唐敖庆、苗永宽、查全性、程遒晋、沈其益、宗永生、温元凯等老、中、青科学工作者和教育工作者30人。根据物理学家沈克琦教授回忆，当时发放到各人手中的参会人员名单写得非常简单：

> 座谈会名单标题只是《名单》二字，前四页都是所请专家名字，上面内容为"姓名""年龄""政治面貌""职务""专业""单位"几项。第五页则为出席会议领导和工作人员名单，只有两项内容"姓名""单位"，如"方毅 科学院""刘西尧 教育部""胡乔木 政治教研室"。①

---

① 陈芳：历史转折的标志——沈克琦先生忆1977年全国科教座谈会。见：中国人民政治协商会议北京海淀区委员会编，《海淀文史选编（第14辑）》。2007年，第3-4页。

虽然不知道会议主题是什么，但从这份参会名单来看，与会人都预感到这将是一次不同寻常的会议。8月4日一大早，在工作人员的引领下，王大珩来到了人民大会堂台湾厅，这是一次令他终生难忘的座谈会——由已恢复工作的邓小平主持的全国科学教育座谈会。

邓小平非常重视科技的发展，曾多次视察过长春光机所。王大珩对邓小平充满了感激。2004年，在为纪念邓小平同志百年诞辰出版的《春天长在 丰碑永存——邓小平同志与中国科技事业》一书中，王大珩感慨：半个世纪以来，自己和小平同志的接触，是他一生中最美好的回忆[①]。

> 1964年7月10日，小平同志第二次来光机所，那时光机所正值大发展和不断取得科研成果的时期，我陪同小平等中央领导同志，再次参观光机所。他对长春光机所从建国初期的艰苦创业，到1960年之后的蓬勃发展，是有很深刻的印象的。他对长春光机所发展之快表示满意。我向小平同志汇报了我所光学工程事业的进展，得到小平同志的嘉许。当小平同志听到光机所研制成功的红宝石激光器，仅比世界上第一台激光器晚十个月时，连声称赞说："好！好！大长了中国人的志气。"不用说，我的心里是热乎乎的，无形之中也形成一种对小平同志的亲切感。[②]

在1977年的这次科教座谈会上，王大珩再次见到了他所仰慕的邓小平同志。其实早在这次会议之前，邓小平便在思考中国的发展方向，他认为，中国和国外比在很多地方有差距，要实现"四个现代化"要从科学教育入手。他对相关的同志提到，"最近准备开一个科学和教育工作座谈会，找一些敢说话、有见解的，不是行政人员，在自然科学方面有才学的，与'四人帮'没有牵连的人参加"[③]。

[①] 王大珩：美好的回忆和感受。见：宣明主编，《王大珩》。北京：科学出版社，2005年，第19-22页。

[②] 王大珩：美好的回忆和感受。见：《春天长在 丰碑永存——邓小平同志与中国科技事业》。北京：科学技术文献出版社，2004年。

[③] 顾迈南：《报国 回忆我所采访的科学大家》。北京：中共党史出版社，2011年，第30-31页。

在 8 月 4—8 日的会议上，邓小平认真地向每一位与会人员了解情况，听取他们的意见。一开始，大家尚未敞开心怀，刚刚恢复工作不久的老教授还心有余悸，谈话时谨小慎微："小平同志，我们这批人，资产阶级世界观还没有改造好。一定要进一步到工厂、到农村，接受贫下中农再教育。"① 但在邓小平有意识的动员和激励下，大家渐渐放开了思想、畅所欲言。邓小平号召科学家和教育家们抓紧时间、迎头赶上，要花很大的力量把损失的时间抢回来！小平同志的话让与会人员受到了很大的激励，大家纷纷发言，要把在心里憋了 10 年的话全部都讲给邓小平听。

> 这是一个畅所欲言的座谈会。三十几位教授和科学家控诉了"四人帮"残酷迫害科技人员的罪行，要求澄清教育战线 17 年究竟是红线还是黑线；有的建议高等学校招生恢复考试制度；有的提出给工农兵学员补上基础课；有的呼吁关心和改善中年科技人员的生活待遇；有的希望重建国家科委，主张恢复六分之五的科研时间……②

王大珩对自己能够参加这次座谈会感到十分荣幸，他的心中有千言万语要向敬爱的小平同志倾诉。他想到了"文化大革命"灾难深重的 10 年，自己的心中曾经压抑了多少的愤懑，但是他顾不得说自己个人的经历，而是和小平同志汇报起了长春光机所的情况。

"文化大革命"的摧残对长春光机所是沉重的打击。这一期间，对长春光机所破坏最大的是某些军代表的胡作非为，光机所里正义的群众纷纷向上级反映情况，引起了科学院的重视，但一时间，问题尚未完全解决。早在 1977 年 6 月 25 日，王大珩已经在中国科学院的工作会议上，以《一场触目惊心的灾害》为题，对某些人的胡作非为做了一番控诉，他提到，尽管"四人帮"已被粉碎，但某些人仍然顽固地坚持错误立场，阻碍光机所的工作，他诚恳请求上级派工作组进驻研究所，帮忙解决问题。

---

① 温元凯：我亲历"国务院科教工作座谈会"。《解放日报》，2008 年 5 月 12 日。
② 顾迈南、杨建业：运筹帷幄 决胜未来。《瞭望》，1984 年第 41 期，第 9 页。

时隔不久，在这场科教座谈会上，王大珩再次对光机所遭受的苦难表示了痛心，他说，"文化大革命"对长春光机所的仪器设备、实验室破坏很大。而当权者不懂科研，胡乱指挥，对科研人员无法做到合理安置，让他们做与自己专业不相匹配的工作，工作积极性严重挫伤；另一方面，由现役士兵负责操作高级仪器设备，而军队人员流动太快，他们往往刚学会使用便离开所里，高级仪器设备发挥不了应有的作用，造成很大的浪费。他更是告诉小平同志，在特殊年代中因阶级斗争扩大化和某些人的胡作非为，长春光机所成了"重灾区"，许多知识分子无辜受到了迫害、摧残。

王大珩反映，掌握实权的军代表强迫知识分子"下乡"，不让他们返城，剥夺了他们做科研的权利。而且在长春光机所里"大抓特务"，把大批的科研人员和群众打成了"特务"；利用兼任的吉林省科技领导职务，在原吉林省领导的支持下，组成了六个宣讲团，在全省扩散整人、揪斗的经验，让其他单位效仿，在省内外科技界造成了极坏的影响。据统计，长春光机所的冤案，牵连到16个省、市、自治区的60多个单位2000多人。而上海光机所、西安光机所、安徽光机所等兄弟单位受影响尤其严重，例如，上海光机所1200余名职工中，有200多人被揪斗。在其他单位里，吉林大学抓了一百多名"特务"；中科院计算技术所里，副研究员以上很多人被怀疑为"特务"；全国许多化学所都受到了牵涉。

王大珩把研究所里的情况一五一十说给了小平同志听。他告诉邓小平，在粉碎"四人帮"以后，军代表还在坚持错误思想、竭力压制群众。虽然省委已经对他做了停职检查，但他的副手还在所里主持工作，坏影响并没有消失。王大珩说，我们还要努力战斗、打开局面。王大珩在会上所控诉的科技人员受到的残酷迫害的情形，激起了与会人员的极大愤慨，邓小平当即便表明了态度。有文献这样记载：

　　邓小平听了，十分气愤，他当即转身对在座的科学院负责人方毅说："就从吉林那里着手，与王恩茂通个电话，请他们指定人专门解决科技界的问题。像吉林光机所的军代表动不动就把人送公安局那样的问题，要抓典型调查，集中解决，要把整个冤案平反。先平反再说，个别有问题的另做处理。"①

在邓小平的关怀下，长春光机所的问题在短时间内便得到了解决，倒行逆施者得到了惩戒，冤案得到了平反，光机所里很快便恢复了科研工作的正常秩序。更值得庆贺的是，军代表被查处后，在吉林省科技界里造成的坏影响也得到了纠正。王大珩在科教座谈会上的控诉，引起了领导人的重视，对长春光机所，乃至吉林省科教界秩序的恢复都起到了作用。

汇报长春光机所的情况后，王大珩和其他与会人员一起，与邓小平详谈起了要尊重知识、尊重人才，要抓科研、抓教育，他们还谈到了要恢复高考。这次的科教座谈会，虽然与会人员不多，规模不大，但却是一次被载入史册

图 11-2　1978 年 12 月，王大珩与中科院长春分院领导班子成员合影（右二：王大珩）

的会议。科学家和教授们的发言，谈到了中国未来的发展要依靠科技和教育，为后来举行的全国科学大会确定了许多大政方针。

不久，王大珩作为来自全国科学界的 6000 名代表之一，参加了 1978 年 3 月 18 日，在人民大会堂举行的一次空前的盛会——全国科学大会。在这次拨乱反正、气势恢宏的科学大会上，邓小平发表了重要讲话，他指出四个现代化的关键是科学技术的现代化，并着重阐述了科学技术是

---

① 顾迈南：《报国 回忆我所采访的科学大家》。北京：中共党史出版社，2011 年，第 33 页。

生产力的观点。会上,邓小平首次提出了知识分子也是工人阶级的一部分。邓小平的讲话让与会的科技英豪们倍感激动,王大珩感到这次大会"给我们从事科学技术的工作者指明了努力的方向,确实感到科学的春天到来了"①。

王大珩斗志高昂,他代表长春光机所的职工们在科学大会上介绍了研究所里的情况。他慷慨发言,强调了全所职工将为实现四个现代化而努力奋斗的坚定决心!

> 长春光机所正在发生着深刻的变化,广大科技人员欢庆获得了第二次解放,精神振奋,斗志昂扬,科研生产逐步上升。最近,我们已经拟定了一个远景发展规划。我们设想要在八年内,把光机所建成一个包括四个分所和一个相对独立的实验工厂的光学和光学工程的研究基地。在20世纪末,光机所将要发展成为具有世界第一流水平的光学研究中心。我们决心响应华主席和党中央的伟大号召,为把我国建设成为伟大的社会主义现代化强国而奋斗。我们决心乘这次全国科学大会的东风,奋勇前进,为我国实现四个现代化作出新的贡献。②

全国科学大会以后,科学和教育界的积极性空前高涨,全国上下,一片建设社会主义的热情和勃勃生机。在一系列的拨乱反正后,王大珩和长春光机所的科技人员们,以雀跃的心情、崭新的面貌,迎着朝阳,热烈欢迎着科学春天的到来!

告别了阴霾,长春光机所在新的时代里焕发出了新的生命力,在春天里蓬勃发展。首先是在1977年11月,王大珩担任了光机所研究生招生工作领导小组的组长,主持开展研究生招生和培养任务,为新时期的科研培

---

① 王大珩:美好的回忆和感受。见:宣明主编,《王大珩》。北京:科学出版社,2005年,第19页。

② 案卷号 Z382-688,《长春光机所在全国科学大会上的发言稿及相关贺信等》,存于中国科学院档案馆。

养接班人。1978年，光机所招收了"文化大革命"结束后第1届的硕士研究生11人。紧接着，1978年8月，光机所建立所务办公会议制度，在王大珩主持下，研究所召开了第一次所务办公会，对研究所的科研任务做了部署。当年12月，光机所组成了临时学术委员会，指导和把握全所科研工作的方向，王大珩担任学术委员会的主任，副主任是吴学蔺、张作梅、唐九华和龙射斗等人。

在所务会和学术委员会的领导下，光机所一步步对其研究方向进行了调整，主要是破除"文化大革命"中不遵守科学规律带来的坏影响。1980年，研究所进行了机构改革，按照光学材料、光学设计和检验、激光、计量、光电学、机械、光学镀膜、化学分析等学科部署，设置了19个研究室和1个情报资料室[①]。1981年又根据实际工作开展的需要，组合激光光谱技术研究室、光谱技术研究室和光栅刻划研究室的资源，形成了光谱技术研究部。到1982年，对研究所进行进一步调整，增设太阳模拟器研究室和计算中心，全所按照研究方向划分为6个版块，共22个研究（技术）室，两个中心[②]。在此基础上，1983年以后，根据中国科学院体制改革要求，光机所把各研究室纳入"部"进行管理，全所陆续被分为应用光学部、光谱技术部、精密机械部、光学材料部、光电工程部、精密仪器部，并筹备成立国家重点实验室等。合理的机构布局充分调动起科研人员的积极性，光机所翻开了新的一页，科研生活一步步走上了正轨。

---

① 19个研究室分别是：光学材料、化学分析、电真空器件、光学设计及检验、光学信息处理、精密齿轮及传动、轴承及摩擦磨损润滑、激光光谱技术、光学镀膜、金属材料及加工工艺、光学晶体、光学仪器、光电工程、光度与遥感、光谱技术、精密刻划、光电编码技术、光栅刻划、机构学。此外还有情报资料室。

② 技术光学：光学玻璃研究室、光学设计及检验研究室、光学镀膜研究室、光学晶体研究室。现代应用光学：光电器件研究室、光学信息处理及全息术研究室、光学遥感仪器与技术研究室、光学遥感地面实验与色度应用研究室。精密机械与机械学：精密机械传动研究室、精密机械润滑研究室、精密机械材料研究室、机构学研究室。光谱技术与光谱仪器：激光光谱技术研究室、光谱技术与仪器研究室、衍射光栅研究室。光电工程：光电跟踪测量研究室、精密刻划技术研究室、数字化测角技术研究室。技术系统：情报、图书资料研究室，化学技术研究室、太阳模拟器研究室和测试中心、计算中心、工程技术室等。

光荣入党

在全国科学大会以后,王大珩深有一种"是时候了"的感觉——入党,成为他心中热切渴望的一件事。

王大珩对中国共产党的认识是从学生时代开始的。"一二·九"运动中,他听进步的同学提起过中国共产党。留学英国的时候,钱三强也介绍过陕北的情况。但据他回忆,那时候"钱三强自法国来英国,带来了毛主席的《新民主主义论》,看后我表示赞成,但理解很不深刻。"[①] 在后来的学习和工作中,他对中国共产党的认识渐渐多了起来。在大连解放区工作的那段舒心的日子里,他切实感受到中国共产党对知识分子的关怀和尊重,对党组织有了深的体验并开始主动去了解。

中华人民共和国成立初期,全国有200多万名知识分子,他们虽然是在旧时代中接受了教育,但他们有很高的爱国热情,要求了解新社会、了解中国共产党、了解马列主义。王大珩是这200多万知识分子中的一员。早年的他,抱着科学家不问政治的态度,但新时代里有很多政治学习,他的心防很快便被打破了。他一边做着本职工作,一边花许多时间和精力学习新社会的新知识,自我改造思想。在一番学习后,尽管王大珩对许多问题的了解还不够深入,但他感到,自己的想法已发生了本质性的变化。他感触愈深就愈向党靠拢,力求用人民社会的规范来要求自己,他变得更加谦虚谨慎。这些变化是显而易见的,当时组织上这样评价他:

> 思想改造运动中能大胆检查个人自高自大名利思想,和批判对我党错误看法及正统观点、崇拜英美、不关心政治等倾向。抗美援朝运动中积极捐献。[②]

---

① 入党自传材料(1978年5月)。王大珩档案,存于中国科学院人事局档案处。
② 民主人士鉴定表(1957年10月)。王大珩档案,存于中国科学院人事局档案处。

王大珩在思想上要求进步，在生活上简朴，最难能可贵的是，他帮助、关怀着周围的人。20世纪60年代初，是国家经济上最困难的时候，粮食和物质都很短缺。王大珩从未叫过苦，还常常说服家人要克服困难，他抱着乐观之心：现在的困难都是暂时的！他拿出自己的所得帮助周围有困难的人，"在学院兼课所得的报酬，第一次一百余元贴补了幼儿园，第二次一百四十余元也坚决不要，让行政上给经常出差生活困难的同志作补助，在群众中的影响是很好的。"[①]

王大珩对中国共产党的感情很深厚，他在思想上、行动上，处处以中国共产党党员的标准来要求自己，他渴望加入这个进步、代表着人民利益的组织。1956年，他申请入党，在很长一段时间里，他认认真真接受了党的考察。

1978年，在经历了一番磨砺之后，国家走上了发展的正轨，王大珩感到时机已经成熟。已过花甲之年的他再一次向组织上提交了入党申请书。

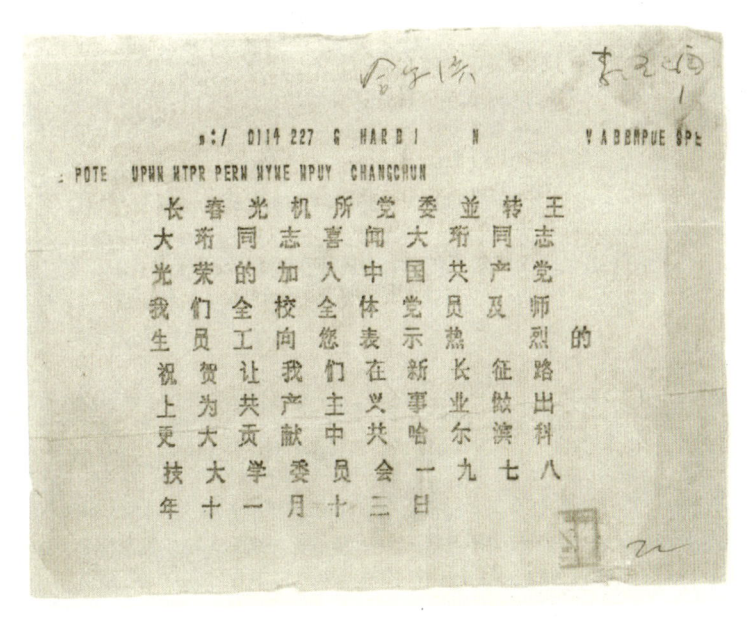

图11-3　1978年，哈尔滨科技大学（现哈尔滨理工大学）祝贺王大珩入党

---

① 王大珩政治思想动向类型材料（1963年3月）。王大珩档案，存于中国科学院人事局档案处。

他请来贾力夫和龙射斗两位老同志作为自己的入党介绍人,在申请书上庄重写下自己的誓言:"为实现党的纲领,为实现共产主义事业,努力不懈,积极工作,奋斗终生!"

1978年10月16日,经过长春光机所党委批准,他期盼多年的夙愿终于实现了,他被党组织接纳,成为了一名光荣的中共党员。1978年11月2日,长春光机所庄重举行了"王大珩同志入党宣誓大会",中共吉林省委书记高扬出席了大会。大会上,王大珩热泪盈眶,他庄严宣誓,发誓要为共产主义奋斗终生,要为中国的科技事业做出新的贡献!

第十二章
沉甸甸的责任

拨乱反正之后，王大珩总是迫不及待要找回失去的那一段时光。他常常觉得，压在心头的是那挥之不去的紧迫感和沉甸甸的责任。在春风吹遍神州大地后，科学家们的目光放得更长远了。

促发展计量科学

一直以来王大珩对中国的计量科技事业的发展十分关心，他被同行誉为是计量科学技术事业的奠基人之一[①]。

计量，是一种实现单位统一、量值传递的活动。计量在我国历史上曾被称为度量衡或权度。人们在生产、生活、贸易、科学等各行各业，都需要借助计量手段、测量活动来认识事物，计量科学是有关测量知识领域的一门科学。计量学包括的专业和应用范围十分广泛，根据被测量对象分类可以分为：几何量（长度）、温度、力学、电磁学、电子（或无线电）、

[①] 张在宣：王老与中国计量学院。见：宣明主编，《王大珩》。北京：科学出版社，2005年，第126-127页。

时间频率、电离辐射、光学、声学、物理化学（含标准物质）等。国家在生产和生活中离不开计量标准。例如，飞机要造多长，它的高度有多少米？生产一颗螺丝钉，不同规格对应的大小是多少厘米或是多少毫米？而这里的米、厘米、毫米等计量方式具体又有多长？有没有什么计量标准？

我国历代政府都很重视度量衡的统一工作，但因为社会制度和生产力水平的限制，度量衡的标准并没有实现全国统一。中国近代经历了半殖民地半封建社会，虽然当时国民党政府设立过度量衡局，但因为战争，度量局机构逃散了，国家计量及标准也随之陷于混乱。中华人民共和国成立之初，我国的计量科学发展并不完善，没有自己的计量标准，各行业主要以苏联的计量标准作为依据，需要定期将各种计量标准量具送到国外去做检定，再根据检定的结果在全国开展量值传递，指导各行各业的工作。

计量学专家、中国工程院院士张钟华曾经回忆过那时候中国计量标准要依靠国外的往事：

> 解放战争期间，国家度量衡局逃散了，国家计量及标准也随之流散。我听蔡金涛先生说过，他当时带着国家电讯基准标准电池到了香港，住在旅馆里几个月，不能决定到底去台湾还是回到大陆，最后决定带着标准电池回到大陆。别的计量及标准情况我不清楚，但是料想也会有非常坎坷的道路。当初国家还没有专门的国家计量机构，国家就把维护当时国家计量基准的任务交给了由王大珩先生领导的中国科学院仪器馆，但是这些计量标准当初还是实物，要进行量值溯源，在当时条件下请苏联帮忙是必然的。王大珩先生亲口对我说过，他当时是用棉被包着我国的标准电池，带到苏联进行电值溯源。我不太理解，棉被的保温性能行吗？王先生笑笑说，当时哪有你们现在这么好的条件；你们现在用控温箱、恒温箱，当然比那个年代好得多，但是那时候哪有这些优良设备呢？[①]

[①] 2015年1月31日，首都光学界纪念王大珩先生诞辰百年、传承大珩精神报告会，张钟华发言，中国科技会堂。资料存于采集工程数据库。

随着新中国全面建设展开的需要，没有国家计量标准造成了许多不便。尤其是对于仪器制造工作来说，没有统一的长度、温度、电学、光度等各种相应的计量标准，工作开展难度很大。于是在20世纪50年代，我国组织力量进行计量科学的研究。1954年7月10日，中国科学院院务常务会议决定要成立科学院计量基准工作委员会，由吴有训、严济慈分任正、副主任委员，王大珩与钱三强、秦力生、武衡、陆学善、钱临照、蔡金涛、丁西林、方俊、杨肇燫、叶企孙、饶毓泰等人担任委员。计量基准工作委员会，领导并组织力量进行计量科学的研究工作。

20世纪50年代初期，王大珩曾向中央政府提交过参加社会主义阵营的国际计量科学大会的报告，他希望能够多借鉴国外的经验，在国内建立自己的计量体系。1954年7月15日—9月21日，他作为"中捷科学与技术合作代

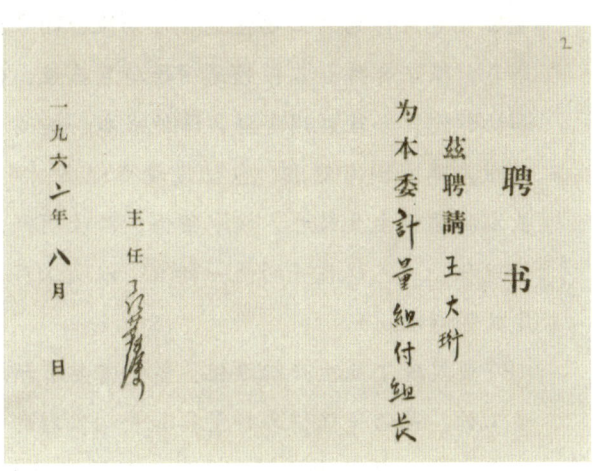

图 12-1　1962年，王大珩被科学技术委员会聘为计量组副组长的聘书

表团"成员，到捷克斯洛伐克考察了计量工作。作为一名应用物理学家，他深知计量研究对精密仪器制造行业的作用。从捷克斯洛伐克考察回来后，1954年10月18日，王大珩担任了在仪器馆成立的长度与质量计量研究小组的负责人。他希望仪器馆能在计量标准系统研究上有所突破。为了更好地展开工作，1955年6月1日—8月10日，他又一次去了捷克斯洛伐克考察计量基准技术，他珍惜在国外考察学习的机会，抓紧一切机会了解国外的这项技术。回国以后，王大珩在仪器馆指导开设了光度、温度、长度、电学等计量基准研究课题。

王大珩不仅仅是在仪器馆积极发展计量科学研究，他更关心国家的计量工作开展。1954年11月8日，国家计量局初建，他便被聘为技术顾问，

后来多次代表国家计量局出国考察。

1956年，在十二年远景发展规划制定时，王大珩参加了国家计量科研项目的编写工作，在建立我国计量基准、发展计量技术等项目上做了工作。现摘录《1956—1967年科学技术发展远景规划（修正草案）》中关于计量科学的文字，可见当时发展计量科学的重要性，以及该学科的发展方向：

> 制订和推行国家统一的先进技术标准，是发展国民经济、保证实现工业生产计划的必要措施。贯彻执行国家标准，就可以保证产品的质量，保证部件和零件的通用性与互换性，保证大量生产中的专业化和协作化，合理利用资源，降低成本，提高生产设备利用率和提高劳动生产率。国家标准，包括度量衡标准，产品的分类、型号、牌号、基本品质、主要尺寸、技术条件、验收规则、试验方法、包装运输保管规程、工艺规程等的统一标准，以及工厂安全标准，技术名词符号定义等标准。
>
> 要实现工业生产标准化，首先需要有精确而完整的计量工作。计量工作，是为了保证各种量具和量测仪器的一致，准确并监督其正确使用。其中包括为控制生产过程所需用的长度、质量、力学、电学、温度以至于光度、放射性方面的量度等。因此，计量工作，是贯彻生产规程的客观根据，没有它就难以保证生产过程的正常运行、机械部件的相互配合，也就难以保证生产质量。没有它，也将使科学研究不能很好进行。它也是贸易和日常生活所必需的。做好计量工作，除了必须建立健全的计量检定机构网而外，必须建立各种国家计量基准，后者是高度科学性的工作，必须从速进行。

在十二年规划中提出的"四项紧急措施"里，建立国家计量基准，开展计量科学研究的紧急措施赫然在列。按照安排，国家计量局建立了计量科学研究院筹备处，王大珩对此热烈响应、积极支持！

王大珩明白计量基准在国家生活中的重要性，他感到制定国家计量标准刻不容缓。在相当长的一段时间内，他带领长春光机所的科研力量和国内的计量科学研究者一起，为实现这一目标努力着。在苏联和民主德国（西德）的帮助下，我国建立了临时的千克基准、长度基准、千克基准天平、长度比

图12-2　1989年11月，王大珩（右三）在中国计量测试学会第三届理事会会议上讲话

较仪；掌握了标准电池的制造技术；比对了欧姆电阻标准；在温度计量方面制成了水的三相点器件和铂电阻高温计；制备了烛光灯……

"文化大革命"结束后，王大珩呼吁要加强计量科学的基础研究，他更是参加了一系列与之相关的组织、社团，以个人的声望和社会的力量促进该学科的发展。1978年中国计量测试学会成立，他当选为副理事长，1983年当选为理事长，1989年被推举为名誉理事长。为了加强计量科学的基础研究，培养后继人才，以保持我国计量科学的国际地位，经王大珩倡议，计量科学研究院、北京大学物理系及电子科学系、成都测试研究院和航天总公司计量所等单位联合，打破部门界线，集中力量，在1994年经领导机构批准成立了联合实验室，从事高水平的计量科学研究。王大珩被推举为该实验室学术委员会主任。这一举措得到当时国际计量局局长奎恩（T. J. Quinn）博士的赞许。

在王大珩的关心下，计量科学不仅在国内发展起来，中国在国际上也有了话语权。王大珩一贯积极参与计量科学的国际交流。令他最难忘的是1979年到1992年间，他被选为国际计量委员会的委员，每年10月参加国际计量委员会的年会，并三次出席国际计量大会。他深切感到自己"以专家的身份代表中国参加这个委员会，感到莫大的光荣，同时也有许多在学

术上值得回顾的内容。"[①]

国际计量委员会（CIPM）组织是1875年由法国发起，由《米制公约》会员国的委员组成。其主要职责是以直接行动或向国际计量大会提议的方式，确保计量单位在全球范围内的一致性。多年来，我国在计量科学中取得的研究成果有目共睹。在王大珩和计量专家的促成下，我国通过外交途径，于1977年正式成为米制公约成员国，不久后（1979年），便被邀请派出专家代表参加国际计量委员会。王大珩便是在这个时候成为国际计量委员会委员。

国际计量委员会的成员国最初只有17个国家，到2014年，成员国已扩大至56个，并包含附属成员和经济体41个、国际组织成员4个，但为了保持国际计量委员会的权威地位，委员会成员人数控制在18名，并每逢国际大会，改选成员1/3，世界许多知名的科学家和诺贝尔奖获得者都曾是该委员会的成员，可见其影响力之大。

图12-3　1989年9月26日，王大珩（前排左一）参加在法国召开的第78届国际计量委员会会议

[①] 王大珩：参加国际计量委员会的回顾。见：母国光编，《现代光学与光子学的进展 庆祝王大珩院士从事科研活动六十五周年专集》。天津：天津科学技术出版社，2003年，第55-60页。

在 1979 年 2 月 23 日和 3 月 10 日，国家计量总局局长李正亭写给王大珩的两封信中，提到了王大珩最初参加国际计量委员会的情况。这两封信谈到，1979 年，国家计量局有两项重大的外事活动，一项是与法国计量局代表团互访，另外一项便是 10 月派出代表团参加第十六届国际计量大会。国际计量局局长贾科莫（Giacomo）在 1978 年访华时，曾向国家计量局表示：国际计量委员会 18 名成员中将有一名缺额，请中国推荐一名知名的计量或物理学家充当候选人。经国务院批准后，王大珩以中国计量科学研究院顾问身份成为了候选人。国际计量委员会主席邓伍思（Dunworth J V）博士邀请他先以客人身份出席国际计量委员会会议，并告知，"除了没有投票权之外，将被认为是本委员会的正式成员"，且委员会除了正式事务，如财务报告之外，"进行投票是非常少有的事"[①]。李正亭在其中一封信中写道，贾科莫称，"邀请您（王大珩）作为客人参加，这是十几年来罕见的事，以前只邀请过二名著名教授当客人。"[②] 从信中可以看出，王大珩在成为国际计量委员会正式委员之前，已受到国际计量科学界同仁的热烈欢迎。1979 年，经委员会无记名通信投票，王大珩当选为国际计量委员会委员。

王大珩首次参加国际计量委员会便遇到了大会对光度"烛光"坎德拉定义的修订。我国开展光度计量基础工作已经有 10 余年了，并测出了可信的数据，并得到奎恩博士（1979 年为国际计量局副局长）的认可，他赞扬：中国的数据是最严密的！王大珩带着中国人的研究成果参加了大会讨论，并详细阐述了中国科学家对光度的认识。在这次（第 16 届）大会上，委员们通过了新的光度坎德拉定义。在此基础上，1982 年中国计量科学院成功研制了实现新的坎德拉的辐射发基准装置，精度达到了国际水平。

紧接而来，在 1983 年第 17 届国际计量大会上，王大珩又参加了"米"的新定义的论证。在国际计量委员会的工作中，他还对新温标、电学计

---

① 原国家计量总局长李正亭给王大珩的信（1979 年 2 月 23 日），存于中国科学院长春光学精密机械与物理研究所档案室。

② 原国家计量总局长李正亭给王大珩的信（1979 年 3 月 10 日），存于中国科学院长春光学精密机械与物理研究所档案室。

量、绝对重力加速度测量、时间与频率计量、质量及相关量计量等方面做出了许多探讨。他向来自各国的委员介绍中国在计量科学研究中取得的进展，赢得了世界一流科学家们的肯定和称颂。回国后，他组织相关单位和部门，对大会上发布的最新成果进行研究，促进了我国计量科学的发展。王大珩回忆那时候的情况：

> 在20世纪80年代期间，也就是我参加国际计量委员会期间，是国际计量工作发展最为活跃的时期，取得了许多重大成果和进展。我国参加国际计量的整体水平，虽然还赶不上国际一流的计量大国如美国、英国、德国、法国、俄罗斯等，但算得上是跻身于国际先进行列。正因为如此，在我引退时，国际计量委员会仍要我国提出后继人选。我殷切希望我国的计量科学水平能继续保持下去，争取取得更多突出的成就，这样才能保持在国际计量委员会有限数量的成员中占有一席之地。①

建议发展仪器仪表科学

除了计量科学之外，发展仪器仪表科学也是王大珩很重视的问题。

我国的仪器仪表行业虽然已经经过半个多世纪的发展，初步形成了产品门类齐全、具有一定生产规模和开发能力的产业体系。但总的来说，仪器仪表作为细节、配件，一直以来被人们看做是机器生产的配角。但王大珩认为，仪器仪表和大型机器制造同样重要，且这门科学表现得更精细和精密。在1956年的十二年远景规划中，他是其中有关仪器仪表事业发展规划的主要执笔人，后来他担任了国家科技委员会仪器仪表专业组组长，一直都很关心国家仪器仪表事业的发展。

---

① 王大珩：我参加国际计量委员会的回忆。见：相里斌编，《光耀人生——王大珩学术思想与创新贡献》。北京：科学出版社，2011年，第88—93页。

1979年3月，在中国仪器仪表学会正式成立以后，王大珩担任了第一任副理事长。在学会成立大会上，他动员和组织了出席大会的全体科技工作者向国家计委和国家科委提出了"关于加快仪器仪表工业发展的几点建议"，建议成立专门的机构管理仪器仪表工业的发展。这份建议受到国家的高度重视，邓小平同志亲自批示并很快落实了建议。不久以后，1979年10月，国务院批准成立了国家仪器仪表工业局，推动了仪器仪表工业的发展。

1983年，王大珩参加多国仪器仪表学术会议并应邀在会议上致辞。为了表达自己对仪器仪表的

图12-4 1993年8月，王大珩参观德国蔡司公司（右起：母国光、王大珩、金国藩）

重视，他发表了一段精彩的讲话，吸引了与会专家的瞩目。"工欲善其事，必先利其器"！他用了中国的一句老话点出关键，他说，仪器仪表好比工作器具，应用发展的眼光来看这个问题，"用老的眼光来看，工具就是工具。……用近代眼光来看，则所谓工作器具，从性质上说，应分成两部分，一部分是为完成操作所必需的工具，另一部分是用来对生产进行检测、评价和控制的设备，也就是'仪器仪表'"。王大珩认为仪器仪表的作用很广泛，"一是做人脑及感官系统所做不到的事（例如红外探测、快速观测和控制），成为人脑能力的补充；二是用以代替脑力劳动，把人从一些烦琐、重复、疲惫的劳动中解放出来。"[①] 无论是搞科学研究还是进行工业生产，都离不开仪器仪表，仪器仪表的整体水平是综合国力的标志之一，高级仪

---

① 王大珩：在一九八三年多国仪器仪表会议上的闭幕词（摘要）。《仪表工业》，1983年第4期，第1-2页。

器仪表代表国家的科技水平[1]。但仪器仪表在中国是弱项,质量好、精密度高的仪器设备许多都是出自外国。因此,他产生了一个形象的比喻:中国科学技术要像蛟龙一样腾飞,这条蛟龙头是信息技术,仪器仪表是蛟龙的眼睛,所以要画龙点睛[2]。他的这番话点出了发展仪器仪表的重要性。王大珩孜孜不倦,致力于提高我国的仪器仪表发展水平。他充分发挥学部的咨询作用,积极向国家建言献策。早在1995年,他与卢嘉锡、杨嘉墀等20位院士针对当时我国仪器仪表工业发展滞后的严峻形势,提出了"关于振兴我国仪器仪表工业的建议"。这个建议提出以后,受到了国家领导人的高度重视,并做了重要批示。但因当时在处理建议时,"九五"计划已经制定,所以落实建议的工作未能持续下去。

2000年4月18日,王大珩和杨嘉墀、马大猷、师昌绪、金国藩等11位院士[3]怀着急迫的心情再次上书,提出"我国仪器仪表工业急需统一规划和归口管理"的建议。院士们提道,"对仪器仪表工业急需加强统一规划和宏观调控",并希望尽快组织"'仪器仪表工业'十五'计划'"规划领导小组,对仪器仪表工业的发展作出规划。同时,王大珩和专家们都认为,"国家应从政策上把现代仪器仪表的发展作为高新技术产业,并给予支持。否则,我国军事、科学技术和国民经济的发展都会受到制约和影响。数年过去,将后悔莫及!"[4]

不仅是提出建议,在得到国家相关部门的批复后,为了让建议落实到实处,王大珩不顾年事已高,亲自去往各地出差,对全国部分地区的仪器仪表行业进行调查研究。

---

[1] 王大珩:重视我国仪器仪表事业——要从更高更全面的角度认识仪器仪表的重要作用。见:母国光编,《现代光学与光子学的进展 庆祝王大珩院士从事科研活动六十五周年专集》。天津:天津科学技术出版社,2003年,第32-36页。

[2] 2015年1月31日,首都光学界纪念王大珩先生诞辰百年、传承大珩精神报告会,许祖彦发言,中国科技会堂。资料存于采集工程数据库。

[3] 建议人:王大珩、杨嘉墀、马大猷、师昌绪、李振声、叶笃正、金国藩、李志坚、应崇福、张钟华、俞大光。

[4] 王大珩:我国仪器仪表工业急需统一规划和归口管理。见:中国科学院编,《中国科学家思想录(第1辑)》。北京:科学出版社,2013年,第422-424页。

王老当时已 85 岁高龄，却完成了上海、浙江、重庆三地的调查研究。调研期间，每日从早到晚召开座谈会，参观企事业单位，甚至到夜里还在听取汇报，可王老从不说苦说累。重庆是山城，去任何地方都要爬坡上坎，而王老几乎是在被人架扶下到企业参观的。为了多看一些企业，也是为了感谢企业的盛情欢迎，王老一个下午在重庆参观了四个企业，最后累得连说话的力气都没有，回到北京便住进了医院。[①]

在这次考察回来以后，王大珩领导调研小组写下了长达两万余字的《振兴我国仪器仪表产业发展的对策与建议》的研究报告，用工业生产的"倍增器"、科学研究的"先行官"、军事上的"战斗力"、社会生活中的"物化法官"来比喻仪器仪表的重要地位。直至今日，人们赞叹中国仪器仪表行业的飞速发展，都不会忘记他当初的疾呼和努力！

蒋筑英和彩色电视

王大珩是一名应用光学专家，他始终认为，光学研究具综合性，光学仪器的制造更是要结合多门学科、多种理论。色度学是与光学关系紧密的一门科学，因为这门学科常被用于光学成像质量评价中，他对这门科学有诸多研究。

色度学是研究人的颜色视觉规律、颜色测量理论与技术的科学，是一门以物理光学、视觉生理、视觉心理、心理物理等学科为基础的综合性科学。在人们眼中所反映出的颜色，不单取决于物体本身的特性，而且还与照明光源的光谱成分有着直接的关系，在人们眼中反映出的颜色是物体本身的自然属性与照明条件的综合效果。

[①] 肖中汉：王大珩院士心系仪器仪表事业。见：宣明主编，《王大珩》。北京：科学出版社，2005 年，第 98-100 页。

王大珩在留学英国期间，曾经跟着国际色度学权威之一莱特（W. D. Wright）教授学习过色度学的有关知识。在教授指导下，他参加了色差阈值研究中的观测试验，这是他对色度学认识的开始。20世纪70年代初期的彩色电视会战则是他把色度学知识运用到实际的突出事例。

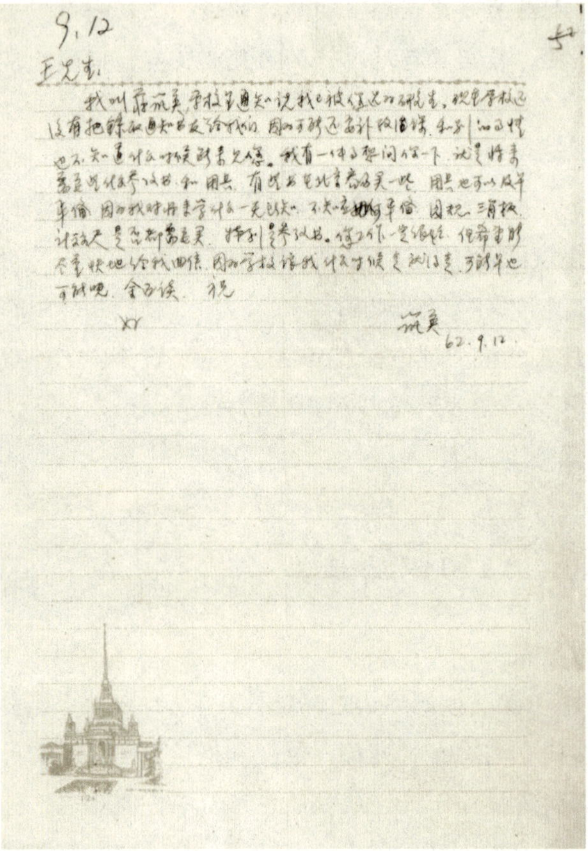

在电视诞生以前，我国最重要的宣传工具是广播。1958年10月1日，我国用自己研制的第一辆黑白电视转播车，转播了天安门广场庆祝建国九周年阅兵典礼、群众游行和烟火晚会，引起了轰动。但在"文化大革命"期间，本该得到发展的广播电视事业不得已被停顿了。20世纪70年代初，中国开始发展彩色电视广播事业。但因为彩色电视复原技术的不成熟，那时候人们打开电视，常常会看

图12-5　1962年，蒋筑英与王大珩的通信

到屏幕上呈现的是猪肝色的人脸，长满绿毛的"红色"衣服……这样失真的效果，显然不是电视人所追求的。要让彩色电视放映出逼真的画面，是当时广播电视业要解决的重大问题。他们找到光学专家，希望借助其专业知识使彩色电视放映出最佳的效果。王大珩认为，这就要运用色度学原理来解决问题。

1970年，在全国电视领导小组的领导下和四机部的具体组织下，全

国展开了"彩色电视会战"。1973年,在广播事业局的授意下,长春和西安联合举办了彩色电视学习班,这个培训班主要是为了培养彩色电视人才,王大珩特意编写了《彩色电视中的色度学问题》一书,作为学习班的资料。王大珩在学习班上向来自全国几十个单位的近百人讲授了色度学原理。也就在这时,王大珩最重视的一名学生——蒋筑英进入到了这一研究领域。

蒋筑英(1938—1982),浙江省杭州人。1956年,年轻的蒋筑英考上了北京大学物理系,在这所古朴而美丽的校园里学习并打下了良好的物理学基础。1962年,大学毕业后,蒋筑英来到了长春,成为王大珩门下的一名研究生。一开始,蒋筑英是被研究所作为光学成像质量评价的专门科学人才培养的。蒋筑英学习很刻苦,他很快便在光学设计、光学加工和光学检验等方面有了突破。

"文化大革命"以前的蒋筑英,把精力放在建立先进而实用的光学传递函数测量装置上。当时国际上利用光学传递函数作为光学镜头成像质量评价标准的理论已经基本具备,但是并未形成实用的设备,蒋筑英一头扑进了这个研究领域中。1965年长春光机所研制出了我国自行设计制造的第一台光学传递函数测量装置,并在此后建成了一个现代化的实验室,长春光机所发展成为了国内光学镜头检验的基地。王大珩对这位才华横溢的学生以及他的钻研精神很欣赏。

在王大珩的主持下,长春光机所的彩色电视学习班上聚集了来自四面八方的科研骨干,大家汇聚在一起,讨论用何种方式可以让彩色电视屏幕上显现出绚丽而真实的彩色图像来。在研究所组织的颜色问

图12-6 王大珩(左)与蒋筑英(右)在一起

第十二章 沉甸甸的责任

题学习组的讨论里，蒋筑英提出用校色矩阵来解决色复原质量问题的方案，并编写了"彩色电视摄像机校色矩阵最优化程序"。后来北京电视台用这个程序进行了现场试验，当绚丽多彩、清晰逼真的画面在电视屏幕上复现出来时，在场的人都震惊了。王大珩带着长春光机所里的科研骨干设计出了彩色电视摄像机的分色棱镜和电学矩阵网路，解决了当时彩色电视中的彩色复现问题。

蒋筑英把时间和精力都投入到科研工作上，他的工作取得了很大成绩，赢得所内外同行们的交口称赞，但他很谦虚，且不在乎身外之物。那时候蒋筑英的工资并不高，他家里既有年迈的母亲要奉养，还有幼小的孩子要哺育，一家人挤在一间10余平方米的小房子里居住。尽管家庭条件困难，但他一不要职称，二不要荣誉，三不要所里的补助和分房。就连出国学习，他也是自带咸菜，省下的钱用来给所里购买资料。他多次向所里表示，请组织上不要考虑他的困难，把好的待遇留给其他更需要帮助的人。蒋筑英的行为赢得了所里职工们由衷的尊敬，他被作为研究所的骨干来培养，并被赋予了希望和重任。但不幸的是，因为过度劳累，1982年6月15日，出差在外的蒋筑英因病抢救无效，英年早逝，终年44岁。

爱徒逝世的噩耗传来，王大珩正在北京友谊宾馆开会。听到这件事，他顿时愣住了，他感到强烈的不可置信，立刻要打电话回长春以核实这一消息是否真实。情急之下，他竟忘记宾馆有电梯，这位花甲老人一口气从二楼跑到了五楼。当蒋筑英确实永远离开了的消息被证实后，泪水不住地从他眼中涌出，他连连叹气：这是从何说起呀！

王大珩惋惜这位光学才子的离去，他暗暗自责自己平时对学生的关怀不够，他感慨当时知识分子的待遇不高，他心里常常想着，要是蒋筑英的生活条件好一点，要是早一点发现蒋筑英身体不好催促他去治疗，也许他就不会那么早离开了……在此后的许多年里，他一直思念着爱徒，想念他的音容笑貌。每一次回到长春，他一定要抽出时间探望蒋筑英的家属，他还为这位优秀的学生写下了许多纪念的文字。他号召长春光机所的同志，号召全国同行们向蒋筑英学习：

图 12-7 1996 年，王大珩在蒋筑英的母校——杭州抚宁巷小学

蒋筑英同志的事迹是感人的，品德是高尚的。

我认为，学习蒋筑英，应该学习他对共产主义的坚定信念和鲜明的革命立场。

学习他对祖国的无限忠诚，对社会主义事业的主人翁责任感和不断前进的创业精神。

学习他忘我无私，胸怀全局，不计名利，严于律己，乐于助人的崇高品质。

学习他刻苦钻研，治学严谨，勇于创新，手脑并用，学以致用，诲人不倦的优良学风。

学习他艰苦朴素，勤俭办事业的朴实风尚。

学习他善于利用时间，抓住问题要害的高效率的工作和学习方法。[1]

蒋筑英的离去，在社会上掀起了向先进学习的巨浪。人们钦佩这名真

---

[1] 王大珩：怀念蒋筑英同志。《光明日报》，1982 年 12 月 2 日。

第十二章 沉甸甸的责任

正实现了为科学事业奋斗终生的科技英豪,钦佩他从不考虑个人待遇、一心扑在工作上的奉献精神。通过蒋筑英,当时一些人开始思考知识分子的地位和待遇问题。胡乔木(时任中共中央政治局委员)在《人民日报》1982年11月29日发表文章,痛心蒋筑英等科学家因为劳累倒在了工作岗位上:"我们为什么不能更早地注意到他们的病情,在来得及的时候挽救他们的生命呢?我们为什么不能更多地采取一些严格的'强制措施',让他们得到稍为好一些的工作和生活的条件,得到比较接近于必要的休息呢?"社会上也举行了很多纪念蒋筑英的活动。各大报纸、刊物对蒋筑英的事迹做了报道,号召人们学习他不计名利、甘于奉献的科学精神。1992年,导演宋江波还执导了一部电影《蒋筑英》,宣传蒋筑英的先进思想和事迹。

尽管蒋筑英已经永远离去,但王大珩和长春光机所并没有停止对"颜色"的探索。逼真的颜色不仅仅是彩色电视行业所需要的,在其他各行各业都离不开颜色。颜色,有没有什么标准?以红色为例,庄严的五星红旗是国家和民族的象征,它应该是如烈士的鲜血一般艳红。但是,如果没有事先说明出厂旗帜的红色是怎么样的,就把五星红旗交给不同的厂家去制作,那么事后生产出的红旗可能会呈现出深浅不一的红颜色。这样的五星红旗,怎么能代表国家和民族的精神呢?同样,国民生活中的其他产品如果没有标准,不同厂家的产品也有可能会表现出不同的色彩。王大珩由此提出:颜色,应该有固定的标准。

在王大珩做出对颜色思考之前,中国也曾有少量的关于颜色体系的研究。20世纪50年代,中国科学院编译出版委员会名词室曾经出版了《色谱》一书,该书涵盖了1631种颜色,并对其中的625种颜色进行了命名。但此书在研究中,选取的色样缺乏科学数据,既没有统一的颜色标准样品,也没有建立起可靠的颜色体系。随着国民经济高速发展和人民生活水平不断提高,无论是生产还是人民生活,人们需要更多的颜色样品,需要制定统一的颜色标准,对颜色的研究被提高到了重要的位置。

1989年,王大珩向中国自然科学基金会提出进行关于颜色的基础性研究课题。同年,在国家技术监督局标准司的赞助下,成立了全国颜色标准化技术委员会（SAC/TC120）[①]，直属国家标准委领导，王大珩被选为主任委员。在他的领导下，颜色标准化技术委员会负责全国颜色领域基础和产品标准化归口管理工作，向国家标准委提出颜色标准化工作的方针、政策和技术措施等建议，组织颜色领域相关国家标准的制定、修订及复审。该组织成立以后，参加修订了许多重大国家基础标准。王大珩自己也积极参与到颜色研究工作中。1994年，他主持的"中国颜色体系问题研究"课题通过了国家标准审查，该课题制定的《中国颜色体系》《中国颜色体系样册》作为国家标准被公布实施，中国颜色体系便建立起来了。从此，涉及国民经济的外贸、纺织、交通、建筑、出版等各行各业的颜色控制、标定和交换，有了科学的颜色定量和进行颜色对比的实物依据。不仅如此，在他的倡议和推动下，《国旗国家标准》《国旗颜色标准样品》等国家标准很快也制定、制作完成。现在，无论在何时、何地，我们看到，高高飘扬在蓝天白云下的五星红旗都是一模一样鲜艳夺目的红色。

与光学学会的情缘

从光学事业在中国扎下根，数十年来，分散于全国各地的光学研究机构和工厂、大学培养了大批的光学工作者。王大珩和与他有共同志向的老一辈光学专家们，一直希望能建立一个相应的机构，把全国的光学工作者联合在一起，拧成一股绳，共同为中国光学事业的发挥效力。在时机已经成熟、条件已经具备以后，他提出了建议。

1978年9月初，国家科委光学及应用光学学科组会议在长春召开，王大珩、钱临照、唐九华、邓锡铭、干福熹等专家出席了这次会议。王大珩在会议上提出了要成立中国光学学会并创办《光学学报》的建议，得到了与会人的热烈响应和赞同。

[①] 颜色标准化技术委员会前身是全国人类功效学标准化技术委员会（SAC/TC7）分技术委员会。

在这次会议以后，1978年10月31日，在王大珩授意下，长春光机所的陈星旦作为光学及应用光学学科组秘书，向中国科协学会部汇报了中国光学学会的筹备情况。人们犹记得光学学会筹备时期，王大珩和同仁四处寻找合适的办公地点，对学会未来的章程、发展方向、将要举办的活动，等，他无一不是殚精竭虑地提出建议。1979年3月15日，中国科协批准成立中国光学学会，成立之初，先是挂靠在中国科学院三局，1980年开始挂靠在中国科学技术协会。

1979年12月10—15日，在王大珩、龚祖同、钱临照等人的倡议下，中国光学学会在北京召开了成立大会。这是中国光学界里的一次盛会，参加成立大会的有来自24个省、市、自治区从事光学科研、生产和教学等单位的代表314人。大家欢聚在一起，热烈地庆祝学会的成立！国务院方毅副总理出席会议并做了重要讲话，他说：不要把光学学会办成官僚机构，要让科学家自己来管理，要把光学学会办成光学科学之家！① 光学学会成立以后一直遵循着这样的原则。

在这次成立大会上，王大珩被选为第一届理事长，并在后来连续担任过第二、第三届理事长，第四、第五、第六届名誉理事长。中国光学学会成立后，经过数十年的发展，在王大珩卸任理事长之时，学会已先后成立了中国光学学会激光专业委员会、基础光学专业委员会、光谱专业委员会等涵盖光学和光学工程领域的17个专业委员会和24个地方学会。

在光学学会成立的同时，作为学会的第一份刊物，《光学学报》的创办也是

图12-8 1984年12月，王大珩（右一）与严济慈（右二）参加中国光学学会第一届、第二届全体理事会联席会议

---

① 张泽纯、赵润乔、刘振堂：中国光学学会成立大会在北京召开。《中国激光杂志》，1980年第2期，第63-64页。

当时的头等大事。潘君骅回忆当时提议办《光学学报》，同行们都很赞成，因为大家都普遍感到自己辛辛苦苦撰写出来的光学方面的论文没有专门的刊物发表，不得不去找一些内容相近的杂志去投稿，十分不便[①]。要给我国光学科技人员与国内外同行进行学术交流、开展学术讨论提供相应的平台，并为跟踪学科前沿和发展我国光学事业服务，创办一份专门的光学专业刊物十分有必要。

考虑到长春光机所编辑力量和挂靠力量不足，王大珩提议，将《光学学报》的编辑部设置在上海光机所，他担任了第一任主编，并委派了陈星旦主持《光学学报》编辑部工作。1981年1月，《光学学报》第一期出版发行了。王大珩亲自撰写了题为《我国光学科学技术的若干进展》一文，为杂志创刊号打响了第一炮！

> 解放以前，我国只有为数很少的光学界前辈，从事光谱学的工作。也是出于几位前辈科学家的关心，开始注意光学仪器的制造技术。那时仅有一个数百人的工厂，从事简单望远镜的生产。新中国成立以后，由于党对光学事业的重视和关怀，由于国民经济和国防建设的迫切需要，光学事业才开始迅速成长发展。……粉碎"四人帮"以后，党中央澄清了科技工作上的路线是非，落实科技政策，恢复和加强了对科教事业的领导，光学事业和其他战线一样，重新制定了规划，出现了光学科技领域的春天。[②]

王大珩对《光学学报》的发展很关心。他提议，在稿件录用和评审方面，要集思广益，更要认真负责。作为杂志的主编，他在杂志创办初期，承担了大量的审稿工作。那时候他工作繁忙，经常奔波于各地出差、开会。工作之余，通宵达旦审阅稿件是常有的事：

---

① 潘君骅：往事点滴。《光学学报》，2011年第31卷第9期，第353页。
② 王大珩：我国光学科学技术的若干进展。见：相里斌主编，《光耀中华——王大珩学术思想与创新贡献》。北京：科学出版社，2011年，第18-28页。原载于《光学学报》，1981年1月，第1卷第1期。

第十二章 沉甸甸的责任

记得在办刊的最初几期,我与老沃将相关专家评阅后,拟为初步录用的稿件及其评审意见汇总,送主编终审,以确定《光学学报》的每期稿件最后定稿。当时,王老很忙,不可能在上海光机所找到他,于是我们就通过他的秘书探知他的活动安排,把每期汇总的稿件送到他开会地点(宁波、苏州、杭州和上海等地所在的宾馆)。而他在白天参加会议之余,晚上(通常是2—3个晚上)通宵达旦地继续终审稿件,王老这种治学严谨、不辞辛劳的认真工作作风深深地教诲我们。要知道当年(1981年)他已近70岁,有时听到他的秘书秦长祥告诉我们:"王老昨晚审稿又到凌晨3时……"[①]

图12-9 2002年9月,王大珩(左二)参加中国光学学会2002年年会

经过30余年的发展,《光学学报》以反映中国光学科技的新概念、新成果、新进展著称。其收录的论文内容全面涵盖量子信息、物质波、量子光学、近场光学、非线性光学、应用光学、导波纤维光学、激光与物质相互作用、激光器、激光物理与技术、全息和信息处理、光通信、光谱学、光子晶体、薄膜光学、光学元件和材料等多个领域,并被国内外同行誉为"百种中国杰出学术期刊"之一。

不仅仅是致力于国内的光学发展,王大珩通过自己在国际上的影响力,还打开了学会与国际光学组织联系的渠道,使中国光学学会走向世界。

为了使我国的光学组织能在世界上占有一席之地,王大珩在光学学会召开的常务理事会上,多次表明一定要争取中国加入国际光学委员会

---

① 李逸峰:王大珩先生关心《光学学报》的几件事。《光学学报》,2011年第31卷第9期,第359页。

（The International Commission for Optics，ICO），并做了许多工作。国际光学委员会成立于1947年，宗旨是为了促进国际理论光学和仪器光学的发展，促进光学及生理光学的应用和发展，通过举办全会专题学术会议、讲座，促进国际光学交流和各国光学组织的合作。该组织成员来自各国光学学术团体（光学委员会或光学学会）。

为了加入这个组织，王大珩奔波于大大小小的相关机构，说服各部门分管光学学会的领导给予支持；他还给当时ICO主席写了一封又一封的信件，表明中国希望加入ICO的立场，并介绍中国光学的进展。在大大小小的国际会议上，他积极与国际友人交流，赢得了国际专家对中国光学发展的赞许。王大珩和光学学会的不懈努力终获回报，1987年在加拿大魁北克，中国光学学会通过了国际光学委员会理事会一致表决，成为ICO成员。不仅如此，从1990年和1995年起，中国光学学会分别同国际光学工程学会（The International Society for Optical Engineering，SPIE）和美国光学学会（Optical Society of America，OSA）等机构也建立了长期合作关系。

2003—2005年，中国光学学会经过多番努力，获得了第20届国际光学委员会代表大会的承办资格，这是令王大珩高兴的一件事。ICO会议每三年举办一次，被誉为国际光学界里的"奥林匹克运动会"，各成员国都以能承办该会为荣，但只有被国际学术界认可并给予了高度评价的成员国才能够被批准承办会议。王大珩心中异常欢喜，这意味着中国光学的发展水平已被国际上认可，并已在世界上占有了一席之地！他对当时光学学会的理事长母国光千叮万嘱：一定要办好这次会议，为中国人争气！

2005年，当该会议在长春举办的时候，王大珩已是90高龄。虽然当时他的身体很虚弱，但他仍然坚持要参加这次会议。他感到，能在自己的国家参加这样大规模的国际盛会，机会实在太难得了！

离开会还有一周时，王大珩因发烧住进了医院，病中的他找来了激光医学专家顾瑛[①]教授，请她帮助修改并打印自己早已准备好的英文演讲稿。王大珩的眼睛不好，看东西很吃力，所以顾瑛每天傍晚都要去医院为他读一

---

① 2015年当选为中国科学院院士。

图 12-10 2005 年王大珩（右一）在第 20 届光学委员会大会及展览会上接待外宾

读演讲稿，他闭着眼睛靠在床上仔细聆听。王大珩的记忆力很好，听顾瑛读完一遍以后，他便可以逐字逐句指出文稿哪一处有问题，哪里还需要修改。

开会的那天是 2005 年 8 月 22 日，有来自 38 个国家和地区的近千位光学领域的专家和学者齐聚在长春。尽管王大珩身体还没有完全康复，但他的心情既愉悦又激动。在 40 分钟的演讲中，他几乎完全脱稿，做了一场精彩的报告。他对专业的精辟论述、充实的讲演内容和流利的英文，令与会人员深感敬佩！

王大珩还为大会致辞，为会议能在中国的光学基地——长春召开而感到荣幸。他满怀感情回顾了长春光机所辉煌的过去，展望了未来的美好前景：

此次大会在中国召开是由国际光学委员会执委会决定的，这是我国光学界的莫大光荣。大会在长春召开，也是长春人的荣幸。长春是我们国家建立专门从事应用光学和光学工程研究的摇篮。在这里早期曾制成中国的第一埚光学玻璃，第一台电子显微镜和自主设计的红宝石激光器。

我想借此机会向大家介绍中国近年来一些与光学相关的重要成就：

研制成功的飞行体跟踪光学设备为我国空间技术做出了贡献；

激光核聚变使中国进入了国际激光核聚变行列；

天文光学已制成2.16米的天文望远镜，4米口径包括自适应光学技术的大天区面积多目标光纤光谱天文望远镜已进入工程建设阶段；

在空间遥感技术方面，制成多光谱扫描系统和对地观察设备；

在激光测绘和精密测量方面，采用卫星定位系统和卫星测地系统。

还有其他方面的成就，在这次会议上将有专门的报告。然而，从整体来说，中国光学的水平和世界先进国家的水平相比还有距离。我们今后要在基础研究和创新方面做出更大的努力。我认为本世纪（21世纪）是科技的国际合作时代，特别对那些需要依赖全世界科学家的共同努力才能完成的，造福于人类的重大科技计划。[①]

光学迈向新世纪

光学与人们的生活息息相关，从国防建设各个方面到国民经济，几乎没有哪个学科、哪个部门没有光学的渗透。从20世纪80年代开始，王大珩的眼光已不再局限于传统的光学研究。从激光焕发出强劲的生命力开始，王大珩便感到，传统光学的发展方向要结合新的任务，现代光学要研究的内容很多。从激光应用表现出的广阔前景，他又想起了电子学与光学的结合与渗透……"光学老又新"，在科学发展日新月异的时代，他用发展的眼光看到了光学的新动向。

提到光电子学，王大珩曾被中国光学光电子行业协会称为"光电子事

[①] 王大珩参加首次在中国长春举办的国际光学委员会大会第20届大会的致辞，存于中国科学院长春光学精密机械与物理研究所档案室。

业的领航人"[1]。这样的赞誉不可谓不高,但也是名副其实的,因为他在这个行业内做了很多工作。他曾经这样阐述光学与光电子学的关系:

> 光学与光电子学在现代光学行业中已不可或分,而在整体产品中相互融合。从现阶段的科技发展来说,光学属于传统工业,光电子技术则是光学发展的前沿新技术。新技术的产业化仍然需要传统的光学技术为基础,而现代的光学产品也必须用新技术特别使光电技术(广义的包括如激光及半导体光学等)进行技术更新,才能满足市场要求,并且有竞争能力。[2]

在王大珩看来,光与电在现代科学中是相互融合的。从电磁波动论出现,传统物理学认为光的产生来源于电磁运动;在电子发现以后,光来源于电子运动,无线电通信手段由此产生,人们的生活发生了改变。发现光电效应以后,科学家研究了光的波动和粒子二重性。激光出现则在光学上引发了一项重大革命,这项新技术在工业、医学、国防科技等方面都有很广阔的应用前景,且还在向前发展着。

图12-11 20世纪90年代的王大珩

王大珩说,"近半个世纪以来,由于固体物理的发展,特别是半导体物理的出现,使对光电效应机制的理解和光电探测效能的提高有了突破性

---

[1] 王琳:光电子事业的领航人——王老与中国光学光电子行业协会。见:宣明主编,《王大珩》。北京:科学出版社,2005年,第96-97页。

[2] 同[1]。

的进展，从而出现了光电子学。需要说明的是，人们往往把激光技术也列入光电子学范围之内。光学家则公认把这个宽广的领域统称为光子学，以标志在发展和应用前景上与电子学占有同样重要的地位"[1]。发展光子学是未来的发展方向，从激光到光电技术，他看到了这一产业在未来的发展远景。他感慨地说，"光电子产业是21世纪的主导产业，是富国强民、增强我国综合国力的战略性产业。"[2]

正是因为光学与光电子学有这样密切的关系，在王大珩的积极倡议下，1987年1月23日，中国光学光电子行业协会（原名中国光学行业协会，在王大珩建议下改为现名）在北京成立，他曾出任过协会第一届、第二届理事长及第三届—第六届名誉理事长。这个协会的成立，将原本分散于全国各工业部、科学院及高等院校从事光电子研究的科研工作者聚集起来了，协会成为了中国光学光电子企业之间进行技术交流、信息传递、协作互助的组织者。

在光电子行业科技工作者眼里，王大珩热爱光学光电子学事业，且多方位、亲力亲为推动这一行业的发展。例如，他推动了中国第一个光电产业展览会——国际激光及光电子产品展览会（1990年在北京举办），他高兴地出席了开幕式并为会议剪彩。1992年，他支持由中国光电子行业协会与日本双荣株式会社共同举办的中国第一个液晶技术研讨会，还为大会作了一场精彩的报告。每当同行们想起这些往事，都深深感到，光学光电子行业中许多个"第一"都和王大珩有关！中国光学光电子行业协会秘书长王琳曾回忆王大珩为光电子行业工作的情况：

全国几十家激光及光学领域的重点研究所和大型企业里都曾留下王老诚挚呼吁自主研发光学光电子产品的声音，他真切地关心和公正地对待每一个光学光电子领域中的成员。几乎每一届北京国际激光及

---

[1] 王琳：光电子事业的领航人——王老与中国光学光电子行业协会。见：宣明主编，《王大珩》。北京：科学出版社，2005年，第96-97页。

[2] 王大珩、周立伟：光学迈向新世纪。见：《现代光学与光子学的进展：庆祝王大珩院士从事科研活动六十年》。天津：天津科学技术出版社，2003年，第78-102页。

光电子产品展览会上都会留下王老的身影,他不顾年高体弱,到每一个展台前驻足而立,询问产品性能、技术难点、生产能力等,他特别关注国外厂商的技术前沿方面的信息,他对光学光电子产品的痴狂和对国际光电市场的敏锐洞察力令人折服。①

从传统光学到光电子学,继而到光子学,这是光学发展的趋势和动向。对于光学在新世纪的发展,王大珩做了一番美好的展望,他再次使用了"画龙点睛"(在建议发展仪器仪表科学时使用过)这个比喻,赋予了光学新的内涵:

> 我们是龙的传人。我们中国常把事业的兴盛发达比作龙的腾飞。龙要腾飞,就要靠龙头,因为它是神经指挥系统。神经指挥系统要靠眼睛——信息获得系统来认识世界,所谓"画龙点睛"之说。……眼睛是什么?就是光学、光子学。光学界不少人士还认为,"20世纪是微电子的世纪,21世纪将是光子的世纪"。日本在20世纪80年代初就提出"21世纪将是光技术的世纪",这绝非夸大之词,光子学不再是物理上、学术上的突破,它在实际应用上正在成为大工业发展的主角之一。②

---

① 王琳:光电子事业的领航人——王老与中国光学光电子行业协会。见:宣明主编,《王大珩》。北京:科学出版社,2005年,第96-97页。

② 王大珩:中国光学发展历程的若干思考。见:宣明主编,《王大珩》。北京:科学出版社,2005年,第37-46页。

第十三章
战略科学家的成长经历

在王大珩从事科学事业73年暨95华诞时，长春光机所编辑出版了《光耀人生——王大珩学术思想与创新贡献》（主编相里斌），书中第一篇综述性文章"赤子丹心　中华之光"，是由陈星旦院士根据多位院士（如母国光、杜祥琬、丁衡高、周炳琨、张钟华、周立伟、林尊琪）和专家提供的意见统稿写成的，文中有一段很精彩的话，简明、客观而恰当地叙说了战略科学家王大珩的追求：

> 王大珩从事科学技术活动的领域是很广泛的，方式是多样的，贡献是多方面的。一个科学家，可以通过不同途径，从不同层次对社会的科技进步做出贡献。不少科学家，终生在自己的科研领域勤奋耕耘，著书立说，发明创造。他们的科学成就，打上了个人的标记，汇集在科学技术发展的历史长河中。也有一些科学家，特别是在一个国家的科学发展初期，他们是先行者。他们在国家的科学园地中披荆斩棘，给后来者开辟领域，指引道路。他们不一定直接从事耕耘，而是把自己的智慧和努力，融合在他人的科研成果中。基于王大珩所处的时代和经历，他既进行科学研究，密切结合实际，充分发挥自己的智慧和能力，而且常以远瞻的目光向国家提出重大的科学发展建议。王大珩早期作为科学专

家，后来作为科学组织者和战略科学家，在振兴祖国科学技术的宏伟事业中，走过了数十年奋进的道路，做出了卓越的贡献。①

从专门委员到首批学部委员

新中国成立后一个月（1949年11月1日），全国最高学术机构中国科学院成立。初时规定它的基本任务是：确定科学研究的方向；培养和合理地分配科学研究人才；调整与充实科学研究机构。为了与其性质和任务相适应，科学院决议在全国聘任有特殊贡献的科学家为专门委员（原拟成立专门委员会未获准，只聘任顾问性质的专门委员），按学科性质分若干组研讨有关事项。从1949年12月—1950年10月，经过全国范围发函调查和推荐（被推荐者800余人），确定聘任181人（另有社会科学60人）为专门委员，时任大连大学应用物理系教授兼系主任的王大珩名列其中，他并且兼任"应用物理组"和"工业实验组"两个学科组

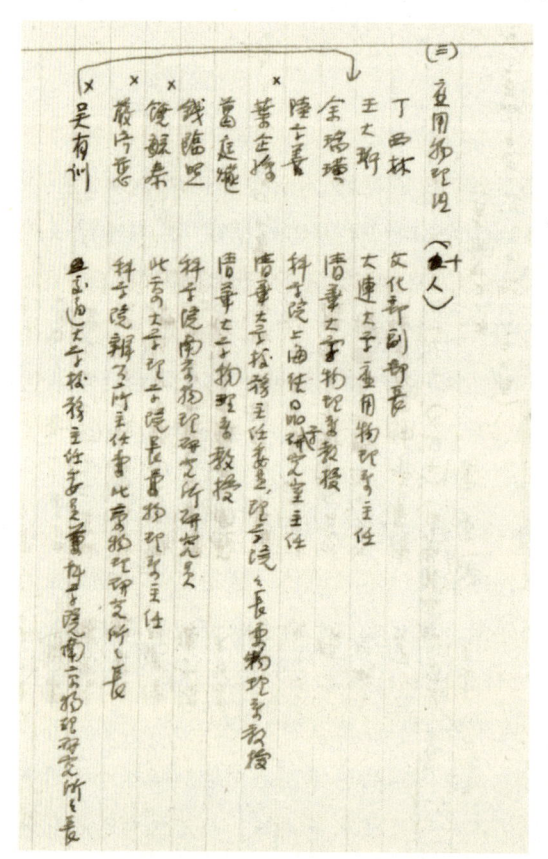

图13-1 钱三强手写的应用物理组专门委员部分名单

---

① 相里斌主编：《光耀人生——王大珩学术思想与创新贡献》。北京：科学出版社，2011年，第12页。

的专门委员（兼任两组的专门委员，计14人）。

1951年3月，政务院又发布指示，要求中国科学院负责计划与指导全国的科学研究事业，规定工业、农业、卫生、教育、国防各部门举行各专业会议时，应邀请中国科学院派人参加；各部门的科研计划和研究情况报告，要报送中国科学院。然而，当时中国科学院本身的力量和组织状况，连对院属研究机构进行学术领导都难以做到，更无可能对全国科技事业的计划和指导了。

改变科学院自身的现状，以及如何改变现状，成为迫切问题。

其时科学院想到的办法之一，是去向苏联老大哥"取经"，于是1953年2月组派庞大的代表团赴苏考察。代表团的学科组成很齐全（19个学科），并有26位各学科知名专家（如数学家华罗庚、地球物理学家赵九章、动物学家朱洗、生物学家贝时璋、生理学家冯德培、建筑学家梁思成、天文学家张珏哲、地质学家张文佑、植物学家吴征镒、土木学家曹言行、机械工程学家于道文、电机工程学家陈荫壳、历史学家刘大年、语言学家吕叔湘等），由核物理学家钱三强担任团长，科学院党组书记张稼夫为支部书记，武衡任秘书长。代表团作了历时三个月的考察访问，回国后又多次召开科学家座谈会和院属研究所所长会议讨论，形成两个书面报告，一个是以科学院党组报党中央的《关于目前科学院工作的基本情况和今后工作任务的报告》；一个是以同样文题由郭沫若向政务院政务会议（1954年1月28日）作的报告，并获得同次会议批准（党中央于1954年3月批准报告）。

中国科学院建立学部、在全国选聘学部委员，是当时从组织机构上加强学术领导的一条主要措施。科学院党组的报告写道："参照苏联科学工作的先进经验，科学院应分学部领导各所工作。"郭沫若的报告说：中国科学院"未能适当地组织国内优秀的科学家参加学术领导工作，而这对于加强科学院的学术领导，使科学院成为名副其实的全国科学研究工作的中心是具有决定意义的问题"[①]。

1954年4月，拟出组建中国科学院学部的文件，送请科学家征求意见，

---

① 《人民日报》，1954年3月6日，第二版。

一致认同建立学部的必要性，并就遴选学部委员的三个条件达成共识，就是：①对于本门科学有比较重要的贡献者；②对于本门科学在过去或现在起了推动作用者；③忠于人民事业者。

同年5月，先后分别召开地学、生物学、技术科学和数学、物理、化学方面科学家座谈会，讨论学部的工作任务。6月，成立物理数学化学部、生物地学部、技术科学部和社会科学部的筹备机构。7月，以院长郭沫若名义寄发645件信函，请全国有代表性的科学家按条件推荐学部委员候选人。11月，收回527件信函，共推荐出665人，然后通过反复研究、协商，层层遴选，并经国务院全体会议（5月31日）批准，由周恩来总理签发国务院令公布首批学部委员233人名单（含社科学部61人）。时任仪器馆代馆长的王大珩在其列，被选聘为技术科学部学部委员，他和马大猷（后转入数学物理学部）、钱令希，是本学部40名首批学部委员中的"年轻人"，也是自然科学方面172名首批学部委员中九名40岁及以下的最年轻者之一[①]。

荣誉与责任

那时，"学部委员"是个陌生的名称，加上还没有冠戴"最高学术称号"的副词（1984年1月明确为"国家在科学技术方面的最高荣誉称号"），即便学术界也大都不知其所以。但当全部名单在《人民日报》一公布，又是周恩来总理亲笔签发的国务院令，"学部委员"具有的影响力和学术地位，很快在科学技术界普遍受到尊崇。

王大珩本人第一次感受学部委员的荣誉与责任，是在1955年6月。

是年6月1日，王大珩和全体首批学部委员（实到199人）一起，在

[①] 首批学部委员中九名40岁及以下者是：40岁（1915年生）五人：王大珩、彭桓武、马大猷、卢嘉锡、王湘浩；39岁（1916年生）三人：胡宁、吴征镒、钱令希；36岁（1919年生）一人为黄昆。

北京饭店出席中国科学院学部成立大会，当他同众多熟识的和仅闻其名的师长辈、学长辈的科学家聚集一堂时，心里顿时有一种光荣感油然而生；后来听了几位中央领导人的讲话，更是第一次知道了为什么要建立学部，以及国家对科技工作和科学家的重视态度。

先听了主管科技工作的副总理陈毅代表党中央、国务院致贺词："今天的会议是科学院四个学部的成立大会。这是科学界的创举，是一件大事。我们相信通过这次会议把全国优秀科学家团结起来，使科学工作有计划、有效地进行，这对国家发展五年经济建设，对科学事业本身都是有重要意义的。"在学部联席会议上陈毅又说："这次会议在中国学术历史上，对国家工业化有深远的影响。它的意义在全国科学的领导中心已经成立起来，虽然各方面还有缺点，还不完善，还是重大胜利。"[①]

6月7日，王大珩第一次见到周恩来总理，并且听了他向学部委员作的谈心式的长篇讲话，倍感亲切，心悦诚服。周恩来说：

> 现在科学院在组织上有所改变，即从国家机构变成学术机构。从宪法通过后，科学院已不是国家的组成机构，而成为独立的学术研究和领导机构。因为经过五年的改造，已有了这样的基础使科学院成为一个在科学上独立的工作和领导机构。但这不是说与国家机关完全脱离了，在行政上国家机关还是要进行指导的。

关于如何正确认识已选聘的首批学部委员和尚未入选者的问题（其时对此意见不少），周恩来讲了一席推心置腹的话。他说：

> 这次经过大家民主评议同意的学部委员，其条件已经公布过，首先要有学术，有著作，因为作为一个科学家首先要有这个条件；第二，对学术上有贡献；第三是政治条件，要立场清楚。我们五年来经过政治改造到思想改造，可以有条件提出这个名单。但不是除了233

---

① 陈毅副总理在1955年6月11日在学部联席会上的讲话，中国科学院档案，党永55-23。引自宋振能编著：《中国科学院院史拾零》。北京：科学出版社，2011年，第54页。

位以外就没有人合乎条件了,不是的,还有人是遗漏了。也还有些人学术研究条件够,但政治条件差一些,就等一等吧,政治条件也是具可变性的,现在政治立场模糊,以后清楚了,我们还是欢迎的。现在的233位(学部)委员是不是这三个条件都具备了,已是十全十美的呢?也不是。这样看法要背包袱,要会停滞不进,比起进步的就是落后了,落后了就要退伍,我们不应有此现象。整个世界是发展的,我们自己也应当日新月异地前进。①

学部成立后,做了几件对全国科技事业具有重大影响的事,诸如建立研究生制度;实行科学奖励制度;制定科学发展规划等。王大珩参加工作最多的是参与制定十二年科学远景规划。从1955年10月起到1956年8月,他相当一部分时间和精力集中在这项工作中。

王大珩先是和有关学部委员及院内专家(约360位)一起,分学部讨论与制订中国科学院的发展远景计划,而后,根据各学部提出的计划方案,参与综合平衡,参考苏联专家意见,在1956年3月提出了《中国科学院十二年内需要进行的重大科学研究项目(自然科学与技术科学部分)》(共53项)。紧接着,王大珩受国家科学规划委员会(主任聂荣臻)邀请,和400多位科学家共同讨论,制定全国的科学技术发展规划,到同年8月,《1956—1967年科学技术发展远景规划纲要》(简称"十二年科学规划")编制完成,规划从13个领域提出57个项目、600多个研究课题(中国科学院早前提出的重大研究项目,大都被纳入国家十二年科学规划)。

特别要说的,在制定科学发展远景规划过程中,重点在一些技术科学领域,如光学和应用光学、仪器和计量等,王大珩的许多前瞻性的思考和见解,在规划形成时起了重要作用,如为了配合国家重大工程建设,在仪器制造方面,在王大珩等建议下,十二年规划列了"精密机械仪器、特种光学仪器与电子仪器"项目,计量方面也列了"计量技术与计量基准"项

---

① 周恩来总理在学部成立大会上的报告(1955年6月7日),院档,永办55-25,引自宋振能编著:《中国科学院院史拾零》。北京:科学出版社,2011年,第55页。

目。在新技术领域实施"四大紧急措施",集中力量加速发展无线电、自动化、半导体和计算技术,王大珩同样是积极倡议者和支持者。

但是好景不长。随着1957年"反右"和知识分子问题上的左的思想和政策,集中全国优秀科学家组成的中国科学院学部很快形同虚设,"文化大革命"中统统被彻底"砸烂",学部委员几乎无人幸免地被诬陷为"反动学术权威",受到批判斗争,王大珩在长春光机所遭遇的迫害,更是成为科技界的典型事件。

在技术科学部主任岗位上

1978年3月18—31日,中共中央在北京召开6000多科技工作者代表参加的全国科学大会,迎来了"科学的春天"。

3月18日,王大珩作为222人组成的大会主席团成员[①]在人民大会堂主席台就座,聆听邓小平的开幕讲话。邓小平讲道:"脑力劳动者的绝大多数已经是无产阶级自己的一部分""四个现代化的关键是科学技术的现代化""科学技术是生产力"。王大珩听了这些话感觉到,"我的心里是热乎乎的。"时间过去26年后(2004年),他还对邓小平的讲话留下美好的回忆:

> 我们科技工作者发自内心地感到邓小平同志是我们的好领导和知音。小平同志对科技工作者的鼓舞,使我们都怀着建设祖国的热望,决心大干一场。[②]

[①] 主席团座位图原注:中央、国务院各部委和军委各总部负责同志,大会领导小组成员和大会正、副秘书长,老中青科学工作者(引注:学部委员52人),均按姓氏笔画从左到右依序排列(引注:王大珩的名字在图位第4排左一。主席台除前排为中央领导人未列名字外,从第1~6排共印有222人的名字)。

[②] 王大珩:美好的回忆和感受。见:《春天长在 丰碑永存——邓小平同志与中国科技事业》。北京:科学技术出版社,2004年。引自宣明主编:《王大珩》。北京:科学出版社,2005年,第19-20页。

第十三章 战略科学家的成长经历

一年后，中国科学院学部在科学的春天得以重生。1979年，中央同意恢复学部活动，继而批准在全国增补学部委员，这是在中断了23年（1957年增补过18名学部委员，其中技术科学部增补2名）之后进行学部委员增补。这次增补学部委员面临种种特殊情况，使得原本不是学部常委的王大珩，提前成为技术科学部干事的无名分"常委"。

当时特殊情况之一是，历经二十几年沧桑，学部委员严重减员，学部常委会及学部主任、副主任遗缺不全，而且普遍年高不能正常工作。王大珩所在的技术科学部，原42名学部委员减员至26人，平均年龄超过75岁；原学部常委17名，减员至10人，平均年龄为76.5岁，原一正两副学部主任，剩下一正（严济慈，80岁），一副（茅以升，86岁）。

特殊情况之二是，本次增补学部委员总名额多（国务院批准增补330名），各方面推荐的候选人数量很大（实际有效候选人达到996人），学部委员评选任务重，而且本次增补学部委员第一次采用民主无记名投票选举，因而后来将"增补"改称为"增选"。王大珩所在的技术科学部的实际情形是，996名全部有效候选人中，有300多人属于本学部涵盖的学科专业范围，也就是说，技术科学部即便分组遴选，每位学部委员要审阅100多份候选人的推荐材料，不难想象，完成如此之大的工作量，这对于大多数年高七十几甚至八十几岁的老人而言，该是何等艰巨和辛劳。

当时还有一个情况，增选学部委员的所有工作，大到指导思想、原则、方案，小到选举程序、操作方法，都是以中国科学院讨论报经上级批准，或经科学院党组讨论决定，由副院长、党组成员钱三强负责主持实施。而那时技术科学部原有10名常委中，只有两人（严济慈和李薰）在科学院系统工作，其他院外常委连出席学部会议都难以保证，经常达不到过半数与会者，更不用说要承担组织协调工作了。因为这种种缘故，技术科学部原有学部委员中唯一在科学院系统工作、又比较年富力强而不是常委的王大珩，就自然地顶起了"常委"作用，用钱三强的幽默话说，王大珩被抓来当了"壮丁"。

后来的一段时间里，王大珩经常住在北京友谊宾馆北工字楼（此楼时由科学院包租用作开会和接待来京科学家），或参加院里和学部的会议，讨论问题，研究工作；或代表学部主任严济慈跟院外学部委员沟通情况，协调意见。直至1980年11月技术科学部选出64名新学部委员（四个学部共选出新学部委员283名，比原定增选人数少47人）。

1981年5月，在中国科学院第四学部委员大会上（5月19日上午），王大珩当选为中国科学院主席团（后改为学部主席团）成员，并参加第一次主席团会议推选主席团执行主席和院长、副院长；在技术科学部全体会议上，王大珩当选为学部常委和学部副主任，李薰为主任（副主任还有院外的张光斗、陈芳允）；1983年3月李薰逝世后，王大珩接任技术科学部主任，直至1994年。

王大珩在任技术科学部主任10余年间，尽管相当长一段时间学部又处于不正常状态，学部委员又间隔10年没有增选，平均年龄又达到七十四五岁。但在困难环境中，王大珩领导技术科学部所做的工作，依然成效显著，特别在组织学部委员开展咨询方面，他首先提出变被动咨询（即接受政府决策部门委托咨询）为主动咨询，鼓励大家结合科学技术发展的关键问题，积极提供情况和建议，以便政府决策参考。

早在1982年8月，王大珩组织技术科学部相关学部委员提出两个咨询报告，提交国家计委、国家经委和国家科委，一个是《关于当前发展我国集成电路的建议》，一个是《关于发展我国计算机的建议》。据查证，这是科学院学部主动进行调查研究最先提交政府部门的咨询报告。后来，结合国际发展新态势，经过进一步研究，到20世纪80年代末期，王大珩和师昌绪领导技术科学部又完成6个主动咨询报告并汇编成《中国科学院学部委员咨询报告》，这就是《以电力为中心，论我国的能源发展战略》《关于试行公开招聘重点工科院校学术带头人的建议》《按照市场经济规律改革我国通信管理体制的建议》《促进我国计算机发展的良性循环的研究》《促进我国集成电路产业进入良性循环的建议》和《发展我国钢铁工业原料路线的建议》。这些报告上报后，国务院领导很快做出批示："请把科学院六个专题报告分送到计委和有关部委进行研究讨论，并在'八五'计划中适当采纳。"同时，国务院办公厅专函向报告主持者王大珩和师昌绪致谢："对你们关心国家社会主义现代化建设，以极大的热情向政府提出有意义的建议表示衷心的感谢,并通过你们向全体参加编制这些专题报告的科学家和科技工作者表示谢意。"①

王大珩重视总结学部开展咨询工作的经验,并使之制度化、科学化,1989年由他建议和主持制定了《关于学部委员咨询工作的暂行规定》,成为中国科学院学部开展咨询第一个内部法规性的文件。

组织学部委员评议研究所是在20世纪80年代初科学院赋予各学部的任务之一,这是为了强化学术领导的一项重要措施。1981—1983年,王大珩先后与李薰、师昌绪共同组织,开展了对沈阳金属所、上海光机所、长春光机所、半导体所、电工所、上海冶金所、沈阳自动化所和上海技术物理所的评议。学部委员评议的内容很全面,包括:研究所的科研方向是否符合学科发展的趋势和中国国情;研究室的方向、任务是否明确;课题设置和选择是否恰当;科研队伍的水平、质量和建设情况如何;实验体系情况怎样;学术管理的水平和成效情况;科研成果的水平及其社会、经济效益;所长及主要学科带头人的水平、能力,等等。开展评议的程序很严谨:阅读材料、组织参观、汇报座谈、个别交谈、酝酿讨论,最后由评议组提出评议意见,报经科学院常务会议审议通过后,下达研究所执行。

不搞形式、不走过场、讲求实效,是王大珩组织评议活动的指导思想。1982年4月他带队评议上海光机所,除了集中光学方面的学部委员,邀请了相关研究所的同行专家和大学教授,还请来科学院和上海分院的管理官员,共有50余人。后来上海光机所写文章说:"回忆当时评议的严肃、认真、科学的态度,是建所以来从未遇到过的。……王老亲自组织的这次评议,为上海光机所健康持续的发展指明了方向。"② 具体地说,就是按照王大珩主持形成的《评估报告》,使得上海光机所在此后的10多年时间里,相继建成和完善了用于激光聚变研究的"神光"装置,用于激光分离同位素的激光和光学系统,开展了新型激光器件与技术、光存储技术和光

---

① 盛海涛、何锟瀚、冯应章:大珩先生与技术科学部。见:宣明主编,《王大珩》。北京:科学出版社,2005年,第85页。

② 我国激光事业发展的战略科学家——上海光机所在王老的指导、关爱下成长。见:宣明主编,《王大珩》。北京:科学出版社,2005年,第91页。

学新材料的探索，在激光等离子体物理、X 射线激光、量子光学、激光光谱学和非线性光学等基础研究领域，做出了一批具有国际前沿水平的研究成果，既强化和显示了这个研究所的实力，同时为我国激光发展及其应用作出了贡献。

接受委托复审全国自然科学奖项目是王大珩担任技术科学部副主任后和李薰共同组织做的第一项任务。1979 年年底，国家决定设立自然科学奖，经过一年多时间各归口部门推荐、评选，初审出 192 项请奖项目，委托中国科学院各学部负责最后复审。其中由技术科学部复审的项目计 14 项（冶金及材料四项、电子四项、机械一项、土水建五项），先由学部委员和专家进行初审提出意见，然后召开学部常委会逐项审议、整体对比评议，形成复审意见。结果是：同意授奖五项（二等奖一项、三等奖一项、四等奖三项），不授奖四项，由于学术上尚存分歧，建议暂缓评奖二项，不属自然科学奖范围三项。

与此同时，王大珩先和李薰后和师昌绪组织技术科学部学部委员承担了许多工作，诸如评定科学基金项目——1982 年受理 290 项，评定 110 项，总资助经费 569 万元；1983 年受理 481 项，评定 242 项，资助经费 953 万元。审定学位授予——1982 年授予硕士学位 336 名，工科博士 1 名；1983 年审议第二批申请硕士、博士授予单位及导师名单。评议审定科学院重点课题——1982 年经过审议列为重点课题 30 项；1983 年审定 13 项。

这里所列出的工作日程和数字，只是王大珩主持技术科学部工作的一部分，但也足以感受到他作为科学专家以外的那种精神、思想和风格。

科技战略发展的尽责人

"战略科学家"这个称谓用于王大珩，在科学技术界大概不会有歧见，因为大家不认为这仅仅是一种称谓，而是贴切事实的表达。

先看王大珩对自己经验的总结，他说："作为一名现代的科技工作者，我从毕生的经历出发,总结了十六字的经验启示:面向需求,务实求是,传承创新,寻优勇进。"① 王大珩得出的朴实无华的十六字经验,其实既有历史长度,又有思考和认识上的厚度。从他 2003 年在"人文论坛"作的报告《漫谈科学精神》② 中,可以很清晰地了解这一点。

王大珩认为正确的科学路线,就是严谨性。他说:"在认识过程上,由表及里,由浅入深,由简入繁,由中间向两头扩展,对真理的认识是可望而难以企及的。科学不承认没有事实依据的先验论,它的深入由低级到高级主要是理性认识的过程。这是科学的核心所在。但是,理性认识要经由实验、论证来确定。"

王大珩认为"科学与技术并行发展",是提倡科学精神的一个要点。他说:"当前由于科学上的新发现应用于生产实践,导致现在高度的物质文明。特别是高新技术在改变当前社会经济面貌方面的作用,也帮助促进了人类思维的科学化。"

王大珩认为所需要的科学思想,第一是实事求是,第二是审时度势,第三是传承创新,第四是寻优勇进,有了创新的工作,让它在社会上起作用,还要找出实施这个措施的最优的途径,勇于使它实现。

正是基于这样丰富而独到的见地,加上王大珩总习惯从高远处看待事情的现在和未来,所以在许多关系国家重大科技发展方面,他往往会"寻优勇进"地提出建议,并且卓有成效。

1986 年 3 月,王大珩审度各国以高技术为核心的新的技术竞争趋势,及时与他人联名提出《关于跟踪研究外国战略性高技术发展的建议》,并且被中央采纳,结果经几百名专家调查论证,制定出我国的《高技术研究发展计划纲要》,这就是影响深远、成果丰硕、效益巨大的"863"计划(后文专述)。

王大珩从"科学与技术并行发展"的思想出发,认为提高工程技术和工程师的地位,对于加速我国基础工业建设,增强综合国力,提高国际竞

---

① 王大珩:我的自述。见:宣明主编,《王大珩》。北京:科学出版社,2005 年,第 16 页。
② 王大珩:漫谈科学精神,(2003 年 11 月 28 日在"中国科学家人文论坛"主题报告会上的演讲报告)。见:宣明主编,《王大珩》。北京:科学出版社,2005 年,第 30 页。

争能力具有重要现实意义。他在参与多次呼吁无果的情况下，又于1992年与他人联名上书中央，建议早日建立中国工程院，直接促成了全国工程技术界的最高学术机构——中国工程院的成立，并且使得几十年难产的院士制度在我国开始实行（后文专述）。

关于激光单原子探测

以敏锐的洞察力扶持新学科、新技术，是王大珩的又一特点。20世纪80年代中期，当清华大学初建的我国第一个激光单原子探测实验室遇到困难时，王大珩先支持成立一个由20多位专家组成的学术委员会，他亲自担任主任，并多次主持学术讨论会或论坛，明确发展的指导思想和学科定位，既让实验室摆脱了困境，又在全国范围“播种子”了，推动这一新学科在全国的发展。随后，王大珩进而预见这一学科的发展前景，认为应该把它纳入国家科技发展战略，1993年12月15日他和陈芳允联名致信江泽民总书记。王大珩的亲笔信写道：

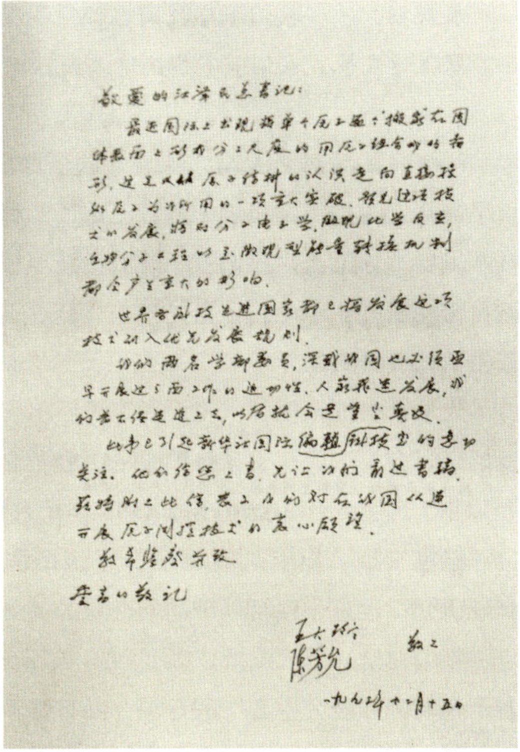
敬爱的江泽民总书记：

王大珩 陈芳允 敬上

一九九三年十二月十五日

图13-2　关于单原子探测建议书

最近国际上出现将单个原子逐个“搬家”在固体表面上，形成分子尺度的用原子组合成的图形。这是从原子结构的认识走向直接操纵原子为我所用的一项重大突破，预见这项技术的发展，将对分子电子学，微观化学反应，生物分子工程以至微观型能量转换机制，都会产生重大的影响。世界各科技先进国家都已将发展这项技术列入优先发展规划。……我们深感我国也必须尽早开展这方面工作的迫切性，人家飞速发展，我们若不尽快追上去，以后就会是望尘莫及。"①

江泽民阅后对王大珩、陈芳允的信做出批示："关于基础研究、应用科学与开发的关系，我们的方针已定，即稳住一头，放开一片。当今科学技术发展十分迅速，我们对于前沿科技项目要有所赶、有所不赶。一旦突破可带动新产业革命的项目，就应该赶。王大珩、陈芳允二位学部委员的报告请认真研酌。"

为了落实批示精神，王大珩等先后组织两次香山科学会议、三次学科发展研讨会，形成一份《将单原子、分子测控科学技术纳入国家基础性研究规划》，他联合8位院士于1996年3月报送时任中央办公厅主任温家宝。温家宝批示指出："原子、分子级探测、操纵与控制是一项战略性的基础研究，也是一项可以带动新产业的关键技术，应当统筹规划、选择重点、集中力量、予以支持。"② 这样，该项目被列为"九五"规划中"建立若干个基础性研究中心"的一项，并且强调：此学科领域"势在必为，势在必赶，而且时不可待，在当今激烈的国际竞争中稍有延误，都可能形成落后，势难再赶上的局面。"③

关于仪器仪表

王大珩心系仪器仪表事业，至今留下"有说不完的感人的故事"。这个领域的发展历史记得，1956年被纳入国家十二年科学远景规划中的"关于发展我国仪器仪表事业规划"，主要执笔人是王大珩。1979年成立的中国仪器仪表学会，王大珩先任副理事长，后任理事长、名誉理事长，时间长达26年，而且他是做实事不挂虚名的。1983年4月，中国在上海举办

---

① 陈赓延：王老与我国原子分子测控科学技术的发展。见：宣明主编，《王大珩》。北京：科学出版社，2005年，第114页。

② 同①。

③ 同①。

首届"国际仪器仪表学术会议暨展览会"（MICONEX），王大珩担任大会学术委员会主任，并且向会议作了介绍我国仪器仪表事业发展、论述国际仪器仪表发展趋势的演讲，受到各国同行认同，从而扩大了我国仪器仪表事业的影响，提高了国际学术地位。

这次会议本身还取得了意料之外的成功——以上海首届 MICONEX 为起始，后来 20 多年一直延续了下来，如今已成为这个领域的国际知名盛会。要说的是，这个意外成功，也是王大珩出的"点子"带来的结果。阅读王大珩生平年表会看到，他 1945 年获得英国科学仪器协会"第一届青年仪器发展奖"（"包温氏奖"），就是在英国物理学会举办的展览会上展出自己的研制成果（V-棱镜精密折射率测定装置）而被评定得到的。38 年后的 1983 年，他主持上海会议时就借鉴过来，在举行仪器仪表学会会议的同时，进行仪器仪表最新成果展览。就这样，王大珩的"点子"被通用为国际仪器仪表界的惯例。

为了我国仪器仪表事业的发展，王大珩也向国务院领导写过建议。他 85 岁那年，因为要掌握一手情况提出发展对策报告，亲自到上海、浙江、重庆进行调查研究，"一个下午参观四个企业，累得说话的力气都没有，回到北京便进了医院。"[①] 但王大珩没有就此放下心来，出院后，他组织调研组完成了《加快我国仪器仪表事业发展的对策与建议》。由于这份报告的科学性和战略目标、实施方案的详尽、可行，它已成为指导我国仪器仪表产业发展的重要文件。

关于颜色标准化

颜色标准化，乍一听可能感觉陌生，甚至想不到和科学技术有多少联系，其实不然，它是一项涉及从工业到日常生活领域很广泛、科学内涵很丰富的事业。颜色科学在我国迅速发展起来，也有王大珩不可磨灭的功劳。

[①] 肖中汉：王大珩院士心系仪器仪表事业. 见：宣明主编，《王大珩》. 北京：科学出版社，2005 年, 第 99 页。

早在1978年，我国颜色领域第一本科学著作《色度学》即将出版时，王大珩独具慧眼给予支持。1988年5月，他应允担任"全国颜色标准化技术委员会"主任委员，倡议开展中国颜色体系研究和建立中国颜色体系标准，并亲任课题负责人。在确定研究方向时，他提出做中国人眼颜色视觉实验，以便研究成果具有自主知识产权；在寻求立项和经费支持时，他或亲自出马、或写信，得到了国家科委、自然科学基金委和中国科学院的支持。为了研制中国颜色体系样册，他多次到天津工厂现场指导。1989年3月，他出席全国政协会议讨论《国旗法》时，了解到不同厂家生产的国旗颜色不一致的情况，当即致信全国人大法律工作委员会，说明制定国旗技术标准和颜色标准的意义和必要性，受到重视，很快，《国旗国家标准》（GB12982—1991）和《国旗颜色标准样品》（GB12983—1991）制定出台。2005年，全国颜色标准化技术委员会撰文回忆说："所有这些工作，无不倾注王大珩先生的心血与智慧，大珩先生也因此当之无愧地成为我国颜色标准化事业的开创者和奠基人。"[1]

---

[1] 全国颜色标准化技术委员会：大珩先生与中国颜色标准化事业。见：宣明主编，《王大珩》。北京：科学出版社，2005年，第116页。

第十四章
为"863"计划"点火"再点拨

20世纪80年代,国内科学技术界有一个热议的话题:迎接新技术革命和挑战。那时间,一些国家都把眼光紧紧盯住21世纪,在科学技术发展上制定各自的战略计划,以图抢占高技术桥头堡,掀起了新的科学技术竞争浪潮。

先是美国,1983年提出了"战略防御倡议"(简称SDI)。它针对苏联的战略洲际核导弹,以构成一个战略防御威慑系统。这个系统的核心,是利用强激光,通过直接(卫星、天基)或间接(地基)发射台,将其指向来犯的导弹,并摧毁它。因此,美国的所谓"战略防御倡议",被世人称之为"星球大战计划"。

自此而起,各种各样应和或针对星球大战计划的对策和计划纷纷登场:西欧各国共同签署了"尤里卡计划",日本出台了"科技振兴基本国策",苏联和东欧国家制定了"科技进步综合纲领",韩国推出了"国家长远发展构想",印度发表了"新技术政策声明"。

不能被落下

面对这种国际趋势，中国怎么办，应该不应该有自己的对策？采取什么样的对策？

在国家有关部门组织的专家座谈会上，主流意见认为，我国应该采取相应的对策措施，迎接新技术革命和挑战。但也有不同认识，认为我们国家目前尚不具备全面发展高科技的经济实力，还是先搞一些短期见效的项目为好，等人家搞出来了，我们的经济实力也强了，可以采取"拿来主义"，引进他们的成果为我所用。

"现在不做，到下世纪就没有了，就根本跟不上了！"王大珩在一次座谈会上直率地发表意见。从这话里，显然能感觉到他的焦急心情，同时也是他亲历"两弹一星"工程的经验之谈。

王大珩进而阐述自己的观点：早年搞"两弹一星"的时候，我国的经济实力也完全不能与美苏等超级大国相提并论，但是我国独立自主、自力更生，只花了不到美苏二十分之一的钱就搞出了"两弹一星"，这样在国际上的地位就大不一样了，人民才有了不受核威慑的生活环境。搞高科技研究也是一样，只要我们集中力量、突出重点，完全可以花较少的钱办较大的事。此外，高技术的东西，"有一点儿"和"一点儿没有"大不一样，是个战略问题。就我国国情而言，我们国家只能是重点地搞，这个重点怎么搞呢，要利用这个作为一个种子，能带动其他的方面[1]。

王大珩的意见受到了多数人赞同。参加座谈会的光电技术工程专家林祥棣，甚至满怀激情地表示，希望每个中国公民拿出一两个鸡蛋的代价，作为起步的投资[2]。

---

[1] 长春光机所编：《星光永恒——王大珩传》。2014年，未刊印，存于长春光学精密机械与物理研究所档案室，第143页（崔禄春："863计划"是怎样出台的。《百年潮》2006年第4期第33-38页也提到此事）。

[2] 王大珩：从导弹轨道跟踪与测量到863计划。见：《请历史记住他们——中国科学家与两弹一星》。广州：暨南大学出版社，1999年，第244页。

巧合的是，时任国防科工委科技委专职委员、无线电电子学家陈芳允，抱有与王大珩相同的观点。他曾在一次会议上发言说："在科学技术飞速发展的今天，谁把握住高科技领域的发展方向，谁就可能在国际竞争中占据优势。我国经济实力不允许全面发展高科技，但我们在一些优势领域首先实现突破是完全可能的。"[①]

1986年年初的一天，陈芳允来到王大珩家，他们细谈了彼此的想法，而后陈芳允提议："能不能写个东西，把我们的想法向上反映反映。"王大珩表示赞成："对，应该让最高领导了解我们的想法，争取为国家决策提供帮助。"他们商定写一个建议呈送给中央和国务院领导，由王大珩负责起草建议书。

王大珩记得："我自己写了我国应采取对策的主文，主要是归纳了专家座谈会上的意见。我又邀请航天部科技委的杨嘉墀，因为他对空间技术很熟悉，还有我国科学界前辈王淦昌，经商量定稿后，由我们四人以中国科学院学部委员的名义，于1986年3月3日，联名上书邓小平、胡耀邦等中央领导，题目是《关于跟踪研究外国战略性高技术发展的建议》。"[②]

建议书开门见山："必须从现在抓起，以力所能及的资金和人力跟踪新技术的发展进程。须知，当今世界的竞争非常激烈，稍一懈怠，就会一蹶不振。此时不抓，就会落后到以后翻不了身的地步……在整个世界都在加速新技术发展的形势下，我们若不急起直追，后果是不堪设想的。"接着提出了六条建议，其主要观点是：

一、高科技问题事关国际上的国力竞争，我们不能置之不理。

二、在关系到国力的高技术方面，首先要争取一个"有"字，有与没有大不一样。真正的高技术是花钱买不来的。

三、鉴于我国的经济情况，从事高技术的规划与范围，无法与工业发达国家相比。因此，必须"突出重点，有限目标"，强调储备与带动性。

---

① 宋健主编：《"两弹一星"元勋传》（上）。北京：清华大学出版社，2001年，第534页。
② 王大珩：从导弹轨道跟踪与测量到863计划。见：《请历史记住他们——中国科学家与两弹一星》。广州：暨南大学出版社，1999年，第244页。

四、积极跟踪国际先进水平，要能在进入所涉及的国际俱乐部占有一席之地。

五、发挥现在高技术骨干的作用，通过实际培养人才，为下个世纪的发展做好准备。

六、时不我待，要有紧迫感，发展高技术是需要时间的，抓晚了就等于自甘落后，难以再起。①

用心之处

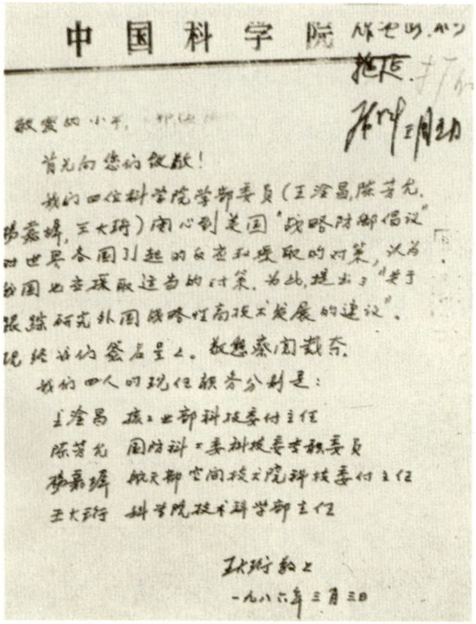

图 14-1 "863"建议书手迹
（在手迹上，邓小平做出批示："这个建议十分重要，请紫阳同志找些专家和有关负责同志讨论，提出意见，以供决策。此事宜速作决断，不可拖延。"）

王大珩等四人的建议书，于1986年3月3日送出。仅仅过了两天（3月5日），邓小平就做出批示："这个建议十分重要，请紫阳同志找些专家和有关负责同志讨论，提出意见，以供决策。此事宜速作决断，不可拖延。"②

邓小平这样超常规地奇快阅批几位科学家的建议，当时所有接触到这件事情的人，无不感觉惊诧，直到现如今可能还难以解惑。其实，这得归功于王大珩，是他想事细心、做事用心的结果。

在建议书签完名后，王大珩又想到并且亲自做了两件事：一是他想

---

① 林祥主编，李鸣生访谈：《世纪老人的话：王大珩卷》。沈阳：辽宁教育出版社，2000年，第24-25页。

② 刘亚东，等：《春颂：邓小平同志与中国科技事业》。北京：科学技术文献出版社，2004年，第221页。

到，光一份建议书送给中央领导人，似乎有点突兀，应该写一封信做简要情况说明为好。于是他亲笔写了一封致邓小平、胡耀邦和赵紫阳的信。全信如下：

敬爱的小平、耀邦、紫阳同志：

首先向您们致敬！

我们四位科学院学部委员（王淦昌、陈芳允、杨嘉墀、王大珩）关心美国"战略防御倡议"（即星球大战计划）对世界引起的反应和采取的对策，认为我国也应采取适当的对策，为此，提出了"关于跟踪研究外国战略性高技术发展的建议"。现经我们签名呈上，敬恳查阅裁夺。

我们四人的现任职务分别是：

王淦昌　核工业部科技委副主任

陈芳允　国防科工委科技委专职委员

图 14-2　"863"计划四位倡议者合影（左起：王大珩、王淦昌、杨嘉墀、陈芳允）

杨嘉墀　航天部空间技术院科技委副主任
　　王大珩　科学院技术科学部主任

王大珩　敬上
一九八六年三月三日

　　王大珩做的第二件事，当时他想，建议书以个人名义寄给中央领导，很可能按"人民来信"处理，领导人根本看不到原件；如果按公文程序上报，又会层层批转，不知道要等多长时间才会听到音讯。因此，他想出一个快捷办法（后来玩笑要走一次"后门"）——亲自出面请一位熟悉而热心的人士帮忙递交信件，结果达到了快速见效的目的。

欣慰与冀望

　　邓小平批示后，各方面抓紧贯彻落实，同样也是快速高效。1986年4—9月间，国务院先后组织200多名有关专家进行调查论证，而后制订出《国家高技术研究发展计划纲要》，并经中央政治局批准实施。为了纪念"纲要"缘起的1986年3月，后来便以"863"计划得名。

　　"863"计划首先确定了目标：在几个高技术领域，跟踪国际水平，缩小同国外的差距，并力争在我国有优势的领域有所突破，为20世纪末特别是21世纪初的经济发展和国防安全创造条件；培育新一代高水平的科技人才；通过伞形辐射，带动相关领域的科学技术进步；为21世纪初的经济发展和国防建设奠定比较先进的技术基础，并为高技术本身的发展创造良好的条件；把阶段性研究成果同其他推广应用计划密切衔接，迅速转化为生产力，发挥经济效益。

　　进而本着有限目标、突出重点、瞄准前沿、积极跟踪的原则，推荐出我国优先发展的生物技术、航天技术、激光技术、自动化技术、信息技术、能源技术、新材料技术等7个领域，并具体化为15个主题项目实施。

"863"计划实施时间定为15年,总经费投入为100亿元人民币[①]。

国家对"863"计划的一系列决策,让王大珩等几位建议人经常处于意外惊喜的状态,国家拨转款数额之大就是一例。杨嘉墀记得:"张劲夫同志(时任国务委员——注)有一天早上把我们4个人叫到中南海去商量这个问题,当时他问了我们要多少经费,当时我们几个人好像也说不准多少。王淦昌稍微有一点经验,他说了个1000万元。张劲夫马上就说这个经费肯定是不够的。国家批准了100个亿。我们4个人都吓了一大跳。"

"863"计划实施后的情况,是王大珩最为关注的,每当看到或者听到取得新进展,他就有一种内心喜悦流露出来。一次,他得到科技部一份材料,总结"863"计划的阶段成果,他手里拿着放大镜专心致志趴在桌上看,有一组数据几乎是一字一句拿着放大镜读下来的:"'八五'期间,'863'计划投入的各项资金总额约23亿元,直接参加人员7.12万人年……到1995年底,'863'计划民用方面6个领域的15个主题,已全面完成了各阶段的既定目标,共取得研究成果1200多项,获国家级或省部级奖567项,达到国际水平540项,获专利244项。成果获奖率达到45.6%,其中国家级奖达5%。"[②] 王大珩看完数据,联想起以往的情况,颇有感触,他认为实施"863"计划,在体制上有一个很好的革新,即不由行政领导来决策,而是由专家来决策,这是一个很大的特点。

王大珩为成果而高兴,但他从不满足于一事一时,更不做井底之蛙,他习惯以战略眼光和进取精神看待事情。针对"863"计划成功,他曾经语重心长讲述过这样的观点:

> 不要以为我们经过这样一个战役,就可以从各方面解决问题,哪有这么快的事,不可能的。因为人家也在进步。你赶上了一段,人家又往前进一段了。高技术是世界上前沿的科学领域,不是一般的科学技术。发展高科技,绝不单是为了一个学科的进步,而是多科学的综

---

① 中华人民共和国科学技术部编:《中国科技发展60年》。北京:科学技术文献出版社,2009年,第174-175页。

② 同①,第176页。

合，高技术的使用，往往不是一个目的，而是能够用到多个方面去。高技术计划必须要继续下去，应当把高技术作为国家中长期科技发展计划的一个重要组成部分。①

自从"863"计划启动以来，王大珩被全国科技界誉为"863"计划的功臣，知道事情底细的一些人，更称他是功不可没的元勋。然而，王大珩本人一直认为，自己做这些事情都是应该做的，他幽默地形容只是为"863"计划点了一根火柴。王大珩说这话的时候已届93岁高龄，正值"863"计划实施22周年之际。一次他接受《新京报》记者访问，这样说："'863'计划最初选择的七个领域，具体的内容也不是我们制定的，我们几个顶多是起了一些催化剂的作用，或者说是为'863'计划点了一根火柴。"②

点拨重点领域的发展

王大珩不满足于提建议，而是习惯把想法付诸实际，见到效果。"863"计划形成的各个主题项目，他都尽自己所见所思发表意见，对一些特别关注的领域，更不顾年高视力差亲力亲为。

比如航天技术，从被列为"863"计划第二主题，到提出载人航天建议，到1992年9月批准载人航天立项，并明确载人飞船—空间实验室—空间站三步走的发展规划，这其中都有王大珩付出的心力。这里援引航空航天系统工程专家顾逸东院士对王大珩的一段记述：

王老是载人航天工程评审专家组的副组长，也是载人航天应用系统论证、设计阶段评审组的主要负责人，在确定任务和技术方案的过

---

① 王大珩：关于下世纪发展中国高技术及其产业化若干问题。《科技日报》，1997年9月27日。

② 钱昊平：我们为863计划点了一根火柴。《新京报》，2008年3月3日。

图 14-3　1990 年 5 月，王大珩（右二）参加在日本召开的 SAFISY 第三届会议

程中，他尽心尽力，严格把关，他在几次讲话中，提出了要采用系统工程方法，搞好载人航天应用，要严格按工程规范等重要指导意见和许多宝贵的具体意见。①

又如被列为航天应用的重要任务之一的高级空间光学系统，王大珩曾多次到承担任务的研究所去检查工作和参加评审。当 1995 年在光学材料工艺处理设备前，他看到工艺处理技术有了新的提高，表现很兴奋，并就自己几十年前就熟谙在心的光学玻璃材料性能与处理工艺的重要关联，做了深入浅出的讲解。时隔 15 年后，听过讲解的顾逸东回忆说："王老关于'豆腐渣'的比喻和'微裂纹'的危害，至今使我和每一个参加研制工作的同志印象深刻。"②

在确定空间光学系统方案时，鉴于重量的约束和空间光学长远发展的需要，王大珩提出打破常规，采用非球面方案的意见。在当时技术条件

---

①　顾逸东：心系空天——王大珩先生与我国航天航空事业。见：相里斌主编，《光耀人生——王大珩学术思想与创新贡献》。北京：科学出版社，2011 年，第 146 页。

②　同①。

下，采用非球面方案不仅有难度，也还存在风险，因而一度疑虑不少，但王大珩站在更高处，着眼长远意义和应用前景，对所提方案仍然大声疾呼，每会必讲，逢人必讲，极力推动。

后来的情况是："我们按照他（指王大珩——注）的意见，部署了两个攻关小组，经过两年多时间，终于攻克并系统掌握了非球面设计、加工、测试、装调等一系列关键技术。在此期间，王老多次约我们到他家里，了解情况，提出指导意见。在王家骐院士的领导下，研制团队十年磨一剑，采用了一系列新技术新方法，研制出了当时最轻量化最高质量的高级空间光学系统，并圆满地完成了空间飞行任务。非球面光学核心技术的掌握和延伸，在我国后续的一系列任务中开花结果，推动了我国空间光学的跨越发展。"[1]

图14-4 2001年2月19日，王大珩（右）与杨嘉墀（左）获"863"计划特殊贡献先进个人称号

王大珩心里总在惦记着空间光学性能问题，直到年逾九秩的2006年，他因病住进了医院，思考仍在病床上继续着。一天，他让秘书打电话约请项目主持人顾逸东到医院面谈，谈的还是关于提高光学系统性能问题，"见面后他开门见山地说：'晚上睡不着觉，也没有笔和计算器，心算了一些结果，看看有没有道理……'我惊异于他惊人的记忆力和对问题的准确把握，更为他呕心沥血致力于事业的精神深深感动。"[2]

---

[1] 顾逸东：心系空天——王大珩先生与我国航天航空事业。见：相里斌主编，《光耀人生——王大珩学术思想与创新贡献》。北京：科学出版社，2011年，第146页。

[2] 同[1]。

第十五章
又一历史性的功勋

20世纪70年代末起,科技界就不断呼吁建立国家工程技术方面的最高学术机构(即后来的中国工程院),但总不见进展;50年代中期开始,曾经几回酝酿在中国实行院士制度,次次都搁浅了。这样两件大的历史性事件,终于在1994年得以如愿以偿。查阅有关的档案材料发现,在这件事的整个进程中,尤其在许多关节点上,都能见到王大珩的名字。

作用在关节处

追溯到1978年3月,邓小平在全国科学大会上提出"科学技术是生产力",这一论断空前地激发和提高了全社会对发展科学技术重要性的认识;同年12月,中共党的十一届三中全会决定,把全党工作的着重点转移到社会主义现代化建设上来,以经济建设为中心。在此背景之下,以前受到冷落,甚至被视为"雕虫小技"的工程技术,开始引起关注,特别针对当时中国工程技术水平低,队伍薄弱,研究、设计、建造能力落后的状况,许多人士开始冷静思考、热烈讨论,并且形成共识:从长远着想,中

图 15-1　中国工程院六位发起人合影
（左起：罗沛霖、王大珩、张光斗、侯祥麟、张维、师昌绪）

国有必要建立一个以工程技术为主体的最高学术机构，以提高工程技术和工程师在国家建设中的地位，加强责任制，调动积极性，更好地发挥工程技术的整体作用。

据《科技界人大代表和政协委员及其提案的历史研究》所采集的资料显示：早在1979年五届政协二次会议上，就有多件提案，建议加强工程技术和应用科学研究，要求实行工程师负责制；1980年五届政协三次会议上，出现第一件关于成立中国工程科学院的提案，提案人是张光斗和俞宝传；尔后的十几年里（至1993年），年年都有这类提案，有时一年有几件（如1992年七届政协五次会议上有3件），每件提案至少2人联署，最多的一件提案（1986年）联署者达83人，历年参与过成立工程院提案的政协委员、人大代表和工程科技专家不下150人（次）之多[①]。

王大珩一直是这件事情的积极参与者和推动者，他前后有过4次正式提案或建议。1986年，他和茅以升、钱三强、吴仲华、张光斗、黄汲清、

---

① 李飞：《科技界人大代表和政协委员及其提案的历史研究》（博士论文），中国科学院研究生院，2010年5月。

侯祥麟、罗沛霖等83人联名提案；1988年，他和陶亨咸、张维、钱保功、陆元九、陈永龄等联名；1992年他又参与21人联署提案。真正起到历史性关键作用的，是1992年4月，他和张光斗、师昌绪、张维、侯祥麟、罗沛霖六人联署的不是提案的建议书。

1992年春，王大珩等联合署名的建议书送进中南海，登在了中央办公厅5月8日编印的《综合与摘报》（第54期）上，题目是《关于早日建立中国工程与技术科学院的建议》，署名者

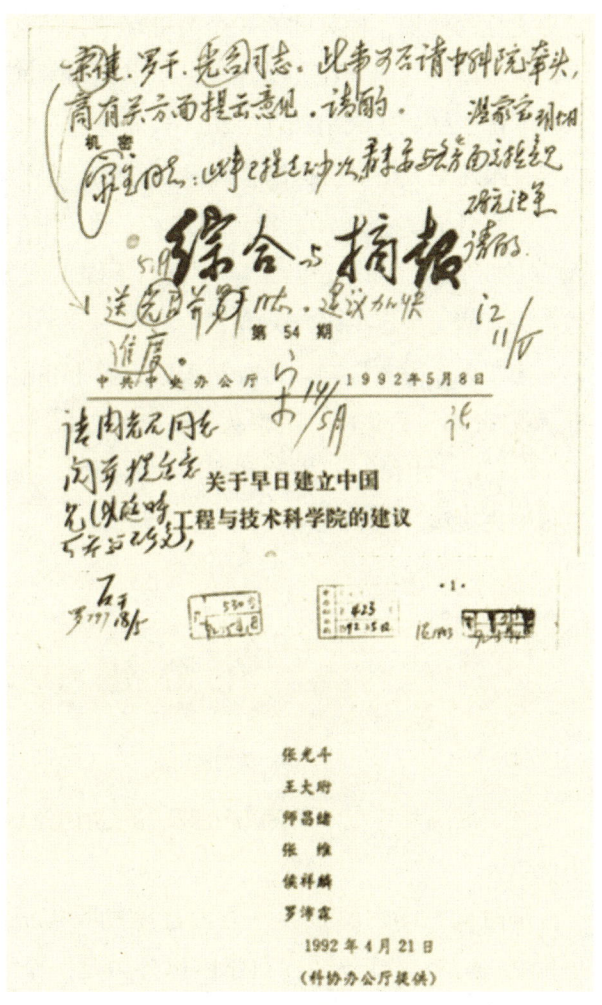

图15-2　领导人对王大珩等成立中国工程院建议的批示

6人都是中国科学院学部委员（后称院士）。建议书体现了科学家的简明、率真风格，全文1000余字，没有套话、空话、大话，但视野开阔，言之有理，从世界工程技术和技术科学发展的历史和现状，讲到我国的差距，再讲到为了提高工程科学技术研究、设计、建造能力，提高产品竞争能力，增强综合国力，而后提出建立中国工程院，以提高工程技术和工程师地位的建议；他们还就这个新建立最高学术机构的性质、任务，以及它与中国科学院（主要是技术科学部）的日后关系等，提出了构想。

这份建议书，对于中国工程院的建立和中国实行院士制度，被认为起

第十五章　又一历史性的功勋　**279**

了历史性的作用，但其间有一个关键环节，却常常被忽略。那是6人建议书送达中南海之前，在一次江泽民总书记与学部委员见面的场合，时任技术科学部主任的王大珩抓住时机，当面陈述了他们的建议及建议书的主要内容。虽然王大珩讲得言简意赅，但直接反映呼声的作用显然起到了。

5月11日，当江泽民看到刊登6人建议书的《综合与摘报》，就在上面写下批示给中办主任温家宝："家宝同志：此事已提过不少次，看来要与有关方面交换意见研究决策。"

第二天，温家宝向国务委员宋健、罗干和中国科学院院长周光召作了批示："此事可否请中科院牵头，商有关方面提出意见。请酌。"[①] 接着，5月14日和5月18日，宋健和罗干先后阅批，强调加快进度，尽快提出意见报中央决策。

在 筹 建 中

有了最高领导批示的尚方宝剑，筹建中国工程院也并非顺风顺水、事事便当。

那时间，国内科技界一方面建院的呼声很高，一方面又歧见层出。争论之一，就是要不要在科学院以外再建一个工程院？反对者认为，两院并立会造成理工分家，不利于学科交叉，协同发展。另外，还有建立一个什么样的工程院，是不设下属研究开发机构的虚体，还是像现在科学院一样的实体？甚至由哪个部门牵头负责筹建，也都是意见纷纭，莫衷一是。

为了解决这些问题，使得工程院的筹建顺利推进，筹建者们紧紧张张开始了时近两年的内外调研，上下协调，民主讨论，提出方案，直到正式建院。在这整个进程中，两位技术科学部主任王大珩和师昌绪，接受科

---

① 中国工程院办公厅编：《中国工程院年鉴》（1994-1997）。北京：高等教育出版社，1998年，第35页。

学院学部主席团执行主席周光召委托,他们由建议人转变为重要筹建者。

开始阶段,他们一方面组织人员搜集编印《国外工程科学院简介》,对当时14个国家(瑞典、美国、英国、法国、日本等)工程科学院的成立背景、组织机构、院士选举、学部设置、工作方式、经费来源等情况,进行客观的详尽介绍,为大家讨论研究筹建中国工程院提供参考;另一方面,王、师两位学部主任为了扩大内部共识,多次主持召开技术科学部常委会讨论协商。

在这些工作基础上,1992年7月18日,首先归纳出筹建工程院的5条原则性意见,以科学院学部主席团执行主席周光召的名义报告党中央和国务院领导。到8月26日获得批复后,为起草正式建院报告,开始了又一轮更大范围的调查研究和酝酿讨论。

图15-3 王大珩(右)和师昌绪(左)听取工程院筹备领导小组办公室主任葛能全(中)关于筹备中国工程院情况汇报

接下来的两三个月时间里,王大珩和师昌绪以召开座谈会、个别访谈等方式,先后征求了200多位学部委员和有关专家的意见;同时,他们还亲自走访电子、化工、机械等十几个产业部门和高校,广泛听取意见,共同商讨。对于年近八旬的老人,他们这样紧张工作,连续奔波,其中身心劳苦可想而知,更有意想不到的是,他们有时还要忍受精神上的屈辱。

1993年元旦那天,王大珩和师昌绪一起出席某个国家机构召集的座谈会,讨论中国工程院的设置问题(这个机构一度想出面负责筹建工程院)。因为参加会议的人比较多(二三十人),发言踊跃,主持人宣布每人发言不超过10分钟,而实际上现场一直没有兑现规定的时间,一些跟会议召集机构意见一致或相近的发言都超时了,有的讲了20分钟还要多。师昌绪举手要求发言,"讲到10分钟后,毫不客气地发出'制止令'";接着,王大珩站起来发言,当讲到10分钟要求多讲几分钟时,那位主持人硬是

第十五章 又一历史性的功勋 *281*

冷下脸不同意，并且让人强行拿走了王大珩手中的话筒……事后有人感叹道，久已不见的"文化大革命"场景，居然又一次发生了。

陪同两位学部主任参加座谈会的一位科学院有关负责人，会后讲起那天的情景，久久怒气难消，说当时的场面实在令人气愤，非常吃惊这样对待两位老科学家，他曾想一起退出会场。但为了顺利筹建工程院这件大事，王大珩和师昌绪压住火气，忍辱负重坐下来，继续倾听意见，一直到会议结束。

18年后（2011年），93岁的师昌绪忆及此事写道："我当时实感受到奚落，甚至有中途退出的想法，但是为了顾全大局，还是善始善终。"[1]

经过王大珩等有效工作，建立工程院的第一份请示报告，于1993年2月4日正式呈报国务院和党中央，由中国科学院和国家科委联署。这份3000多字的请示，就是关于建立工程院的一个内容齐全的完整方案，除了八九行字的开头语，分为三大部分陈述：一是关于建立中国工程院的必要性，主要讲了国际发展趋势和国内发展需要。二是关于组建中国工程院的一些原则。三是关于中国工程院的筹建工作及进度安排。

请示报告的重点和实质性内容在第二部分，列出七个原则问题陈述并请示，题目分别是：①关于名称（建议采用"中国工程院"）。②关于中国工程院的性质和作用（建议定为"中国工程技术界的最高荣誉性、咨询性学术机构"）。③关于中国工程院成员的称谓（建议称"院士"；"中国科学院学部委员"亦改称为"院士"）。④关于中国工程院与中国科学院（学部）的关系。⑤关于中国工程院院士的标准和条件（表述为"凡在工程技术领域作出重大的创造性的成就和贡献，热爱祖国，学风正派的高级工程师、研究员、教授或等职称的工程技术专家、学者，可被推荐当选为中国工程院院士"）。⑥关于中国工程院第一批院士的产生及增选制度（首批院士定为百名左右，经过提名、协商和遴选产生。尔后每两年增选一次）。⑦关于中国工程院的领导体制及学部设置[2]。

---

[1] 师昌绪：《在人生道路上——师昌绪自传》。北京：科学出版社，2011年，第187页。

[2] 中国工程院办公厅编：《中国工程院年鉴》（1994-1997）。北京：高等教育出版社，1998年，第15-17页。

关注建院后

1993年11月,中国工程院筹建进入后期阶段。这时,由于筹备领导小组成员名单几经扩大,增加了不少新老部级领导干部,由此工程技术界引出许多议论,担心工程院将来成为"官员俱乐部"的说法尤为普遍。

正是在这种舆论背景下,王大珩又一次秉笔进言,他联合张光斗、张维、侯祥麟、师昌绪,于同年11月8日再一次致信党中央和国务院领导,恳陈必须严格按照标准条件遴选工程院院士的心声。信中写道:

> 中国工程院既然是一个工程科学技术界的最高学术机构,其成员享有国家工程科技界的最高学术称号,在遴选时就必须做到严格按标准条件办事。……我们最关心的是:中国工程院不能成为安排干部的一个机构,所有成员必须符合上述标准,否则有损中国工程院的威望,达不到建院的目的,在国际交往中也会造成困难。[①]

从工程院史资料中,没有见到中央领导人对王大珩5人来信的直接批示,但当时事实证明,他们信中反映的意见,对调整工程院筹备领导小组起到了作用——针对领导干部较多的情况,增加了十几名科技背景比较强、有代表性的专家,他们中多数已是科学院学部委员,还有一些产业部门有突出成就的总工程师,使得"官员多"的状况有了一定改观。

1994年6月,中国工程院成立,同时实行院士制度,中国科学院学部委员改称为院士。时为两院院士的王大珩,在中国工程院首届院士大会上当选为工程院主席团成员,主席团是工程院的最高决策机构。据工程院的年鉴记录,王大珩任职四年中,没有缺席过一次主席团会议,讨论研究问题积极发表意见,因为他习惯从全局和长远考量事情,他的意见往往对形

[①] 葛能全、陈丹:《中国工程院院史资料——关于中国工程院的成立》。中国工程院内部资料,2014年6月,第39页。

成决议产生重要影响。

有一次，一个生产医疗仪器的企业为了促销产品，在一家有影响的大报上刊发广告，出资为全体院士免费长期赠阅报纸。王大珩看见后，认为这是在利用院士名义做商业广告，立刻给报社打电话，声明不接受赠阅的报纸；紧接着，他又给工程院秘书长打电话，让院里出面交涉，严肃处理好这件事（第二天，主席团成员侯祥麟也打电话到工程院，表示了和王大珩同样的态度）。

事过不久，在朱光亚院长主持的一次工程院主席团会议上，王大珩和侯祥麟正式提议，为了树立新建工程院在国内外的良好形象，全体院士都应该珍惜自己的声誉，以实际行动履行社会责任，必须约法三章，制止不该发生的事情发生，包括不得以院士名义做商业广告等。

他们的建议成为主席团共识，并且由制止院士做商业广告，扩展到学风道德建设的方方面面，还很快在主席团下设立了一个专门委员会——中国工程院道德委员会（现名道德建设委员会），专抓院士队伍的自身建设。道德委员会先后制订了《院士增选工作中院士行为规范》（共六条）、《中国工程院院士科学道德行为准则》（共七条），要求全体院士必须遵照实行。

王大珩首先提议的院士不做商业广告，在"行为准则"中专门立了一条。据知情者介绍，这一条的内容和文字，就是根据王大珩在主席团会议上的发言写成的，文如："不得以中国工程院院士名义从事商业性的广告宣传活动。院士在接受有关企业，团体或个人免费赠送报刊、书籍和其他实物时，如发现有利用院士名义进行商业宣传活动的，应予以拒绝，必要时应声明纠正。"[①]

工程院在制定印发"规范""准则"的同时，特别明确规定，如有违反的将酌情处理，情节严重、影响声誉的，在全院范围内通报批评，或向社会公布，直至撤销院士称号。这些措施，成为新建中国工程院健康发展的有力保证。

时至今日，中国工程院已经有了20多年院龄。在回顾工程院建院和发展历史时，王大珩的名字总会被人们说起，大家都记住了他。

---

① 葛能全、陈丹：《中国工程院院史资料——关于中国工程院的成立》。中国工程院内部资料，2014年6月，第81-82页。

第十六章
要搞"大飞机"

王大珩晚年引人注目的一件事是他有关"大飞机"的提案。他心中惦记着什么时候中国人自己生产的大飞机能翱翔在蔚蓝的天空中。在这件事里，自始至终王大珩心里想的是：不受制于人！正是沉甸甸坠于心头的紧迫感，他一直记挂着大飞机的发展，尽自己的力量，敦促"大飞机"在中国的立项。

紧迫感在心

大飞机一般是指起飞总重超过 100t 的运输类飞机，包括军用大型运输机和民用大型运输机，也包括一次航程达到 3000km 的军用或乘坐达到 100 座以上的民用客机。从地域上讲，中国把 150 座以上的客机称为"大客机"，而国际航运体系习惯上把 300 座位以上的客机称作"大型客机"，这主要由各国的航空工业技术水平决定的。

追溯我国飞机制造业的历史，早在 1908 年 5 月，中国留学生冯如在美国旧金山东的奥克兰布市创办了一家飞机制造厂——广东制造机器厂，从此开启了中国人的飞机之梦。1949年以后，我国有了能够上天的卫星，有了能够威慑敌对势力的核武器，但是却没有大型的飞机。在20世纪六七十年代，国家领导人出访，只能向国外航空公司租用飞机。中国工程院院士、飞机设计师陈一坚说："从我国第一代领导人开始，就有了研制大飞机的愿望。然而几十年过去了，中国的大飞机几经周折仍然是举步维艰，一直未能完成祖国和人民的重托。"[①]

王大珩关心中国航空工业的发展，他与航空事业的渊源从1993年就开始了。

> 我介入航空工业始于1993年，到现在已经10年了。那时我是中科院技术科学部主任，航空工业界正在讨论如何搞大飞机的问题，特别是客机。为此我参加了一个论证组到国家主要的航空基地考察。我在科学院主要抓高技术，事实上我抓高技术也非常勉强，因为我的专业是光学，这就逼着我慢慢地向高技术学习。而当时是我第一次接触航空工业，在这种情况下，航空业给我的第一个印象是，就它发展的形势上讲应当是属于高科技的。[②]

王大珩认为，航空是国家的"要隘"技术，它具有综合性、前沿性、发展性、时间性和经济性的几大特点。在审查"863计划"中的高科技项目时，王大珩看到里面只有航天，并没有航空，他意识到航空工业发展缓慢，对国民经济和国防建设是不利的。1996年9月22日，他和师昌绪、马宾、高镇宁、庄逢甘、顾诵芬、张彦仲等人联名，给江泽民总书记、李鹏总理写信，向国家提出《关于将航空技术列入重点高科技领域的建议》，他们在信中提道：

---

① 陈一坚：《我和"飞豹"——"飞豹"总设计师陈一坚自述》。北京：航空工业出版社，2010年，第169页。

② 张立宽：中国应发展大飞机——著名科学家王大珩先生访谈。《环球飞行》，2003年第8期，第10—11页。

我国航空技术与国外比还有较大差距，2010年是我国全面完成现代化建设的第二步发展部署，并向第三步战略目标迈出重大步伐的关键时刻。在这段时间内，如再不把航空技术抓上去，在综合国力竞争中将存在严重的危机，在军事上将陷于被动挨打的困境，我国21世纪初高达数百亿美元的国内民机市场将继续被国外占领。[①]

出于对国家的航空技术不落后于世界的紧迫感，几位老科学家心怀忧虑，他们提出，正是因为航空技术是战略性高技术，是国民经济发展的先导产业，所以要把航空技术列入重点高科技领域发展。国家采纳了这个建议，并把它列入"863计划"中。此时此刻的王大珩对大飞机的想法，是要先解决有和无的问题，走军民结合的道路发展我国的航空事业，以军用为主，成熟以后再发展为民机。在他的想法里："航空技术多数具有军民两用性，成熟的军民用航空技术能相互转移和促进，但各有特点。军用航空更强调产品的特殊功能、性能和生存力，民用航空更重视产品的安全性、经济性和舒适性。我国民用航空技术基础十分薄弱，必须加快发展。"[②]

在20世纪90年代末期世纪交替之际，王大珩对大飞机问题更加关注了，他思索：大飞机的定位是什么？发展大飞机，应该先发展军用，还是民用？

此时，欧洲发生了科索沃战争，以大型民机为平台的军用特种作战飞机在战争中起了很重要的作用。期间，在北京航空航天大学举办的纪念运十飞机首飞20周年会上了解到，我国在80年代就已经成功研制100吨级运十飞机，并建立了大型客机的研制能力，形成了科研平台，经过麦道项目的国际合作在生产和管理水平尚又有了提高。未

[①] 王大珩、师昌绪、马宾、高镇宁、庄逢甘、张彦仲、顾诵芬：《关于把航空技术列为重点高技术领域的建议》。王大珩遗留资料，存于长春光机所档案室。

[②] 王大珩、师昌绪、马宾、高镇宁、庄逢甘、张彦仲、顾诵芬，《关于把航空技术列为重点高技术领域的建议》。王大珩遗留资料，存于长春光机所档案室。

来 20 年我国民用大飞机的需求量是军用大飞机的 10 倍左右。但是，由于国际合作麦道项目和预警机项目等，给国家造成的损失和影响，我意识到我国发展大飞机不能再犹豫徘徊，已经到了刻不容缓的时刻。如果我们还是依赖从外国买大飞机，错过自主发展机遇，将永远受制于人。[①]

王大珩的考虑十分全面，他认为发展大飞机是国民经济所急需的，要通过民机产业的发展来带动并促进国家的经济、科技水平的全面发展。中国在发展中冀望，进入 21 世纪，我们经济飞速发展、国家实力迅速增长，无论是在经济上还是在技术上，都已经具备了发展大飞机的能力。

以我为主，迎难而上

我国研制大飞机，不能不提到的就是"运-10"。

1970 年 8 月，国家下达了"运-10"研制任务，代号"708 工程"，立项时间仅比欧洲"空中客车"晚两年。这一年，与"运-10 飞机"同时立项的还有"701 工程"（洲际导弹），"718 工程"（远望号测量船），"728 工程"（秦山核电站）这几项大工程，可见国家当时对"运-10"飞机研制是十分重视的。

"运-10"一开始是要作为首长专机，要求能跨洋过海，航程 7000km，飞机结构及载油重量增加，商载减少。20 世纪 70 年代初，由于国外对中国实行经济技术封锁的状况尚未改变，因而发展"运-10"所需的大量新材料、新成品、新标准均需由我国自行研制。在"运-10"研制过程中，因为"文化大革命"的干扰，研制任务曾经一度中断，研究人员不得不在艰难的条件下开展工作。1980 年 9 月 26 日，"运-10"首飞成功，在国

[①] 王大珩：对发展我国航空事业的一些认识。《光耀人生——王大珩学术思想与创新贡献》（相里斌主编），北京：科学出版社，2011 年，第 100-105 页。

内外引起了强烈反响。然而到了1985年2月，因经费和市场等种种问题，"运-10"研究任务再次停止。

"运-10"飞机在技术上取得了巨大的成功。其研制一开始是以仿制波音707为基础的，它与波音707是同一量级，但绝不是波音707的翻版，它与波音707在布局上和电子设备上并不相同，它是自力更生与引进国外技术很好地结合[①]。研制成的"运-10"飞机，翼展和机长40m，最大起飞重量110t，最大商载25t，从1980年9月首飞到1985年2月，一共飞行了130多个起落，170多个飞行小时，并7次飞越"世界屋脊"进藏，成为首架飞抵拉萨的国产飞机。"运-10"的成功，使我国成为继美、英、苏、法之后，能够自行研制和生产100吨级大型飞机的国家。

当然，当时由我国自主研制的"运-10"飞机还存在一些缺陷，例如油耗高、噪音大、飞机疲劳试验尚待进行，等等。但是总的说来，"运-10"研制在技术上获得的成功，激励了航空人发展飞机制造事业的决心。尽管"运-10"研制取得了这样大的成功，但遗憾的是，"运-10"项目下马后，其生产线很快就被废弃、拆除。

"运-10"之后，对于要不要重新启动大飞机项目，业内存在意见不一的争论。民航局和军事部门反对研制大飞机，一是对技术的不肯定，二是在国际关系改善后，从美国购买喷气式飞机成本比"运-10"要低得多。在"运-10"之后，大飞机研制在中国又经历了几次起落，经历了一番波折。

先是1985年，我国与麦道公司合作，研制生产MD-82飞机，这也是我国民机工业的第一个整机国际合作项目。后来又启动了MD-90项目。但这两个项目花费很大，也未取得较好的效益。在航空界一直有这样的传闻，有人说，麦道公司之所以与中国合作，是为了扼杀中国的"运-10"。在与麦道公司合作10余年后，机型换代为MD-90后，机身国产化率高达70%后，该项目终止了。接着是1996年，中航工业总公司与法宇航合作发展100座客机，即研制AE-100飞机，但是这个项目开始没两年便于1998

[①] 高梁：天高云淡，望断南飞雁——运十首飞二十周年。《航空知识》2000年第11期：第46-48页。

年终止了。大飞机项目由此几上几下,未获得大的进展,还耗费了大量外汇,这令中国航空界倍感沮丧,不少人对大飞机失去了信心。但王大珩心里想的是,与外国公司分道扬镳,这正是我们发展大飞机很好的机遇。

不能受制于人!这是王大珩心里想的事。那时的他深深感到,我国的航空工业尽管已经为国家做了很大贡献,但是其发展走了不少弯路,与国际上的先进水平相比,还有二三十年的差距要赶上。而且,在航空发动机、电子、材料等方面的关键技术上差距更大。这将严重危害到国家的安全,影响我国的综合国力。尤其是,我国当时在航空材料方面受制于人,他的想法很直接:一旦有事,人家停止供应零配件,我们的飞机就飞不起来了!

1999年3月1日,王大珩和时任国务院发展研究中心顾问的马宾等人一起,给朱镕基总理打了一份报告,题为《关于研制民用飞机的建议》。在这封建议书里,王大珩等人满怀爱国热忱,以振兴航空工业为己任,他们言辞恳切,殷殷建议:"请党中央、国务院下狠心把民用飞机工业作为一个重大战略问题,真正抓上去,力争把失误的时间抢回来。"他们毫无避讳,要求总结"运-10"的经验和教训,他们直截了当地说:

> 从1970年研制"运-10"客机开始,我国研制民用飞机已经三上三下。共同的特点是,几乎从未认真总结过上次下马的教训,又再次上马,因此一再决策失误。……我们再不能不认真总结经验了。[1]

王大珩感到,当前的形势已经与70年代不同了,我国已经具备了研制干线飞机的条件!研制大飞机,应该"以我为主"!这里的"我",指的是依靠我们国家的科技队伍和技术路线,自力更生。在建议书里,王大珩等人总结了形势,他们说:

> 航空工业……应当充分利用已有的成就,在这个基础上前进。[2]

---

[1] 《关于研制民用飞机的建议》。王大珩遗留资料,存于长春光机所档案馆。
[2] 同[1]。

具体做法就是，利用研制"运-10"的经验与我国已有的技术，不断改进，研制出由我国自己的知识产权的干线飞机！

2000年9月28日，北京航空航天大学召开了一次关于纪念"运-10"飞机首飞20周年的会议，会上提出要恢复"运-10"，发展大型客机。参加会议的有"运-10"飞机设计和制造的亲历者，如"运-10"飞机的副总设计师程不时；有航天航空界德高望重的老前辈，如航天技术与液体火箭发动机技术专家任新民院士；有科学界里的知名人士，如柯俊、颜鸣皋、张维等人，还有原中国航空工业集团公司和军事部门派出的代表，对发展大飞机事业执着专注的王大珩也来到了会场。与会专家畅所欲言，他们回忆起"运-10"艰难的研制过程，总结了经验和教训，并对中国发展航空事业做了美好的展望。王大珩仔细听取了会上诸多老专家的发言，他发表了自己的意见，他说：

> 过去有一种概念，两弹是高新技术，飞机是常规技术。飞机是现代多种技术都集中在上面的，可以说是现代高新技术的大集合，这怎么能说是常规的技术？
>
> 如果不是"运-10"的成功，我们与国外的一些合作是不可能实现的。要重视特种大型飞机在国际斗争中的需要，在"运-10"以及其他技术上进步的基础上，造出适合我们国力，适合我们经济的东西，在民族气概的基础上，继往开来！[1]

在这次会议上，王大珩明明白白表达了自己支持中国发展大飞机的意见，而且他也指出大飞机是战略产业，不能凭市场的短期效益来考虑，我们国家要发展的大飞机不光是民用，而是军民两用。

王大珩想搞大飞机，这件事当时航空界里许多人都知道。他要找一位航空方面的专家了解一些有关大飞机的知识，他的弟弟王大瑜便推荐了自己的好朋友、航空专家高镇同。

---

[1] 2000年9月28日"纪念运-10首飞20周年纪念会会议记录"，何志庆提供。

高镇同也是一名中国科学院院士，长年从事结构疲劳和可靠性方面的研究，在飞机定寿、延寿方面做了许多工作，对飞机制造方面的事情可谓是了如指掌。更难得的是，高镇同和王大珩家里也有渊源。他和王大瑜是中学同学，两人有着深厚的友谊。早在1948年，青年时代的王大瑜因参加革命工作遭遇到特务的追捕，高镇同冒着危险收留好友在自己家里躲避了多日。那时候高镇同在和老同学秉烛夜谈的时候，曾多次听到王大瑜以十分濡慕的口吻介绍过比自己年长10余岁、留学在外的兄长，他当时便对这位光学专家十分敬佩。1991年，高镇同当选为中国科学院学部委员以后，与同在技术科学部的王大珩来往多了起来，交往中对他的学术水平和工作能力很佩服。

王大珩给高镇同打了个电话，约好要去高家拜访他，一起谈一谈大飞机的事。高镇同高兴地表示了欢迎，他对王大珩说："家里没有什么好吃的招待你，我请你去吃全聚德烤鸭吧？"王大珩闻言便笑了，他痛快地回答："不用！我是在北京长大的，我喜欢喝豆汁、吃小吃。你就请我喝豆汁，行不行？"就这样，2000年8月10日，高镇同在自己家里用朴素的吃食招待了王大珩。

时隔近15年后，高镇同依然忘不了这次的会面。两位老人在家中，一边吃饭一边谈天，两个多小时的时间里，他们的话题是：中国到底要不要搞大飞机？中国搞大飞机的难处在哪里？

王大珩对高镇同说，中国已经有了歼7、歼8，这些机群已经具有相当的力量，但是要想真正发展国家的航空工业，一定要把大飞机做出来，因为这是国家科技水平的真正体现。他对高镇同反复强调：大飞机代表着一个国家的工业水平，大飞机做不出来，表明国家的工业水平还没有发展上去。高镇同很赞成王大珩的话，他俩讨论得很具体。

王大珩问道，要发展大飞机都干哪些最主要的事情？

高镇同回答：发动机！中国需要的不仅仅是大飞机的机体，发动机也同样重要；大飞机的重量是100t，我们国家研制的"轰6"飞机重量已经有70多吨，再努力努力就可以达到，在技术上并不是很大的困难。但是大飞机用的发动机目前对我们来说还是个空白，需要填补。高镇同说，"王

图 16-1　2000 年 9 月 28 日,王大珩(右四)参加"运-10"首飞 20 年座谈会议

大珩先生对我这个看法非常同意,所以后来他把这个意见也反映到国家领导层去了,着手抓大飞机用的涡轮风扇喷气发动机。"[1]

高镇同钦佩王大珩的高瞻远瞩,每当回忆起和王大珩的这次谈话,他都深有感触,他为王大珩写了两首诗:

　　　　珩公创业谱新篇,报效祖国意向坚;
　　　　老骥壮怀千里志,振兴华夏勇当先。

另一首诗:

　　　　雄才大略志非凡,筹划鸿猷"八六三";
　　　　"两弹一星"功显赫,适逢盛世颂名贤。[2]

---

[1] 2015 年 1 月 28 日,高镇同访谈。资料存于采集工程数据库。
[2] 2015 年 1 月 28 日,高镇同在访谈时念诵。资料存于采集工程数据库。

王大珩不仅仅是找了高镇同，他还和其他许多航空及材料方面的专家做了探讨，师昌绪、顾诵芬、高镇宁……他们都曾聚在一起讨论过。不但如此，他还多次参加了对航空工业的调研和考察活动，参观飞机制造工厂、研究院所以全面了解情况。大飞机的轮廓在他心中描画得越来越清晰。

　　为了了解大飞机研制是否已经完全具备条件了，2000年11月21日，王大珩来到上海，前往上海飞机制造厂考察。他详细询问了有关负责人，了解到飞机的情况。当时陪同王大珩前往上海飞机制造厂参观的是原上航集团的驻京代表何志庆，他与王大珩一家交情都很好，王大珩总是亲切地唤他"小何"。何志庆还记得，王大珩考察非常仔细，他去了飞机的总装车间，看了"运-10"的录像，还登上"运-10"做了一次近距离的观察。"运-10"的飞机梯很高，王大珩当时已经85岁，但他不顾自己腿脚不便，硬是爬上了机舱，他要详细知道"运-10"的全部状况。这次考察，王大珩详细了解了飞机的制造过程，他从飞机的零件是怎么造的开始看，顺着原料的流程在车间里面从头走到尾，他把整个生产线都看了一遍，他一边看还一边仔细询问在场的车间工人，这个原料和配件有什么作用，是从哪里来的。当他得知这些零部件是出口给波音公司的，而且工艺和生产手段

图16-2　2000年11月21日，王大珩（左五）考察上海飞机制造厂时，在"运-10"飞机旁留影

和美国的波音公司一模一样时，王大珩暗暗点头，心里有数了。

在重启大飞机项目的呼声越来越高的形势下，在王大珩、师昌绪、顾诵芬、刘大响、郑哲敏等人的倡议下，第159次香山科学会议于2001年2月召开，会议的主题是：21世纪中国航空科学技术发展战略。香山科学会议是由国家科技部（原国家科委）发起，在科技部和中国科学院的共同支持下于1993年正式创办，相继得到国家自然科学基金委员会、中国科学院学部、中国工程院、教育部、解放军总装备部、原国防科学技术工业委员会、中国科学技术协会、国家卫生和计划生育委员会与农业部等部门的资助与支持。会议的宗旨是：创造宽松学术交流环境，弘扬学术民主风气，面向科学前沿，面向未来，促进学科交叉与融合，推进整体综合性研究，启迪创新思维，促进知识创新。每次会议围绕主题设有若干中心议题，以一流水平的主题评述报告、中心议题评述报告、专题报告和深入讨论为主要方式。香山科学会议是学术界里高水平的智囊团会议。1997年12月12日，王大珩还为香山科学会议题词：

迎世纪交替　奢看前景
看风流人物　正在今朝[1]

尽管这次会议原定是以中国科学院和中国工程院的专家为主，但是当时空军、中航、军科院、民航等单位听说后，都派人来参加了会议，到会人数多达64人，可见大飞机一事引人关注，影响力之大。参加过会议的何志庆还记得，这次香山会议上不同观点交锋激烈，可谓是惊心动魄。会上有代表毫不客气地转达了本单位的意见，明确表示不支持发展大飞机，因为他们认为我国国力不够强，没有基础，技术储备也跟不上[2]。但这一观点显然没有把"运-10"的研制背景以及它在技术上的成功考虑在内。会上另外一个争议在于，当时会议主席团提出的发展民用干线飞机与科工委、军队系统"先军后民"的思路相冲突，军队系统要求从小飞机做起，

---

[1] 题词来源于香山科学会议官网。http://www.xssc.ac.cn/ConfRead.aspx?ItemID=1298
[2] 2016年3月29日，何志庆访谈。资料存于采集工程数据库。

再搞军用大飞机。因为争论得太厉害，会上一些原本支持发展大飞机的老专家也沉默了。何志庆回忆，王大珩那一次几乎是孤军作战了，他坚持：要像抓"两弹一星"一样发展大飞机。好在当时会上有军事科学院的专家提出：未来的战争需要特种作战飞机，但是军机需求量不大，必须亦军亦民发展；要有产业支撑，军队才能有较好的作战能力[①]。尽管争议很大，但这次会议最终取得了积极的成果，并形成了以下共识：

（1）将大型军用特种飞机作为振兴中国航空工业的突破口；
（2）重点突破航空发动机技术；
（3）着力解决制约航空发展的薄弱环节，加强关键技术研究；
（4）尽快启动国务院已确定的新型涡扇喷气支线飞机研制项目；
（5）成立国家航空领导小组和国家航空咨询专家小组。

从会议召开前业界对发展大飞机意见不一、甚至明确反对，在会议中达成了一致的共识：要搞大飞机。因此，第159次香山科学会议被航空界认为是研制大飞机的一个重要的关节点。

在这次会议后不久，2001年4月16日，王大珩与会议执行主席师昌绪、顾诵芬、刘大响、郑哲敏、张维一起，总结了会议中达成的一致观点，向国家呈送了《抓紧时机振兴我国航空工业——第159次香山科学会议的几点建议》。

> 航空工业是关系到国家安全、国民经济发展和综合国力提高的战略性产业，其重要性不亚于"两弹一星"，在技术难度和对国民经济的带动与促进作用方面甚至更胜一筹。
> ……
> 航空工业是综合性高科技产业，可以带动动力、材料、制造、电子信息、控制等多项高技术产业的发展，有利于优化经济结构，促进高新技术向各制造部门的扩散，从而可以形成国民经济发展的重要支柱产业。
> ……

---

① 2016年3月29日，何志庆访谈。资料存于采集工程数据库。

本着"有所为，有所不为"的原则，总结经验、面向未来、远近结合、突出重点，要在航空工业首先必须解决的关键技术方面有所突破，努力缩小与国际先进水平的差距。①

2001年6月，王大珩认为时不我待，建议成立了《中国民机产业的发展思路》咨询课题组，两院有关学部即刻开展了咨询课题的研究工作。项目一开始目标是研究民机的发展，但民用大飞机是民机产业的高端，经济价值高，相应的技术难度也很大，且从立项到适航取证所需的周期很长，其发展思路太宽泛，关系太复杂。经过项目组多次会议讨论，课题改为《从大型飞机发展看我国航空工业存在问题和对策》，后来决定以军用运输机为大飞机研制的突破口。课题组分析了中国发展大型运输机的经验教训和存在的问题，对国内大型飞机设计制造基地的科研生产能力进行了多方调研。在课题组成立后的这一年多的时间里，王大珩不顾年事已高，他或是亲自走访考察，或是主持召开讨论会，或是听取专家建议，以他为主要执笔人之一，2002年5月，课题组完成了研究报告《关于把研制大型军用运输机列为国家重大专项的建议》，向国家郑重提出建议：

大型军用运输机是打赢高技术条件下局部战争的急需装备，是我军武器装备体系不可或缺的重要组成部分，关系到国家安全和稳定，加紧发展时不可待。

我国已经基本具备研制大型军用运输机的能力，完全可以通过自主研制满足我军需求，自主开发大型军用运输机正当其时。

自主研制新的大型军用运输机势在必行，建议把研制大型军用运输机列为国家重大专项、加快组织落实、尽早启动。②

---

① 《抓紧时机振兴我国航空工业——第159次香山科学会议的几点建议》。王大珩遗留资料，存于长春光机所档案馆。

② 《关于把研制大型军用运输机列为国家重大专项的建议》。王大珩遗留资料，存于长春光机所档案馆。

该报告于 2002 年 6 月经中国科学院院长路甬祥及中国工程院院长徐匡迪审阅后上报给时任国家主席的江泽民，并经过几位国家领导人审阅。其中时任军委副主席张万年在审阅后批语："赞成专家意见，这是一件争取主动、军民两利的好事，建议在国家财力可能情况下予以积极考虑。"①

让国产大飞机翱翔于蓝天

在倡议发展大飞机的过程中，一件令王大珩振奋的事就是温家宝总理对大飞机一事非常关心，并多次探望，这令他感受到领导人的关怀，更体会到国家对发展民族工业的重视。

2003 年 4 月 18 日，温家宝总理来到北京航空航天大学视察，在与学生们的交谈中，总理提起，最近收到了王大珩写给他的一封信，信里谈到的就是大飞机问题。王大珩在写给总理的信中总结了多年来有关大飞机的争议和学界对这件事的共识，他说："此事关系国家发展战略的大局，时不我待，有些问题急需解决。"王大珩殷殷切切，他没有忘记自己希望发展民用大飞机的初衷，他对总理说："从发展的措施来看，我国宜以军用大型飞机为突破口，寓军于民，以民掩军。除发展军用飞机外，对民用飞机的发展也应军民兼顾。"②

对于王大珩的来信，温总理十分重视，他深情地谈到：

王大珩"已经是八十几岁的老人了，我准备给他回封信。他信里最惦记的是中国大型飞机的发展问题。新中国成立 50 多年了，我们能造汽车了，能造战斗机了，但是我们还不能造大型客机。美国人要

---

① 2002 年 7 月 9 日，王大珩、师昌绪、顾诵芬呈给朱镕基总理的信。王大珩遗留资料，存于长春光机所档案馆。

② 2003 年 4 月 13 日王大珩写给温家宝总理的信"关于自行发展我国大型飞机问题"。王大珩遗留资料，存于长春光机所档案馆。

我们买波音，法国人让我们买空客。……我总想什么时候中国的大型飞机能够研制成功并且上天。我相信，这个愿望是能实现的，可是实现这个愿望是非常艰巨的……"①

2003 年 5 月 25 日，在北京"非典"肆虐时期，温家宝总理亲自来王大珩家中看望了他。温总理握着王大珩的手，赞扬了他 88 岁高龄仍然心系国家科技发展的精神，他说，"王老最近就加快我国航空工业发展给我写了一份建议，今天我专门来听您的意见。"对于自己的建议引起了总理的重视和专门探望，王大珩心中非常激动。他有满腔的话要和总理倾诉，他谈起：国家大力发展航空工业，要在开发、预研、人才培养等多方面予以倾斜！这些建议得到了总理的重视。

2005 年 1 月 10 日，王大珩在北京医院住院，尽管身体不佳，但他仍然心系大飞机。他给温家宝总理、陈至立国务委员和徐冠华部长写信，谈到了大飞机的具体事项。他说，尽管大飞机事情已经列入了国防的重点项目，但是还"应当把航空工业的重要战略技术作为一个突出的问题提一下。因为这是一项关系到国力的技术。"他还说道，大飞机不光是军用的，也是关乎民用的问题，所以应该是军、民并重的，且要把民用的飞机放在突出的位置上，并再次提到应在"以民掩军、军民结合"的原则下进行发展，这也是王大珩一直以来有关大飞机发展的思路。

2006 年 1 月 5 日，国防科工委新闻发言人在国防科技工业工作会议新闻发布会上宣布，中国将在"十一五"期间，"适时启动大飞机的研制"。一石激起千层浪，业界内沸腾了：中国要自主研制大飞机项目了！在《国家中长期科学和技术发展规划纲要（2006-2020）》中，大型飞机的发展被列为国家 16 个重大科技专项之一，这是国家的意志和人民意愿的体现！就这样，在专家建议、社会舆论、全民动员的形势中，大飞机项目启动了！

大飞机令全国瞩目，令世界关注！ 2007 年国务院批准大飞机研制重大科技专项正式立项。2008 年 5 月，中国商用飞机有限责任公司在上海成

---

① 何志庆：王老与中国航空事业.《王大珩》（宣明主编），北京：科学出版社，2005 年，第 108 页。

立，承担了中国民用大型客机的研制责任。2008年5月12日，《人民日报》发表了温家宝总理的讲话《让中国的大飞机翱翔蓝天》。

> 大型飞机重大专项已经立项了，中国人要用自己的双手和智慧制造有国际竞争力的大飞机。让中国的大飞机飞上蓝天，既是国家的意志，也是全国人民的意志。我们一定要把这件事情做成功，实现几代人的梦想。这不仅是航空工业的需要，更是建设创新型国家的需要。大飞机研制会带动一批重大领域科技水平提升，将使中国整个客机制造业向更高领域迈进。
>
> ……
>
> 研制大型飞机是党中央、国务院在新世纪做出的具有重大战略意义的决策，我们的研制工作一定还会面临诸多困难和挑战。要完成这一光荣的历史使命，需要我们有远见、勇气、信心和力量。只要我们有百折不挠的决心和钢铁般的意志，齐心协力，扎实工作，积极应对各种困难，我们就一定能够实现中华民族自主研制的大型飞机翱翔蓝天的梦想。

温总理的话铿锵有力、振奋人心，鼓舞了一代航空人以万分的热情投入到大飞机事业中。

2009年8月6日，天空飘着细雨。上午11时许，温总理冒着雨，来到了解放军总医院，看望病中的王大珩。

> 总理俯身在王大珩耳边大声说："大珩先生，我是温家宝，我来看看您。我不久前刚去了光机所，光机所大变样了，事业发展很快啊。"
>
> "谢谢！"王大珩说。
>
> 总理又俯在大珩先生耳边说："我们一起研究'863计划'，一起研究大飞机，您还记得吧？"
>
> "记得！"病床上的王大珩十分清楚地回答。

"国产大飞机项目就是按您那时的建议定的。制造大飞机,就要靠国家意志。"

"好。"王大珩说。①

如今,大飞机项目在中国已有了突飞猛进的发展。继"运-10"之后,我国自主设计的国产大型客机C919,这是我国首款按照最新国际适航标准研制的干线民用飞机,全经济舱布局168座、高密度布局174座,标准航程4075km,增大航程5555km,具有完全自主知识产权。

国家领导人对发展大飞机这件事十分重视。2014年5月23日,国家主席习近平在上海考察调研,他来到中国商用飞机设计研发中心,并亲自登上了C919展示样机的驾驶舱体验。在调研结束以后,习主席非常高兴,他殷殷叮嘱着中国商飞公司的负责人:"中国大飞机事业万里长征走了又一步,我们一定要有自己的大飞机。"②

2015年11月2日,C919总装下线,并已获得来自20多家用户的500多架订单。C919即将首飞,并在接下来2至3年内完成取证和交付。随着国产大飞机即将翱翔于蓝天,中国人做了一百年的飞机梦在不久的将来就要实现了!

---

① 李斌、顾瑞珍:拳拳之心　殷殷深情——温家宝亲切看望朱光亚、何泽慧、钱学森、王大珩和胡亚美侧记。《新华月报·记录》,2009年第18期,第74-75页。

② 习近平体验自主研制C919样机询问国产客机试飞情况要求"把大飞机搞上去"。《京江晚报》,2014年5月25日。

第十七章
岁月峥嵘

1985年，在王大珩70岁生日之际，他填了一首词，以词言志：

> 光阴流逝，岁月峥嵘七十。
> 多少事，有志愿参驰，为祖国振兴。
> 光学老又新，前程端似锦。
> 搞这般专业很称心！

回首往事，王大珩从不后悔自己半个多世纪以来的选择。虽然年事已高，但他还在马不停蹄地工作，他关注科学发展的前沿，不间断为国家科技出谋划策。一直到了90多岁，他的思想还是那么敏锐，他的精力还是那么充沛！每当有人劝说老人安心休养的时候，他总是斩钉截铁地说：谁剥夺我工作的权利就是剥夺我的生命！

为光学出人才

王大珩一直在培养学生，他的学生很多，半个多世纪以来，这些学生们遍布于全国各地的光学行业里，这些人为中国光学事业的发展做了大量工作。

原科学技术部副部长、曾担任长春光机所的所长的曹健林曾经说过这样一件事，他在一次发言时用了"作为王老的学生"之类的话，会后一位他所熟识的中国工程院院士笑着对他说：你胆子不小，敢自称自己是王老的学生。原来，环顾四周，参加会议的专家无一例外都是王大珩的学生，或者是他学生的学生。中国光学界里有名望的专家大多都曾受过王大珩的指点。曹健林感慨："放眼中国光学光电子学界，谁不奉王老为泰斗？而在中国科技界，谈起王老来，又有谁不是高山仰止，由衷敬佩？王老之德高望重和桃李满天下，于此可见一斑。"[1]

从大连大学应用物理系开始，首批20名毕业生都是王大珩手把手亲自教出来的。当时学校里较低年级的学生里，有许多人也上过他的课，或者是受到过他的教诲，这些人常以自己做过王大珩的学生而感到骄傲。物理学家陈佳洱、信息系统专家王越院士都是1950年进入大连工学院学习的学生，他们上过王大珩的物理实验课，并在之后的很多年里，对他的教学方法、科学思想深感难忘，他们常常想起受教于恩师的往事。仪器馆里早期分配来的大学毕业生，他们中大部分人都把自己看做是王大珩的弟子和晚辈。

唐九华，是王大珩在长春光机所指导过的科研骨干。王大珩很器重他，并将许多重要的科研任务交给了他。20世纪50年代，唐九华负责研制成功光学测地经纬仪和自动记录红外分光光度计并推广至工业生产。60年代，他负责研制大型光学跟踪测量设备和坐标基准传递设备。70年代

---

[1] 曹健林：一代宗师 万人楷模。见：宣明主编，《王大珩》。北京：科学出版社，2005年，第52-53页。

后期起，唐九华把光学测控系统和光电仪器的设计概念、理论和方法的经验总结成为光学工程总体设计。他在中国开辟了光学动态观察测试技术领域，还担任了长春光机所的领导职务。

光学专家陈星旦院士说：他对大珩先生心怀感激，因为在自己的科研历程中，每迈一大步都离不开大珩先生的影响[1]。在王大珩的引领下，陈星旦涉足温度计量、红外辐射、大气光学等多个学科，还负责核爆光冲量测量研究任务。陈星旦感到，早年恩师对他的安排，为他后来独立研究打下了良好的基础。

王之江院士负责研制了中国第一台红宝石激光器，他同时也是王大珩的学生之一。王之江在仪器馆时代曾跟随王大珩做光学设计。20世纪60年代写了一本《光学设计理论基础》的书，这是中国第一本有关光学设计的专著，该专著后来获得了1979年全国科技大会奖。

王大珩早年培养的优秀学生很多，他们有的成为中国科学院院士、中国工程院院士，有的成为光学领域的教授、杰出人才。不仅如此，"文化大革命"结束以后，他继续为光学事业培养人才。在长春光机所恢复研究生培养工作后，王大珩便着手招收了研究生，20世纪80年代，在他指导下学习过的一些人，如姜会林、曹健林、赵文兴等人，后来都成为中国光学领域的骨干人才。

王大珩常常对学生们说：比做学问更重要的是做人。王大珩曾经对赵文兴的论文署名发过一次火。原来，王大珩在英国时期曾想出来一个学术观点，但因为后来工作繁忙，一直没有时间论证它。他把这个任务交给了赵文兴，让他做实验论证这个问题。赵文兴据此写出了一篇论文，并打算在德国举办的一个会议上报告。他请老师审读论文，但王大珩一拿到文章便发火了。出于对老师的尊敬，赵文兴把王大珩的名字署成了第一作者，他自己署了第二作者。把老师的名字署上，这也是学界里常用的署名方式。但王大珩对此不认同，他告诫学生，学术问题上没有长幼尊卑！自己虽然提供了观点，但是并没有做论证工作，实验和文章都是赵文兴写的，

---

[1] 陈星旦：对大珩先生，我心怀感激。见：宣明主编，《王大珩》。北京：科学出版社，2005年，第71–72页。

署名理当是赵文兴！王大珩的教诲令赵文兴铭记在心，做学问讲究的是实事求是，这也是做人的原则！赵文兴成长为长春光机所的科研骨干，后来曾担任光学玻璃研究室主任、研究员。

曾担任过长春理工大学校长的姜会林[①]对老师也有许多回忆。他感到，导师教会自己的不仅仅是专业知识，严谨治学的学风更是他要向老师学习的；在教导学生的时候，老师常常毫不留情面地指出不足，并责成改正，敦促了学生的进步。

1986年年初，姜会林将自己精心准备的博士论文交给老师审查，他的论文题目是《光学系统设计的经济效益问题》，在论文中，他结合光学工业的实际问题和光学设计发展的需要，提出要用"信价比"[②]来评定光学设计经济效益，这个问题是当时光学界瞩目的，姜会林很大胆地在论文中提出了解决方案。王大珩用了一周左右的时间给出了修改意见。姜会林拿到意见一看，老师竟密密麻麻写满了六页稿纸。王大珩对学生论文的创新点感到满意，但也指出，学生在文中引用的国际专家的观点不对，责成他务必要做出新的论证。姜会林有点犯难，这个论证要涉及的范围太广，难度很大，但他认为老师的意见是正确的，应该在理论上有所突破，有所发展。他按照老师的意见，又额外花了差不多半年的时间，对论文重新做了理论与实验研究，最后他"找出了性能与公差间的非线性关系，丰富了新的经济公差理论"，王大珩看到后备感高兴和欣慰[③]。姜会林后来成为了一名博士生导师，他常常想起老师的教诲，对自己的学生加倍严格要求，督促他们在科学的道路上创新、求真。

在离开长春前往北京工作以后，王大珩还帮助清华大学、安徽光机所等单位培养了学生，并常常去北京理工大学、吉林大学参加学生论文答辩会，为青年一代做出指点。1997年，国务院学位委员会进行专业目录调整，王大珩给国务院学位委员会去信，请求增设"光学工程"一级学科，得到

---

① 光学专家，2015年当选为中国工程院院士。
② 姜会林的"信"是光学系统所能传递的空间信息量；"价"是产品价格，也就是生产成本。
③ 姜会林：王大珩院士的教育思想与实践。见：《光耀人生——王大珩学术思想与创新贡献》。北京：科学出版社，2011年，第166-169页。

了批准。在后来的发展中,全国设立了光学工程博士单位 30 余个,列为国家和重点学科的有九家。

王大珩为光学事业培养了大量骨干,他对人才培养颇有心得。他重视国家科技人才的成长,并深深感到,人才是国家发展的基础,人才培养对我国参加科学技术的国际竞争有十分重要的意义;我国人才有断层,要着重培养中青年科学家,培养他们的综合组织能力。在一次由人事部、国家科委和国家教委组织的一次"跨世纪科技人才培养的《百千万人才工程》计划"专家座谈会上,王大珩表达了要在实践中培养人才的观点。他认为,国家培养的人才必须是"科学上的将才、帅才","既有远见卓识又有组织才能,要成为有国家级水平的学术带头人,要达到为国家出谋划策的水平";要把人才"放到大的工程项目中去,要让他们挑重担,在科学实践中成长";不仅如此,要给人才的成长提供更多的机遇,给他们创造良好的环境;在培养人才的同时要注意将科研成果的转化,促进生产力的发展[①]。

1995 年 1 月 12 日,80 高龄的王大珩,和钱学森、王淦昌、黄汲清等科技专家一起,在人民大会堂接受了首届"何梁何利基金奖"颁奖。这一奖项宗旨是通过奖励我国取得杰出成就的科技工作者,倡导尊重知识、尊重人才、崇尚科学的良好社会风尚,激励科技工作者不断攀登科学技术高峰,加速国家现代化建设。

在颁奖大会上,王大珩心生感慨,领奖致辞的时候,他想起了自己的老师:"我在大学时,受到名师叶企孙、吴有训、周培源、严济慈等的教诲,他们不但给我以知识,更重要的是教我怎样为

图 17-1 1995 年 1 月 12 日,王大珩获得首届"何梁何利基金科学与技术成就奖"

---

① 王大珩、王淦昌、唐敖庆、唐有祺、石元春、陈佳洱:要重视造就和培养跨世纪学术和技术带头人。《中国科技论坛》,1994 年第 6 期,第 3-7 页。

人。"[①] 由自己的老师想到了下一代科技人才的成长，他对青年学子的爱护也是由心而生的。

王大珩获得了100万元奖金，他拿出了其中大部分交给了中国科协，他打算设立一个基金，用来支持并鼓励有志于在光学专业做出一番事业的年轻人。这个奖项的设立是他多年的心愿，寄托了他对中国光学事业未来发展的美好冀望！他的建议得到了包括长春光机所在内的多个光学研究机构的赞同。这个奖项后来还得到了国内多家单位募集的资金支持。该奖项分为中青年科技人员光学奖和高校学生光学奖，每年评选一次，奖励的宗旨在于"促进我国光学科技事业的发展，激励我国从事光学与光学工程领域的中青年科技工作者与高校青年学生奋发向上，创新进取"。2000年，中国光学学会把这个科技奖命名为"王大珩光学奖"，并通过中国科技部的批准。

"王大珩光学奖"从1996年至今，已经评选了多届。多位中青年科技人员获奖者后来都成为国家杰出青年基金获得者、长江学者、中国青年科学技术获得者、中国科学院"百人计划"的优选者，国家科技奖的获得者；获得学生奖的优秀学子后来也成长为大专院校，科研单位、光学企业中的骨干力量。

科技人永远是年轻

虽然早已到了含饴弄孙之年，但王大珩依然十分忙碌。从1936年大学毕业到2011年，他从事科学事业70余年，他何止实现了母校清华大学提倡的"为祖国健康工作五十年"的口号，他有一颗永不停歇的心，他要把每一分、每一秒都用在工作上！

据统计，1993—2003年这10年间，除了参加每年的院士大会和院工作会议之外，王大珩参加各类科研成果鉴定会多达82次，学术活动（国内外

[①] 王大珩在"何梁何利基金奖"颁奖大会上的致辞，存于中国科学院长春光学精密机械与物理研究所档案室。

图17-2 1993年6月,王大珩(右一)参加全国激光科技青年学术交流会

图17-3 1994年8月4日,王大珩(右二)与母国光(左一)参观南开大学现代光学研究所

学术会议、工作会议和研讨会)135次,各类纪念活动40次,与"863"、"921"相关的活动11次,提各种建议22次,人才培养或科研会议四次,参加奖励或顾问工作17项,发表文章或做学术报告达260篇,此外,还走访了美国、韩国、日本、中国台湾等地参加学术交流[①]。

虽然常常参加咨询会,为科研机构、企业当顾问,但他也是有选择性地参加这些活动,他希望自己能做一些实事、真正发挥咨询作用。曾经有一所企业想聘请王大珩、何泽慧和彭桓武担任顾问,想借助三位院士的名气来扩大自己的宣传。企业承诺即将许以丰厚的顾问费,也不用老人们承担太多的责任。王大珩并没有马上答应企业的邀请,在经过一番了解后,他得知该企业经营的业务和自己,以及何泽慧、彭桓武的专业都没多大关系。他立刻联系何、彭二位,对他们说,如果只是担任虚名不起作用,这个顾问不当也罢!

---

① 卢国琛访谈,2014年11月7日,合肥梅园。资料存于采集工程数据库。

王大珩还积极推动科普活动和公益事业。在光学学会筹建时他就提出建立科普教育委员会，在他的倡议下，光学学会组织了多次光学夏令营以及中学生光学知识竞赛。1999年，他与61名中国科学院院士联名倡议，并在中国

图17-4　1995年10月，王大珩（右二）在哈尔滨理工大学成立庆典仪式上讲话

科协支持下，成立了以帮助有志于科学的优秀中学生"走进科学""走进科学家"的北京青少年科技俱乐部，他也多次参加这些活动，看到孩子们充满朝气的脸庞，他感到自己仿佛年轻了许多！

电子光学和夜视技术专家周立伟院士回忆，2002年，王大珩受邀要去外地参加会议，但他的身体不好，老伴顾又芬不允许他前去。正好周立伟来王家探望，王大珩便要他代替自己去参会。但这个会又和周立伟要参加并主持的、由北京市青少年活动中心举办的一次暑期科普活动开幕式时间相冲突，他感到很为难。王大珩便对他说：你去参加外地的会，我去出席你们的会。在开幕式那天，王大珩不但兴致勃勃去了，还对出席会议的青少年和大学生们作了热情洋溢的讲话，令参加会议的人都深受感动和鼓舞。

王大珩的个人材料（档案）详细记录了他的工作情况。令人惊叹的是，一直到2005年年底，90高龄的他还认真记下了这一年开展工作的情况。2005年3月，他曾经因为手术治疗在家休养了好几个月。但就算是在家中养病，他也不肯真正休息。这期间他完成了《关于国家中长期科技规划纲要的建议》，对先进制造、信息、工程、交通、航空工业及激光技术，对科研基础理论的研究、国家标准化体系、科学基础设施及人才培养等方面提出了建议。他还在同年3月29日给当时总装备部的主任朱光亚写了一封信，对国际空间环境、空间对地侦察的大型光学装备的研制、神舟系列

图 17-5　王大珩在研读

飞船及小侦察卫星的应用，以及定向能武器的研制提出了自己的看法。7月，经过医生检查后他的各项身体指标达到正常，他便迫不及待地返回了工作岗位：他听取了长春光机所的工作汇报，了解到载人神舟飞船神舟六号的工作进度；他参加了在长春召开的国际光学会议，并做了发言；他关心国家太阳望远镜研究工作，参加了参观、考察工作……[①] 他真是做到了争分夺秒地工作！

学生姜会林清楚地记得2007年3月的一天，他去找老师汇报工作，当时有一位记者正在访问王大珩，记者在报道稿中写了一句话，"92岁的王老赋闲在家……"王大珩看到之后不乐意，他说："我天天在学习，天天在思考问题，哪里是'赋闲'啊！"

不间断地思考、长期投入工作令王大珩感到自己精神饱满、状态极佳，他感到自己有不输于年轻人的活力和朝气。在王大珩90华诞的时候，弟弟妹妹们为他写下了一首诗，赞颂了老当益壮的兄长：

　　　　九旬老栀梅，道劲丛中开。
　　　　执着春意浓，阵阵晚香来！

王大珩忘我工作，但他并不是个古板的"老学究"，他有许多兴趣和爱好，工作之外，他表现出幽默和风趣的一面，常常令晚辈们感到惊讶。他有一个特长，那就是讲相声，什么单口、对口相声他都擅长，他

[①] 中国科学院机关职工年度考核登记表（2005年度）。王大珩档案，存于中国科学院人事局档案处。

还会用英语说。但他三句不离本行，讲的相声多是以专业、科技为素材，用科普的方法令听众们在欢笑中增长知识。长春光机所的职工们犹记得在建所40周年（1992年）庆祝会上，王大珩表演的相声《光机全息》。王大珩找来了所里的钱龙生做搭档，两人一拍一和，台下的观众们都被逗得哈哈大笑，谁都没想到平时严肃的老所长居然还有这样接地气的一面。

王大珩（简称王）：中国有句古话，民以食为先，就是最直接需要联系的问题，"食"就是"吃"。

钱龙生（简称钱）："吃"？那和光学机械怎么能联系啊？

王：这就是妙处所在。

钱：哦，想起来了。当初您在"大跃进"时期搞"八大件，一个汤"就是讲"吃"，看来还真起了效果，这桌菜都出去了！光机成果也都出来了，不错不错，看来这是您的或者光机所的成熟经验，现在又要进一步发挥作用了！

……

王：为了做照相机（鸡）能吃，我找一个姓赵的研究生！要他烹调出一只喷香的鸡，他做鸡时加五香面，这种鸡很有特色，很有风格、风味。所以做出的这种鸡，以他的姓名之，叫做"赵香鸡"（照相机）。

钱：哎唷！原来是这样的"赵香鸡"（照相机）啊！能吃，能吃！你这样一说，那录像机也能吃了，找一个姓"陆"的研究生做一盘"陆香鸡"！

王：录像机！不用那样费事了，用花椒水作卤，煮一下，就成香鸡了，是卤香鸡（录像机），能吃不能吃？

钱：哦，是卤香鸡，能吃，能吃！

王：还有那曝光机呢！

钱：曝光机？

王：更省事了，把拔光了的鸡往油里一爆，像爆羊肉那样，曝光机。

钱：真有你的，曝光机成了爆光鸡，变成能吃的了！
王：光机所嘛！就是要搞光鸡（机）。①

王大珩说相声也把光学和民生联系在了一起，他的美名很快便传开来了。2005年在中央电视台《大家》栏目的采访即将结束时，主持人知道王大珩有说相声的特长，请他说一段单口相声，他说了一段《知识分子"下海"》，谈笑间，老人对科技体制改革中经济上产生的"泡沫"而感到忧虑②。在王大珩90岁生日的时候，他拒绝了一切歌功颂德，反而用45分钟为前来庆贺的朋友们说了一段单口相声——《梦游中关村》。他绘声绘色地说起了中关村卖电子产品以后的变化，令人捧腹。他的相声，寓教于乐，描绘出了中国科学技术发展带来的巨变。

图17-6　王大珩在挥毫

现摘录一段王大珩自编自演的单口相声《梦游中关村》：

八几年的时候，我到一家已多日未光顾的小店用餐，店主人小陈连声说，如今，他的小店已经"鸟枪换炮"。我要看菜单，小陈说，菜单在显示屏上。我点了"炸鸡"，小陈说，现在，这里的"炸鸡"已经变成"煮鸡（主机）"，还有"微鸡（机）"、"苹果鸡（机）"、"单片鸡（机）"。我问有什么鱼，小陈逐一回答，我则心领神会："有Oracle鱼"，"噢，熬锅鱼"；"有Fortron鱼"，"噢，武昌鱼"；"有Basic鱼"，"噢，北极鱼"。我又问有什么小吃，小陈说，这儿的饼

---

① 王大珩遗留资料，《光机全息（光鸡全席）》（相声稿），存于中国科学院长春光学精密机械与物理研究所档案室。

② 王大珩遗留资料（视频），存于中国科学院长春光学精密机械与物理研究所档案室。

干你可能啃不动,是软盘夹芯片。我说,还是吃我爱吃的"老三样"吧——五香鸡、拌豆皮、三鲜包,小陈说,我这儿的五香鸡已是录像机,拌豆皮已成半导体,三鲜包已换软件包……①

王大珩喜欢相声,也喜爱艺术,京剧和音乐是他的两大爱好。工作之余的放松,他喜欢听上一段京剧唱腔,有时他也会跟着哼上几句。这是他小时候从父亲那里得到的熏陶,王应伟空闲时,常带着儿子去听京剧,久而久之,王大珩便喜欢上了这一国粹。喜欢西方古典音乐,是王大珩在英国培养出来的兴趣。那时候在繁忙的课业和工作之余,他在音乐幽远、空灵的意境中感到了美和放松。1948年回国时,一部手摇式留声机和一百多张唱片是他的行李中最珍贵的物品之一。胞弟王大瑜是他的同好,在难得的休闲时光里,兄弟俩常常聚在一起欣赏音乐。贝多芬的《第三交响曲》是他俩百听不厌的曲目。每当王大瑜重温旧事,仿佛看见兄长闲适地靠在留声机旁,眯着眼睛,一边入神地听,一边伸出手来情不自禁地随着音乐打起节拍。

图 17-7　树木掩映中的王大珩小楼

事业丰收,又富有生活情趣,王大珩在94岁生辰之际,写下了一首自寿诗:

高龄今年九十四,回忆一生乐滋滋。
生辰赞尔有童心,笑诺贺众乖孩子。②

---

① 长春光机所编:《星光永恒——王大珩传》。2014年,未刊印,存于长春光学精密机械与物理研究所档案室,第240页。
② 王大珩遗留资料(手稿),"诗词",存于中国科学院长春光学精密机械与物理研究所档案室。

余 音 袅 袅

2011 年 7 月 21 日，王大珩因病医治无效，在北京去世，享年 96 岁。7 月 29 日清晨，北京下着滂沱大雨，来自社会各界人士自发齐聚八宝山，送别并悼念这位光学泰斗、"两弹一星"功勋科学家。

王大珩去世前，曾谈起自己有三个未了的心愿：

第一件事是整理光学名词；

第二件事是关于编写中国光学发展史；

第三件事是建立一个光学科技馆。①

在他的想法里，这三件事都是光学同行们义不容辞、肩负着的重要使命。王大珩虽然已经去世，但他的同行们惦记着这位老前辈，他的未了心愿正在由人们一件一件落实下去。

关于光学名词，王大珩在病床上就曾亲自起草关于光学名词审定的报告，他希望能出版一本光学名词的官方著作。他在世时便做了多方面的联系，促成立了光学名词审定委员会。2010 年 4 月 18 日，光学名词审定委员会在合肥市科学岛召开了成立大会。会议上，委员会初步确定了光学名词专题的分类、名称、词条数量等问题，并通过协调，确定了名词审定的原则和分工问题。截至到 2015 年由王大珩提议编写的中国光学科学技术名词审定工作已经进入尾声，即将提交国家科技名词委员会并出版。

对于中国光学史编撰的任务，王大珩更是寄予了厚望。2008 年，中国科协在成立 50 周年之际，要求各学会编写本专业的发展史。王大珩认为这项工作开展实在太有必要了，"光学史不但是要传播中国光学方面的文明发展的历史，同时也是借这个时机，进行总结。……编写光学发展史是

---

① 王大珩：在中国光学年会 2008 年光学年会上的录像讲话。见：相里斌主编，《光耀人生——王大珩学术思想与创新贡献》。北京：科学出版社：2011 年，第 121 页。

一件极有意义的事情。也是弘扬我们国家光学文明的一个很好的机会。"①

至于中国光学科技馆，王大珩感到，建立一所专门的光学专业科技馆，对于本学科的宣传、科普工作很重要，他常说，"中国光学科技馆，无论建在哪里，都是全中国人民的光学科技馆。希望整个光学界团结起来，齐心协力把中国光学科技馆建设好，运行好，发挥它应有的作用。"②

早在2007年8月20日，王大珩与丁衡高、母国光、周炳琨三位院士致信温家宝总理，正式提出建设"中国光学科技馆"的建议。9月2日，得到了温家宝总理的批示。在一番论证之后，国家于2009年7月31

图 17-8　王大珩纪念园雕塑

日作出了"原则同意在吉林省科技文化中心基础上筹建中国光学科技馆"。

始建于2009年7月的长春中国光学科学技术馆，坐落于长春净月经济开发区，紧邻净月潭森林公园，风景秀丽，交通方便。它是我国唯一的国家级光学专题科技馆，在建设中充分体现了王大珩最初的设想：以"科技之光、引领未来"为主题，集光学科技与科普的展示功能、光学科技信息储存与研究功能、光学科技信息交流功能于一体；以建设我国最重要的光学科普教育中心、最重要的光学科技史展示中心、我国光科技成果的重要展示基地和光科技信息交流的重要基地为办馆目的。

---

① 王大珩：在中国光学年会2008年光学年会上的录像讲话。见：相里斌主编，《光耀人生——王大珩学术思想与创新贡献》。北京：科学出版社：2011年，第121页。

② 贾彦斌、石明山：王大珩与中国光学科学技术馆。《科学时报》，2011年7月29日。

结 语
科学精神长存

提到王大珩的名字，人们往往会想起长春光机所，想起"两弹一星"，想起"863"计划，想起中国工程院……他是1955年中国首批学部委员之一，他是"两弹一星"、"何梁何利"等重要奖项的获得者。曾经有人把他誉为光学界的一面旗帜，还有人尊敬地称呼他是"中国光学之父"，面对这些赞誉，王大珩每次都谦虚地推辞了，他说：如果称我为"光学之父"，那置严济慈以及我的老师们于何地？

家学渊源，因兴趣步入物理殿堂

王大珩是幸运的，他的父亲王应伟是一名在数学、物理、天文、气象等多个学科有所成就的学者。在父亲的影响和谆谆教导之下，他从小便对理科产生了浓厚的兴趣。

从汇文中学毕业的时候，王大珩曾是学校里算学和科学的双料第一名。在父亲的鼓励和辅导下，中学时期，他自学了大学的微积分。闲暇时光，他跟着父亲到青岛观象台做观测实习，听父亲讲述什么是地磁物理，如何用仪器观测天象。出于对理科的兴趣，考大学的时候，他上了名师荟萃、重视实验的清华大学物理系。他尽情畅游于物理的殿堂。

得益于在清华大学打下的良好基础，无论是物理学的实验操作还是理论知识，王大珩都游刃有余。他在物理世界里找到了"美"！在英国留学的日子里，他把物理学理论知识运用于实际。他钻研应用光学，不仅顺利拿到了硕士学位，还崭露头角，发表了一篇有关光学设计的学术论文，这篇论文至今仍然受到很高评价，被誉为是显微镜物镜光学系统设计中像差校正和质量评价的重要依据。

尽管学业顺利，但王大珩为了学习光学玻璃制造技术，毅然放弃了在读博士学位，成为昌司玻璃公司的一名物理实验师。但那时候王大珩一腔热血，只为学习到要害技术为祖国服务。

王大珩的弟弟王大瑜常常感慨，兄长悟性很高！这不仅仅体现在学习和考试中。在昌司公司里，王大珩不被允许进入到掌握关键技术的生产车间里，但通过300埚的玻璃熔炼实验记录下来的数据和在实验室里日常工作的积累，他渐渐摸索到了制造光学玻璃的原材料配方，并成为英国最早研究稀土光学玻璃的人之一。在昌司公司的五年里，他没有虚度，他获得了包括两项专利和获得"包温氏奖"在内的一系列实实在在的成果。

甘当绿叶，用实干推动光学事业的发展

王大珩是特殊的，从他在英国的研究工作取得的成就来看，如果他选择的是一条纯粹的科学研究道路，他或将在光学领域内做出许多令人瞩目的科学成就，那么后人评价王大珩，会给他冠以"光学设计专家""光学玻璃专家"等头衔。但是1951年以后的王大珩，却没有把时间放在写学术论文上，他的工作重心在于对中国光学事业的组织和领导。

王大珩从无到有一手建立起来的长春光机所，是新中国光学事业的基础。建馆伊始，百废待兴，无论是管理工作还是学术指导，事无巨细，他无不亲力亲为。从早期仪器馆的工作任务，到后来长春光机所的定位和发展方向，都凝聚了王大珩的心血和部署。中国第一埚光学玻璃、"八大件、一个汤"、中国第一台红宝石激光器，以及其他许多当时在国内领先的光学精密仪器……王大珩把从英国学到的技术无偿用在了光机所的发展上了。他在所里开办了国内最早的光学设计培训班，培养出了一批人才。他不仅把自己了解到的光学玻璃原料配方用在了光学玻璃的试制上，还把

资料无偿交给研究所的年轻人去研究、创新。长春光机所经过数十年的发展、创新后，走出了自己的特色，培养出大批中国光学事业杰出的人才，带动长春成为了"光学之城"，这都是那时候打下的基础。如今光机所的职工们，提起老所长王大珩，仍然感念在心。

在长春光机所的发展中，王大珩并不认为研究所仅是单一的精密机械仪器制造部门，而是在结合国家需要的基础上，谋求自身的进步。20世纪60年代开始，他着力于将光学事业和中国的国防科技联系起来。有一件有趣的事情，在王大珩获得"两弹一星"勋章的时候，有人感到奇怪：光学怎么和"两弹一星"沾上边了呢？原来，无论是导弹靶场还是核爆试验，甚至卫星上天，都离不开光学仪器辅助探测、观察、通信工作。光学仪器可被看做是这些高尖端武器的眼睛，它们可以记录导弹的飞行轨迹，记录核爆火球尺寸和光冲量，记录卫星在天空中拍摄的景象，这些数据是科学家做进一步研究的重要依据。

在接受了国家部署的任务后，长春光机所派出队伍参加这些重大项目的研制。王大珩作为首席专家，从总体上组织了任务，他既提纲挈领提出意见，在关键技术上还给予重要的学术指导。王大珩和他的队伍克服了种种困难，拧成一股绳，独立自主、自力更生，以坚忍不拔的毅力和精神发展了我国光学事业的尖端技术！

20世纪六七十年代，长春光机所以"任务带动学科"，在国防光学上取得了巨大成就。不仅如此，它作为中国光学的一只老母鸡，以它为基地，分建和援建了一批光学机构，中国光学不仅牢牢生了根，还不断发展、壮大。每当人们想起仪器馆初建时铁北那一片满目疮痍的工地，又看到今日学科齐全、设施一流、蓬勃发展的长春光机所，有谁不怀念王大珩？有谁不感慨他为中国光学发展呕心沥血、殚精竭虑？

放眼未来，以建言促进科学长远发展

王大珩很少关注个人的发展前途，他感到自己肩上责任重大，压在他心头的是沉甸甸的责任感。学界中常说，王大珩不仅仅是一名光学家，更是一名高瞻远瞩的战略家，因为他为国家提出了太多的建议。

20世纪80年代开始，王大珩担任中国科学院技术科学部的主任。学部职能转变后，重视院士（学部委员）为国家决策提供咨询的作用。众所周知的"863"计划是王大珩、王淦昌、陈芳允、杨嘉墀这四位德高望重的学部委员向中央领导建言的。王大珩关心重点领域的发展，在他的点拨下，航天技术被列为"863"的主题之一，空间光学事业由此跨越式发展起来。

建言成立中国工程院，是王大珩的又一历史功勋。1992年春，他和张光斗、师昌绪、张维、侯祥麟以及罗沛霖六人联合署名的建议书送到了中南海，揭开了中国工程院筹建的序幕。王大珩参与了建院的过程，建院后他当选为工程院主席团成员，为工程院的发展做了大量工作。

在王大珩晚年，还有一项引人注目的建言，那就是有关"大飞机"的提案。认识他的人都知道，他对中国航空工业的发展十分关心。在和温家宝总理的往来中，他们曾多次谈到要发展"大飞机"。如今，国产大飞机就要翱翔于蓝天，中国人做了一百年的飞机梦就要实现了！

王大珩的目光不仅仅聚焦于自己所擅长的光学，与之相关的，他连续三届当选为国际计量委员会委员，在促进中国计量科学发展中做了重要工作。在色度学领域，他不但为国家培养了彩色电视专业人才，还参与制定了国家级的颜色标准样册，帮助制定了我国法定颜色标准。在仪器仪表科学方面，他多次建言，心系该学科的发展。

王大珩始终心怀大局。无论是光学、物理学，他都有浓厚的兴趣，且具备扎实的专业基础。青年时代的他，希望能成为一名有很高学问的物理学家、光学专家。尽管在英国的几年中，他已经做出了许多项专业的成果，他的学术水平已经获得了人们的认可。但令他遗憾的是，后来他没有多少时间把这些研究进一步做下去。老年的时候，他还曾惋惜过自己没有时间去写质量高的学术论文。但有谁能说，王大珩不是一名真正的科学家？

王大珩把自己所知传授给了大连工学院的学子，传授给了光机所里的年轻人，传授给了自己的研究生们；他指导长春光机所的研究方向，在他的推动下，长春光机所成了中国光学事业的孵化器。王大珩不仅了解光学的前沿，还体会到国家科技亟待发展的问题和关键。正是凭着早年的积累和后来不倦的学习、思考，他看得比别人更加透彻！

白驹过隙，科学精神永恒

中国工程院院士周立伟对王大珩非常熟悉，他常常想起王大珩晚年的几件事[1]。

第一件事，王大珩曾经对周立伟引用过孔子的话，"子曰：'知之为知之，不知为不知，是为知也。'"王大珩告诉周立伟，这句话是很富有哲理的，科学家应该做到：知道就是知道，不必故意谦逊说不知；不知道就是不知道，不能强不知以为知，假装自己知道，这才是聪明人的智慧。周立伟至今记得王大珩讲述孔子哲学时的严肃态度，他说孔子提出"知"与"不知"，是要人们对"知"抱有正确的态度，实事求是。人贵有自知之明，能知道自己的不足，努力学习，虚心求教，只有把"不知"当作求知的基础，便能够不断进步。这样的教诲令人铭记！这件事是王大珩"求知""求是"的科学精神。

在"求知"和"求是"中，王大珩常常挂在嘴边的有五个"W"，即what，why，when，where，who，也就是"何事""何故""何时""何地""何人"。这是他对"什么是科学"的简单概括。要回答"探求科学是为什么"的疑惑，他又加上了"何向""何为""何效"[2]。这八个"何"连成一体，构成了一套知识体系。而这八个"何"，也巧妙解释了王大珩初因兴趣学习物理、光学知识，在英国做光学玻璃的研究是为了发展中国光学事业，晚年为国家建言献策是为了中国科学事业的全面发展这样的科学人生发展脉络！

第二件事是发生在周立伟为王大珩修改、起草文稿的过程中，他深感王大珩"为文为学严谨，一丝不苟"[3]。有一次，他和卢国琛帮助王大珩整理了一篇出版社约稿的文章，但在交给他定稿时遇到了挫折。第一遍修改，王大珩逐字阅读，句句推敲，但最后改出来的稿子令他感到不满意。

---

[1] 根据2015年2月1日，周立伟提供材料，《追忆大珩先生二三事》。资料存于采集工程数据库。

[2] 王大珩：漫谈科学精神（2003年11月28日在"中国科学家人文论坛"主题报告会上的演讲报告）。见：宣明主编，《王大珩》。北京：科学出版社，2005年，第23—30页。

[3] 根据2015年2月1日，周立伟提供材料，《追忆大珩先生二三事》。资料存于采集工程数据库。

到第二次修改的时候，王大珩的思维太活跃了，在阅读和思考中他又产生了许多新的想法，于是周立伟和卢国琛只好把稿子带回去再做修改。如是这般，一篇数千字的稿子被修改四次。周立伟和卢国琛两位最后笑着对他说："我们这次改完了，再也不给您看了，否则交不了稿了。"类似的事情发生过好多次，经过王大珩审读的文稿，几乎没有能够一次就过的，都要修改好多次才可过关。他很严谨，无论是文章表述的观点，还是用词造句，他都要反复推敲，最后落笔的文字，连标点都不允许出错。他的视力不好，阅读要借助放大镜。他吃力地举着放大镜，低下头凑近稿纸一边逐字默读，一边用铅笔修改，这样的情景令周立伟感动，久久难忘。

还有一件事，王大珩曾对周立伟说过多次：科学家之间应谦让、团结。在一次王大珩和周立伟的闲谈中，他们说起了李政道和杨振宁的争论，王大珩当时的感受是，科学合作有时候是很难分清功劳大小的，但科学家之间要讲究谦让和团结，这才是为学之道。这也是他为人处世的态度。周立伟深感：王大珩谦和，善于回旋，与他人交往的分寸感、原则性和灵活性都掌握得好！

周立伟举了一个例子，1997年，王大珩建议国家教委将光学工程设为工学类一级学科，而教委里的审批人员对光学工程一知半解，一会儿把光学工程作为电子科学与技术的二级学科，一会儿又把光学工程作为仪器科学与技术的二级学科，造成了很大的困难，导致事情迟迟不能落实。王大珩对此感到气愤，并说了几句厉害的话。周立伟也深有同感，在起草文稿的时候他便把这几句话写进了稿子，王大珩看了之后说，"我们还是要有理、有礼、有节，正面谈自己的观点，不说人家的不是吧！给点面子，争取他们同意我们的意见，这才是最主要的。"

以上三件事令周立伟难忘。展现出王大珩为人、为学的态度：首先要求知，求知时要做到求是，在求知和求是的过程中既要一丝不苟，还要始终保持谦虚谨慎！这也是他在从事科学工作70余年里始终保持着的科学态度，体现了他的科学精神。他的言行不但感染了周立伟，也激励了光学事业的后辈和科学研究者们奋进向前！

王大珩曾经总结了16个字，即"实事求是、审时度势、传承创新、寻优勇进。"① 这 16 个字,被他定义为科学精神的实质。他多次在公开场合提及这 16 个字,希望科学的精神能代代传承。

2010 年 2 月 26 日,在王大珩 95 岁生日之际,经多家单位倡议,举行了有多名光学界院士、学者参加的"王大珩学术思想与创新贡献研讨会",研讨会上很重要的一个环节,便是举办了"王大珩星"的命名仪式。在这颗发现于 1997 年 2 月 15 日、编号为 17693 号的小行星,于 2002 年 3 月 28 日经国际天文学联合会小天体提名委员会批准后被命名为"王大珩星"。当王大珩的夫人顾又芬女士代表丈夫接过小行星的命名证书时,现场掌声雷动,祝贺他获得了这项难得的殊荣!

一颗星,是一种精神在宇宙中永恒的留存。王大珩虽然已经离开我们,但他的科学精神、科学传承并没有离开。在光学界里,他亲手建设的长春光机所正欣欣向荣发展着,他开创的光学事业在新世纪里走出了新的方向。"两弹一星"、"863"、中国工程院、"大飞机",这些在中国科技界里影响深远的事件里都有王大珩的名字,他从光学专家、光学事业的组织者成长为一名战略科学家的一生值得人们永远铭记!

---

① 王大珩:漫谈科学精神(2003 年 11 月 28 日在"中国科学家人文论坛"主题报告会上的演讲报告)。见:宣明主编,《王大珩》。北京:科学出版社,2005 年,第 23-30 页。

附录一　王大珩年表

1915 年
2月26日，出生于日本东京中央气象台附近的一所普通的和式住宅里。

9月，襁褓之中随父亲王应伟、母亲周秀清回到祖国，住在苏州（吴县）。王应伟在吉林一中担任物理教员。

1916 年
随父母迁居北京，居于北京西观音寺胡同92号的一个三合院。

王应伟前往中央观象台工作，兼任《观象丛报》编辑。

1920 年
春，就读于北京孔德小学，直接升入初小二年级。

1922 年
秋，转入位于钓饵胡同的北京汇文小学就读初小。

1923 年
秋，转入位于马匹厂的汇文学校就读高小。

1926 年

秋，就读于汇文中学（初中部）。

1929 年

冬，从汇文学校初中毕业，是该年度学校算学、科学两科第一名。

王应伟担任青岛观象台气象地震科科长，并兼任磁力科科长。随父亲由北京至青岛，就读于青岛礼贤中学。

1932 年

秋，从青岛礼贤中学毕业，回到北平参加南开大学、青岛大学和清华大学的入学考试，均被录取，选择清华大学物理系就读。

1935 年

12 月，参加"一二·九"和"一二·一六"学生运动。

1936 年

夏，毕业于清华大学物理系，获理学学士学位。留校，担任清华大学助教，负责指导大学二年级学生中级物理实验。

11 月，考取清华"史量才奖学金"，成为赵忠尧的核物理研究生。

1937 年

与赵忠尧共同署名，在英国《自然》杂志上，发表论文《银、铑、溴的共振中子能级的间隔》(Spacing of the Resonance Neutron Levels of Silver, Rhodium and Bromine Nuclei)。

七七事变爆发，被迫结束学业，离开清华园。到青岛，见到周培源，表达想做有关国防工作的意愿。

9 月，与周培源同行，前往兵工署南京弹道研究所就业，任技术员。

1938年

7月，考取中英庚款留学生。

9月，启程前往英国，就读于伦敦大学帝国理工学院物理系技术光学专业。

1939年

夏，与彭桓武、卢焕章、夏震寰一起，前往欧洲大陆旅行，先去巴黎拜访钱三强，后去柏林看望了何泽慧。

1940年

夏，获得伦敦大学理学硕士学位。

1941年

春，前往谢菲尔德大学的玻璃技术系，在玻璃学家特纳教授指导下学习玻璃炼制工艺，并进行玻璃的光学性质研究。

3月，发表学术论文《在有球差存在下的最佳焦点》（Note on the Best Focus in the Presence of Spherical Aberration）。

1942年

4月，放弃博士学位，在英国伯明翰昌司玻璃公司研究部担任物理研究人员，进入光学玻璃制造技术的研究领域。在昌司公司期间，获得两项英国专利。

11月18日，参加谢菲尔德会议，宣讲论文《低吸收玻璃的光谱比对测量》和《含氧化铁的钠钙玻璃光谱测量（1）：氧化铁含量及铁离子价态的影响》，后发表于《玻璃协会杂志》上。

1943年

在《玻璃协会杂志》上发表论文《含氧化铁的钠钙玻璃光谱测量（2）：砷、锑氧化物的影响》。

1945 年

研制成功新型的 V- 棱镜精密折射率测定装置，获英国科学仪器协会"第一届青年仪器发展奖"（"包温氏奖"）。

秋，与前来伯明翰的钱三强会面。

在《玻璃协会杂志》上发表论文《氧化硼对钠硼玻璃折射率和色散性能的影响》。

1946 年

夏天，与出席牛顿诞辰 300 周年（因战争延期）纪念大会的周培源、钱三强、何泽慧等相聚。

1947 年

在昌司公司做光学玻璃热处理研究。

夏秋之交，为回国作准备。

1948 年

4 月，从英国启程回上海。

6 月，担任北平研究院物理研究所研究员。

7 月，应龚祖同之邀到秦皇岛耀华玻璃厂工作。

8 月，任上海耀华玻璃公司工程师、研究主任。

11 月，大连大学筹备委员会成立，沈其震在各地聘请教师。其后不久，经吴有训推荐与沈其益接洽。

12 月，决定去大连解放区工作。

1949 年

2 月 16 日，在中共地下党周密安排下，从香港出发，途经朝鲜平壤辗转来到沈阳。

3 月 28 日，抵达大连，受到大连大学校长李一氓、秘书长段玉明、工学院院长屈伯川等的热情接待。

4月15日，参加在大连市文化宫举行的大连大学创校典礼。

1950 年

秋，大连工学院应用物理系招生，动员学校一年级学生报考应用物理系，第一批学生与1952年9月提前结束大学学业走上工作岗位。

8月24日，政务院会议通过设立仪器工厂的建议，决定在中国科学院设立仪器馆。

10月8日，与顾又芬在北京中山公园"来今雨轩"举行了结婚仪式。

1951 年

1月24日，仪器馆筹备处成立，任筹备处副主任，参与筹建中国科学仪器馆。

3月25日，参加东北精密医疗仪器厂第一次筹备委员会议。

5月17日，和钱三强一起在北京西郊现场勘测，为仪器馆选址。

7月10日，长子王競出生。

7月25—27日，参加由中国科学院院长郭沫若主持的仪器筹备委员会第一次筹备会议，并做报告。

1952 年

1月18日，中国科学院决定由东北科学研究所仪器工厂和北京的应用物理研究所光学工厂合并，仪器馆筹备处联合组建仪器馆（中国科学院长春光学精密机械与物理研究所的前身），地址定于长春市铁北天光路日伪时期的采矿株式会社旧址。

5月，率北京筹备处人员来到长春，并筹建光学玻璃车间。

1953 年

1月23日，中国科学院仪器馆成立，担任副馆长、代理馆长职务。

12月23日，长女王森出生。

12月，仪器馆熔炼出中国第一埚光学玻璃，结束了中国没有光学玻璃的历史，为新中国的光学事业揭开了发展的序幕。

年底，仪器馆有五项科研成果获得了中国科学院东北分院的荣誉奖励。

1954 年

7月10日，担任科学院计量基准工作委员会委员。

7月15日—9月21日，参加中捷科学与技术合作联合委员会中国代表团赴捷克斯洛伐克考察计量工作。

10月18日，担任中国科学院在仪器馆成立的长度与质量计量研究小组负责人。

11月，担任国家计量局技术顾问。

1955 年

2月，当选为吉林省人民委员会委员。

5月27—30日，接待苏联科学院访华代表团到仪器馆参观访问。

5月31日，被选聘为中国科学院技术科学部学部委员。

6月1日—8月10日，赴捷克斯洛伐克考察计量基准技术。

7月，担任中国科学院研究生导师。

9月1日，在仪器馆接待英国访华友好代表团。

12月17日，次子王赫出生。

冬，赴苏联门捷列夫研究院、苏联标准计量委员会考察计量工作。

1956 年

2月，和龚祖同招收了首批两名应用光学专业的研究生。

3月，参与制定我国《1956—1957年科学技术发展远景规划》。

7月，在浙江大学主持全国第一届光学仪器专业研究生考试工作。

7月30日—8月初，参加国家计量局召集的关于"中华人民共和国国家计量局组织规程和推行米制办法"专家会议。

11月12—17日，仪器馆学术委员会成立，担任主任。

1957 年

4 月 28 日，仪器馆更名为中国科学院光学精密机械仪器研究所，任所长。

7 月 24 日，担任国务院科学规划委员会仪器组副组长。

10 月 18 日—12 月 26 日，以科学技术代表团顾问组成员身份访问苏联。

1958 年

6 月 17 日，当选为吉林省第二届人民代表大会代表和常务委员会委员。

6 月 27 日，长春光学精密机械学院成立。

7 月 8 日，参加中科院吉林省分院第一次学术委员大会。

8 月末，光机所研制成功"八大件、一个汤"。

8 月 8 日，任长春光机学院院长。

10 月 5 日—11 月 9 日，"八大件"参加在中关村举办的一"中国科学院自然科学跃进成果展览会"。

10 月 28 日，参加长春光机学院成立暨开学典礼，在开学典礼做报告。

11 月，担任吉林省科学技术协会副主席。

11 月 2 日，参加全国光谱学会会议，做关于光谱仪器发展情况的报告。

1959 年

4 月，当选为第三届全国政协委员。

6 月 19 日，陪同朱德委员长、董必武副主席参观长春光机所，并汇报工作。

7 月 30 日，陪同全国人大常委会委员徐特立参观长春光机所，并汇报工作。

9 月，被聘任为国家科学技术委员会计量组副组长、仪器组副组长、测量制图组组员。

9 月 26 日，加速电压 100kV，分辨本领优于 2.5nm，放大倍数达 10 万倍以上的 XD-100 型电子显微镜试制成功。

10 月 26 日—11 月 8 日，参加在人民大会堂举办的全国工业、交通运输、基本建设、财贸方面社会主义建设先进集体和先进生产者代表大会（"群英会"）。

1960 年

1 月，担任《光学机械》主编。

2 月，随国家科学技术协会代表团赴匈牙利访问。

5 月 3 日，陪同中央军委副主席贺龙、国务院副总理罗瑞卿参观光机所，并汇报工作。

6 月，当选为长春市人大代表。

夏，国家向中科院长春光机所提出研制"大型精密光学跟踪电影经纬仪-150 工程"的任务。

7 月 28 日，参加全国经纬仪系列化会议。

8 月 15 日，陪同国防委员会副主席叶剑英参观光机所，并介绍光机所研制的我国第一台电子显微镜。

10 月，由国防科委和科学院正式向光机所下达了"150-1"样机研制任务。

11 月 17 日，中国科学院光学精密机械仪器研究所和机械研究所合并，成立"中国科学院光学精密机械研究所"，担任所长。

11 月，长春光学精密机械学院与由机械所创办的长春机械学院合为一校，校名仍用长春光学精密机械学院。

1961 年

2 月 28 日 担任中国计量技术与仪器制造学会筹备委员会副主任委员。

6 月，被任命为"150 工程"总工程师兼"150-1 工程"总设计师。"150 工程"被列为国家计委和国家科委的重点科研项目。

9 月，我国第一台红宝石激光器在长春光机所诞生。

1962 年

2—3 月，参加广州知识分子会议，在讨论会上发表关于仪器工业现状的看法。

4月18日，被聘任为国家科学技术委员会应用光学与红外技术专业组组长。

8月，担任国家科学技术委员会仪器仪表组副组长、计量组副组长、物理学组组员。

9月1日，任长春光机所"光学总体及光学信息论"讨论会会议指导人。

10月，担任中国科学院科学仪器委员会委员。

年底，在北京参加原子弹爆炸试验光学测试方案交底会，承担光学测试任务。

1963年

1月，担任国家科学技术委员会应用光学与红外技术组组长。

2月10日—3月3日，在北京南苑机场进行微光夜视仪现场试验，取得初步成功。

4月11—20日，在北京参加由国防科委、国防工办和中国科学院在北京召开的讨论会，落实了"150-1"工程由长春光机所"一竿子插到底"。

5月5日，致信聂荣臻副总理，汇报长春光机学院的近况及今后发展问题。

9月16日，参加中国科学院召开的受激光发射工作会议，提出了"加强受激光发射研究，建立专门研究机构的若干建议"。

12月5日，以国防科委代表身份，赴二十基地检查靶场光测设备使用情况，并提出建议。

1964年

1月底，参与研制的3000次/秒高速摄影机改装通过国防科委组织的鉴定。

1月，中国科学院决定在上海成立光机所上海分所。

2月26日，父亲王应伟去世。

3月24—28日，参加原子弹爆炸光辐射测量用光冲量计成果鉴定会。

4月5—20日，赴二四八厂、八四四厂、洛阳六院等地调研红外制导技术。

7月10日，陪同邓小平、李富春、薄一波、宋任穷等中央领导同志参观长春光机所，并汇报工作。

8月，兼任长春光机所上海分所（即上海光机所的前身）第一任所长。

8月，在瑞典斯德哥尔摩参加国际计量技术与仪器制造会议。

10月16日，中国成功爆炸了第一颗原子弹。

12月14日，在上海参加全国第三次受激光发射专业会议。

12月，当选为第三届全国人民代表大会代表。

1965年

5月，参与讨论我国第一颗人造地球卫星"东方红号"方案，担任地面设备组组长。

7月6日，长春光机学院独立建制，由中国科学院直接领导。

8月17日，担任中国科学院卫星总体设计组副组长。

9月22日—10月17日，参加在英国召开的宇宙空间光学会议。

12月底，中国科学院下达空间侦察相机、太阳模拟器等科研任务。

1966年

6月2日，长春光机所内贴出了第一批大字报。

9月，"150-1工程"通过了国防科委的鉴定验收。

1967年

5月，参加中国科学院三线建设选址考察调研，在甘肃、四川、陕西等地考察。

7月29日，长春光机所内发生武斗事件。

10月19日，中国科学院下达KM_4太阳模拟器研制任务，任课题总指导。

10月27日，任国防光学研究院（国防科委第十五研究院）筹建办公室副主任（1967—1971年）。

1968 年

2月12日，长春光机所划归国防科委第十五研究院代管。

5月，参与国防科委下达的远洋测量船变形测量系统的研制任务，担任"718工程"总体负责人之一、电影经纬仪项目负责人。

1969 年

1月20日—2月8日，参加在沈阳召开的G179电影经纬仪总体组第一次会议。

1970 年

4月24日，我国成功发射了"东方红一号"人造地球卫星，进入了发展宇宙空间技术的时代。

6月15日，长春光机所改由国防科委第十研究院领导。

6月，中国科学院光电技术研究所在成都大邑县雾山乡动工。

12月，中国科学院安徽光学精密机械研究所成立。

1971 年

4月，任长春光机所革委会副主任（1971—1977年）。

8月15日，国防科委第十研究院通知长春光机所番号为"中国人民解放军第一零一八研究所"，代号称"中国人民解放军沈字六一九部队"。

1972 年

3月5日—4月20日，为激光技术研究室科技人员定期做专题讲座。

6月10日，致信国防科委钱学森、栗再山副主任，请求调进一些科技人员来所从事国防光学的工作。

10月，致信周恩来总理，就国防尖端光学技术方面的若干问题提出了建议：①加强对国防尖端光学技术的领导；②加强三线的技术力量，建立起航天侦察光学技术队伍；③加强航天侦察相机队伍的建设；④大力开展大功率气体动力激光研究工作。同时，对光学系统几个所的任务方向做了一番规划。

1973 年

4月，长春光机所分迁党政干部、科研骨干、技术工人 400 余人前往四川大邑组建 1019 所。

10月，编写并出版《彩色电视中色度学问题》。

1974 年

6月5日—7月25日，以团长身份率领中国激光科技考察团赴美国、加拿大考察。参加在旧金山召开的第八届国际量子电子学会议。

8月15日，母亲周秀清去世。

1975 年

1月，当选为第四届全国人民代表大会代表。

11月26日，中国第一颗返回时卫星发射成功。

1976 年

1月，长春光机所回归科学院建制。

1月8日，参加由国防科委、中国科学院组织召开的遥感技术研讨会，主持编制了我国第一个遥感科学规划，推动了我国遥感技术的迅速发展，领导了东北地区的遥感试验。

1月19日，经国务院、中央军委批准，1018 所回归中国科学院领导，改名为"中国科学院长春光学精密机械研究所"，任革委会副主任。

9月13日，受命参加"毛泽东水晶棺小组"，参与设计、烧制水晶棺。

1977 年

8月4—8日，参加了邓小平同志组织的第一次全国科学和教育工作者座谈会。

10月28日—11月24日，率领中国科学院光学测试技术和设备考察团赴德意志联邦共和国考察。

12月25日，参加吉林省政协会议，当选吉林省科协副主席。

1978年

3月18—31日，参加全国科学大会，被评为先进工作者。

4月25日，参加吉林省科学大会。

6月17日，被批准担任哈尔滨科学技术大学（即后来的哈尔滨理工大学）校长（1978—1980年）。

9月3日，参加国家科委光学及应用光学学科组成立大会，担任学科组组长。会上提出成立中国光学学会及创办《光学学报》的建议。

9月，随中国科学院代表团赴日本访问。

10月16日，在中国科学院长春光机所加入中国共产党。

11月2日，长春光机所举行了"王大珩同志入党宣誓大会"。

11月4日，中国计量测试学会成立，任副理事长。

11月13日，担任国家科学技术委员会光学及应用光学学科组组长。

12月4日，担任国家科学技术委员会计量科学学科组副组长。

12月20日，担任长春光机所临时学术委员会主任。

12月22日，兼任中国科学院长春分院院长。

1979年

3月14日，被任命为中国科学院长春光机所所长。

3月29日，当选为中国仪器仪表学会副理事长，并在成立大会上做"我国近年来在光学技术方面的若干进展"的报告。

4月5日，提出《关于加快仪器仪表工业发展的几点建议》的报告。

7月，当选为第五届全国人民代表大会代表，提出设立中国教师节的建议。

9月，当选为国际计量委员会委员。

10月，转正为中国共产党正式党员。

10月，在巴黎参加第68届国际计量委员会会议和第16届国际计量大会。

12月9—15日，中国光学学会成立大会在北京召开。当选为第一届理事长，并连任第二、第三届理事长，第四、第五、第六届名誉理事长。

1980年

3月，当选为中国科学技术协会第二届全国委员会委员。

5月，长春光机所等研制的激光、红外、电视经纬仪及船体变形测量系统两项科学工程，出色完成了向南太平洋发射洲际运载火箭试验成功。"远望号"航天测量船出色地完成了火箭再入段的跟踪测量任务。

5月，参加在中国举行的国际核物理会议和国际激光会议。

6月18日，率中国科学院代表团赴美参加第11届国际量子电子学讨论会。

9月7日，赴法国参加国际计量学年会。

被评为全国劳动模范。

1981年

1月，担任《光学学报》主编。在《光学学报》创刊号发表题为《我国光学科学技术的若干进展》一文。

5月11—20日，在中国科学院第四次学部委员大会上当选为中国科学院主席团成员、技术科学部常务委员会常务委员以及技术科学部副主任（1981—1984年）。

6月11日，担任吉林省光学学会理事长。

6月12日，受聘为国务院学位委员会理学学科评议组成员。

6月30日，受聘为国务院学位委员会物理学科评议组成员、光学学科组组长。

8月31日—9月6日，率代表团参加在奥地利召开的第12届国际光学委员会大会（ICO-12）。

10月29日，担任第二届亚洲遥感会议名誉执行主席。

1982 年

7月17日—8月9日，率团访问美国，与美国系统和应用科学公司（SASC）就引进地面站事宜洽谈。

9月，当选为中国共产党第12次全国代表大会代表。

12月，在中国仪器仪表学会第二届代表大会上当选为副理事长。会上与十位科学家共同提出《关于在中国仪器仪表学会建立展览培训中心的建议》，并获得国家计委批准实施。

1983 年

1月，受到聂荣臻接见。

3月11日，当选为科学院技术科学部主任（1983—1992年），调入北京工作。

3月15日，向中科院党组会议汇报空间中心有关问题，并以技术科学部主任身份全面负责空间中心业务工作。

4月12—16日，以学术委员会主席身份，参加在上海市举办的首届"国际仪器仪表学术会议暨展览会"。

6月，当选为第六届全国人民代表大会代表。

7月，任空间科学技术中心主任兼总工程师。

8月，担任长春光机所名誉所长（1983—2011年）。

9月，参加在广州召开的第二届国际激光会议，担任大会主席。

10月，赴法国参加第17届国际计量大会。

1984 年

1月5—12日，参加中国科学院第五次学部委员大会，担任第二技术科学部主任。

5月，在参加全国人大第六届二次会议期间，联名提出设立"教师节"的提案。

7月3日，中国科学院上海光机所建成神光装置。

8月20—24日，赴日本札幌，参加第13届国际光学委员会大会

（ICO-13）。

8月26—31日，在法国斯特拉斯堡参加第16届国际高速摄影与光子学会会议。

12月，担任哈尔滨科技大学名誉校长。

12月，参加中国光学学会第一、二届全体理事会联席会议。

1985 年

1月，在《光学学报》上发表《中国的光学近况》。

6月，赴英国考察计量技术和工程测试技术。

6月1—5日，在全国国防军工协作工作会议上作"为我国国防光学工程现代化而奋斗"的报告。

8月26—30日，参加澳大利亚光子学会第三次年会和激光会议。并在堪培拉参观直径3.5米天文望远镜。

10月，"现代国防试验中的动态光学观测及测量技术"获得国家科学技术进步奖特等奖，名列首位。

10月，当选为国际宇航科学院（IAA）院士。

11月5日，担任中国科学院国防军工科学研究委员会副主任。

1986 年

3月3日，与王淦昌、陈芳允、杨家墀联名给邓小平等同志写信——《关于跟踪外国战略性高技术发展的建议》。3月5日，邓小平同志批复："此事宜速作决断，不可拖延。"

3月，与茅以升、钱三强、侯祥麟、罗沛霖等83位科技专家一起，向全国政协提出《关于工程技术工作在国家事务中的地位》。

6月23—27日，当选为中国科学技术协会第三届全委会副主席。

9月13日，担任北京市科协主席。

10月，提出建立"计量测试高技术实验室"的倡议。

11月18日，国务院正式发出了《国家高技术研究发展计划（"863"计划）纲要》的通知。

12月20日，参加中国遥感卫星地面站落成典礼。

1987年

1月23日，倡议并亲自组织筹备的中国光学行业协会（后更名为中国光学光电子行业协会）成立，任理事长。

4月1日，受聘为国家自然科学基金委员会顾问。

4月24—27日，在中国仪器仪表学会第三次全国会员代表大会上当选为理事长。

6月8—21日，以中国科协代表团团长身份，访问波兰、匈牙利。

6月，当选为中国照明学会名誉理事长。

8月20日，中国科学院批准成立应用光学开放实验室，任学术委员会主任。

8月24日—9月8日，参加在加拿大魁北克召开的第14届国际光学委员会大会（ICO-14），推进中国加入ICO成员。

10月，参加在法国举办的第18届国际计量大会。

10月28日，任长春光机所应用光学开放实验室学术委员会主任。

10月30日，当选为由中国仪器仪表学会、中国计量测试学会等共同成立的中国测量与控制联合会执行委员会主任。

11月11日，参加在无锡召开的中科院数学物理学部全体委员会议。期间和部分学部委员联名写信给党中央和国务院，反映我国自然科学基础研究工作中存在的几个问题，并建议设立自然科学基础研究的设备更新和研制专项费用；追加资助自然科学基础研究项目的经费。

12月，任中国科学院空间科学与应用中心名誉主任、顾问。

1988年

1月27日，参加中国大恒公司董事会成立会议，担任董事会成员，任名誉董事长。

3月6日，当选为第七届全国政协委员，提出《应恢复政协中科协专组的意见》。

5月，赴美国新罕布什尔州的新英格兰，参加国际空间年（ISY）活动启动会。

5月，主持筹建颜色标准化组织。

8月23日—9月2日，担任在西安召开的第11届国际高速摄影及光子学学术大会主席。

10月，倡议开展中国颜色体系研究并建立中国颜色体系标准。

11月，与中国科学院大恒集团共同出资设立中国科学院大恒集团光学奖学金。

1989年

1月，与著名物理学家王淦昌、于敏等科学家联名提出"开展我国激光核聚变研究的建议"，被国务院采纳并实施。

5月，在意大利罗马近郊的欧洲空间局资料中心参加国际空间年的空间机构论坛（SAFISY）第二届学术会议。

9月26日，参加在法国召开的第78届国际计量委员会会议

11月30日—12月2日，在中国计量测试学会第三届理事会上，当选为名誉理事长。

1990年

1月，担任中国国际空间年筹委会执行主任，组织和推动"行星地球使命计划"的开展。

2月3日，主持中国科学院技术科学部第11次常委会，就组织学部委员审议《中长期科技发展纲要》和进一步落实学部委员咨询项目有关问题进行研讨。

5月17—19日，代表中国国际空间年筹委会赴日本京都参加SAFISY第三届会议。

8月5—10日，率团赴德国参加第15届国际光学委员会大会（ICO-15）。

11月，任亚洲太平洋光学联合会副主席。

1991 年

5月16—19日，赴莫斯科参加 SAFISY 第四次会议。

7月，与中国科技代表团赴英国新技术开发区考察，参观剑桥大学、曼彻斯特大学。

7月19日—8月14日，在美国参加学术交流和参观访问。

9月18—20日，参加中国仪器仪表学会第四届全国代表大会，当选为名誉理事长。

1992 年

3月30日，在上海参加国际量子光学会议。

4月，与张光斗、师昌绪、张维、侯祥麟、罗沛霖等人联名向党中央报送《关于早日建立中国工程与技术科学院的建议》。

8月8日—9月9日，在美国华盛顿参加第五届 SAFISY，及首届世界太空大会。

9月29日—10月1日，在法国巴黎参加第81届国际计量委员会。

11月，在日本东京参加亚太地区国际空间年会议。

1993 年

1月15日，主持召开国家科委主板的"863"计划评估会。

3月，参加韩国光学学会学术年会。

5月，与王淦昌、杨嘉墀、陈芳允一起致信江泽民总书记、李鹏总理，提出《在国家经费允许的情况下，尽早同意海洋高技术研究开发立项的计划》的建议。

6月17日—7月1日，率中国光学学会代表团赴俄罗斯圣彼得堡、莫斯科等地参观访问。

6月，参加全国激光科技青年学术交流会。

8月，参加在匈牙利布达佩斯召开的第16届国际光学委员会大会（ICO-16）。

8月，参观德国蔡司公司。

9月23日，联名致信江泽民、李鹏、朱镕基等中央领导，提出关于研制我国干线飞机的建议。

10月29日，担任中国高科技产业化研究会理事长。

1994年

6月3日，中国工程院成立，当选为中国工程院首批院士，并担任首届主席团成员。

8月，参观南开大学现代光学研究所。

9月15—16日，在北京参加第六届多国仪器展览会。

10月，设立"长白青年科技奖"，奖励年龄在35岁以下，在吉林省内从事光学、精密机械、光机电一体化等研究并取得突出成绩的科技工作者。

11月，参加《百千万人才工程》计划座谈会，并发表讲话。

1995年

1月12日，获得1994年度"何梁何利基金科学与技术成就奖"。

1月24日，与卢嘉锡等20名院士一起联名提出《关于振兴我国仪器仪表工业的建议》。

4月，率中国科学院空间中心总体部和长春光机所组成的代表团赴美国进行科技考察。

6月29日，参加国家"九五"科学工程"大天区面积多目标光纤光谱天文望远镜（Lamost）"立项会议。

7月，与中国光学学会共同出资，设立"王大珩光学奖"。

9月22日，联名向国家提出《关于将航空技术列入重点科技领域的建议》。

1996年

1月22日，联名提出设立国家级单原分子测控科学与技术研究中心的建议。

4月2—5日，参加"863"计划10周年工作会议，并受到党和国家领导人接见。

5月17日，参加中国科学院精密机械研讨会。

6月24日—7月7日，应台湾计量工程学会邀请，以中国计量测试学会名誉理事长的名义，赴台湾访问并做学术报告。

7月30日—8月3日，参加中国科学院96光学学科研究生优秀论文报告会。

8月19日—23日，赴韩国参加国际光学委员会（ICO）第17届大会。

10月，参加哈尔滨理工大学成立庆典仪式。

1997年

1月17日，获"首届首都精神文明建设奖"。

2月28日，给国务院学位委员会办公室及国家教委研究生工作办公室写信，建议应把光学工程列为工学类一级学科。

3月9日，与何泽慧等人一起，在漠河地区观测20世纪最后一次日全食。

4月7—10日，主持香山科学会议第71次学术讨论会，并联合杨嘉墀、陈芳允提出《我国月球探测技术发展的建议》。

11月17—22日，赴台北参加第二届海峡两岸计量科技学术研讨会。

1998年

2月24日，参加"邓小平与中国科技"座谈会。

3月21日，参加纪念全国科学大会召开20周年座谈会。

3月27日，联合陈芳允、林兰英等院士提出"建立国家信息委员会、制订国家信息网络建设规划的建议"。

6月1—5日，在中国科学院第九次、中国工程院第四次大会上当选为首批资深院士。

9月7—11日，第二届全国光子学学术会议在西安召开，任顾问委员会主席。

11月，与母国光等访问日本滨松光子株式会社。

1999年

3月1日，与马宾、胡溪涛、孔德涌、金履忠等人联名提出"关于研制民用飞机的建议"。

5月27日，参加中国工程院建院五周年座谈会。

9月18日，获得由中共中央、国务院、中央军委授予的"两弹一星功勋奖章"。

9月28日，提出科学仪器发展规划指导思想的建议：面向重点需求、加速赶超国际、组织优势科技、志在高新水平、努力自主创新、力争市场席地。

10月1日，参加中华人民共和国成立50周年庆祝典礼，在天安门观礼台上观看庆祝游行。

12月13日，参加中国高科技产业化研究会会员代表大会。

2000年

3月14日，为"抓紧研制大型（运输）飞机事"联名致信江泽民、朱镕基。

4月18日，与杨嘉墀、马大猷等11名院士联名提出"我国仪器仪表工业急需统一规则和归口管理"的建议。

6月28日，参加中国科学院长春光电子产业园区奠基仪式，并发表讲话。

9月28日，参加"运-10"飞机首飞20周年的座谈会议。

11月1日，主持成都国际先进光学制造与检测学术会议。

2001年

1月19日，被聘为总参谋部军事科学技术研究委员会顾问。

2月19日，获国家"863"计划特殊贡献先进个人称号。

2月20日，被聘为中国航空工业集团高级顾问。

3月28日，联合罗沛霖、杨嘉墀等28位院士提出"面向21世纪社会和经济可持续发展的需求，加快建设我国现代化计量体系的建议"。

4月16日，与20多位院士联名向中央建议，《抓紧时机振兴我国航空工业的若干建议》。

6月21—25日，参加中国科学技术协会第六次全国代表大会。

7月4日，中国实验室国家认可委员会（CNAL）成立，被聘为委员。

9月1日，参观第三届中国光电博览会。

12月20日，参加中国工程院召开的"20世纪我国重大工程技术成就"新闻发布会。

2002 年

4月13日，就"关于自行发展我国大型飞机问题"致信温家宝。

7月17日，参加全国颜色标准化技术委员会召开的审定颜色国际会议。

9月16日，参加长春光机所建所50周年庆祝大会并讲话。

9月，参加中国光学学会2002年年会。

2003 年

4月14日，就我国航空工业发展上书温家宝，恳切陈词：中国要有自己的大飞机。

5月25日，温家宝来家中看望他。

7月29日，参加北京市科协成立40周年座谈会，并发表讲话。

10月30日，担任中国科学院纳米科学技术中心顾问委员会委员。

12月，联合杨嘉墀等九位院士向国家提出关于尽快组织实施支柱产业振兴工程"国家汽车计算平台工程"（国家重大工程）的建议。

2004 年

2月16日，给温家宝和陈至立写信，提出《关于在中长期科技规划中补充加强自然科学与社会科学协调发展与交叉融合的建议》。

6月4日，提出关于在国家中长期科技发展规划中将精密科学仪器研究、开发和产业化列为专项的建议。

11月，向国家标准化委员会提出"关于国家标准化发展战略的建议"。

2005 年

1月11日，致信国家中长期科技规划领导小组《关于国家中长期科技规划纲要的建议》。

3月29日，致信总装备部朱光亚，对国际空间环境、空间对地侦察的大型光学装备的研制、神舟系列飞船及小侦察卫星的应用，以及定向能武器的研制提出建议。

8月22日，参加国际光学委员在长春召开的第20届代表大会，并在大会上发言。

9月29日，致信温家宝，就空间太阳望远镜研发提出建议。

2006 年

4月，致信胡锦涛，提出《关于和平利用外太空的建议》。

9月18日，在西安参加第27届国际高速摄影和光子学会议，任大会名誉主席。

2007 年

6月28日，与刘东生、叶笃正联名致信温家宝，提出《关于加强我国创新方法工作的建议》。

7月1日，与杨嘉墀、叶培大等向党中央作《关于实施国家支柱产业振兴战略的报告》。

8月20日，联名致信温家宝，提出关于建立中国光学科技馆的建议。经国家发改委批准，确定在吉林省长春市建立中国光学科技馆。

2008 年

9月16日，致信中国科协学会学术部，建议编写中国光学史。

9月21日，在长春理工大学授权设立"王大珩奖学金"。

2009年

7月，倡导建设的长春中国光学科学技术馆破土动工。

8月6日，温家宝来医院看望。

2010年

2月26日，"王大珩学术思想与创新贡献研讨会"召开，会上举行了"王大珩星"命名仪式。

2011年

7月21日，因病在北京逝世。

7月29日，遗体告别仪式在八宝山举行。

附录二 王大珩主要论著目录

著作

[1] 王大珩主编. 中国空间应用的回顾与展望 1989 年空间应用座谈会文集. 北京：中国科学技术出版社，1990.

[2] 王大珩主编. 未来世纪的巨子. 沈阳：辽宁人民出版社，1992.

[3] 王大珩，潘厚任主编. 太空、地球、人类. 南宁：广西科学技术出版社，1994.

[4] 王大珩，高景德主编. 未来世纪的巨子（第 2 集）. 北京：科学普及出版社，1996.

[5] 王大珩，叶笃正主编. 我的事业在中国留学与奉献. 上海：上海教育出版社，1999.

[6] 王大珩等主编. 高技术辞典. 北京：科学出版社；北京：清华大学出版社，2000.

[7] 王大珩著. 七彩的分光. 长沙：湖南少年儿童出版社，2000.

[8] 王大珩，张厚英主编. 中国现代科学全书（空间科学）. 青岛市：青岛出版社，2000.

[9] 王大珩，于光远主编；中国科普研究所，科学时报社编. 论科学精神.

北京：中央编译出版社，2001.

[10] 王大珩主编. 现代仪器仪表技术与设计（上）. 北京：科学出版社，2002.

[11] 王大珩主编；丁先华执行主编. 现代仪器仪表技术与设计（下）. 北京：科学出版社，2002.

[12] 王大珩著. 大珩先生九十华诞文集. 杭州：浙江大学出版社，2004.

期刊论文

[13] T. H. Wang. Note on the Best Focus in the Presence of Spherical Aberration. Pros Phys Soc（London）, 1941（53）:157.

[14] T. H. Wang, W. E. S. Turner. The Visual Spectrophotometry of Glasses with Special Reference to Low Absorptive Glasses. J. Soc. of Glass Technology, 1942.

[15] T. H. Wang, W. E. S. Turner. Some Spectrophotometric on Iron Oxide−Containing Soda−Lime−Silica Glasses−Part I. The Influence of Concentration and Ferri−Ferrous Dissociation. Soc. of Glass Technology, 1942.

[16] T. H. Wang, W. E. S. Turner. Some Spectrophotometric Investigations on Iron Oxide−Containing Soda−Lime−Silica Glasses−Part II. The Effect of Arsenic and Antimony Oxides. Soc. of Glass Technology, 1943.

[17] T. H. Wang, W. E. S. Turner. The Influence of Borice Oxide on the Refractive Index and Dispersion of Soda−Boric Oxide−Silica Glasses. Soc. of Glass Technology, 1945.

[18] 王大珩. 太阳与地球间距离之测定（一）. 东方副刊，1944（1）：53−70.

[19] 王大珩. 太阳与地球间距离之测定（二）. 东方副刊，1945（2）：62−63.

[20] 王大珩. 中国科学院仪器馆筹备处近况. 科学通报，1951（5）：541.

[21] 王大珩, 胡南琦, 沈珂. 量子电子学. 科学通报, 1974（1-12）: 394-409.

[22] 王大珩. 中国的激光应用. 中国激光杂志, 1980（Z1）: 155.

[23] 王大珩. 我国光学科学技术的若干进展. 光学学报, 1981（1）: 1-11.

[24] 王大珩, 束越新. 在五彩缤纷的世界里. 百科知识, 1981（3）: 62-64.

[25] 王大珩. 怀念蒋筑英同志. 复印报刊资料（思想政治教育）, 1982（12）: 65-66.

[26] 王大珩. 在一九八三年多国仪器仪表学术会议上的闭幕词（摘要）. 中国仪器仪表, 1983（4）: 1-2.

[27] 赵文兴, 王大珩. 热应力对光学玻璃均匀性的影响. 硅酸盐学报, 1984（1-4）: 319-325.

[28] 王大珩, 沃新能. 中国的光学近况. 光学学报, 1985（1）: 1-10.

[29] 王大珩. 英国的新科技政策. 科技进步与对策, 1986（5）: 33-36.

[30] 王大珩. 牛顿在光学方面的贡献和成就. 物理通报, 1987（12）: 2-6.

[31] 王大珩, 师昌绪, 刘翔声. 中国科学院技术科学四十年. 中国科学院院刊, 1989（1-4）: 199-208.

[32] 王大珩, 师昌绪. 主动为国家重大决策提供咨询. 中国科学院院刊, 1990（1-4）: 216-218.

[33] 王大珩. 《光电工程》发刊词. 光电工程, 1990（1）: 3.

[34] 王大珩. 激光三十年. 新技术应用, 1990（3）: 8-10.

[35] 王大珩. 近年来我国的激光研究. 国外激光, 1991（5）: 1

[36] 王大珩, 师昌绪. 中国科学院技术科学部工作报告（摘要）. 中国科学院院刊, 1992（1-4）: 112-114.

[37] 王大珩. 做社会进步的促进者. 复印报刊资料（思想政治教育）, 1992（4）: 32-33.

[38] 王大珩, 陈述彭. 中国国际空间年地球科学计划. 遥感信息, 1992（1）: 2-4.

[39] 王大珩, 陈述彭. 对国际空间年开展全球变化研究活动的初步建议

（提要）. 遥感信息，1992（1）：9-10.

[40] 王大珩，荆其诚，孙秀如，林志定，林仲贤. 国旗国家标准的研制. 心理科学进展，1992（1）：60-61.

[41] 张光斗，王大珩，师昌绪，张维，侯祥麟，罗沛霖. 早日建立中国工程与技术科学院. 新华文摘，1992（11）：178-179.

[42] 王大珩. 我国空间科学的进展. 中外科技政策与管理，1994（6）：99-102.

[43] 王大珩. 我国在空间科学方面的若干进展. 中国航天，1994（2）：13-16.

[44] 王大珩. 高新技术产业应走向国际市场. 中国科技产业，1994（5）：7.

[45] 彭桓武，何泽慧，王大珩. 缅怀周培源老师. 物理，1994（3）：188-190.

[46] 王大珩，王淦昌，唐敖庆，唐有祺，石元春，陈佳洱. 要重视造就和培养跨世纪学术和技术带头人. 中国科技论坛，1994（6）：3-7.

[47] 王大珩. 振兴中国现代科学仪器. 学会，1995（4）：34.

[48] 王大珩. "863"计划缘起、发展及展望. 复印报刊资料（科技管理与成就），1996（6）：28-30.

[49] 王大珩. 谈谈"863"高技术计划. 科学中国人，1996（2）：4-55.

[50] 王大珩. 我参加国际计量委员会的回忆（上）. 中国计量杂志，1996（2）：4-6.

[51] 王大珩. 我参加国际计量委员会的回忆（下）. 中国计量杂志，1996（3）：10-11.

[52] 王大珩. "863"高技术计划及其展望. 信息世界，1996（5）：4-5.

[53] 王大珩. 国家"863"计划在继续. 中华英才，1996（4）：36.

[54] 王大珩，荆其诚，孙秀如，林志定，张家英. 中国颜色体系研究. 心理学报，1997（1-4）：225-234.

[55] 王大珩. 对我国高技术研究与发展工作的几点看法. 中国科学院院刊，1997（1-6）：428-430.

[56] 王大珩. 关于发展我国仪器仪表事业的建议. 中国科学院院刊，1997

(1-6): 348-349.

[57] 王大珩. 要从更高更全面的角度认识仪器仪表的重要作用. 现代科学仪器杂志, 1997 (2): 6-7.

[58] 王大珩. 关于下世纪发展中国高技术及产业化若干问题. 复印报刊资料（新技术革命问题及高技术产业）, 1997 (4): 9-11.

[59] 王大珩. 巨龙的眼睛：信息化时代的仪器. 科学中国人, 1997 (12): 29-30.

[60] 王大珩. 谈谈科技规划决策中"有所为, 有所不为"的问题. 世界科技研究与发展, 1997 (5): 6-7.

[61] 王大珩. 关于发展我国仪器仪表事业的建议. 中国科学院院刊, 1997 (5): 348-349.

[62] 王大珩. 适应下世纪发展的中国高技术发展体制. 中外产业科技, 1997 (5): 25.

[63] 王大珩. 发展高科技 实现产业化. 中国科技月报, 1998 (4): 32-33.

[64] 王大珩. 创新寓于问题之中. 价值工程, 1998 (5): 38.

[65] 王大珩. 科学家企业家新春寄语：发展高技术实现产业化之我见. 科技与企业, 1998 (2): 6-7.

[66] 王大珩. 信息化建设必须由国家统一指导协调组织. 图书馆学、信息科学、资料工作, 1998 (8): 92-93.

[67] 张存浩, 王大珩, 马宗晋. 21世纪中国科技发展战略若干问题的讨论. 科研管理, 1998 (2): 7-18.

[68] 盛树仁, 王大珩, 刘吉, 美澄, 赵纯均. 高科技产业：知识经济的第一支柱. 科技与企业, 1998 (4): 9-13.

[69] 王大珩. 计量事业肩负着支持全国现代化建设的使命. 中国计量杂志, 1999 (2): 12.

[70] 王大珩. 树立唯物主义世界观. 科学课, 1999 (9): 1.

[71] 王大珩. 我与"863"计划. 科技潮, 1999 (1): 19-20.

[72] 王大珩. 光学老又新, 前程端似锦（上）. 兵器知识, 1999 (10): 2-4.

[73] 王大珩. 光学老又新, 前程端似锦（下）. 兵器知识, 1999 (11): 3-5.

［74］王大珩. 科学基金会应为基础研究做出更大贡献. 中国科学基金，2000（1-6）：122-124.

［75］王大珩. 激光：具有巨大的生命力. 中国激光杂志，2000（1-12）：1058-1063.

［76］王大珩. 关于科技产业化的几点看法. 中国科技产业，2000（10）：10-11.

［77］王大珩. 民主的科学化和科学的民主化. 民主与科学，2000（2）：4-5.

［78］王大珩，胡柏顺. 迎接21世纪挑战，加速发展我国现代仪器事业. 科技导报，2000（9）：3-6.

［79］王大珩. 激光：前景无量. 知识文库，2001（3）：34-35.

［80］王大珩. 争取生存，最重要的要靠实力. 国防科技，2001（7）：18.

［81］王大珩. 我的半个世纪. 新华文摘，2001（10）：114-126.

［82］王大珩. 关于科技人才的培养与开发. 高等工程教育研究，2001（1）：1-3.

［83］王大珩. 漫谈科学精神. 民主与科学，2001（5）：4-5.

［84］王大珩. 我们需要科学精神. 科学中国人，2001（8）：1.

［85］王大珩. "863"计划缘起及基本精神. 高科技与产业化，2001（1）：3.

［86］王大珩. 走出中国特色的光电子信息产业发展之路. 中国高新区，2001（10）：25-26.

［87］王大珩. 激光技术发展的现状和前景——在"激光器问世和中国激光创业四十周年纪念大会"上的讲话. 舰船光学，2001（1）：1-3.

［88］王大珩. 名师给予学生最多的是什么. 教师博览，2001（12）：5-6.

［89］王大珩，杨嘉墀. 关于振兴我国仪器仪表产业的对策与建议：对全国仪器仪表行业开展调查研究的总结报告. 中国仪电报，2001（9）：1-3.

［90］王大珩. 做学问和做人. 少年科技博览，2002（4）：2-3.

［91］王大珩. 中国光学发展历程的若干思考. 科技和产业，2002（4）：7-14.

［92］王大珩. 走出中国特色的光电子信息产业发展之路——在第二届中

国高新技术产业与资本市场国际论坛上的讲话（2001年9月22日武汉）. 舰船光学，2002（1）：1-2.

[93] 王大珩. 致计量杂志社——欢庆我国航天载人胜利成功. 中国计量杂志，2003（11）：4.

[94] 王大珩. 自然科学和社会科学是一个整体. 科学中国人，2003（11）：7-8.

[95] 王大珩. 我对科学精神的一点认识. 科技文萃，2003（12）：5-6.

[96] 王大珩. 贯彻十六大精神 加快发展电子信息产品制造业. 通信市场，2003（1）：28-30.

[97] 王大珩，师昌绪，白春礼，郭可信，张泽，严陆光，吴全德，姚骏恩. 应把纳米测量仪器和加工装备制造业纳入国家纳米科技发展规划. 科学新闻，2003（5）：4-5.

[98] 王大珩. 人类进化规律与进化进程相结合. 高科技与产业化，2004（7）：8.

[99] 王大珩. 激光与光电子技术前程无量——在"全国新型激光器及其应用暨激光产业发展高峰论坛"开幕式上的讲话. 激光与红外，2004（3）：163-164.

[100] 王大珩. 美好的回忆 深切的感受. 求是，2004（16）：24-25.

[101] 王大珩. 走向自主创新的新时代——参加全国科技大会的感想. 办公自动化，2006（2）：8-9.

[102] 王大珩，周立伟. 中国的光学——回顾与展望. 光学与光电技术，2006（5）：1-15.

[103] 王大珩. 我的科学人生. 今日科苑，2011（8）：142-145.

会议论文

[104] 王大珩. 彩色电视中的色度学问题（彩色电视摄像光学系统会议，1973年）

[105] 王大珩、周立伟. 光学：走向新的世纪［C］// 西部大开发，科教

先行与可持续发展：中国科协2000年学术年会论文集（上），2000.（中国科协西部大开发、科教先行与可持续发展：2000年学术年会）

[106] 王大珩院士在开幕式上的讲话[C]//现代科学仪器，2001.（21世纪现代科学仪器与生命科学研讨会，2001年）

[107] 王大珩院士在闭幕式上的讲话[C]//现代科学仪器，2001.（21世纪现代科学仪器与生命科学研讨会，2001年）

[108] 王大珩. 中国光学发展历程的若干思考[C]//中国近现代科学技术回顾与展望国际学术研讨会论文集，2002.（中国近现代科学技术回顾与展望国际学术研讨会，2002年）

[109] 彭桓武、何泽慧、王大珩. 缅怀周培源老师[C]//宗师巨匠 表率楷模——纪念周培源文集，2002.

[110] 王大珩. Congratulation for the Success of ISIST'2002[C]//Proceedings of the Second International Symposium on Instrumentation Science and Technology，2002年第二届仪器科学与技术国际学术研讨会论文集，2002.（第二届仪器科学与技术国际学术研讨会，2002年）

[111] 王大珩. 几点感想[C]//北京自然科学界和社会科学界联席会议首次会议文集，2003.（北京自然科学界和社会科学界联席会议首次会议，2003年）

参考文献

[1] 白玉良主编. 中国工程院院士自述（第二卷）[M]. 北京：高等教育出版社，2008.

[2] 蔡元培. 北京孔德学校二周年纪念会演说词（1919年12月）[C] // 蔡元培教育论著选. 北京：人民教育出版社，2011：258.

[3] 陈崇斌、孙洪庆. 历尽艰辛 锐意创新——中国第一台红宝石激光器的研制 [J]. 中国科技史杂志. 2009，30（3）.

[4] 陈芳. 历史转折的标志——沈克琦先生忆1977年全国科教座谈会 [C] // 中国人民政治协商会议北京海淀区委员会编. 海淀文史选编（第14辑），2007：3-4.

[5] 陈一坚. 我和"飞豹"——"飞豹"总设计师陈一坚自述 [M]. 北京：航空工业出版社，2010.

[6]《当代中国的国防科技事业》编辑委员会编. 当代中国的国防科技事业 [M]. 北京：当代中国出版社；香港祖国出版社，2009.

[7] 邓锡铭. 中国激光史概要 [M]. 北京：科学出版社，1991.

[8] 干福熹等著. 光学玻璃 [M]. 北京：科学出版社，1964.

[9] 高精度经纬仪、多倍投影仪、光速测距仪研究试制成功 [N]. 人民日报，1958-9-6.

［10］葛能全，陈丹．中国工程院院史资料——关于中国工程院的成立［J］．2014（6）．

［11］葛能全．魂牵心系原子梦——钱三强传［M］．北京：中国科学技术出版社；上海：上海交通大学出版社，2013．

［12］葛能全．钱三强年谱长编［M］．北京：科学出版社，2013．

［13］龚祖同．誓为祖国添慧眼［J］．中国科技史杂志．1981（2）

［14］顾迈南，杨建业．运筹帷幄　决胜未来［J］．瞭望，1984（41）．

［15］郭沫若．郭沫若在中国科学院仪器馆筹备委员会第一次会议上的开会词［C］//武衡主编．东北区科学技术发展史资料　解放战争时期和建国初期（二　科研管理卷）．北京：中国学术出版社，1986：30．

［16］郭沫若．郭沫若院长在中国科学院学部成立大会上的开幕词（1955年6月1日）［C］//中共中央党校理论研究室编．历史的丰碑：中华人民共和国国史全鉴科技卷10．北京：中共中央文献出版社，2005：46-47．

［17］郭奕玲主编．吴有训文集［C］．南昌：江西科学技术出版社，2007．

［18］黄兰友．早期电子显微镜制造的回忆［J］．电子显微学报，1996，15（2-4）：344-352．

［19］姚骏恩，我国超显微镜的研制与发展［J］．电子显微学报，1996，15（2-4）：353-370．

［20］贾彦斌，石明山．王大珩与中国光学科学技术馆［N］．科学时报，2011-7-29．

［21］姜莹莹，董毅然．我们研制了毛主席的水晶棺［J］．传奇（《传记文学选刊》），2007（1）．

［22］精心敬制毛主席安卧的水晶棺［N］．人民日报，1977-09-10．

［23］科学院仪器馆建立了初步的技术基础，制出许多重要的光学仪器［N］．人民日报，1956-11-21．

［24］李海．一份珍贵的礼物——关于我国第一块光学玻璃的回忆［J］．金秋科苑．1995（2）：13．

［25］李逸峰．王大珩先生关心《光学学报》的几件事［J］．光学学报，2011，31（9）．

［26］林祥编，李鸣生采访．世纪老人的话：王大珩卷［M］．沈阳：辽宁教育出版社，2000．

[27] 刘晓. 卷舒开合任天真——何泽慧传[M]. 北京：中国科学技术出版社；上海：上海交通大学出版社，2013.

[28] 刘亚东，等. 春颂：邓小平同志与中国科技事业[M]. 北京：科学技术文献出版社，2004.

[29] 刘真主编. 留学教育——中国留学教育史料（4）[M]. 台北：国立编译馆，1980.

[30] 路甬祥编. 向科学进军 一段不能忘怀的历史[C]. 北京：科学出版社，2009.

[31] 罗荣兴主编. 请历史记住他们 中国科学家与"两弹一星"[C]. 广州：暨南大学出版社，1999.

[32] 马祖圣编著. 历年出国、回国科技人员总览[M]. 北京：社会科学文献出版社，2007.

[33] 马晓丽. 光魂[M]. 北京：解放军出版社，1998.

[34] 毛泽东. 要搞一点原子弹氢弹（一九五八年六月二十一日）[C]//毛泽东军事文集（第6卷）. 北京：军事科学出版社；北京：中央文献出版社，1993：374.

[35] 母国光主编. 现代光学与光子学的进展，庆祝王大珩院士从事科研活动六十五周年专集 当代中国的国防科技事业[C]. 天津：天津科学技术出版社，2003.

[36] 聂荣臻. 聂荣臻回忆录[M]. 北京：解放军出版社，1984：838.

[37] 潘君骅. 往事点滴[J]. 光学学报，2011，31（9）.

[38] 彭桓武，何泽慧，王大珩. 缅怀周培源老师[C]//世纪清华之四. 北京：清华大学出版社，2011：80.

[39] 彭桓武. 彭桓武诗文集——物理天工总是鲜[M]. 北京：北京大学出版社，2001.

[40] 钱昊平. 我们为863计划点了一根火柴[N]. 新京报，2008-03-03.

[41] 钱三强. 缅怀敬爱的叶企孙教授[C]//钱三强. 钱三强科普著作选集. 上海：上海教育出版社，1990：209.

[42] 清华大学校史研究室编. 清华大学史料选编（第二卷，上）[M]. 北京：清华大学出版社，1991.

[43] 宋健主编. "两弹一星"元勋传（上）[M]. 北京：清华大学出版社，2001.

[44] 宋振能. 中国科学院学部历史概况 [J]. 中国科学院院刊, 1990（3）.

[45] 孙懋德. 屈伯川 [C] //《中国现代教育家传》编委会编. 中国现代教育家传（第三卷）. 长沙：湖南教育出版社, 1986.

[46] 孙懋德主编, 郭永康, 等编. 大连理工大学校史 [M]. 大连：大连理工大学出版社, 1989：42-44.

[47] WANG T H. Note on the Best Focus in the Presence of Spherical Aberration [J]. Pros Phys Soc（London）, 53, 157（1941）.

[48] 陶纯、陈怀国. 国家命运　中国两弹一星的秘密历程（三）[J]. 神剑. 2012（3）.

[49] 王大珩、师昌绪. 主动为国家重大决策提供咨询 [J]. 中国科学院院刊, 1990（3）.

[50] 王大珩、师昌绪：中国科学院技术科学部工作报告（摘要）[J]. 中国科学院院刊, 1992（3）.

[51] 王大珩, 王淦昌, 唐敖庆, 等. 要重视造就和培养跨世纪学术和技术带头人 [J]. 中国科技论坛, 1994（6）.

[52] 王大珩. 从导弹轨道跟踪与测量到863计划 [C] // 罗荣兴主编. 请历史记住他们——中国科学家与两弹一星. 广州：暨南大学出版社, 1999：233-246.

[53] 王大珩. 光学老又新, 前程端似锦 [C] //《回顾与展望》编委会编. 回顾与展望——新中国的国防科技工业. 北京：国防工业出版社, 1989：470-473.

[54] 王大珩. 怀念蒋筑英同志 [N]. 光明日报, 1982-12-02.

[55] 王大珩. 怀念钱三强 [C] // 钱三强. 徜徉原子空间. 天津：百花文艺出版社, 2000：261.

[56] 王大珩. 怀念吴有训老师 [C] // 江西省政协文史资料研究委员会, 高安县政协文史资料研究委员会编. 江西文史资料选辑（第36辑）. 吴有训. 北京：中国文史出版社, 1990：31.

[57] 王大珩. 激光, 具有巨大的生命力 [J]. 中国激光. 2000, 27（12）.

[58] 王大珩. 七彩的分光 [M]. 长沙：湖南少年儿童出版社, 2000.

[59] 王大珩. 王大珩在"武衡星"命名仪式上的讲话 [C] // 武衡, 光辉无悔的一生 1914-1999. 北京：科学出版社, 2005：24.

[60] 王大珩. 我的半个世纪[C]//梁东元编. 倾听大师们的声音. 武汉：湖北长江出版集团，2007：89-116.

[61] 王大珩. 我国仪器仪表工业急需统一规划和归口管理[C]//中国科学院编. 中国科学家思想录（第1辑）. 北京：科学出版社，2013：422-424.

[62] 王大珩. 忆三强，我的挚友[C]//清华校友总会编. 清华校友通讯丛书（复26册），北京：清华大学出版社，1992.

[63] 王大珩. 在一九八三年多国仪器仪表会议上的闭幕词（摘要）[J]. 仪表工业，1983（4）.

[64] 王大珩. 中国光学发展历程的若干思考[C]//宋健编. 中国科学技术回顾与展望. 北京：中国科学技术回顾与展望，2003：198-205.

[65] 王大珩. 中国光学发展历程的若干思考[C]//宋健主编. 中国科学技术回顾与展望. 北京：中国科学技术回顾与展望，2003：198-205.

[66] 王大珩.《中国古历通解》序[M]//王应伟. 中国古历通解. 沈阳：辽宁教育出版社，1996.

[67] 王大珩. 科学研究机构要培养专业人才[N]. 人民日报. 1960-04-15.

[68] 王虹铈. 民国时期的兵工署弹道研究所[J]. 钟山风雨. 2006（6）.

[69] 王丽. 追寻失落的中国教育传统[M]. 北京：教育科学出版社，2010.

[70] 王扬宗、曹效业主编. 中国科学院院属单位简史（第一卷 下册）[M]. 北京：科学出版社，2010.

[71] 王扬宗、曹效业主编. 中国科学院院属单位简史（第二卷 上册）[M]. 北京：科学出版社，2010.

[72] 王扬宗、曹效业主编. 中国科学院院属单位简史（第二卷 下册）[M]. 北京：科学出版社，2010.

[73] 温元凯. 我亲历国务院科教工作座谈会[N]. 解放日报，2008-05-12.

[74] 翁文灏. 翁文灏日记[M]. 北京：中华书局，2010.

[75] 吴大任. 中英庚款公费留学忆往[C]//吴大任著，崔国良主编. 吴大任教育与科学文集. 天津：南开大学出版社，2004：656.

[76] 吴有训. 清华大学物理系概况[C]//吴有训著；郭奕玲，沈慧君编. 吴有训的科学贡献 吴有训科学论著、讲演、文稿、谈话集. 厦门：鹭江出版社，1997：144.

[77] 席泽宗.《中国古历通解》序[C]//古新星新表与科学史探索——席泽宗院

士自选集（席泽宗著）．西安：陕西师范大学出版社，2002：663．

[78] 相里斌主编．光耀人生——王大珩学术思想与创新贡献［C］．北京：科学出版社，2011．

[79] 熊杏林．程开甲［M］．贵阳：贵州人民出版社，2004．

[80] 徐景南主编．大连理工大学科学技术志［M］．大连：大连理工大学出版社，1994．

[81] 宣明，孙成志，王永义，王彦祚编．中国科学院长春光学精密机械与物理研究所所志（1952-2002）［M］．长春：吉林人民出版社，2002．

[82] 宣明主编．王大珩［M］．北京：科学出版社，2005．

[83] 杨学为，等主编．中国考试制度史资料选编［M］．合肥：黄山书社，1992．

[84] 叶铭汉、戴念祖、李艳平编．叶企孙文存［M］．北京：首都师范大学出版社，2013．

[85] 佚名．王大珩：付出光阴逐光华［C］//何平、柳方园、袁梦令主编．中国高层新智囊：影响中国进程的精英传记（第2卷）．北京：党史研究出版社，2007：907-922．

[86] 张立宽．中国应发展大飞机——著名科学家王大珩先生访谈［J］．环球飞行，2003（8）．

[87] 《中国科学院院刊》编辑部．改进和完善学部的咨询工作——四位学部委员访谈录［J］．中国科学院院刊，1991（3）．

[88] 中国工程院办公厅编．中国工程院年鉴（1994-1997）［M］．北京：高等教育出版社，1998．

[89] 中国科学技术协会主编．中国地球物理学学科史［M］．北京：中国科学技术出版社，2012．

[90] 中国科学院光学精密机械仪器研究所资料室．光学精密机械仪器研究所一九五八年试制成功的八大件仪器［J］．物理，1959（11）．

[91] 中华人民共和国科学技术部编．中国科技发展60年［M］．北京：科学技术文献出版社，2009．

[92] 朱谨等著．朱树屏传记［M］．北京：新华出版社，2007．

后 记

2014年6月的一天，我的导师王扬宗教授给我打了一个电话，他告诉我说葛能全先生要见我。原来，王老师向葛先生推荐了由我来撰写《王大珩传》。我和葛先生见了面。

和葛先生第一次会面中，他说道：2015年是王大珩院士的百年诞辰，希望能够有人写一本王老的传记，而这个任务就要落在我身上。葛先生还说，王老在世的时候，没有一本学术性质的传记，这令熟识王老的人感到遗憾。听了这些话，我第一感觉是心中一跳，有些惊慌，觉出肩上似乎压上了一副沉甸甸担子，接着便生出了一股豪气：我要把这个任务接下来！

葛能全和王扬宗两位专家及时与采集办公室做了沟通，将2015年是王老百年诞辰的情况如实告知了采集办公室。很幸运的，这项工作被中国科协纳入到了"老科学家学术成长资料采集工程"中，并成为了一项"特例"，获得了中国科协和采集办公室的全力支持。从2014年7月开始，我一边紧张地撰写传记，一边进行资料采集工作。

作为科学史研究的后辈，虽然主攻方向是近现代中国科学史，但一开始我对王老的了解着实不多，只知道他在中国光学界里有鼎鼎大名，长春光机所便是他一手建立起来的。葛先生随即交给我许多有关王老的资料，让我回去好好研读。在一口气阅读了这些资料后，我对王老的了解多了起来，心中也有了如履薄冰之感：要把王老样子描绘完整，难度很大，完成这项任务着实不容易！

王老的经历不同于一般的科学家，他公开发表和出版的论文、专著并不多。但是他却实实在在是一名科学家，因为他在中国光学事业上做出的奠基性工作，对中国光学事业发展做出的巨大推动是无可置疑，也是不可替代的。我意识到，王老的经历有特殊性，应该将他的科学人生与中国现代光学事业发展史融合在一起做研究。在长春光机所，我看到了王老遗留下来的堆积如山各类资料：手稿、书信、照片、著作、音视频……应有尽有！听闻我要写王老的传记，在数次的访谈中，光学界里的老前辈们都热情接待了我，为我讲述了王老的故事。

例如，在长春光机所，我拜访了陈星旦院士，听他谈起王大珩与长春光机所的过往。陈院士笑着回忆起，王老不高兴时有一个特别的动作，那就是站起来，端起水杯便仰头喝水，哪怕杯子里没有水，他也要做出喝水的动作。陈院士说，这是经常出现在王老身上的一个习惯性的动作。我脑海中顿时浮现了王老的一个形象：他也喜欢生气，但他会克制自己的情绪，他借用喝水的动作来缓解并平息怒气。这是王老的一个侧面：平实、接地气！

苏州大学的潘君骅院士除了向我讲述王大珩早年在仪器馆时艰难的创业历程和仪器馆早期的人员和机构情况。他想起大学毕业之初，王老信任他，委派他整理仪器馆筹备处的书籍并为搬迁到长春做准备；他回忆那时候王老知道他是天文爱好者，特意向他询问磨镜片的细节；他想起当年因为工作意见不同，和王老还发生过"争执"的往事；他怀念地想起王老和职工们同甘共苦的情怀……不仅如此，他多次委托朱晶博士发来有助于传记写作的珍贵史料。

北京航空航天大学的姚骏恩院士，更是不辞辛劳，他深情地回忆起自己在大连大学求学时候，与王老第一次会面的情景是怎样令他难忘。他说起自己尊敬的王老师，总是满怀孺慕之情，王老师严谨的治学精神是他从事科学工作的榜样。

北京理工大学的周立伟院士曾告诉我他和王老共事的往事，他提到过一件事，王老在他的诗词里，抒发了对家人、对朋友、对人生和事业的情感，令人印象深刻。王老曾经写道"光学老又新，前程端似锦"，这句话还被用作为自己从事光学工作回忆的一篇文章的标题。提到这句诗，周院士说，王老喜欢诗词，他在写诗作词的时候，经常琢磨词汇的使用，他曾说过"光学老又新，前程端似锦"这句诗的构思，就是说光学的前程非常伟大，但是用"光学老又新，前程似锦"就够了，为什么要加一个"端"字呢？原来"端"是一个虚字，上海话指的是的的确确、真真实实的意思。用这句诗来形容光学前途光明，加了个"端"字，便份量倍增！仔细读来，慢慢品味，确实如此。王老对中国文化造诣，由此可得见。

除了上述几位外，还有许多人向我描述过他们心目中王老的形象——上海光机所干福熹院士、王之江院士，清华大学金国藩院士，北京航空航天大学高镇同院士，长春理工大学姜会林院士，科技部曹健林副部长，安徽光机所的卢国琛先生，中国科学院空间中心的潘厚任先生，上海市委的何志庆先生……他们或是与我会谈，或是与我通信往来，或是帮助我修改传记，在交流中，每一个人提及的王大珩都有不同的侧面，把这些点滴汇聚在一起，我心中渐渐便勾勒出了完整的人物形象。这些交流令我获益匪浅，谨此给予我帮助的先生们致以由衷的感激！

在传记写作中，王老的胞弟王大瑜先生，儿子王赫和女儿王森都多次发来材料，为我解惑，他们还帮助我审稿，对他们的支持深表感谢！我还记

后记图1　2016年12月17日，王大珩夫人顾又芬（右）与本书作者胡晓菁（左）

得王大瑜先生在东直门家中准备好茶点款待我，他一口气讲了许多兄长的往事，最不能忘怀的是他和哥哥一起，聚精会神聆听《第三交响曲》的深刻记忆。他还介绍我去访问他的好友高镇同院士，以了解有关大飞机的事情。王老的儿女，更是以实际行动支持了我的写作。王赫先生特意发来越洋邮件，告知我王老和家庭的情况。王森研究员不仅多次接待我，还帮助修改了传记的章节，告知我光学的知识。为了让我们全面了解王老对长春光机所的情感，她带着课题组成员去长春访问，组织了光机所里的老专家和我们座谈，在她的帮助下，我们看到、听到了许多在书本上找不到的新鲜内容，加深了印象，传记写作更加顺利了！

在写作中，发生了许多令人难忘的事情。不能忘记葛能全先生为我讲述科学家传记撰写方法的情景，他多次为我开小灶，给我上课。有一次，他一口气讲了两个小时，嗓子都说哑了也顾不上喝一口水。葛先生有着强烈的责任感，他督促我把传记完成。他已经70多岁了，但为了帮助我尽快完成工作，他放弃了春节休假，对传记逐字阅读、还多次撰稿，告知我许多珍贵的历史往事，对文稿提出了有建设性的意见。葛先生不仅指导了我的写作，在这期间，他还积极与各个方面沟通、协调，他是这本传记能够如期完成并出版最重要的推动者，在此对他表示诚挚的谢意！

本传记的顺利完成，离不开中国科学院长春光学精密机械与物理研究所为我提供的各项便利！研究所前任所长宣明研究员曾热情接待我，鼓励我大胆写作。现任所长贾平研究员深情为本传记作序。金宏书记更是带着课题组成员参观了长春光机所，介绍了研究所的项目情况，令我对中国光学事业的发展有了更深刻的了解。感谢研究所协助本课题立项，关心传记写作进展，给出了许多宝贵建议！感谢王永义研究员，他告知了我许多有关国防光学仪器研制的往事，并为我提供了大量写作资料，尽管他年事已高，但他不辞辛劳亲自帮我修改传记。感谢王老的弟子赵文兴研究员，他为我校订王老的英文论文的标题。感谢研究所董佩茹女士、景红薇女士协助我沟通，并提供诸多资料！

另外，我要感谢我的导师王扬宗教授对我的信任，他推荐由我来撰写王老的传记。王教授是一位博学的科学史专家，他工作繁忙，仍然抽出时间来详细审读了我的稿件。他帮助我修改"导言",指出了文稿的缺漏,教导我如何在访谈中设问,为我讲解中国当代史的相关知识,从而一步步帮我梳理清写作的思路。他的教导给予我启发,令我收获良多!

刘晓博士在审读了"考庚款、赴英伦"章节后,向我介绍了英国光学工业发展历史和王大珩的老师马丁和特纳的情况,他找到了王大珩所取得的两项专利的相关材料,并提供了部分珍贵的历史照片,他对20世纪早期英国光学玻璃的发展有独到见解。文稿中与上述内容相关部分,亦包含刘晓博士的研究!

感谢采集工程办公室张藜教授、罗兴波博士的关心和支持!最后,感谢黄少凯博士多次协助我开展访谈,为我讲解"电影经纬仪"的工作原理,告知我中国发展大飞机的情况,他也是本传记的第一位读者,他多次阅读,为我提出意见。谢谢他无条件支持我的写作!

传记已至尾声,随着工作的深入,笔者对王老的了解将越来越多,对他的认识也将越来越深刻。笔者并非光学学科的专职研究人员,对光学知识了解不够,因此在传记中表现王老的为人、为学、思想高度等方面尚有欠缺。本书自2015年5月成稿以来,进行过多次修改,虽然笔者已经怀着一颗赤诚之心尽力向人请教、向书请教,但仍深感本传记在资料选择和材料运用上还不完善。撰文存在的不足和缺漏,请读者谅解!

胡晓菁

2016年11月1日